中华优秀传统文化在现代管理中的创造性转化与创新性发展工程
“中华优秀传统文化与现代管理融合”丛书

经世济民

中国式治理历史底蕴与智慧

黄海啸◎著

企业管理出版社
ENTERPRISE MANAGEMENT PUBLISHING HOUSE

图书在版编目（CIP）数据

经世济民 ： 中国式治理历史底蕴与智慧 / 黄海啸著.
-- 北京 ： 企业管理出版社, 2025.7
ISBN 978-7-5164-3004-0

Ⅰ. ①经… Ⅱ. ①黄… Ⅲ. ①经济管理 Ⅳ. ①F2

中国国家版本馆CIP数据核字(2024)第000719号

书　　名：经世济民：中国式治理历史底蕴与智慧
书　　号：ISBN 978-7-5164-3004-0
作　　者：黄海啸
责任编辑：侯春霞
特约设计：李晶晶
出版发行：企业管理出版社
经　　销：新华书店
地　　址：北京市海淀区紫竹院南路17号　邮　　编：100048
网　　址：http://www. emph. cn　　电子信箱：pingyaohouchunxia@163.com
电　　话：编辑部18501123296　　发行部（010）68417763　68414644
印　　刷：北京联兴盛业印刷股份有限公司
版　　次：2025年8月第1版
印　　次：2025年8月第1次印刷
开　　本：710mm × 1000mm　1/16
印　　张：30.75
字　　数：400千字
定　　价：148.00元

企业管理出版社
EMPH ENTERPRISE MANAGEMENT PUBLISHING HOUSE

中华优秀传统文化在现代管理中的创造性转化与创新性发展工程
“中华优秀传统文化与现代管理融合”丛书

（已经出版）

从伦理的儒学到管理的儒学	马文军	98.00元
“四书”修身管理研究	吴通福	98.00元
和合管理：基于中华和合文化智慧的现代管理	张卫东	98.00元
中华德学与现代经营	程少川 李欣然	78.00元
五维铸就大业：道德法术势与基业长青的智慧	雪　漠	78.00元
调查研究的古今智慧	蔡长运	78.00元
情绪管理的传统智慧	王心娟	78.00元
中国企业的“三环”管理	殷　雄	128.00元
从文化探源到管理实践：兼谈对中国特色管理学的思考	冯彦明	98.00元
当代晋商传统文化基因案例研究	谢振芳 李树人 王　博	98.00元
儒商文化通论	黎红雷	128.00元
《论语》中的管理学：范式的视角	巩见刚	128.00元
基于传统人性论的管理学	钟　尉	128.00元
职业素养的传统文化智慧	毕建欣	78.00元
人本管理会计	王俊清	128.00元
孝风德雨润菜乡	王茂兴	78.00元
追求善治：义利并重与中国企业治理范式创新	胡国栋 李文昊	98.00元
企业家中国文化修身	贾利军	128.00元
民间管理智慧	王建斌	98.00元
中国管理智慧	苏　勇	78.00元
危机管理的传统智慧	王新刚	78.00元

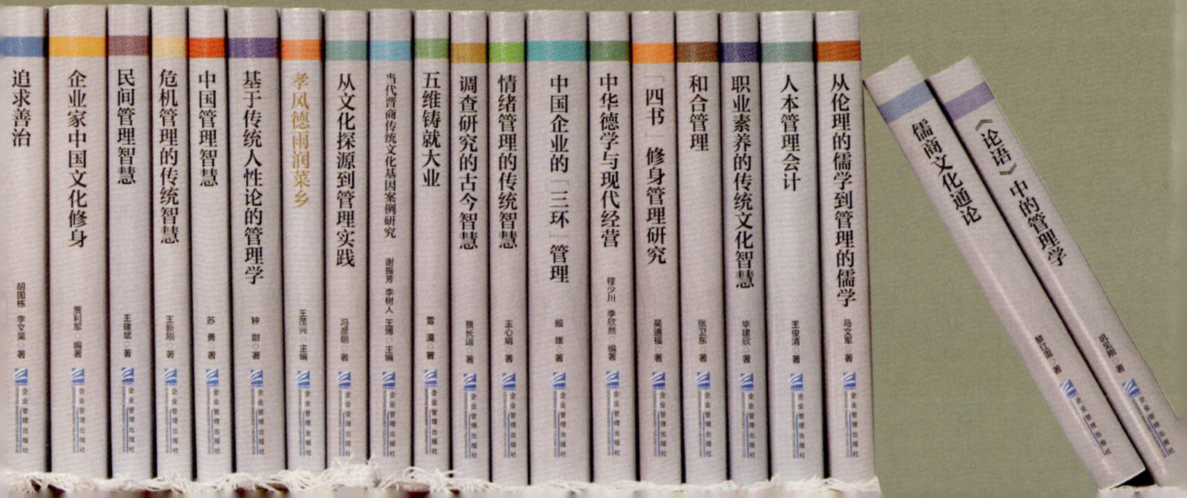

编 委 会

冯彦明　中央民族大学经济学院教授

巩见刚　大连理工大学公共管理学院副教授

毕建欣　宁波财经学院金融与信息学院金融工程系主任

吕　力　扬州大学商学院教授，扬州大学新工商文明与中国传统文化研究中心主任

刘文锦　宁夏民生房地产开发有限公司董事长

刘鹏凯　江苏黑松林粘合剂厂有限公司董事长

齐善鸿　南开大学商学院教授

江端预　株洲千金药业股份有限公司原党委书记、董事长

严家明　中国商业文化研究会范蠡文化研究分会执行会长兼秘书长

苏　勇　复旦大学管理学院教授，复旦大学东方管理研究院创始院长

李小虎　佛山市法萨建材有限公司董事长

李文明　江西财经大学工商管理学院教授

李景春　山西天元集团创始人

李曦辉　中央民族大学管理学院教授

吴通福　江西财经大学中国管理思想研究院教授

吴照云　江西财经大学原副校长、教授

吴满辉　广东鑫风风机有限公司董事长

余来明　武汉大学中国传统文化研究中心副主任

辛　杰　山东大学管理学院教授

张　华　广东省蓝态幸福文化公益基金会理事长

张卫东　太原学院管理系主任、教授

张正明　广州市伟正金属构件有限公司董事长

张守刚　江西财经大学工商管理学院市场营销系副主任

陈　中　扬州大学商学院副教授

陈　静　企业管理出版社社长兼总编辑

陈晓霞　孟子研究院党委书记、院长、研究员

范立方　广东省蓝态幸福文化公益基金会秘书长

范希春 中国商业文化研究会中华优秀传统文化传承发展分会专家委员会专家

林　嵩 中央财经大学商学院院长、教授

罗　敏 英德华粤艺术学校校长

周卫中 中央财经大学中国企业研究中心主任、商学院教授

周文生 范蠡文化研究（中国）联会秘书长，苏州干部学院特聘教授

郑俊飞 广州穗华口腔医院总裁

郑济洲 福建省委党校科学社会主义与政治学教研部副主任

赵德存 山东鲁泰建材科技集团有限公司党委书记、董事长

胡国栋 东北财经大学工商管理学院教授，中国管理思想研究院院长

胡海波 江西财经大学工商管理学院院长、教授

战　伟 广州叁谷文化传媒有限公司 CEO

钟　尉 江西财经大学工商管理学院讲师、系支部书记

宫玉振 北京大学国家发展研究院发树讲席教授、BiMBA 商学院副院长兼 EMBA 学术主任

姚咏梅 《企业家》杂志社企业文化研究中心主任

莫林虎 中央财经大学文化与传媒学院学术委员会副主任、教授

贾旭东 兰州大学管理学院教授，“中国管理 50 人”成员

贾利军 华东师范大学经济与管理学院教授

晁　罡 华南理工大学工商管理学院教授、CSR 研究中心主任

倪　春 江苏先锋党建研究院院长

徐立国 西安交通大学管理学院副教授

殷　雄 中国广核集团专职董事

凌　琳 广州德生智能信息技术有限公司总经理

郭　毅 华东理工大学商学院教授

郭国庆 中国人民大学商学院教授，中国人民大学中国市场营销研究中心主任

序　一

/

以中华优秀传统文化为源　启中国式现代管理新篇

中华优秀传统文化形成于中华民族漫长的历史发展过程中，不断被创造和丰富，不断推陈出新、与时俱进，成为滋养中国式现代化的不竭营养。它包含的丰富哲学思想、价值观念、艺术情趣和科学智慧，是中华民族的宝贵精神矿藏。党的十八大以来，以习近平同志为核心的党中央高度重视中华优秀传统文化的创造性转化和创新性发展。习近平总书记指出“中华优秀传统文化是中华民族的精神命脉，是涵养社会主义核心价值观的重要源泉，也是我们在世界文化激荡中站稳脚跟的坚实根基”。

管理既是人类的一项基本实践活动，也是一个理论研究领域。随着社会的发展，管理在各个领域变得越来越重要。从个体管理到组织管理，从经济管理到政务管理，从作坊管理到企业管理，管理不断被赋予新的意义和充实新的内容。而在历史进程中，一个国家的文化将不可避免地对管理产生巨大的影响，可以说，每一个重要时期的管理方式无不带有深深的文化印记。随着中国步入新时代，在管理领域实施中华优秀传统文化的创造性转化和创新性发展，已经成为一项应用面广、需求量大、题材丰富、潜力巨大的工作，在一些重要领域可能产生重大的理论突破和丰硕的实践成果。

第一，中华优秀传统文化中蕴含着丰富的管理思想。中华优秀传统文化源远流长、博大精深，在管理方面有着极为丰富的内涵等待提炼和转化。比如，儒家倡导“仁政”思想，强调执政者要以仁爱之心实施管理，尤其要注重道德感化与人文关怀。借助这种理念改善企业管理，将会推进构建和谐的组织人际关系，提升员工的忠诚度，增强其归属感。又如，道家的“无为而治”理念延伸到今天的企业管理之中，就是倡导顺应客观规律，避免过度干预，使组织在一种相对宽松自由的环境中实现自我调节与发展，管理者与员工可各安其位、各司其职，充分发挥个体的创造力。再如，法家的“法治”观念启示企业管理要建立健全规章制度，以严谨的体制机制确保组织运行的有序性与规范性，做到赏罚分明，激励员工积极进取。可以明确，中华优秀传统文化为现代管理提供了多元的探索视角与深厚的理论基石。

第二，现代管理越来越重视文化的功能和作用。现代管理是在人类社会工业化进程中产生并发展的科学工具，对人类经济社会发展起到了至关重要的推进作用。自近代西方工业革命前后，现代管理理念与方法不断创造革新，在推动企业从传统的小作坊模式向大规模、高效率的现代化企业，进而向数字化企业转型的过程中，文化的作用被空前强调，由此衍生的企业使命、愿景、价值观成为企业发展最为强劲的内生动力。以文化引导的科学管理，要求不仅要有合理的组织架构设计、生产流程优化等手段，而且要有周密的人力资源规划、奖惩激励机制等方法，这都极大地增强了员工在企业中的归属感并促进员工发挥能动作用，在创造更多的经济价值的同时体现重要的社会价值。以人为本的现代管理之所以在推动产业升级、促进经济增长、提升国际竞争力等方面须臾不可缺少，是因为其体现出企业的使命不仅是获取利润，更要注重社会责任与可持续发展，在环境保护、社会公平等方面发挥积极影响力，推动人类社会向着更加文明、和谐、包容、可持续的方向迈进。今天，管理又面临数字技术的挑战，更加需要更多元的思想基础和文化资源的支持。

第三，中华优秀传统文化与现代管理结合研究具有极强的必要性。随着全球经济一体化进程的加速，文化多元化背景下的管理面临着前所未有的挑战与机遇。一方面，现代管理理论多源于西方，在应用于本土企业与组织时，往往会出现“水土不服”的现象，难以充分契合中国员工与生俱来的文化背景与社会心理。中华优秀传统文化所蕴含的价值观、思维方式与行为准则能够为现代管理面对中国员工时提供本土化的解决方案，使其更具适应性与生命力。另一方面，中华优秀传统文化因其指导性、亲和性、教化性而能够在现代企业中找到新的传承与发展路径，其与现代管理的结合能够为经济与社会注入新的活力，从而实现优秀传统文化在企业管理实践中的创造性转化和创新性发展。这种结合不仅有助于提升中国企业与组织的管理水平，增强文化自信，还能够为世界管理理论贡献独特的中国智慧与中国方案，促进不同文化的交流互鉴与共同发展。

近年来，中国企业在钢铁、建材、石化、高铁、电子、航空航天、新能源汽车等领域通过锻长板、补短板、强弱项，大步迈向全球产业链和价值链的中高端，成果显著。中国企业取得的每一个成就、每一项进步，离不开中国特色现代管理思想、理论、知识、方法的应用与创新。中国特色的现代管理既有“洋为中用”的丰富内容，也与中华优秀传统文化的“古为今用”密不可分。

“中华优秀传统文化与现代管理融合”丛书（以下简称“丛书”）正是在这一时代背景下应运而生的，旨在为中华优秀传统文化与现代管理的深度融合探寻路径、总结经验、提供借鉴，为推动中国特色现代管理事业贡献智慧与力量。

“丛书”汇聚了中国传统文化学者和实践专家双方的力量，尝试从现代管理领域常见、常用的知识、概念角度细分开来，在每个现代管理细分领域，回望追溯中华优秀传统文化中的对应领域，重在通过有强大生命力的思想和智慧精华，以“古今融会贯通”的方式，进行深入研究、探索，以期推出对我国现代管理有更强滋养力和更高使用价值的系列成果。

文化学者的治学之道，往往是深入研究经典文献，挖掘其中蕴含的智慧，并对其进行系统性的整理与理论升华。据此形成的中华优秀传统文化为现代管理提供了深厚的文化底蕴与理论支撑。研究者从浩瀚典籍中梳理出优秀传统文化在不同历史时期的管理实践案例，分析其成功经验与失败教训，为现代管理提供了宝贵的历史借鉴。

实践专家则将传统文化理念应用于实际管理工作中，通过在企业或组织内部开展文化建设、管理模式创新等实践活动，检验传统文化在现代管理中的可行性与有效性，并根据实践反馈不断调整与完善应用方法。他们从企业或组织运营的微观层面出发，为传统文化与现代管理的结合提供了丰富的实践经验与现实案例，使传统文化在现代管理中的应用更具操作性与针对性。

“丛书”涵盖了从传统文化与现代管理理论研究到不同行业、不同领域应用实践案例分析等多方面内容，形成了一套较为完整的知识体系。“丛书”不仅是研究成果的结晶，更可看作传播中华优秀传统文化与现代管理理念的重要尝试。还可以将“丛书”看作一座丰富的知识宝库，它全方位、多层次地为广大读者提供了中华优秀传统文化在现代管理中应用与发展的工具包。

可以毫不夸张地说，每一本图书都凝聚着作者的智慧与心血，或是对某一传统管理思想在现代管理语境下的创新性解读，或是对某一行业或领域运用优秀传统文化提升管理效能的深度探索，或是对传统文化与现代管理融合实践中成功案例与经验教训的详细总结。“丛书”通过文字的力量，将传统文化的魅力与现代管理的智慧传递给广大读者。

在未来的发展征程中，我们将持续深入推进中华优秀传统文化在现代管理中的创造性转化和创新性发展工作。我们坚信，在全社会的共同努力下，中华优秀传统文化必将在现代管理的广阔舞台上绽放出更加绚丽多彩的光芒。在中华优秀传统文化与现代管理融合发展的道路上砥砺前行，为实现中华民族伟大复兴的中国梦做出更大的贡献！

是为序。

朱宏任

中国企业联合会、中国企业家协会

党委书记、常务副会长兼秘书长

序　二

/

文化传承　任重道远

财政部国资预算项目“中华优秀传统文化在现代管理中的创造性转化与创新性发展工程”系列成果——“中华优秀传统文化与现代管理融合”丛书和读者见面了。

一

这是一组可贵的成果，也是一组不够完美的成果。

说她可贵，因为这是大力弘扬中华优秀传统文化（以下简称优秀文化）、提升文化自信、“振民育德”的工作成果。

说她可贵，因为这套丛书汇集了国内该领域一批优秀专家学者的优秀研究成果和一批真心践行优秀文化的企业和社会机构的卓有成效的经验。

说她可贵，因为这套成果是近年来传统文化与现代管理有效融合的规模最大的成果之一。

说她可贵，还因为这个项目得到了财政部、国务院国资委、中国企业联合会等部门的宝贵指导和支持，得到了许多专家学者、企业家等朋友的无私帮助。

说她不够完美，因为学习践行传承发展优秀文化永无止境、永远在进步完善的路上，正如王阳明所讲“善无尽”“未有止”。

说她不够完美，因为优秀文化在现代管理的创造性转化与创新性发展中，还需要更多的研究专家、社会力量投入其中。

说她不够完美，还因为在践行优秀文化过程中，很多单位尚处于摸索阶段，且需要更多真心践行优秀文化的个人和组织。

当然，项目结项时间紧、任务重，也是一个逆向推动的因素。

二

2022年，在征求多位管理专家和管理者意见的基础上，我们根据有关文件精神和要求，成立专门领导小组，认真准备，申报国资预算项目“中华优秀传统文化在现代管理中的创造性转化与创新性发展工程”。经过严格的评审筛选，我们荣幸地获准承担该项目的总运作任务。之后，我们就紧锣密鼓地开始了调研工作，走访研究机构和专家，考察践行优秀文化的企业和社会机构，寻找适合承担子项目的专家学者和实践单位。

最初我们的计划是，该项目分成“管理自己”“管理他人”“管理事务”“实践案例”几部分，共由60多个子项目组成；且主要由专家学者的研究成果专著组成，再加上几个实践案例。但是，在调研的初期，我们发现一些新情况，于是基于客观现实，适时做出了调整。

第一，我们知道做好该项目的工作难度，因为我们预想，在优秀文化和现代管理两个领域都有较深造诣并能融会贯通的专家学者不够多。在调研过程中，我们很快发现，实际上这样的专家学者比我们预想的更少。与此同时，我们在广东等地考察调研过程中，发现有一批真心践行优秀文化的企业和社会机构。经过慎重研究，我们决定适当提高践行案例比重，研究专著占比适当降低，但绝对数不一定减少，必要时可加大自有资金投入，支持更多优秀项目。

第二，对于子项目的具体设置，我们不执着于最初的设想，固定甚至限制在一些话题里，而是根据实际"供给方"和"需求方"情况，实事求是地做必要的调整，旨在吸引更多优秀专家、践行者参与项目，支持更多优秀文化与现代管理融合的优秀成果研发和实践案例创作的出版宣传，以利于文化传承发展。

第三，开始阶段，我们主要以推荐的方式选择承担子项目的专家、企业和社会机构。运作一段时间后，考虑到这个项目的重要性和影响力，我们觉得应该面向全社会吸纳优秀专家和机构参与这个项目。在请示有关方面同意后，我们于2023年9月开始公开征集研究人员、研究成果和实践案例，并得到了广泛响应，许多人主动申请参与承担子项目。

三

这个项目从开始就注重社会效益，我们按照有关文件精神，对子项目研发创作提出了不同于一般研究课题的建议，形成了这个项目自身的特点。

（一）重视情怀与担当

我们很重视参与项目的专家和机构在弘扬优秀文化方面的情怀和担当，比如，要求子项目承担人“发心要正，导人向善”“充分体现优秀文化‘优秀’二字内涵，对传统文化去粗取精、去伪存真”等。这一点与通常的课题项目有明显不同。

（二）子项目内容覆盖面广

一是众多专家学者从不同角度将优秀文化与现代管理有机融合。二是在确保质量的前提下，充分考虑到子项目的代表性和示范效果，聚合了企业、学校、社区、医院、培训机构及有地方政府背景的机构；其他还有民间传统智慧等内容。

（三）研究范式和叙述方式的创新

我们提倡“选择现代管理的一个领域，把与此密切相关的优秀文化高度融合、打成一片，再以现代人喜闻乐见的形式，与选择的现代管理领域实现融会贯通”，在传统文化方面不局限于某人、某家某派、某经典，以避免顾此失彼、支离散乱。尽管在研究范式创新方面的实际效果还不够理想，有的专家甚至不习惯突破既有的研究范式和纯学术叙述方式，但还是有很多子项目在一定程度上实现了研究范式和叙述方式的创新。另外，在创作形式上，我们尽量发挥创作者的才华智慧，不做形式上的硬性要求，不因形式伤害内容。

（四）强调本体意识

“本体观”是中华优秀传统文化的重要标志，相当于王阳明强调的“宗旨”和“头脑”。两千多年来，特别是近现代以来，很多学者在认知优秀文化方面往往失其本体，多在细枝末节上下功夫；于是，著述虽多，有的却如王阳明讲的“不明其本，而徒事其末”。这次很多子项目内容在优秀文化端本清源和体用一源方面有了宝贵的探索。

（五）实践丰富，案例创新

案例部分加强了践行优秀文化带来的生动事例和感人故事，给人以触动和启示。比如，有的地方践行优秀文化后，离婚率、刑事案件大幅度下降；有家房地产开发商，在企业最困难的时候，仍将大部分现金支付给建筑商，说“他们更难”；有的企业上新项目时，首先问的是“这个项目有没有公害？”“符不符合国家发展大势？”“能不能切实帮到一批人？”；有家民营职业学校，以前不少学生素质不高，后来他们以优秀文化教化学生，收到良好效果，学生素质明显提高，有的家长流着眼泪跟校长道谢：“感谢学校救了我们全家！”；等等。

四

调研考察过程也是我们学习总结反省的过程。通过调研，我们学到了许多书本中学不到的东西，收获了满满的启发和感动。同时，我们发现，在学习阐释践行优秀文化上，有些基本问题还需要进一步厘清和重视。试举几点：

（一）“小学”与“大学”

这里的“小学”指的是传统意义上的文字学、音韵学、训诂学等，而“大学”是指“大学之道在明明德”的大学。现在，不少学者特别是文史哲背景的学者，在“小学”范畴苦苦用功，做出了很多学术成果，还需要在“大学”修身悟本上下功夫。陆九渊说：“读书固不可不晓文义，然只以晓文义为是，只是儿童之学，须看意旨所在。”又说“血脉不明，沉溺章句何益？”

（二）王道与霸道

霸道更契合现代竞争理念，所以更为今人所看重。商学领域的很多人都偏爱霸道，认为王道是慢功夫、不现实，霸道更功利、见效快。孟子说：“仲尼之徒无道桓、文之事者。”（桓、文指的是齐桓公和晋文公，春秋著名两霸）王阳明更说这是“孔门家法”。对于王道和霸道，王阳明在其“拔本塞源论”中有专门论述：“三代之衰，王道熄而霸术焻……霸者之徒，窃取先王之近似者，假之于外，以内济其私己之欲，天下靡然而宗之，圣人之道遂以芜塞。相仿相效，日求所以富强之说，倾诈之谋，攻伐之计……既其久也，斗争劫夺，不胜其祸……而霸术亦有所不能行矣。”

其实，霸道思想在工业化以来的西方思想家和学者论著中体现得很多。虽然工业化确实给人类带来了福祉，但是也带来了许多不良后果。联合国《未来契约》（2024年）中指出“我们面临日益严峻、关乎存亡的灾难性风险”。

（三）小人儒与君子儒

在“小人儒与君子儒”方面，其实还是一个是否明白优秀文化的本体问题。陆九渊说：“古之所谓小人儒者，亦不过依据末节细行以自律”，而君子儒简单来说是“修身上达”。现在很多真心践行优秀文化的个人和单位做得很好，但也有些人和机构，日常所做不少都还停留在小人儒层面。这些当然非常重要，因为我们在这方面严重缺课，需要好好补课，但是不能局限于或满足于小人儒，要时刻也不能忘了行“君子儒”。不可把小人儒当作优秀文化的究竟内涵，这样会误己误人。

（四）以财发身与以身发财

《大学》讲：“仁者以财发身，不仁者以身发财。”以财发身的目的是修身做人，以身发财的目的是逐利。我们看到有的身家亿万的人活得很辛苦、焦虑不安，这在一定意义上讲就是以身发财。我们在调查过程中也发现有的企业家通过学习践行优秀文化，从办企业“焦虑多”“压力大”到办企业“有欢喜心”。王阳明说：“常快活便是功夫。”“有欢喜心”的企业往往员工满足感、幸福感更强，事业也更顺利，因为他们不再贪婪自私甚至损人利己，而是充满善念和爱心，更符合天理，所谓“得道者多助”。

（五）喻义与喻利

子曰：“君子喻于义，小人喻于利。”义利关系在传统文化中是一个很重要的话题，也是优秀文化与现代管理融合绕不开的话题。前面讲到的那家开发商，在企业困难的时候，仍坚持把大部分现金支付给建筑商，他们收获的是“做好事，好事来”。相反，在文化传承中，有的机构打着“文化搭台经济唱戏”的幌子，利用人们学习优秀文化的热情，搞媚俗的文化活动赚钱，歪曲了优秀文化的内涵和价值，影响很坏。我们发现，在义利观方面，一是很多情况下把义和利当作对立的两个方面；二是对义利观的认知似乎每况愈下，特别是在西方近代资本主义精神和人性恶假设背景下，对人性恶的利用和鼓励（所谓“私恶即公利”），出现了太多的重利轻义、危害社会的行为，以致产生了联合国《未来契约》中“可持续发展目标的实现岌岌可危”的情况。人类只有树立正确的义利观，才能共同构建人类命运共同体。

（六）笃行与空谈

党的十八大以来，党中央坚持把文化建设摆在治国理政突出位置，全国上下掀起了弘扬中华优秀传统文化的热潮，文化建设在正本清源、守正创新中取得了历史性成就。在大好形势下，有一些个人和机构在真心学习践行优秀文化方面存在不足，他们往往只停留在口头说教、走过场、做表面文章，缺乏真心真实笃行。他们这么做，是对群众学习传承优秀文化的误导，影响不好。

五

文化关乎国本、国运，是一个国家、一个民族发展中最基本、最深沉、最持久的力量。

中华文明源远流长，中华文化博大精深。弘扬中华优秀传统文化任重道远。

“中华优秀传统文化与现代管理融合”丛书的出版，不仅凝聚了子项目承担者的优秀研究成果和实践经验，同事们也付出了很大努力。我们在项目组织运作和编辑出版工作中，仍会存在这样那样的缺点和不足。成绩是我们进一步做好工作的动力，不足是我们今后努力的潜力。真诚期待广大专家学者、企业家、管理者、读者，对我们的工作提出批评指正，帮助我们改进、成长。

企业管理出版社国资预算项目领导小组

前　言

/

叩问千年治理智慧，照亮中国式现代化新征程

当历史的车轮驶入21世纪的第三个十年，“中国式现代化”以其波澜壮阔的实践重塑着人类文明的发展图景，“中国话语体系”的建构承载着为人类探索更好社会制度提供中国方案的使命。值此风云际会之际，《经世济民：中国式治理历史底蕴与智慧》一书付梓，这不仅是本人对多年修习中华优秀传统文化的一次小结、从多学科视角对中华治理传统的一次深情回眸，更是依托团队力量和项目机遇，面向未来治理挑战交出的一份思想答卷。作为“中华优秀传统文化在现代管理中的创造性转化与创新性发展工程”的研究成果，本书旨在深入华夏文明源头和腹地，系统梳理、深刻阐释支撑中华文明五千年赓续不断的治理基因与深层智慧，为当代中国式现代化道路提供丰厚的历史滋养与思想启迪。

中华治理之道并非无源之水、无本之木。其源头深植于华夏先民独特的生存实践与文明早期形态的复杂熔铸之中，而近些年丰硕的考古成就，给了我们深究“先夏”文明的可能。中华文明源头上是重视商业和市场的，“中国自古重农抑商”是源自秦代的短视叙事，不能真实反映中华民族生生不息的历史智慧。我们的历史梳理证明，中华文明在起源之初就展现出强大的开放性、务实性、包容力、整合力与动态平衡机制。这种基因特质，决定了其治理模式的核心关切与独特路径。在此基础上，我们可以

确信，“经世济民”这一概念在中国古典文献中具有深刻的含义和丰富的历史智慧。其核心思想是通过治理国家、拯救百姓来实现社会的繁荣和百姓的安居乐业。大禹治水的意义远不止于驯服洪水这一技术伟业，更深刻揭示了中国式治理的早期典型特征：在应对巨大的公共危机时，以“干戈”（军事、战争、权威、强制、组织）为手段，以“玉帛”（协作、交换、共享、流通、共赢）为目标，通过卓越的资源整合、共识凝聚、合作共赢、技术革新与利益协调能力，构建了我们今天叫作“政治文化经济共同体”的庞大、高效组织系统，开创了注重合作共赢、财政基础、会计（会稽）制度、奖罚分明的“家天下”治理格局，奠定了“大一统”的精神原型。这让我们从真正的文明源头上理解中华民族生生不息的治理智慧，那就是从“化干戈为玉帛”到“五谷丰登”“和实生物”再到“经世济民”。

治理的本质在于凝聚人心、维系秩序、促进发展。我们提出“生业-民心”双螺旋协同演进模型，认为这是共同体凝聚力生成与强化的根本动力。一方面，“生业”是基础，关乎物质生产、经济发展、民生福祉。历代兴衰反复证明，“仓廪实则知礼节，衣食足则知荣辱”，经济基础的稳固是社会稳定的前提。另一方面，“民心”是根本，关乎价值认同、道德感召、政治合法性。忽视民生疾苦，背离民心所向，纵有坚甲利兵、严刑峻法，终难逃“失衡之殇”，经济崩溃往往成为王朝倾覆的先声与导火索。这种“生业”与“民心”相互依存、相互促进的双螺旋结构，是贯穿中国治理史的主轴。

周代是中国治理文明走向成熟的关键期，其制度设计与文化精神影响深远。我们特别强调其治理的“人间性”与“人文性”转向，重点研究治理重心从神权、天命更多转向现实的人间秩序建构，以及礼乐制度成为维系社会等级与和谐的核心规范这一特征。秦帝国建立了高度“刚性”的中央集权体制与严密的官僚法律系统，实现了空前的“统”。然而，其过度依赖严刑峻法，徭役繁重，重农抑商，忽视“民心”和民间活力、创造力，最终因治理模式不可持续而速亡。“周秦之变”与“汉承秦制”的辩证演进，生动体现了中国治理体系在“正反合”的历史螺旋中展现出的强大自我调适、融合更新能力。这种在“刚性”（制度、法律、集权）与“弹性”（策略、德化、包容）之间寻求动态平衡的智慧，成为后世国家治理的宝贵遗产。

唐宋时期，经济繁荣、文化昌隆，被视为治理的“繁华盛世”。然而，盛极而衰的教训同样深刻，如唐后期的藩镇割据与财政危机、北宋“积贫积弱”与王安石变法的复杂争议、南宋偏安一隅下的财政压力与社会矛盾。这些兴衰历程昭示着，即使在经济文化高度发达的“盛世”，治理体系若不能有效解决土地兼并、财政失衡、社会流动固化、外部压力应对等问题，繁荣亦可能成为危机的温床。明清时期，治理体系趋向“内卷”、保守，未能有效回应世界历史大变革的浪潮，最终在内外交困中走向衰落。这段历史深刻警示我们，治理体系必须具备前瞻视野、开放心态和强大的自我革新能力，方能应对时代巨变。

历史的回响是为了照亮前行的道路。本书的最终旨归，在于激活中华优秀治理传统这笔丰厚遗产，推动其在当代的“创造性转化和创新性发展”（“两创”），并实现其与现代治理体系的“双融”，即与马克思主义基本原理的深度融通，以及与社会主义现代化治理体系和治理能力建设的有机融合。

谨以此书，献给我敬爱的父亲黄如杰先生、母亲冯瑞兰女士，

还有人生路上遇到的所有恩师良友，

以及关心中国道路、探寻治理之道的同仁与读者。

作者谨识

二〇二五年暑夏 于泉城济南

目　录

第一章

源头活水：中国式治理基因的生成

中华文明探源工程的成就证实，我们伟大的文明自距今 5800 年前的古国时代持续演进，至二里头文化时期进入王朝时代，成为全球唯一未曾中断的原生文明。中华文明如一条奔涌不息的大江，在历史长河中展现出连续性、创新性、统一性、包容性、和平性的特质。这些特质并非偶然形成，而是深植于文明初生的土壤与早期智慧的抉择之中，是我们文化自信的坚实基础和丰沛资源。在如此悠久、辉煌的历史面前，我们当今社会一些流行的说法就不免缺失历史根据且容易引起误解，如当我们反复宣称“中国自古重农抑商”“中国自古家国同构”“中国自古尊儒尚礼”时，往往将五千年文明长河压缩为扁平化的文化切片，用后起的制度形态遮蔽了文明基因的多元嬗变，这样的叙事不利于我们返本开新和继往开来。如“中国自古重农抑商”中所说的“古”，最早也就上溯到秦的商鞅变法[1]，距今才不到 2400 年，而“中华文明探源工程等重大工程的研究成果，实证了我国百万年的人类史、一万年的文化史、五千多年的文明史”[2]。这种思维定式的形成，既是传统史学“层累地造成古史”的惯性延续，也折射出近代以来构建民族认同的迫切需求。但当我们站在 21 世纪第三个十年的历史坐标上，依托中华文明探源工程的考古发现与跨学科研究成果，已有能力打破这种笼统含混的历史叙事，在文明基因的复杂光谱中重构更真实的历史图景。

盘古开天辟地，身化山川日月。女娲抟土造人，炼石补天。伏羲观天象、画八卦。神农尝百草、植五谷。

黄帝与炎帝结盟，于涿鹿之战大败蚩尤，华夏部落一统，黄帝被尊为“人文初祖”。尧舜禅让天下，以德治国。

这是传说叙事中的“远古”。中国上古神话与史前文明叙事蕴含着中

[1] 吕力，黄海啸，程江，等．中国商业伦理学：全球视野与本土重构［M］．北京：企业管理出版社，2023.

[2] 王学斌，刘小昶 如何理解我国百万年的人类史、一万年的文化史、五千多年的文明史？［N］．学习时报，2022-06-20（4）．

华文明的核心基因和治理智慧，是形成文明基因、孕育中国式治理特点的源头活水和文脉基础，如已初步具有了天人合一的宇宙观、集体本位的价值取向、实践理性的文明特质、道德伦理的文明根基、多元一体的共同体意识等文明基因端倪。盘古化生万物、女娲补天等神话体现了对自然秩序的敬畏与融合，奠定了“天地人三才统一”的思维框架。伏羲观天象画八卦、神农辨百草察物性，展示出在自然规律中寻求生存智慧的认知传统；创世神话中的自我牺牲（盘古）、救世神话中的集体责任（女娲补天）、农耕传说中的群体协作（神农教耕），都强调个体服务于族群生存发展的价值选择；从神农尝百草的实证精神到黄帝“垂衣裳而天下治”的制度创造，形成重实践、尚功用的务实传统，将文明进步与民生改善直接关联；尧舜禅让叙事确立“以德配天”的政治伦理，将个人品德修养与治理合法性结合，奠定了“内圣外王”的治理哲学基础；黄帝炎帝部落联盟战胜蚩尤的叙事，既包含族群冲突记忆，更突出通过文化认同超越血缘差异的融合智慧，塑造了“华夷一体”的文明共同体雏形。

禅让制传说确立“天下为公”的政治理想，将领袖品德作为权力交接的核心标准，形成“为政以德”的治理传统。大禹治水传说进一步将德行与治水等民生工程结合，强化政治合法性的实践检验；尧舜时期“四岳”荐贤制度，黄帝“合符釜山”的盟会传统，体现早期政治实践中包含的集体议事元素，为后世“朝议”“谏议”制度提供原型；黄帝“置左右大监，监于万国”的治理架构，既保持中央权威，又尊重部族自治，形成“大一统”与“因俗而治”相结合的治理智慧；涿鹿之战后黄帝“抚万民、度四方”的举措，展现军事征服与文化整合并用的治理策略，确立“修文德以来之”的文明同化路径；从伏羲“制嫁娶”到黄帝“明民共财”，早期文明通过礼俗规范（女娲制笙簧）与成文制度（黄帝法令）共同维系社会秩序，形成礼法互补的治理传统。

在神话意蕴之下，考古学的革命性突破重塑了我们对文明源流的认知尺度。如中华文明探源工程报告显示，良渚水利系统改写了早期国家治理的时空坐标，其精密的水利工程与稻作农业体系，展现的是前商业时代的物质生产与资源调配智慧；陶寺遗址的圭表测影装置与观象祭祀遗址，将天文历法与政治权力的耦合关系上推至4300年前，远比“重农”话语体系中的“劝课农桑”更为深邃；殷墟甲骨文中“贝”作为货币流通的记载，郑州商城遗址出土的海贝、铜贝与青铜器铸造作坊，都揭示了早期商业行为。[1]作为生活在市场经济时代的我们，应该知道“商人”“商业”这些词汇都源于我们文明源头上曾经有一个绵延近千年的商族和轰轰烈烈的“大邑商”古代王朝国家。历史考古发现的物质遗存构成的证据链清晰显示，早期中国的经济形态远比“农本商末”的二元框架复杂，青铜时代的都邑既是政治中心，也是手工业集群所在地与远程贸易节点，商周王室对玉器、青铜的垄断经营，本质上已是国家主导的“特许商品经济”。

中华文明探源工程揭示的更大历史真相，在于中华文明基因库的多元构成与动态演进。二里头遗址出土的绿松石龙形器融合了红山文化玉猪龙与凌家滩玉鹰的元素，三星堆青铜神树凝结着长江流域与西亚文明的对话痕迹，石峁城址的纴木结构暗含草原建筑智慧。[2]这些考古实证构成的文化拼图，彻底消解了“华夏文明单源论”的陈旧范式，展现出前文字时代“中国”大地上多元文明的碰撞融合，让我们以历史的纵深更好地理解组织开放性的价值以及系统“熵增”“熵减”的深刻内涵。正是这种持续数千年的文明互动，孕育出独具特质的治理智慧：龙山时代的小型古国或城邦联盟实践为三代分封制埋下伏笔；从商“巫政合一”到周“天人合一”的权力结构变迁衍生出中国政治哲学中天命观的“人间性”和“人文性”；秦简中的《田律》《厩苑律》证明法治传统远比法家学派更为古老。

[1] 信明华．周前时代的表意、书写与知识建构——关于早期文本诞生的研究［D］．济南：山东大学，2022.

[2] 方向明．良渚玉器与中华文明［M］．杭州：浙江人民出版社，2022.

所谓“自古”，实则是不同文明板块在西辽河、黄河、长江流域反复叠加、筛选、重组的过程性产物。

新史学范式的建构要求我们以动态眼光审视文明基因的显隐逻辑。当商鞅变法将“耕战”确立为国策时，并非凭空创造“重农”传统，而是对周代宗法制度崩解后的社会进行重组，然而人类“吃一堑长一智”的纠偏很多时候会“矫枉过正”而走向另一个极端；当汉武帝“罢黜百家”时，实则是将先秦多元思想资源整合为新的意识形态装置，以期实现新思想武器的“火力集中”，然而历史的吊诡和悖论往往使事与愿违，因为结果往往会反噬意愿；明清“闭关锁国”的政策选择，也不能简单视为“抑商”基因的必然结果，而是白银资本全球化冲击下的被动反应，更多是因为政治文化保守下的封闭和“内卷”。[1]这种历史认知的革新，不仅需要打破线性进化史观的桎梏，更要建立文明基因“分层解剖”和“动态演化”的方法论：在距今约5000年的文明形成期，多元文化要素如同原始基因库般激荡、互融、变易、凝练、共存；“夏商周”是第一轮“正反合”，“周秦汉”是第二轮“正反合”，两轮“反者道之动”和“革故鼎新”“推陈出新”之后，至秦汉“大一统”时期，部分基因片段被激活、强化，形成显性文化表征；而在不同的历史转折点上，那些看似隐没的文明基因仍可能在新语境中重新表达，例如宋元海上丝绸之路的繁荣，实为上古远程贸易基因的新一轮表达。

站在中华文明探源工程搭建的认知高地上回望，所谓“中国自古”不应再是凝固的文化标签，而应理解为文明基因持续重组的动态过程。这种历史观的重塑，不仅关乎如何理解三星堆金杖与中原鼎簋的对话、草原青铜器与长江玉器的共鸣，更决定着当代中国人如何在全球文明对话中确立文化主体性，以及面向未来创造我们新的自主文明话语体系。当我们在二里头宫城遗址触摸最早的中轴线布局，在“南海Ⅰ号”沉船中打捞宋代外

[1] 黄宗智. 华北的小农经济与社会变迁 [M]. 南宁：广西师范大学出版社，2023.

贸瓷器的流光[1]，在敦煌文书中发现粟特商队的账目残卷[2]时，实际上是在解码文明基因的深层图谱，那既是“何以中国”的历史答案，更是“何为中华”的未来之问，更蕴含着本书研究的专题——在国际显学所关注的“大分流”（The Great Divergence）[3]之前，如此辉煌的中华文明成就一定基于卓越的共同体治理智慧和经验，它究竟是什么？这种穿越五千年的凝视，终将指引我们走出“西方中心论”的文明偏见和本质主义的认知迷雾，在文明基因的永恒流动中找寻传统的真义与创新的坐标，为中华民族伟大复兴和中国式现代化社会治理、组织治理提供历史镜鉴和智慧、经验。

中华文明五千多年绵延不绝，发展至今，其间虽有王朝中断、改朝换代，政治跌宕、政权交替，但无论政权如何变乱兴灭，中华文明都会再次走向统一和赓续。断裂以后的修复，更彰显文化、文明的自我修复功能和强大的生命力。《诗经·大雅·绵》就曾以诗意的语言和独具东方美学的意境描写了这种生生不息的饱满和绵延的力量：“绵绵瓜瓞，民之初生，自土沮漆。”朱熹在《诗经集传》中解释说：“大曰瓜，小曰瓞。瓜之近本初生者常小，其蔓不绝，至末而后大也。”后世遂以“瓜瓞绵绵”比喻子孙昌盛，人丁兴旺，一年又一年享受丰收的喜悦与生活的富足。中华文明连续性的深层密码到底是什么？这就是最深层、最内核的基因。无论是血缘“小家”，还是共同体的“大家”，都要通过“自强不息”和“厚德载物”来追求这种温馨、和谐而又富足、绵长的人间幸福。这就是“民意如天”，所以《尚书》在告诫完“人心惟危，道心惟微”之后，宣称一定要“天视自我民视，天听自我民听”，并坚守“惟精惟一，允执厥中”

[1] 刘淼，吴春明．亚太航海考古探索的新进展［J］．南方文物，2024（6）：138-151.

[2] 邱忠鸣．拈花的胡人——由北齐青州佛衣胡人画像管窥中古丝绸之路上的粟特商队［J］．中古中国研究，2017（1）：211-232，405.

[3] 彭慕兰．大分流：中国、欧洲与现代世界经济的形成［M］．黄中宪，译．北京：北京日报出版社，2021.

的原则，这样才能永葆社稷，王道永续。

综观历史，提炼我们独特的文明基因和共同体治理经验，研究清楚这些文明要素和基因成分是如何被继承、赓续和优化的，并借助现代科学思维和系统智慧，创造性转化出一种新的智慧体系，是我们面向未来必须解决的核心问题。一个伟大的文明体，能如此生生不息、瓜瓞绵延，其“文化基因”一定美妙而强大。让我们从“头”叙事，娓娓道来。

一、先夏文明：盛大而华美的梦想

传统历史叙事长期受限于《史记》《尚书》等文献的“先秦”框架，而中华文明探源工程通过大规模考古发掘和多学科交叉研究，将中国文明的源头追溯至距今约 5800 年的古国时代。从浙江良渚的水坝系统到陕西石峁的巨型城址，从山西陶寺的天文观象台到河南二里头的网格化都城，这些遗址以物质实证揭示了先夏时期（约公元前 5800—前 2000 年）的辉煌文明。正如著名华人学者陈明哲先生所言，“夏学”比“国学”更宏阔，包含着中华文明的所有历史智慧，更能从源头上讲清我们的文化基因源于“经天纬地曰文”的“天人合一”精神。他呼吁复兴由孔子集大成的中国学问之“原儒”或“元学”，并将其应用于企业家的个人修为和管理实践，做到“体用不二”，培养同时追求专业成就与极致人文关怀的“文化双融”人士。而“文化双融”就是“执两用中”。中国古代对舜的德行极为推许，《中庸》里孔子对舜的评价是：“舜其大知也与！舜好问而好察迩言，隐恶而扬善。执其两端，用其中于民，其斯以为舜乎！”“执其两端，用其中于民”，这就是“中道”，中国的“中”字从这里而来。[1] 先夏时期不仅孕育了中华民族的第一次天文、农耕、医药等领域的技术飞跃，更在共同体治理层面展现出惊人的智慧。

根据考古大发现，先夏的远古源头可以上溯到旧石器时代，如发现距

[1] 陈明哲．文化双融：执两用中的战略新思维［M］．北京：机械工业出版社，2021.

今约 170 万年的元谋人、约 70 万年的北京人，证明中国是人类起源地之一，这一时期火的使用、石器制作和群体协作能力的突破，为后续文明发展奠定了物质基础。晚更新世智人阶段（如山顶洞人）出现原始宗教意识和装饰艺术，预示着文化创造的萌芽。新石器时代早期（距今约 1 万—8000 年）的江西仙人洞稻作遗存、河北南庄头粟作遗址，标志着中国成为世界农业起源中心之一，定居生活催生了聚落组织。兴隆洼文化（约 8000 年前）的玉器礼制、贾湖遗址的骨笛音律、仰韶文化的彩陶符号，显示先民已构建起包含宇宙观、审美观和社会规范的文化体系。

长江流域良渚古城（约 5300 年前）的巨型水利系统与神权礼器，黄河流域陶寺遗址（约 4300 年前）的天文观象台与阶级分化，辽河流域红山文化的祭坛体系，共同印证早期国家形态的多样性。二里头文化（约 3800 年前）的宫城制度、青铜礼器集群，标志着广域王权国家的成熟，为夏商周三代文明奠定政治框架。

黄河流域形成了以粟黍种植为主的混合农业体系，长江中下游则发展出稻作农业。湖南道县玉蟾岩遗址发现的约 1.2 万年前的人工栽培稻种，是目前世界上最早的水稻驯化实证之一，而良渚遗址外围水坝构成的水利系统，证明先民已掌握大规模水资源管理技术。新石器时代晚期的农业技术突破是华夏早期文明的最好支撑和基础；快轮制陶、玉器琢刻、丝绸纺织等技术的专业化发展，催生了早期手工业阶层。红山文化的 C 形玉龙、良渚的十二节玉琮，不仅是宗教礼器，更是权力符号。山西碧村遗址的白灰地面经碳十四测年，印证了建筑标准化进程，而石峁遗址的皇城台浮雕与贵族墓地，则揭示了等级制度的成熟。手工业的发展与有意识的社会分工为早期的文明提供了技术保障。大禹治水的传说在考古中得到呼应：良渚水坝系统需要数十年持续建设，涉及数万人协作；石峁古城通过“以石筑城”技术实现防洪与防御的双重功能。这种超聚落规模的工程组织，展示了早期社会强大的动员能力和资源调配体系。陶寺遗址发现的中国最早观象台，将天文历法与祭祀权力结合；二里头遗址的网格化都城规划，通过道路和墙垣划分出明确的行政、手工业、祭祀功能区。这种“空间政治学”表明，权力已从神权垄断转向制度化管理。石家河文化与中原文化的玉器交流、大汶口文化与良渚文化的陶器纹饰互鉴，印证了跨区域互动。而山西绛县西吴壁的冶铜遗址，则显示资源流通网络的形成。这种“和而不同”的治理智慧，为后世“协和万邦”理念的形成奠定了基础。这些考古遗址的人文、组织分析，为我们揭示了华夏共同体早期多元的治理模式。燕辽地区的红山文化以“坛－庙－冢”祭祀体系著称，长江中游屈家岭文化发展出城壕复合防御系统，中原地区则通过粟作农业支撑起密集聚落。生业经济的区域差异（北方混合农业 / 南方稻作农业）催生了不同的治理模式。距今 4200 年左右的气候变迁导致长江流域文明衰退，中原地区凭借地理优势成为文化熔炉。二里头遗址出土的牙璋在三星堆遗址再现，石峁文化与齐家文化的玉器交流，证明中原地区通过吸收周边文明要素实现跃升。这种“中原中心”趋势的形成，本质上是多元文明竞争与融合的结果，呈现了文明源头上文化融合的动力学机制。[1]

就地理单元的聚合效应而言，早期华夏民族活跃的区域，北部有西辽河与草原、大漠，南部有喜马拉雅高原和长江沿线，“满天繁星”相互照耀、不断融汇之后，逐渐择中而居，汇聚在黄河－长江流域构成的“两河文明”地理空间里，既保持相对独立，又通过文化互动形成一种新的整体性。黄土高原的粟作农业与长江中下游稻作体系互补，造就了多元一体的经济基础。就文化基因的传承机制而言，文字系统（甲骨文—金文—篆隶）、礼乐制度（周礼）、天下观念（九州说）等核心要素的延续性，构建了超越政权更替的文化认同。《尚书》《史记》等历史书写传统，使文明记忆得以制度化传承，形成“以史为鉴”的治理智慧。就创新与包容的动态平衡而言，游牧与农耕文明的碰撞，孕育出中华文明通过吸收、转化外部元素实现自我更新的能力。

[1] 王巍．听首席专家讲述中华文明探源工程［M］．北京：东方出版社，2023.

站在石峁古城的城墙上，或凝视良渚玉琮的微雕神徽，我们看到的不仅是先民的技术奇迹，更是人类早期社会自我组织的伟大实验。这些深埋地下的文明密码，既解释着“何以中国”的历史逻辑，也为当代全球治理提供了超越时空的智慧参照。正如中华文明探源工程所揭示的：中华文明从未孤立发展，而是一个在多元互动中持续创新的生命体，这种特质，正是先夏留给后世最珍贵的遗产。

二、五谷丰登：文明之初的丰实与异彩

中国是农业时代的幸运儿。回顾人类农业历史，世界上有三大农业体系：以麦豆种植为中心的西亚农业体系、以玉米及根茎植物种植为中心的中南美洲农业体系、以粟作与稻作为中心的中国农业体系。中国独占一极，也是整个欧亚大陆东侧的农业起源中心。中国农业体系实际由两个体系构成，即北方以粟黍种植为中心的旱作农业体系与长江中下游的稻作农业体系，它们于新石器时代中晚期开始出现部分融合的迹象。直到6000多年前，史前农业文化生态系统才真正完全建立起来，形成与环境相适应的文化系统，包括技术、社会与意识形态。[1]

史前中国同时具有两大农业体系，为中国文化的连续发展奠定了重要基础。这两大体系相互补充，北方旱作农业有助于开发旱地，南方稻作农业有利于利用水源丰富的土地。早在新石器时代中晚期，稻作就已经出现在黄河中下游地区。[2]在黄河流域的黄土层中，沉睡的炭化粟粒正诉说着万年前的文明密码。当新石器时代的先民将野生稻粟驯化为可栽培的谷物时，中华大地便开启了以农耕为底色的文明长卷。北方的旱作与南方的稻作犹如两条奔腾的江河，在中原沃野碰撞激荡，最终汇聚成滋养华夏文明的营养母体。在这一漫长的进化过程中，最动人的是各种古文献提供的

[1] 陈胜前．溯源中国文化精神的史前根脉［N］．光明日报，2025-03-19（11）．

[2] 陈胜前．溯源中国文化精神的史前根脉［N］．光明日报，2025-03-19（11）．

“民生”画面，如“神农尝百草，尝五谷，蒸民乃粒食”（陆景《典语》），“古者民茹草饮水，采树木之实，食蠃蛖之肉，时多疾病毒伤之害。于是神农乃始教民播种五谷，相土地宜燥湿肥硗高下，尝百草之滋味，水泉之甘苦，令民知所辟就”（《淮南子·修务训》）。故事的历史叙事有所侧重，但场景里的主体是我们的伟大祖先“神农氏”和他的子民。俯察仰观，触类旁通；有教有学，民生是天。一个个的“神农”带领民众实现了从游猎文明到耕种文明的重要转移。从考古角度看，磁山文化遗址中发现的窖藏粟黍是经过驯化和改良后的品种而非野生，这或许是神农氏“教民食谷”典故的原型，说明当时已经有向农耕文明转变的实践基础，宋代类书《太平御览》就曾引汉代贾谊书曰：“神农以为走兽难以久养民，乃求可食之物，尝百草之实，察咸苦之味，教民食谷。”

中国栽培稻表现出从一个中心向四外发展的趋势。即从河姆渡遗址所在的杭州湾向外扩散，第一波抵长江下游近海地区（约公元前 4300—前 3700 年），第二波达两湖盆地（约公元前 3800—前 2900 年），第三波进入黄淮平原和粤北（约公元前 2900—前 2100 年），第四波扩展到长江上游、台湾、黄河下游及以北地区（商周时期），已大致形成接近今天水稻分布的格局。[1] 2023 年 12 月国家文物局举行的新闻发布会宣告，动物考古、植物考古、环境考古以及稳定同位素分析、古 DNA 分析的协同研究显示，距今 7000 年以来生业经济反映出明显的区域差异，中原及北方地区显示出明显以粟为主，黍、大豆、水稻为补充的混合型农业生产体系。长江流域中下游地区发现的重要水田遗迹表明不同的稻作农业模式与早期复杂社会结构存在共生关系。[2]

中原地区的先民堪称远古时代的农业科学家，他们以惊人的智慧构建起独特的“作物基因库”。洛阳皂角树遗址中出土的碳化谷物，不仅包含

［1］ 严文明．中国稻作农业的起源［J］．农业考古，1982（1）：19-31.

［2］ 李水城．稻作农业起源研究的先驱［EB/OL］．澎湃新闻，2024-07-12.

本土驯化的粟、黍、大豆，更有来自西亚的小麦、大麦，源自长江流域的水稻，甚至还有来自非洲的高粱。[1]这种作物多样性绝非偶然，而是先民通过部落迁徙、物物交换实现的主动创造。不同作物的生长周期互补，抗旱耐涝特性各异，构成了天然的农业保险机制。

农事的精进催生了文明的深层变革。粟粒的滚动带动了陶器的革新，稻穗的垂坠启示了青铜礼器的铸造，麦芒的锋芒则刺激了纺织技术的突破。二里头遗址出土的青铜农具，暗示着礼器铸造技术与农业生产之间的隐秘关联[2]；殷墟甲骨文中“禾”“黍”“稻”等字的成熟形态，折射出文字系统与农业文明的共生关系。这种由土地孕育的创造力，最终凝结为《诗经》中“十月获稻，为此春酒”的生命礼赞。

五谷的丰登从来不只是物质的充盈，更是文明基因的多样呈现。当商周贵族用五谷酿造醴酒祭祀先祖，当《周礼》记载“九谷”种植的精细分工，当《管子》论述“五谷食米，民之司命”的政治哲学，谷物早已超越果腹之物，不仅成为承载礼制、艺术与哲思的文化符号，也历经岁月淬炼，悄悄浓缩、淳化为中华文明的最初基因。这种由土地生长出的文明形态，恰如甲骨文中“丰”字的造字智慧——一株嘉禾在祭器中蓬勃向上，既是对天地的感恩，更是对文明生命力的自信书写。中国农业的发展赋予中国古人一种信心与气质：他们尊重自然但不屈服于自然。也正因如此，我们认为中国文化精神中具有积极的人文主义倾向，大概没有比“自强不息、厚德载物”更适合于形容中国文化精神的表述了。[3]

三、和实生物与先富后教：共同体的经济基础及其人文性

考古研究的持续突破（如石峁古城、河洛古国的新发现），不仅不断

[1] 洛阳市文物工作队．洛阳皂角树——1992 ~ 1993 年洛阳皂角树二里头文化聚落遗址发掘报告［M］．北京：科学出版社，2002.

[2] 李禹阶．陶寺文化与早期中国的初构［J］．社会科学文摘，2025（1）：40-42.

[3] 陈胜前．溯源中国文化精神的史前根脉［N］．光明日报，2025-03-19（11）.

更新我们对文明起源的认知，为当代治理提供深厚的智慧资源，更为我们拨开迷雾看清历史本质、找到大道本源提供了路径和技术支持。伏羲女娲，阴阳和合；天地之和，人道为三；三才之道，和实万物。我们的祖先俯察仰观，天文与人文并建，非常敏锐、早熟地洞察了人类的“人间性”和保持共同体生活生意盎然、生机勃勃、生生不息的“密钥”。这把“密钥”随着历史的进程和进化会有不同的形态和表达，但“得意忘言”之后，我们是可以移植历史的词汇来表达其真意的。最贴切的词语表达应该是：从“和实生物”到“经世济民”。

“和实生物”思想最早见于《国语·郑语》，史伯提出“以他平他谓之和”，强调不同事物通过协调达到动态平衡，方能生成万物。[1]这一思想的词语表达虽然出自春秋战国时期，但其思想源头非常久远，可以在很多远古考古材料中得到印证，如商周青铜器在铸造时融合了铜、锡、铅等多种金属（如后母戊鼎含铜 84.77%、锡 11.64%、铅 2.79%），这正是“土与金、木、水、火杂，以成百物”的实践。[2]战国时期《考工记》记载的“金有六齐”法则，更是将这种多元融合的智慧系统化，成为手工业发展的技术纲领。“和实生物”强调多样性要素的有机统一。在政治经济学中，这对应着不同所有制形式、生产方式和经济主体的共存。例如，当代中国社会主义市场经济中，公有制经济与非公有制经济互补共生，既坚持了社会主义方向，又通过市场机制释放活力，体现了“和”的实践逻辑。在全球化背景下，“和实生物”可解读为不同经济体通过分工协作实现共同发展。国际产业链的“和”，如技术、资本、劳动力的跨国流动推动全球财富增长，而单边主义或“脱钩断链”的“同”（如排斥差异），则会破坏经济生态。“和实生物”的政治经济学解读，揭示了经济系统健康运行的本质规律：唯有在差异中寻求协同、在冲突中创造平衡，才能实现可持续的

[1] 王国良．简评钱耕森先生“大道和生学”[J]．中华文化与传播研究，2023（2）：252-261.
[2] 刘煜．商周青铜器的技术与艺术[V]．讲座视频，2024-09-07.

财富创造与社会进步。这一思想对破解当代资本主义危机、探索社会主义市场经济的深化路径，以及构建全球新经济秩序具有深刻的启示意义。

儒家学派创始人孔子在《论语·子路》中提出“先富后教”，主张治理国家应先满足百姓的物质需求——“富之”，再施以教化——“教之”。这一思想体现了儒家对经济基础的重视，如孟子强调“制民之产”，使民众“乐岁终身饱，凶年免于死亡”，这样才能“驱而之善”。齐国宰相管子更以“仓廪实则知礼节，衣食足则知荣辱”点明物质与精神的依存关系。经济富足后，需通过教育引导建立道德规范。孔子主张“博施于民而能济众”，荀子提出“不教无以理民性”，强调教育是巩固社会秩序的关键。儒家以礼乐制度、伦理规范为教化工具，形成“养民—教民—治民”的治理链条。孔子的另一条教诲则是“不教而杀谓之虐”，表明儒家学派以“仁政”思想体系划清与“唯刑是用”的道德边界。孔子在《论语·尧曰》中批判“不教而杀”，认为未经教化直接施刑是虐政。这一思想体现儒家“仁政”的核心，主张统治者应以德服人，通过教化使民“心悦诚服”，而非以暴力压制。当然，儒家虽重教化，但不排斥刑法，不过强调“先教后刑”，如孔子提出“宽猛相济”，荀子主张“义胜利者为治世”。刑法需以教化为前提，仅在教化无效时作为最后手段。儒家也重视富民与教化的制度设计，先秦思想家将“富民”列为施政的优先目标，如《尚书》提出“正德、利用、厚生”，汉代王符在《潜夫论》中提出“以富民为本，以正学为基”。在历代治理中，轻徭薄赋、劝课农桑等政策均体现“先富”理念。传统治理注重“潜移默化”，通过旌表节孝、乡约制度、礼俗规范等非强制手段引导民风，而非依赖严刑峻法。如雍正帝在处理瑶民事务时，对地方官员“不教而杀”的做法提出批评，强调应循序渐进地对瑶民进行教化。后世因集权需求，部分偏离“先富后教”的原则，转向“重教轻养”。如明清官员侧重道德教化，忽视经济发展，虽核心仍以稳定社会为归宿，但这种封闭、“内卷”基础上的“为稳定而稳定”只能是统治阶级的一厢情愿。传统思想强调“民胞物与”，这与现代社会保障弱势群体、促进共同富裕的理念高度契合。“先富后教”与“不教而杀谓之虐”共同构建了中国传统“经世济民”思想的二元框架：前者强调经济基础与道德提升的时序性，后者划定统治合法性的伦理边界。二者均以“仁政”为内核，体现对民生福祉与人性尊严的双重关怀，为当代社会治理提供了历史镜鉴。

四、龙马精神：自强不息，厚德载物

我们总说自己是“龙的传人”，而考古发现为我们展现了“满天繁星”时代不同区域文化的惊人相似性：辽宁阜新查海遗址[1]发现距今约8000年的石堆塑龙（长19.7米），是目前已知最早的龙图腾实物之一，具备波浪形身躯和腾飞姿态；河南濮阳西水坡仰韶文化墓葬（距今约6500年）出土蚌壳堆塑龙图案，龙身细长带爪，与天文星象（东宫苍龙）关联，反映早期农业社会对自然规律的观测；内蒙古红山文化玉龙（距今约5000年）以C形造型为特征，融合鹿眼、蛇身、猪鼻等元素，成为后世龙形象的重要原型；长江流域良渚文化（距今约5300—4300年）的玉雕龙首器物和陶器龙纹，显示南方龙文化的独立性，其卷曲形态与红山文化的玉龙存在跨区域互动；山东龙山文化藤花落遗址发现的“奢比尸”图腾，可能与东海龙王信仰的起源相关。

红山、良渚文化在5000年前对龙形象的整合，与《史记》有关部落联盟时代的记载相契合，印证龙图腾是多元文化融合的产物，也为黄帝“合符造龙”的传说提供了史实内核。通过考古发现与文献互证，中国龙文化呈现出从多元地域图腾到统一文明象征的演进路径，其内核始终承载着中华民族对自然、权力与精神世界的认知与想象。[2]同时，龙文化作为中国传统文化的组成部分之一，从中也可看出古代中国人的人文精神，包

［1］徐紫瑾．查海遗址晚期社会经济再研究［J］．北方文物，2024（3）：41-47.

［2］李信．腾云驾雾八千年［N］．吉林日报，2012-01-31（13）．

括创新精神、综合精神、包容精神、进取精神、独立精神等。[1]陶寺早期龙盘的蟠龙由头部与身躯组成。头部分为两种：一种为疣鼻天鹅头的艺术化，特征为疣鼻明显，无列齿和眼睛；另一种为长角鳄鱼头，特征是有列齿和眼睛。陶寺人将疣鼻天鹅洁白的外观、优雅的体态及其习性视为圣洁高贵的象征，赋予其守土有责、守信忠贞、洁身自好、少言实干、爱家孝悌等美德内涵。疣鼻天鹅更被陶寺早期邦国尧王族作为“协和万邦”思想的图示。龙身为赤链蛇，陶寺人根据其习性赋予其重土慎迁、藏而不露、不惹事、不怕事，反击时稳、准、狠，且“咬定青山不放松”的美德内涵。[2]

在中华文明五千年沉淀的精神血脉中，“自强不息，厚德载物”的龙马精神犹如奔腾不息的黄河之水，既塑造着民族性格的坚韧脊梁，又滋养着文明形态的包容气象。这种精神发轫于先民观天察地的智慧觉醒，淬炼于历史长河的惊涛骇浪，最终升华为中华民族特有的精神标识，在当代文明的交流互鉴中焕发出新的生机。

龙马精神的哲学根基深植于《周易》的宇宙观。远古伏羲氏观龙马负图而出，从黄河波涛中顿悟天地运行法则，以阴阳二爻推演八卦，开创“天行健，君子以自强不息”“地势坤，君子以厚德载物”的生命哲学。这种精神图腾将龙的刚健奋进与马的务实勤勉熔铸一体：乾卦象征的龙腾九天之势，赋予华夏儿女战天斗地的勇气；坤卦孕育的厚德载物之德，培育出中华文明海纳百川的胸襟。周穆王驾驭八骏巡狩四方，绝地、翻羽、超影等神驹各显其能，恰如《尚书》所载“协和万邦”的理想，既彰显锐意进取的开拓精神，又暗含和而不同的治理智慧。

这种精神特质在历史实践中展现出惊人的塑造力。大禹治水“三过家门而不入”的执着，孔子周游列国“知其不可而为之”的坚守，张骞凿空

[1] 何民捷．中国龙文化中的人文精神——访中国社会科学院何星亮研究员［N］．人民日报，2012-02-23（7）．

[2] 何努．陶寺遗址展现的中国古代政治文明［N］．学习时报，2025-02-28（7）．

西域的探险壮举，郑和七下西洋的和平之旅，无不印证着自强与包容的辩证统一。唐宋时期丝绸之路上的驼铃，既传送着瓷器、丝绸的物质文明，更承载着“和羹之美，在于合异”的文明理念。这种精神在近现代更化作民族觉醒的力量，从林则徐“苟利国家生死以”的担当，到西南联大师生徒步三千里的文化长征，自强不息的锐气始终与厚德载物的雅量相伴相生。

从上述概括的中华民族的精神图腾——龙所代表的人文精神中，我们也就大概能理解中华文明绵绵瓞瓞、生生不息的深层基因密码。当然，本书的目的远不止于此，我们在初步感受之后，还要深刻、系列、系统地研究这些基因的组成、结构乃至在我们今天的民族复兴大业中还能发挥什么样的作用，这种基因又应该如何被继承、赓续和优化，创造性转化出一种新的智慧体系，这是我们面向未来必须思考清楚的核心问题。基于多年研究，笔者认为，中华文明成为世界上唯一自古延续至今从未中断的文明，其核心原因和智慧一在于整体性思维，如地理、制度、文化的系统耦合，二在于很早熟地参悟了天地之间之“三才”大道，自强不息地锤炼了动态平衡能力，如包容与坚守的统一。“三才”结构中的“天”，是“龙”腾云驾雾的所在和意向，同时也是我们族群精神超越的想象和期盼；“三才”结构中的“地”，不仅是我们祖祖辈辈中华儿女的大地母亲，更是我们脚踏实地不懈耕耘、奋斗的“龙马精神”。“三才”思想的原典《周易·说卦传》记载：“乾为天，坤为地。”乾卦爻辞以“龙”代表天道的刚健与变化（乾德），坤卦象传以“马”象征大地的柔顺与承载（坤德），二者共同构成“一阴一阳之谓道”的宇宙观。“龙马精神”的意蕴贯穿哲学、政治、宗教与艺术领域，成为中华文化中“天人合一”思想的重要符号载体。而“天人合一”思想的整体性思维就是坚持系统论，将政治、经济、文化视为有机整体，避免单一要素断裂导致文明崩溃。同时，“龙马精神”也是动态的“损益革新”和不断推陈出新的自强不息。这种动态平衡能力在于通过“举一反三”“物极必反”“仇必和而解”等常变常新、万法归一的大举措、大智慧，如唐宋变革，而绝非轻易通过颠覆性革命实现演进。这一文明范式为人类提供了“连续型文明”的典范，其经验对当代全球文明冲突治理具有重要启示。在发达的哲学思想、丰富的辩证法之外，文化源头上的市场信仰与经济智慧也为中华文明的赓续延绵提供了丰厚的基础和坚实的保障。恩格斯指出：“政治、法、哲学、宗教、文学、艺术等等的发展是以经济发展为基础的。但是，它们又都互相作用并对经济基础发生作用。这并不是说，只有经济状况才是原因，才是积极的，其余一切都不过是消极的结果。”[1]这段论述意在防止我们对常说的“经济基础决定上层建筑”做机械、刻板的理解，也为我们把马克思主义政治经济学与中华优秀传统文化中的“经邦济国”“经世济民”思想相融合奠定了基础。

五、经世济民：民本思想的表达和共同体治理的底蕴

从三皇五帝时期到夏商周王朝，中华文明始终将“民生”与“民心”视为治理的核心。神农氏作为华夏农耕文明的奠基者，以“五谷丰登”为理想，不仅奠定了农业社会的物质基础，更在文明进程中催生了“经邦济国”的治理智慧，为后世共同体的长治久安提供了历史范本。距今约7000年的河姆渡遗址出土的稻作农具与储粮窖穴，佐证《周易·系辞》中“日中为市，致天下之民”的记载，揭示了早期社会已通过集体协作建立粮食储备制度。距今约5000年的良渚水利系统共有堤坝11条，土方量约288万立方米，与周边山体围合成3座水库，总库容约4600万立方米[2]，蓄水量相当于3个西湖，此类超大规模工程需要跨村落协同劳动。[3]

[1] 中共中央马克思恩格斯列宁斯大林著作编译局．马克思恩格斯选集：第4卷［M］．北京：人民出版社，2012.

[2] 王浩，游仪．早期文明考古发现水利功能效益最全面的良渚遗址水利工程——5000多年前的水网长啥样？［N］．人民日报，2025-06-03（15）．

[3] 王宁远．比三个西湖还大的史前巨作——良渚古城外围水利系统发现纪实［J］．杭州（周刊），2019（26）：26-31.

据估算，良渚水利工程需数万人集体劳动，这展现了通过公共工程治理水患、保障农业生产和民生需求的共同体治理方略，表明当时已存在超越血缘群体的高效能组织能力。同时，大型水利工程保障了长江下游的湿地稻作农业（亩产可达200公斤，远超旱作农业），奠定了该区域治理的稳定经济基础，也印证了《国语》中“防民之口，甚于防川”的隐喻所包含的政治经济学原理。在莫角山宫殿区发现的容量达20万公斤的巨型粮仓，不仅印证了《尚书》中“平粜法”的记载，也证明了《尚书·五子之歌》所说的“民惟邦本，本固邦宁”是中国古代共同体治理的实践智慧，揭示了中华文明早期国家治理的深层密码：民以食为天，经济基础和民心所向是共同体治理的最根本保障。这种以民生为本、以经济治理维护社会秩序的智慧，构成了中华文明区别于其他古代文明的独特基因。正如学者所言：“中国传统民本思想包含一系列‘以厚民生为本’的富民之策，要求统治者采取相应政策，关心民众生计，使民众生活富足。”[1]

“经世济民”是笔者基于长期研究所总结和提炼的中华文明的核心历史逻辑和实践智慧。“经世”必然注重提炼“大道”“规律”用于民生实践，“济民”则是实践的结果。除了整个共同体共同的经济基础外，还注重用“市场”开源，用“厚积”养民，如《礼记》所说“三年耕，必有一年之食”；用“薄税”“均贫富”保障民用充足又相对公平。所以，中国从远古源头上就同时高度重视“农耕”和“市场”“商业流通”，“中华文明源头上是重商主义的，舜贩于顿丘，王亥服牛贸易，伊尹、姜太公、鲍叔牙、管仲、宁戚、百里奚、弦高、计然、范蠡、子贡、白圭、猗顿、郭纵、吕不韦，商业活跃的时空里群星璀璨”。[2]北京大学出版社在介绍中国文化大家冯天瑜先生的《万古斯文》一书时说：“一万年中华文化，如

[1] 左玉河．中国传统民本思想及民生实践［J］．河北学刊，2024（2）：111-117.

[2] 吕力，黄海啸，程江，等．中国商业伦理学：全球视野与本土重构［M］．北京：企业管理出版社，2023.

此源远流长，如此丰富灿烂，赓续绵延，屡经创痛但未曾断绝。独具特色的语言文字，浩如烟海的文化典籍，嘉惠世界的科技工艺，精彩纷呈的文学艺术，充满智慧的哲学宗教，完备深刻的道德伦理……”[1]在古代中国，政治与经济密不可分，“经济”一词的本义就是“经世济民”。中国古代民本经济观着眼于安邦定国，以“民生”为核心，以富民、养民为基础。《尚书·五子之歌》中的“民惟邦本，本固邦宁”，就是对民本经济观的经典记载和阐述。其中，重视市场的商业文明与农业文明并驾齐驱，发挥了不可忽视的作用。所以，钱穆先生在治中国经济史时强调，中国古代商业之繁盛，商业都市如临淄、洛阳、苏州、扬州、广州之早熟，远超今人想象，它们大都从春秋战国直传到今，绝不是世人常说的中国只有农耕文明、中国自古就重农抑商。中国的商业文明自古就追求“熏风阜财”“诚中有物”“先富后教”。从中国商业发展史来看，华夏民族在“宅兹中国”之前的三皇五帝时代，就已深深懂得“懋迁有无”“利用厚生”“熏风阜财”的道理，高度重视商业流通和原始市场活动，早早地就从“执干戈以卫社稷”走向“化干戈为玉帛”，善于“经营”，长于“流通”，用诚信道义筑牢国家建设的雄厚经济基础。中国商业史研究专家王孝通先生说：“禹在位时，两会天下诸侯，其一会于涂山，其二会于会稽，执玉帛者万国。玉为五等之圭，而帛则为纁玄黄三色之币，观当时朝会之盛，则商业交易之繁荣，可以知矣。”《易经》有言：“日中为市，致天下之民，聚天下之货，交易而退，各得其所。”“利者，义之和也。”春秋时期管子强调“仓廪实则知礼节，衣食足则知荣辱”“治国之道，必先富民”，其“所抉道德与生计之关系，则于伦理学界有重大之价值者也。……管子之说，以生计为先河，以法制为保障，而后有以杜人民不道德之习惯，而不致贻害于国家，纯然功利主义也”。可见早在春秋

[1] 北京大学出版社公众号．这里是：一万年的中国文化长河［EB/OL］．正观新闻，2024-12-01.

战国时代，中国商品经济和货币经济就已相当发达，形成了“国民经济体系”。[1]

“经世济民”除了包含民惟邦本、国富民强的意蕴之外，另一层含义是依据经典智慧、人间大道治理世界的民生、民治的目的性和效能性。因为“经典”是一个民族经验的高度提炼和智慧的集大成。从上古五帝时代产生《易》，到孔子创私学修“六经”，再到“六经”之教发展为经学，“六经”作为中华文明早期经典，不断规范中国人的知识和思想，塑造中华民族的文化信仰、思维习惯、道德准则和言语行为，确立中华文明独特的精神标识。中华文明以“六经”为核心的文化主体性，在“经世济民”理念中展现出独特的治理智慧。从《周易》“观乎人文，以化成天下”到《尚书》“民惟邦本”的治国纲领，这些经典文本构建了以道德伦理为根基、以动态平衡为特质的治理范式，为共同体的经济基础建设与可持续发展提供了深层理论支撑。

比如经济基础的价值锚定。《周礼》“以九职任万民”的职分体系，将社会分工纳入天道秩序，在“农本商末”的表层结构下，暗含着“四民分业”的均衡发展观。管仲的“四民定业”政策即脱胎于此，通过“士农工商”的专业化分工，既维护小农经济根基，又推动工商业有序发展。这种“经权之辨”在北宋王安石变法中达到高峰，青苗法以《孟子》“制民之产”为理论依据，将国家信用体系与基层经济组织相衔接，创造出前现代世界颇具创新性的农业金融系统。《周易》“穷变通久”的哲学在汉代盐铁会议中转化为“与民休息”的治理实践。董仲舒的“调均”思想继承《春秋》的“大一统”理念，既反对“富者田连阡陌”，又防止“贫者无立锥之地”，形成“限田－均输－平准”的三维调控体系。这种“动态均衡”思维在唐代两税法改革中具象化为“量出制入”的财政原则，通过建立弹

[1] 吕力，黄海啸，程江，等．中国商业伦理学：全球视野与本土重构［M］．北京：企业管理出版社，2023.

性税基和转移支付机制，使中央财政汲取能力与地方经济发展形成正向循环。《诗经》中“溥天之下，莫非王土”的政治想象，经由“春秋笔法”转化为文化共同体的精神契约。朱熹的《大学章句》将“修身齐家”与“治国平天下”贯通，使基层社会的宗族伦理成为国家治理的微观基础。明清时期“义庄－社仓－乡约”三位一体的民间自治体系，正是这种“伦理经济学”的实践结晶。当晋商票号通过“信约公履”制度构建跨区域金融网络时，其信用根基仍系于《论语》“人而无信，不知其可”的道德训诫。这种经典智慧启示我们：现代社会的可持续治理，需在效率与公平、市场逻辑与文化伦理之间建立“执两用中”的平衡机制。正如《礼记》所说的“礼，时为大”，“经世济民”的精髓不在于固守具体制度，而在于秉持“民胞物与”的治理初心，在文明传承中实现治理体系的创造性转化。当数字技术重塑经济形态时，如何将“义利之辨”转化为数据伦理，将“天下为公”的理念注入共享经济，正是传统智慧给予当代治理的核心命题。

中华文明中的“经世济民”是一个源远流长的概念，它不仅承载着深厚的历史初心，而且在当代社会依然具有重要的现实意义。在中国古代的治国理念中，“经世济民”意味着治理国家和社会事务，使之有条理，帮助百姓远离困境。这种理念要求统治者和知识分子不仅要关注物质财富的积累，更要关注民众的精神需求和社会的整体和谐。中华文明中的“经世济民”思想不仅是对古代治国理念的传承，也是现代社会发展的重要指导原则，它要求我们在追求经济发展的同时，更加注重社会的公平正义和人民的福祉，以及在全球范围内推动可持续发展。本书基于多年的研究，提炼出“经世济民”的历史线索，梳理出一种独具东方特色的政治经济学和人文经济学传统，并进行宏观与微观两个层面的交错分析。本研究旨在揭示“经世济民”这一核心概念的内在逻辑与历史影响，以及其在实际政策中的应用。通过系统梳理古代文献，挖掘出“经世济民”思想的本质，即以民生福祉为导向，兼顾社会公正与经济发展。本书详细剖析了历史上的实践案例，如古代的水利建设、土地政策和赋税制度，展现了“经世济民”思想在国家治理中的生动实践。中国古代的“经世济民”思想在今天仍有其现实意义，其深厚的历史底蕴和丰富的实践智慧为现代经济学提供了宝贵的理论滋养，也为现代经济学和公共政策提供了重要参考。未来的研究可进一步挖掘“经世济民”思想的微观机制，以及在当代全球背景下的适应性与创新。当然，创造性转化与创新性发展原则也要求我们面对智能化未来，既要遵从我们历史智慧中的伦理导向、德性优先法则，也要避免“伦理中心主义”，因为“伦理中心主义在古代中国文化中占据重要地位，它使科学家在解释自然现象时容易融入伦理价值判断，干扰了科学的理性探索”[1]。

习近平总书记在领导中国式现代化建设中创造性地继承“国之称富者，在乎丰民”的历史智慧，并强调：“中国要实现共同富裕，但不是搞平均主义，而是要先把‘蛋糕’做大，然后通过合理的制度安排把‘蛋糕’分好，水涨船高、各得其所，让发展成果更多更公平惠及全体人民。”[2]放眼世界，极少有像中华民族这样的古老民族还能如此自信、持续不断地“接着讲”“创造性地讲”自己的历史智慧，真可谓现代版的“周虽旧邦，其命维新”。著名的英国历史学家汤因比曾说：“中国人比世界上任何一个民族都更具有一贯性。”这个“一贯性”就是“连续性”，也是可继承性。它既说明我们这一古老文明的历史智慧博大精深，也证明我们中国人进行自主性现代化创新的底蕴和自信。习近平新时代中国特色社会主义经济思想贯穿始终的一条“红线”——“发展为了人民、发展依靠人民、发展成果由人民共享”，其思想源泉在哪里？穿越千年，“为政之道，以顺民心为本，以厚民生为本”这种中国古代“经世济民”思想与民本思想已完美地“活转”于当代，完成了其现代性创新。《尚书·五子之歌》

[1] 金观涛，刘青峰．兴盛与危机：论中国社会超稳定结构［M］．北京：法律出版社，2011.

[2] 出自 2022 年 1 月 17 日习近平主席在 2022 年世界经济论坛视频会议的演讲。

中的“民惟邦本，本固邦宁”体现了古代中国政治与经济密不可分的关系，强调以民为本，关注民生，将富民、养民视为国家治理的核心。这种思想认为，国家的稳定和繁荣依赖于民众的福祉。穿越历史，中国自古至今最核心的治国理政经验与智慧，就是以“富民政策”与“民心工程”作为巩固统治、稳定社会的重要治理手段，其本质是通过经济调控、社会保障和道德教化实现“藏富于民”与“凝聚民心”的双重目标。历代王朝坚信“民富”是“民心”的基础，将管仲的“仓廪实则知礼节”奉为圭臬。实现这种较理想的政治经济学治理效果的智慧被称为“天道”“天理”，它由历代统治者和士大夫提炼并记载于历代的“经典”之中，后世代代相传，又不断创新，用于“再创盛世”“再振民生”，这就是充满人文精神的中国式“政治经济”——“经世济民”。

“国之称富者，在乎丰民”出自三国时期魏国钟会的《刍荛论》，这一论断深刻揭示了中华文明对“富国”与“富民”辩证关系的认知。在中国的历史长河中，“经世济民”的理念犹如一条坚韧的线索，贯穿于各个朝代的治理实践中，体现出中华民族独特的智慧与精神。它不仅是一个古老的治国方略，更是深深植根于人们日常生活中的价值追求。从儒家的“仁政”理想到道家的自然顺应，这一理念在不同的历史时期被赋予了不同的内涵，但其核心——关注民生、追求社会和谐与国家繁荣——始终如一。在古代中国，政治与经济密不可分，“经济”一词在中国历史上的词源学含义就是“经世济民”。本书基于历史文献、历史人物和事件，以及当代考古成果，主要从静态和动态两个维度来归纳、总结“经世济民”的历史底蕴和智慧。就静态而言，“经世”是指古代的“政治经济学”，即藏在“四书五经”“十三经”等各时代“经典”里的治世智慧，是“大道”之本；与之对应的“济民”静态图景则是这种政治经济学治下的“民生济济”。中国古代民本经济观着眼于安邦定国，以“民生”为核心，以富民、养民为基础。《尚书·五子之歌》中的“民惟邦本，本固邦宁”，就是对民本经济观的经典记载和阐述。

“经世济民”思想的系统性总结可以追溯到先秦时期，它深深地烙印在了孔子的“仁者爱人”、孟子的“民为贵，社稷次之，君为轻”等经典论述中。这一理念强调道德与政治的结合，认为治理的根本在于以百姓的福祉为出发点，实现社会公正和国家稳定。“经世济民”这一概念在中国古典文献中具有深刻的含义和丰富的历史智慧。其核心思想是通过治理国家、拯救百姓来实现社会的繁荣和百姓的安居乐业。[1]从字面上看，“经世济民”中的“经”指的是治理，“济”则是拯救，合起来即治理国家、拯救百姓。“经世济民”这一概念在中国古代文献中的出现可以追溯到公元4世纪初的东晋时代。具体来说，葛洪在其著作《抱朴子·内篇》中使用了“经世济俗”的表述，意为治理天下、救济百姓。隋朝时期，王通在《文中子·礼乐》中进一步提出了“经济”一词，并将其定义为“皆有经济之道，谓经世济民”。杜甫在《上水遣怀》诗中说：“古来经济才，何事独罕有。”《宋史·王安石传论》则说：“以文章节行高一世，而尤以道德经济为己任。”在历史的演进中，无论是汉唐盛世的繁荣，还是明清交替的动荡，“经世济民”始终是统治者和士人共同追求的目标，它塑造了中国社会独特的治理模式和文化基因。“经世济民”的核心在于对天下苍生的关爱与关怀，对国家富强的期盼与努力。它体现了古代中国知识分子的家国情怀，以及他们对理想社会的向往。例如，王安石的变法虽然争议不断，但其背后所体现的“经世济民”精神，即通过改革来实现国家的强盛和民众的福祉，至今仍具有深刻的启示意义。变法中的青苗法、农田水利法等措施，试图通过经济手段缓解社会矛盾，提高人民生活水平，尽管未能彻底解决问题，但在实践中展现了践行这一理念的积极努力。进入现代社会，“经世济民”的理念并未因时代的变迁而式微，反而随着社会需求的演变，被赋予了新的时代内涵。在当代中国，这一理念在解决社会矛盾、推动经济发展、实现人民幸福中显得尤为重要。党的十八大以来，

[1] 张国刚．治术：周秦汉唐的经世之道[M]．北京：中华书局，2019.

“以人民为中心”的发展思想贯穿于国家治理的各个方面，体现了对“经世济民”理念的现代诠释。在构建人类命运共同体的宏大背景下，中国式治理不仅关注国内的和谐与进步，也积极为全球治理贡献中国智慧，展现了一个负责任大国的担当。

六、结语：中华文明探源工程揭示的中国式治理历史逻辑与基因构成

中华文明多元一体，历史悠久且从未中断。其在漫长的历史中，秉持和平包容的精神，用创新与智慧克服无数艰难险阻，发展成一个超大型文明。为什么会如此呢？中华民族具有百万年的人类史、一万年的文化史、五千多年的文明史，历史造就了文明特性，锤炼了文化精神。万年文化史的开端要追溯到距今一万年前后发生的人类历史的重大变迁，也就是农业起源。农业能够提供更多的生产剩余，支持更多的人口、更高的人口密度，由此也带来更复杂的社会组织形态，也就是“文明”。考古学所说的文明，其本质特征就是具有国家或类似国家的社会组织形态。人类历史上所有的文明都立足于农业基础，《枪炮、病菌与钢铁：人类社会的命运》一书的作者贾雷德·戴蒙德（Jared Diamond）提出，正是农业生产的差异，导致历史上人类社会的不同命运。也正是因为农业生产的不同模式与历史，形成了东西方文化不同的特征。[1]在中华文明数千年的发展历程中，“和实生物”与“经世济民”两大思想贯穿始终，既构成哲学层面的价值根基，又指导着社会治理的实践方向。西周末年史伯提出的“和实生物”和儒家倡导的“经世济民”，共同构建了中国传统文化中“和谐共生”与“务实为民”的双重维度。

[1] 陈胜前．溯源中国文化精神的史前根脉［N］．光明日报，2025-03-19（11）．

（一）历史逻辑的阶段性演进

1. 中国古国时代第一阶段（距今约 5800—5200 年）

以西辽河流域牛河梁遗址为代表，出现大型祭祀建筑群（9 座台基）和玉礼器体系，标志着等级制度与原始宗教治理模式的萌芽。社会通过神权确立权力合法性，形成“祭祀主导型”治理雏形。

2. 中国古国时代第二阶段（距今约 5200—4300 年）

多元区域文明并行发展：良渚文明通过大规模水利系统（新发现近 20 条水坝[1]）实现资源统筹，体现工程化治理能力；大汶口文化焦家城址展现了黄河流域早期的城邦治理形态；长江中下游与黄河流域呈现“因地制宜”的治理路径分化。

3. 中国古国时代第三阶段（距今约 4300—3800 年）

中原中心化趋势形成关键转折：陶寺遗址发现史前最大的夯土建筑基址，反映行政中枢的集权化；二里头遗址网格化都城规划（新发现道路与墙垣），体现层级化社会管理与空间秩序；手工业生产技术质变（青铜礼器与玉兵器组合），标志着礼法并重的治理体系成熟。

（二）中国式治理的基因构成

1. 礼制为核的治理合法性建构

从红山文化玉器、良渚神徽到二里头青铜礼器群，形成“器以载礼”的治理符号系统，确立道德规范与等级秩序的双重约束。

2. 中央集权的动态平衡基因

石峁城址转角浮雕与陶寺天文观象台揭示天命观与实证治理的结合，奠定“集中力量办大事”的传统，而良渚水坝体系则体现早期公共事务协作机制。

3. 多元一体的社会组织基因

中华文明探源工程揭示三大特征：生业经济的区域差异化（7000 年

[1] 国家文物局发布中华文明探源工程最新成果［EB/OL］. 国家文物局网站，2023-12-09.

来南北作物种植模式分化）；文化交融的持续性（西辽河与中原器物纹饰互鉴）；治理层级的弹性扩展（从良渚的单一神权到二里头的网格化分级管理）。

4. 技术治理的实践智慧

陶寺遗址古观象台观天授时的“国家工程”，良渚水坝的流体力学应用，都体现中国古代“道器合一”的治理方法论，将技术创新纳入社会治理框架。

5. 可持续发展的生态基因

动植物考古研究显示，距今约3800年的中原地区已形成粟作农业与家畜饲养的复合系统，衍生出“天人合一”的资源管理哲学，成为治理体系的生态维度支撑。

（三）对现代治理的启示

这些基因构成揭示了中华文明治理体系的三重特性：制度韧性（从多元到一体的动态平衡）、文化包容性（礼制框架下的多元融合）、实践理性（技术治理与伦理秩序结合）。中华文明探源工程通过多学科协同，为破解“超大规模文明治理”的历史密码提供了考古实证，其揭示的“渐进整合”模式，正是中国式现代化道路的历史注脚。

本书旨在揭示“经世济民”这一理念的历史脉络，以及它如何在不同的时代背景下焕发出新的生命力。本书将通过分析中国古国时代的大国治理模式、秦汉的国家整合、唐宋的制度调整与文化塑造等，梳理这一理念的历史演进，挖掘其内在逻辑。我们期望通过深入剖析历史案例，探索这一理念如何在王道理念的坚守与实践中，展现出强大的适应性和韧性，为当今中国的治理现代化提供历史借鉴，为全球治理的探索提供本土化的思考。第一章将作为全书的引子，阐述“经世济民”理念的深远影响，为后续章节的详细讨论奠定基础。本书将讨论这一理念的起源、核心价值以及在各个历史阶段的实践与影响，同时揭示其在当代中国及全球治理中的重要意义。通过这样的研究，本书希望读者能够理解“经世济民”不仅是历史的记忆，更是现实的指引，是中华民族生生不息、追求永续发展的重要动力。

第二章

从“满天星斗”到“五瓣重花”：早期治理特色与竞合机制

习近平总书记在中共中央政治局第三十九次集体学习时指出：“中华文明源远流长、博大精深，是中华民族独特的精神标识，是当代中国文化的根基，是维系全世界华人的精神纽带，也是中国文化创新的宝藏。”是的，2300多年前的士大夫屈原，曾就这宝藏发出“天问”：“遂古之初，谁传道之？上下未形，何由考之？”在中国考古学成就硕果累累的今天，我们不仅可以问哪里是“最初的中国”，更可以讨论华夏共同体最初的治理样式。2023年12月，中华文明探源工程最新进展成果发布，其中指出，距今约5800—3800年为古国时代，距今约3800年进入王朝时代。陶寺遗址距今约4300—3900年，正处在王朝时代的前夕。“陶寺邦国的时空政治文明核心基因就是‘经天纬地’。”曾长期担任陶寺考古队领队的中国社会科学院考古研究所研究员何努告诉《中国报道》的记者。[1]天地之间，经天纬地，择中而居。最初的中国，已具有了如此深邃而宏大的智慧。

《惟王受年：从农业起源到秦帝国的中国政治生态学》的作者兰德（Brian Lander）认为：“如果我们想要理解人类究竟有多么成功（至今为止），我们不该只回望几十年或者几百年，而是应当纵览几千年的历史，回到农业起源之时。”[2]中国在新石器时代晚期（约5000—6000年前）呈现出多元文明并存的格局，考古学家苏秉琦将其比喻为“满天星斗”。随着中原地区（黄河中下游）农耕文明的崛起，其逐渐成为文化交融的核心。各区域通过交流碰撞，形成以中原为“花心”、其他地区为“花瓣”的多层次文明结构。“五瓣重花”之后，又向“月明星稀”转变，即中原核心地位的确立。这一时期的文化遗址如良渚、红山、石家河等分布广泛，形成六大区系文明（中原、东方、长江中下游、南方、西北、北方），

[1] 徐豪．最初的“中国”在哪里？［EB/OL］．中国报道公众号，2024-07-15.

[2] 兰德．惟王受年：从农业起源到秦帝国的中国政治生态学［M］．王泽，杨姚瑶，译．上海：东方出版中心，2023.

它们彼此独立发展又相互影响。中华文明从“满天星斗”到“五瓣重花”再到“月明星稀”的演进，体现了多元文化交融与核心凝聚力相互作用的历史逻辑，以及制度、文化、经济层面的经验智慧。[1]比如关于商业和市场的理念，我们通常会说“中国自古重农抑商”，但考古成就和文献的二重证据法会告诉我们，“重农抑商”始于公元前356年秦商鞅变法，距今只有两千多年，相较于我们“百万年的人类史、一万年的文化史、五千多年的文明史”而言，这绝对不能算我们文明的“源头”。许倬云先生在其专著《说中国》中认为，中国作为一个开放复杂又可持续的共同体，其“真正力量”应该是“经济”。“经济”在中国历史文化语境中的含义是“经世济民”，所以从文明源头上，我们的文化智慧和“治理初心”就是修德以养民、经邦以济国，这种文化基因保障了从宏观经济维度高度重视商业活动和物质文明正义性的民族理性。搞清楚我们最初共同体的汇聚“初心”和治理智慧，我们才可以说找到了中国式治理的“源头活水”和基因禀赋，我们才有可能谈文化“两创”、制度创新和中国学派，才有可能“重新出发、继往开来”。对于一个“穷则变，变则通，通则久”、绵延了5000余年的人类历史上唯一没有中断的庞大、复杂共同体，要想搞清楚中华文明的基因类型和精神特质，必须从源头上下功夫。

一、中华文明源头上的多元一体性

新石器时代的考古发现揭示了中华大地上存在多个独立起源的文化区系，这些文化系统在器物组合、聚落形态和礼仪制度方面呈现鲜明的地域特征。例如，良渚的巨型水利工程与神权政治、三星堆的青铜神树和面具，展现了早期文明的多元创造力。考古发现的数量众多的新石器时代遗址表明，中华文明的起源并非单一中心，而是“多元共生”。[2]龙山文

[1] 韩毓海．龙兴——五千年的长征［M］．北京：中信出版集团，2019.

[2] 令小雄．人类命运共同体文化价值研究［D］．兰州：兰州大学，2022.

化晚期至二里头文化时期，中原地区通过礼器系统的标准化、都邑建筑的规范化以及青铜礼器群的扩散，逐步形成跨区域的文化认同框架。商周青铜器铭文与甲骨卜辞证实，多元文化要素通过宗法分封、礼制整合和文字系统实现了制度性融合。秦汉以降的历史文献表明，“大一统”理念并非消除文化多样性，而是构建了“同文共轨”与“因俗而治”并行的治理智慧。这种文明特质在当代呈现新的时代内涵，为处理全球化背景下的文化认同问题提供了历史镜鉴。本书采用考古类型学与文献考据相结合的双重印证法，揭示中华文明在保持地域文化活力的同时实现整体性发展的内在机制。

中华文明的形成与发展始终贯穿着多元文化的碰撞与融合，这种特质在文明起源阶段便呈现出鲜明的动态平衡。距今 5000 年前后，各区域文明宛若“满天星斗”[1]，在中华大地上熠熠生辉。各区域文明相互交融，逐渐形成了具有共同基因的“早期中华文化圈”。考古发现显示，新石器时代各区域文明在器物制作、聚落形态和精神信仰领域都保持着自主创新活力，良渚玉器体系、仰韶彩陶传统、红山祭祀遗存等文化符号的差异性，恰恰印证了早期文明的多源性发展特征。这种多元性并未导致割裂，反而通过中原地区的文化整合机制，在龙山时代至青铜时代初期逐步形成共享的礼制框架，为后世“多元一体”格局奠定基础。当然，这种格局放在世界文明的大框架下，其特色和风格也是鲜明的，其中蕴含着中华文明及中国式治理的最初基因。如与两河流域文明相比，中国彰显王权的方式和国家形态有其特色，彰显方式如精美的玉礼器、青铜礼器、规模巨大的土木宫殿、模仿地上建筑的墓葬等；在两河流域及古埃及，则用黄金、宝石、宏伟的石砌神庙、金字塔和大型墓室来表现。从这一视角来看，以中国为代表的东方文明具有近万年的“玉文化”历史，信奉和讲究“化干戈为玉帛”“君子无故，玉不去身”“以和为美”等伦理审美；而两河流域文明及

[1] 李婷 . 358 件珍贵文物再现中国早期文明“满天星斗”[EB/OL]. 文汇网，2023-06-20.

其所影响的罗马文明乃至西方文化，则信奉神庙、黄金和权杖，直到今天仍有很多要素活跃在各自文化和共同体治理秩序的实践之中。

而距今约4300—4000年，各部族在涿鹿之战后逐渐汇聚中原地区，形成了更加一体化的文明体系。那么，在这一多元汇聚的过程中，当长江中下游、黄河下游等区域的文明相继衰落时，中原地区的文明进程为什么并未出现挫折，而是从尧舜禹到夏商王朝都保持了发展态势呢？根据王巍先生的研究，大致有四个原因。[1]一是农业发展，基础稳定。古环境研究表明，距今4200年前后全球范围气候异常，长江中下游地区文明衰落，而中原地区的文明发展达到新的高度。探源研究经过多学科分析后发现，中原地区多样的地形，粟、黍、稻、麦、大豆构成的多品种种植制度，猪、狗、牛、羊等多样化的家畜养殖，使中原地区具有较强的抵御自然灾害的能力，农业得以巩固，文明和社会持续发展，为夏商王朝的建立奠定了基础。二是开放包容，博采众长。在陶寺和王城岗等遗址可以看到其他地区的文化要素向中原地区汇聚的现象，如黄河下游史前文化的陶制酒器和木质棺椁、长江下游良渚文化的玉琮和玉璧、经西北地区传入的冶金术等，都被中原地区吸收。中原地区融汇各地文化要素，孕育了夏商王朝。三是广泛结盟，形成合力。根据古史传说，中原集团从黄帝时期就注重结盟。面对周围势力向中原地区拓展的挑战，中原集团采用结盟的方式壮大力量，尧、舜、禹先后成为盟主。在安徽蚌埠涂山脚下的禹会村遗址，发现一处夏朝建立前夕的特殊遗迹：中央为一方形土台，前有一字排列的30个长方小坑，周围是具有各个地区特色的陶制酒器。“禹合诸侯于涂山，执玉帛者万国”（《左传·哀公七年》），这一考古发现或许反映出文献传说有一定的史影。四是创建礼制，巩固王权。为了保持社会稳定，壮大集团力量，陶寺文化开创了以鼓、磬、铃、玉石钺、成套容器等为表现

[1] 王巍．十四届全国人大常委会专题讲座第六讲：中华文明起源与早期发展综合研究［EB/OL］．中国人大网，2023-09-01.

形式的礼乐制度，这为夏商王朝所继承和发展，礼制也成为中华文明的核心内容。四大原因之中，农耕文明的成就为共同体凝聚打下了坚实的物质经济基础，使中华文明从源头上就高度重视仰观于天、观象制器、经天纬地，从而能够有效地造福大众、厚生养民，为中华文明凝练了“经世济民”的中国式治理基因要素。

（一）中华文明的多元起源

在新石器时代的中华大地上，不同区域的文化系统如同繁星般各自闪耀，形成了独特的文明发展轨迹。考古发现显示，黄河中游的仰韶文化以彩陶艺术闻名，其鱼纹、鸟纹图案不仅具有装饰功能，更蕴含着原始部族的图腾信仰；长江下游的良渚文化则发展出精密的玉器体系，玉琮、玉璧等礼器与高台祭坛共同构成了等级分明的神权社会；辽河流域的红山文化以女神庙和积石冢群为特色，其独特的龙形玉器昭示着北方地区早期的宇宙观体系。这些文化系统在器物组合、聚落形态和精神信仰层面都展现出显著差异，印证了苏秉琦提出的考古学文化区系类型理论。地域性文化特征的形成与自然地理环境存在深刻关联。黄土高原地区的半地穴式建筑，适应了干旱少雨的气候条件；长江中游屈家岭文化的干栏式建筑，则是对湿热多雨环境的创造性回应。在精神信仰领域，中原地区存在以猪骨占卜的原始宗教实践，而东南沿海的河姆渡文化则孕育出以太阳崇拜为核心的信仰体系。这种文化多样性不仅体现在物质遗存层面，更反映在早期先民对自然环境的认知方式和改造能力上。考古类型学研究揭示，各文化区之间存在着复杂而有序的互动网络。[1]大汶口文化的白陶鬶在仰韶文化遗址中出现，暗示着黄河中下游地区的器物交流；良渚玉器制作技术在石家河文化中的传播，则显示出长江流域的技术共享。值得注意的是，这种交流并未导致文化趋同，反而促使各地域在保持自身特色的基础上进行创

[1] 任瑞波．关于“类型学”和“区系类型理论”的几个问题——与汤惠生教授商榷［J］．北方考古，2024（2）：75–96.

新——中原地区将外来玉器改制为象征军权的玉钺，江汉平原则将江南的治玉工艺与本土的陶器造型相结合。早期文化的多样性为中华文明的后续发展提供了丰厚的创新基因库。不同区域在农业耕作、手工业制造和社会组织方面的探索，催生了互补共生的技术体系。黄河流域的粟作农业与长江流域的稻作技术，最终在中原地区交汇融合；东部沿海的治玉工艺与西北地区的青铜铸造技术，通过文化互动催生出新的礼器组合。这种多元并存的格局，既保持了地域文化的活性，又为更高层次的文明整合奠定了物质与精神基础。

（二）区域文化的交融与互动

新石器时代晚期至青铜时代初期，中华大地上的区域文化互动呈现出多层次、多维度交融的特征。考古发现显示，不同文化区系在保持自身特色的同时，逐渐形成了制度化的交流网络。[1] 中原地区陶寺遗址出土的玉琮与长江流域良渚文化的玉琮存在形制关联，而海岱地区大汶口文化的陶鬶造型在江汉平原石家河文化中发生形态演变。这种跨区域的器物传播不仅体现物质交换，更隐含着礼仪制度的相互借鉴。值得注意的是，这种互动并非单向传播，陕晋高原的石峁遗址发现的鳄鱼骨板与长江中游的扬子鳄分布区形成呼应，暗示着远程资源流通网络的存在。文化交融在技术传播领域表现得尤为显著。快轮制陶技术从海岱地区向中原扩散的过程中，与当地泥条盘筑传统结合，催生出新型陶器组合；长江下游的治玉工艺传入中原后，与本地石器加工技术融合，发展出更具实用功能的礼仪用具。这种技术整合往往伴随着社会组织的革新——龙山文化蛋壳黑陶的标准化生产，既吸收了东南地区轮制技术的精髓，又结合了中原聚落规模化生产的管理经验，为早期国家手工业体系的建立奠定了基础。精神文化层面的互动通过图像符号系统得以呈现。山东焦家遗址出土玉器上的神人纹饰，与辽河流域红山文化玉器上的抽象人形存在构图逻辑的相似性；长江中游

[1] 王巍，赵辉．“中华文明探源工程”及其主要收获［J］．中国史研究，2022（4）：5-32.

彩陶的八角星纹在中原彩绘陶器上转化为具有方位象征的几何图案。这种跨区域符号的嬗变过程，折射出不同族群宇宙观和信仰体系的深度对话。尤为重要的是，中原地区在吸收周边文化元素时，始终保持着主体性转化能力——将东方玉器的神权象征转化为世俗权力的标识，把南方巫术传统整合为体系化的占卜制度。区域互动最终催生出制度化的融合机制。龙山时代形成的“中原交互作用圈”[1]，通过联姻盟誓、贡纳体系等方式，使不同文化区系的精英阶层建立起稳定的联系网络。考古材料证实，晋南陶寺遗址的贵族墓葬中，同时随葬着源自东方的玉钺、西北的青铜齿轮形器和本地的彩绘陶器，这种多元文化要素的并置，揭示出早期权力阶层已具备整合不同文化资源的能力。这种互动机制为后续青铜礼器系统的形成提供了物质基础与制度雏形，使不同区域的文化基因得以在更高层次上实现有机融合。

（三）考古学视角下的文化整合

新石器时代晚期至青铜时代初期的考古发现清晰地勾勒出了文化要素跨区域传播的立体网络。[2] 位于中原腹地的二里头遗址出土的牙璋礼器，其形制演变轨迹串联起黄河流域与长江中游的互动通道——湖北盘龙城遗址出土的同类器物既保留了核心形制特征，又在刃部弧度处理上融入地域审美，这种“原型－变体”的传播模式印证了礼制观念的梯度扩散。更为关键的是，牙璋在三星堆文化中经历神秘化改造，既保留了中原礼器的神圣属性，又叠加了巴蜀地区特有的神树崇拜意象，体现出文化传播过程中的创造性转化。玉器技术的传播路径揭示出物质文化与精神信仰的复合流动。石峁遗址发现的玉器加工作坊，其切割技术明显承袭自良渚文化体系，但成品器类却转向更具实用功能的玉刀、玉斧。这种技术移植中的功能转化，恰恰反映了北方地区将神圣的玉礼器转化为世俗权力象征的文化

[1] 霍巍．中国考古何以塑造全民族历史认知［J］．人民论坛，2023（7）：96–100.

[2] 汤勤福，曹建墩．中华礼制变迁史：先秦编［M］．北京：中华书局，2022.

调适。与之形成对比的是，中原地区在吸纳红山文化玉猪龙造型时，刻意弱化了其原始宗教内涵，转而强化了其作为等级标识的礼仪功能，这种选择性吸收机制为后续青铜礼器系统的整合提供了经验范式。快轮制陶技术的扩散过程彰显出生产技术传播与社会结构变革的共生关系。源自大汶口文化的快轮制陶技术传入中原后，不仅催生出蛋壳黑陶的精工传统，更推动了专业化手工业群体的形成。陶寺遗址发现的规模化陶窑群，其生产管理既吸收了东方技术体系中的标准化理念，又结合本地聚落组织特点发展出分级质量控制制度。这种技术传播引发的连锁反应，最终使中原地区成为融合各方生产经验的创新中心，为青铜时代礼器生产的规范化奠定了基础。跨区域文化传播中最具突破性的发现，当属文字符号系统的早期融合证据。郑州小双桥遗址发现的朱书陶文，既包含与殷墟甲骨文存在承袭关系的字符，又保留了某些江汉地区刻划符号的构形特征。[1]这种文字雏形的杂交现象，暗示着不同文化区的表意系统在商代前期已开始相互渗透。尤为重要的是，二里岗文化青铜器上的族徽铭文，往往融合了中原象形文字与东夷图腾符号的双重要素，这种视觉符号的合成创造，实为多元文化认同构建的物质见证。文化传播网络的形成并非简单的线性扩展，而是依托特定媒介实现的波浪式推进。海岱地区发现的龙山文化黑陶器群，其传播范围呈现出以城址为节点的放射状分布特征，每个区域中心都在传播过程中对器型进行了本土化改造。这种“核心—节点—边缘”的传播模式，不仅加快了技术理念的扩散速度，更通过层层转译确保了文化基因的活性传承。当这种传播机制与中原地区的整合能力相结合时，便催生出超越地域局限的礼制系统，为中华文明“多元一体”格局的最终形成提供了物质基础与实践经验。[2]

[1] 袁广阔．二里头文化的文字符号与礼制文明［J］．中国社会科学，2023（6）：100–120，206，207.

[2] 刘磊．中原地区传统村落历史演变研究［D］．南京：南京林业大学，2017.

（四）物质文化的统一与差异

在中华文明演进的长河中，物质文化的统一性与差异性始终保持着动态平衡，这种辩证关系在考古遗存中呈现得尤为清晰。中原地区礼器系统的标准化进程，并未消除周边文化的独特创造，反而在互动中催生出新的文化表达形式。二里头文化青铜爵的造型规范在长江流域传播时，江汉平原的工匠在保持三足形制的基础上，创新性地增加了镂空纹饰；而北方草原地带则将其转化为便于携带的便携式酒器。这种“核心要素传承－边缘形态创新”的模式，构成了早期礼制系统扩展的基本特征。日用器具的演变轨迹揭示出更深层的文化整合机制。龙山时代普遍存在的陶鬲，在不同文化区系中发展出相异的足部形态[1]：中原地区流行袋足鬲以适应粟作饮食传统，东方沿海改良出实足鬲以便于熬煮水产，西北地区则演化出高足鬲以配合游牧生活方式。这种器用差异并未阻碍文化认同的形成，反而通过共享的炊煮功能与礼仪场景，构建起超越地域的器物认知体系。尤为值得注意的是，在长江流域对商代青铜鼎的仿制过程中，地方工匠既严格遵循中原的范铸技术，又在纹饰布局中融入本地太阳崇拜元素，展现出文化整合的包容性与创造性。建筑形态的统一规范与地域适应性并存的现象，凸显出物质文化整合的多维特征。中原都邑建筑的“择中”理念与夯土版筑技术，在三星堆古城建设中转化为以祭祀坑为中心的放射状布局；石峁石城虽然采用中原城墙建造标准，但创造性发展出马面防御体系和玉器镶嵌装饰。这种技术规范与空间表达的辩证统一，在二里岗文化城址群中达到高峰——郑州商城、盘龙城、东下冯遗址均遵循宫城居中的规划原则，但排水系统构造却因地制宜：黄土高原采用明沟排水，江汉平原发展出竹管暗渠，晋南地区创新陶管导流技术。物质文化的差异往往蕴含着深层的统一逻辑。各地玉器制作虽存在工艺差异，但璧、琮、圭的组合始终作为礼仪重器；不同区域的青铜器虽装饰风格迥异，但鼎、簋、爵的器用制度

[1] 黄建秋．百年中国考古［M］．南京：江苏人民出版社，2023.

保持高度一致。这种“形异神同”的文化现象，正是多元文化要素通过制度整合形成共同价值体系的物质证明。当周王朝将殷商青铜器制与西土陶器传统融合时，既保留了中原的范铸工艺，又吸纳了西北的几何纹饰，最终形成超越地域的礼器系统，为“多元一体”文明格局的形成奠定了物质基础。

（五）历史叙事中的多元一体性

文献记载与考古发现的互证关系，为理解中华文明的多元一体性提供了独特的观察维度。甲骨卜辞中“四方”概念的频繁出现，与二里头文化礼器在长江流域的分布网络形成时空对应，揭示出早期政治实体对文化多样性的认知已超越简单的地域划分。这种文字记载与物质遗存的呼应关系，在周代金文中表现得更为显著——青铜器铭文记录的“封建亲戚以蕃屏周”政策[1]，与考古发现的诸侯国城址等级差异、礼器组合规范相互印证，共同勾勒出宗法制度下“多元”与“一体”的辩证统一。历史文献中“协和万邦”的治理理念，在考古学层面获得具体阐释。陶寺遗址出土的彩绘龙盘与《尚书·尧典》记载的“历象日月星辰”形成互文[2]，既证明天文历法知识的跨区域共享，也揭示出精神文化整合早于政治统一的历史进程。这种文献与实物的对话关系，在商代表现得尤为典型：殷墟甲骨记录的“多方”祭祀活动，与各地青铜器族徽符号的系统性关联，共同构建起超越血缘与地域的文化认同框架。考古发现的西周列鼎制度，不仅对应《左传·庄公十八年》“名位不同，礼亦异数”的文献记载，其纹饰演变轨迹更揭示了礼制规范在融合楚地云雷纹、中原窃曲纹过程中的创造性转化。文字系统的发展史本身就是文化融合的物质见证。甲骨文中“王”字造型从斧钺象形到权力符号的演变，既反映军事权威向礼仪权威的转化，

[1] 徐嘉．宗法伦理起源新探［J］．江苏社会科学，2025（1）：40-51.

[2] 李禹阶．陶寺文化与早期中国的初构［J］．社会科学文摘，2025（1）：40-42.

也与考古发现的玉钺礼器分布范围扩展相契合。[1]这种文字与器物的共生关系，与各地出土的度量衡器、车轨遗迹共同证实，制度性整合并未消除地域文化特色，而是通过标准化与地方适应的双重机制维系文明整体性。考古材料对文献叙事具有重要的修正与补充功能。传统史籍强调的“禹征三苗”事件[2]，在江汉平原石家河文化晚期聚落变迁中呈现复杂面相——既有军事冲突证据，也可见中原陶器工艺与本地传统的融合现象。这种多维证据的对话，使研究者得以突破文献的单一视角，重新理解文化整合过程中暴力冲突与文化浸润的并存状态。《史记》记载的“胡服骑射”改革与鄂尔多斯青铜器群纹饰演变的相互参照，生动展现了农耕文明与游牧文明在器物、制度层面的互动创新。[3]

通过对中华文明发展历程的考古学解构与历史学阐释可以发现，多元文化要素的整合并非简单的同化过程，而是通过多维度机制实现动态平衡。新石器时代各文化区系在独立发展过程中形成的技术体系与精神传统，为后续文明演进提供了丰富的创新基因库。中原地区在青铜时代展现出的文化整合能力，既非单纯的地理优势使然，也非简单的军事征服结果，而是建立在对多元文化要素进行制度性转化与创造性重构的基础之上。

考古材料与文献记载的双重证据显示，中华文明的融合机制具有鲜明的层次性特征。物质文化层面通过礼器系统的标准化实现跨区域对话，精神层面借助文字符号与礼仪制度构建共同价值体系，社会治理层面则发展出“同文共轨”与“因俗而治”的弹性框架。这种分层整合模式既保持了地域文化的活性，又通过制度创新将多样性转化为文明发展的持续动力。商周青铜器铭文揭示的宗法分封网络，秦汉简牍文书展现的行政弹性，无

[1] 苏家寅 . 史前社会复杂化理论与陶寺文化研究［D］. 北京：中国社会科学院大学，2014.

[2] 杨新改，韩建业 . 禹征三苗探索［J］. 中原文物，1995（2）：46–55.

[3] 葛兆光 . 从中国出发的全球史［M］. 昆明：云南人民出版社，2024.

不体现着这种智慧的历史实践。

现代社会的文化认同建构可从历史经验中获得重要启示。全球化背景下的文明对话，需要继承中华文明“和而不同”的融合智慧，在保持文化主体性的同时建立开放包容的互动机制。数字技术赋能的文化传播、非物质文化遗产的活化利用、城市空间的文化层积呈现，都在延续着传统融合机制的时代转化。这种动态平衡的文明特质，既为处理多元文化共存问题提供历史镜鉴，也为人类命运共同体构建贡献东方智慧。

二、早期区域文明的生业状况及其对治理模式的影响

在早期中华文明的形成过程中，生业模式与社会治理机制间的动态交互构成了文明演进的核心动力。新石器时代晚期至青铜时代早期是中国社会从氏族部落向早期国家转型的关键阶段，距今约 5100 年中华文明形成，进入“古国文明”阶段。夏朝“九州”疆域更是统一天下“万国”的结果，中华文明从此进入成熟的“王国文明”阶段。[1] 基于中华文明探源工程的多学科研究成果，结合甲骨文、金文及传世文献的系统考释，我们尝试揭示这一时期区域早期王国的物质生产体系与权力运作模式间的耦合关系。考古证据显示，黄河流域粟作农业与长江流域稻作文明的差异化发展，不仅塑造了聚落形态的空间分布特征，更通过资源分配机制影响着早期权力结构的形成轨迹。在龙山文化至二里头文化时期，农业生产力的显著提升促使社会分工复杂化，这种经济基础的变革直接推动着宗法制度、礼器系统与城邑防御体系等治理要素的制度化进程。同时，考古地层学与类型学研究表明，区域性治理体系通过调控水利工程、规范祭祀礼仪等手段，持续反作用于生业模式的优化调整。这种双向互动机制不仅催生出中原核心文化区的向心力，更在长江、辽河等次级文明区形成独具特色的文明发展路径。本部分的研究为理解中华文明“多元一体”格局的形成机理

[1] 韩建业．中华文明的起源和形成［J］．中华民族共同体研究，2022（4）：80-91，172.

提供了新的理论视角，对当代区域协调发展策略的制定具有重要的历史参照价值。

（一）区域王国的生业模式

“距今大约7000至3000年前，这一时期被称为全新世大暖期（Holocene Megathermal），气候比20世纪的气候略为温暖潮湿。”[1]这一大暖期恰恰就是中华文明从集聚、孕育到初成的奠基期。距今5000年前后，中华大地上形成了六大文化区系（如红山、良渚、三星堆等），各区域独立发展出技术体系与精神信仰。中原地区（关中、晋南、豫西）凭借地理中心位置成为技术、资源与文化的交汇枢纽。仰韶文化彩陶纹饰的扩散（如庙底沟类型）体现了早期文化的辐射力；龙山时代中原整合了长江流域的稻作技术、北方草原的冶铜技术，形成了复合型经济基础，并通过世俗化权力结构强化了区域凝聚力。例如，二里头遗址的青铜礼器、宫城规划及网格化道路系统，标志着中原成为制度创新的核心。距今4100年左右，初步形成“大一统”政治格局，进入拥有“天下”王权的夏代和比较成熟的“王国文明”阶段。距今3800年左右的夏代晚期和商周时期，“王国文明”进一步发展。[2]夏商周时期，中原通过分封制、礼制与天命观构建政治文化核心（第一重瓣），而楚、蜀、吴越等周边文化区（外层花瓣）既保留地方特色（如楚地巫文化、蜀地青铜面具），又通过政治联姻、制度模仿与中原深度绑定。例如，西周分封制将地方诸侯纳入同一政治框架，形成“多元一体”的治理模式。

1. 农业发展与技术创新

新石器时代晚期至青铜时代早期，农业生产体系的革新与技术进步构成区域王国生业模式的核心支柱。考古证据显示，黄河流域与长江流域分

---

［1］兰德．惟王受年：从农业起源到秦帝国的中国政治生态学［M］．王泽，杨姚瑶，译．上海：东方出版中心，2023.

［2］韩建业．中华文明的起源和形成［J］．中华民族共同体研究，2022（4）：80-91，172.

别形成了以粟作和稻作为主导的差异化农业体系，其技术路径的选择深受地理环境与生态资源的制约。[1]在北方旱作区，粟黍栽培从刀耕火种向精耕细作转型的过程中，发展出成熟的沟洫排水系统与轮作制度。龙山文化遗址中成套石犁、石铲等中耕农具的集中出土，印证了土壤管理技术的突破性进展。与之呼应，长江中下游地区的稻作文明则在水热资源配置方面实现创新。河姆渡文化的塘坝遗址与良渚文化的复杂水利系统，展现出对湿地生态的系统化改造能力。生产工具的材质革新与功能分化标志着农业技术的重大跨越。仰韶文化阶段石质农具的标准化制作，至龙山时期已演进为专业化农具作坊的生产模式。郑州大河村遗址出土的复合型石镰配备木质手柄凹槽，显示工具效能的显著提升。长江流域骨耜的广泛应用与木质犁具的改良，则有效解决了水田耕作的技术瓶颈。这种技术迭代不仅提高了单位面积产量，更通过劳动效率的优化释放出大量劳动力，为手工业分工与社会分层创造条件。作物驯化与品种选育技术的突破，凸显早期先民对生物资源的认知深化。传世文献《夏小正》中按月令安排农事的记载，与考古发现的碳化稻粟遗存相互印证，揭示出物候观察与良种筛选的结合机制。二里头遗址浮选出的粳稻与籼稻混合样本，表明人工干预已使作物适应性产生明显分化。这种生物技术创新，使得农业种植逐渐突破自然条件限制，为聚落向生态边际区域扩展提供物质保障。储藏与加工技术的进步完善了农业生产链条。陶器制作技术的革新，特别是夹砂陶与灰陶抗渗性的增强，使粮食储存周期得以延长。洛阳皂角树遗址窖藏坑的规范化布局，配合甲骨文中“廪”字的象形结构，共同反映出仓储管理的制度化趋势。这种技术体系与社会组织的协同进化，为区域王国资源调控能力的形成奠定基础，推动生业模式实现从生存保障向剩余产品积累的战略性转变。

[1] 王星光.生态环境变迁与黄河文明的形成[J].社会科学战线，2025（1）：120-132.

2. 手工业与商业活动

新石器时代晚期至青铜时代早期，手工业生产的专业化与商品交换网络的拓展，构成区域王国经济体系的重要支撑。考古学证据显示，这一时期，制陶、治玉、冶金等核心手工业部门已形成完整的生产链条，其技术突破与组织形态的革新直接关联社会治理能力的提升。良渚文化反山遗址出土的玉琮、玉璧等礼器，其规整的器型与细腻的阴刻线纹，印证了专业化玉器作坊的存在。[1]这种精密化生产不仅需要长期培育的技艺传承体系，更依赖权力机构对稀有玉料供给的垄断性控制，体现了手工业发展与政治权威建构的共生关系。陶器生产的规模化转型标志着技术经济形态的质变。龙山文化遗址中蛋壳黑陶的批量出土，揭示出快轮成型技术与高温窑炉控制技术的成熟应用。城子崖遗址发现的陶窑群呈现集中分布特征，其窑室容量与火道设计的标准化趋势，暗示着生产组织的集约化发展。在二里头文化的青铜作坊遗址中，陶范残片与铜渣的层积现象，证实了复合范铸技术的体系化应用。礼器铸造所需的铜、锡、铅等多元金属原料，必须通过跨地域的矿料流通网络才能获得，这种需求直接推动了区域性贸易联盟的形成。甲骨文与金文中“贝”作为交易媒介的频繁出现，配合中原地区海贝遗存的考古发现，勾勒出以王权为中心的商业辐射圈。值得关注的是，青铜礼器的标准化生产与分配制度，实质上成为权力阶层维系等级秩序的物质载体。商品交换网络的扩展促进了新型经济关系的萌芽。长江中下游流域石器原料的远距离运输，在石家河文化遗址中得到实物印证，其黑曜石制品的微量元素分析显示，原料源自300公里外的矿源区。[2]这种跨区域资源流通，既依赖水路交通网的建设维护，也需要权力机构对贸易节点的管控。郑州商城

[1] 郭明建．聚落形态与玉器生产——审视良渚文化社会的两个视角［D］．济南：山东大学，2012.

[2] 王荣．古代玉器研究［M］．上海：上海书画出版社，2022.

出土的原始瓷尊，其胎釉特征与江南窑址产品具有相似性，暗示着跨文化区域的技术交流已突破自然地理屏障。这种经济活动的深化，促使早期货币形态与度量衡制度逐渐萌芽，为区域王国的资源调控提供了新的技术手段。手工业与商业的协同发展，实质上构成了早期社会治理体系的经济基础。专业化生产所需的组织协调，推动着管理职能的细分化；跨区域贸易带来的资源整合，则强化了中心聚落的枢纽地位。这种经济形态的演进，不仅为礼制规范的物质表达提供了技术支撑，更通过剩余产品的再分配机制，实现了权力合法性建构与经济控制力的有机统一。

3. 资源利用与环境管理

在区域王国发展阶段，资源利用的系统化与环境管理的制度化构成生业模式演进的重要维度。考古证据显示，龙山至二里头时期的社会群体，已形成基于生态承载力的资源开发策略，其管理实践体现着早期权力体系对自然环境的认知深化与调控能力。[1]在黄河流域的粟作农业区，先民通过沟洫系统的网格化布局实现水土资源的集约利用。陶寺遗址发现的复合型排水沟渠网络，配合甲骨文中“甽”字的田亩划分含义，共同揭示出土地规划与水资源分配的协同机制。长江流域良渚文化的塘山遗址则展现出梯级水坝系统，其分层蓄水功能既保障稻作灌溉需求，又通过汛期分洪降低生态风险，这种工程智慧标志着环境管理从被动适应向主动调控的转变。资源分配制度的形成强化了权力机构的环境管控职能。二里头遗址发现的骨刻辞中“廩”字与仓储区划的对应关系，证实粮食储备已纳入官僚体系的管理范畴。[2]石峁城址外围石砌护坡与内城粮窖的空间配置，体现着防御需求与资源储备的统筹规划。尤其值得注意的是，区域核心聚落普

[1] 冉博文．从生产流动到文化统合：中国早期国家的阶段性演化与生成［D］．长沙：中南大学，2024.

[2] 王震中．重建中国上古史的探索［M］．昆明：云南出版集团，2015.

遍选址于水系交汇处，这种区位选择既保障农业生产的水源供给，又通过控制水路节点强化对次级聚落的资源调配能力，形成以水利枢纽为中心的区域治理网络。环境适应策略的差异化发展催生多元文明形态。中原地区通过轮作制与休耕法维持地力，如晋南陶寺遗址的土壤微形态分析显示，粟黍种植区存在与豆科植物的间隔栽培痕迹，印证了《夏小正》五月条中“种黍、菽、糜……颁马”的农事安排。[1]而长江中游石家河文化则发展出圩田技术，通过田埂修筑与水位控制实现湿地资源的高效开发。这种因地制宜的生态智慧，在甲骨文“田”字的多种变体中得以符号化呈现，反映了不同地域对土地资源的概念化认知。权力机构通过规范祭祀礼仪强化环境管理的合法性。殷墟卜辞中“祈年”“宁风”等仪式的程式化记录，揭示出自然力崇拜与资源管控的仪式化关联。[2]良渚玉琮的天地贯通造型与祭坛建筑的定向布局，实质上构成了空间秩序与资源分配的神圣化表达。这种将生态管理纳入信仰体系的实践，既巩固了统治阶层的权威地位，又通过仪式活动维系着资源利用的集体规范。

（二）社会治理的演变

1. 政治结构与权力分配

新石器时代晚期至青铜时代早期，政治结构的演进呈现从氏族部落联盟向早期国家形态过渡的显著特征。考古证据显示，仰韶文化时期的聚落布局多呈现平等化特征，例如，姜寨遗址的环形壕沟与中心广场配置，暗示着氏族议事制的集体决策模式。[3]至龙山文化阶段，陶寺遗址出现的宫城与贵族墓葬区空间分化，配合随葬品中礼器与兵器组合的等级差异，标志着权力集中化趋势的强化。这种转变在传世文献中亦有印证，《尚书·尧典》所述“协和万邦”的治理叙事，实为部落联盟向酋邦体制转型

[1] 李文宁．中国古代岁时民俗书写的多重样态［J］．节日研究，2022（1）：3-19.

[2] 李立新．甲骨文中所见祭名研究［D］．北京：中国社会科学院大学，2004.

[3] 赵保佑，张新斌．嵩山文明论［J］．中州学刊，2025（2）：135-142.

的历史记忆投射。早期国家权力架构的成型，体现为行政职能的专业化与礼制规范的制度化。二里头文化宫城遗址内发现的青铜作坊区与祭祀区毗邻布局，揭示出手工业生产与宗教仪式的政治整合。甲骨文中“尹”“作册”等职官称谓的系统出现，配合金文记载的册命仪式，共同构成官僚体系雏形的文字证据。[1]值得注意的是，长江流域石家河文化玉器上的神人兽面纹饰，与黄河流域玉璋形制的趋同现象，暗示跨区域权力符号体系的初步构建，这种文化认同为广域王权奠定了基础。权力分配机制的核心在于资源控制与仪式权威的双重维系。良渚文化反山遗址祭坛与高等级墓葬的复合结构，证实宗教特权与军事权威的融合态势。特别值得注意的是，晋南陶寺观象台遗址的天文观测功能，将历法制定权垄断为统治合法性的来源，这种“授时”权力的专有化，实质上构成早期国家调控农业生产周期的重要治理手段。政治结构与生业模式的互动关系，在资源再分配体系中得到集中体现。二里头遗址作为当时东亚地区最大的聚落，显现出国家权力中心的都邑特征，如都邑的庞大化与人口高度集中、都邑布局的规划性，以及大型礼仪建筑与青铜、玉礼器的独占。这些特征体现出高度的集权、社会阶层分化和行政机构的专业分工，而这正是早期国家所应有的特质。[2]

2. *法律制度与社会规范*

在早期中华文明的演进过程中，法律制度的萌芽与社会规范的形塑构成社会治理体系的重要维度。考古发现与文献记载显示，龙山至二里头时期的社会控制机制呈现出习惯法与成文法交织的特征。陶寺遗址发现的骨刻辞中“刑”“罚”等字符的象形结构，配合墓葬中肢体残缺人牲的发现，暗示着针对财产侵害与秩序破坏行为的惩戒制度已具雏形。[3]这种原

[1] 李沣．纪国史研究［M］．北京：华夏出版社，2022.

[2] 许宏．从二里头遗址看华夏早期国家的特质［J］．中原文物，2006（3）：39-40，51.

[3] 汤勤福，曹建墩．中华礼制变迁史：先秦编［M］．北京：中华书局，2022.

始法律体系的确立，与农业社会资源分配矛盾的加剧直接相关，如甲骨文中“争田”“讼禾”等卜辞记载，印证土地纠纷催生了调解与裁决机制的制度化需求。礼制体系的确立为早期社会规范提供了神圣化框架。良渚文化反山墓地玉礼器的等级化配置，与二里头青铜爵的礼仪使用规范，共同构成“器以藏礼”的物质表达。金文所见“明德慎罚”的治理理念，通过青铜铭文铸刻实现了行为准则的物化传承。[1]值得注意的是，龙山文化蛋壳黑陶在祭祀场合的专属使用限制，实质上是以物质文化为载体构建的消费等级规范，这种非成文约束机制通过仪式实践渗透至日常生活领域。社会控制手段呈现“礼刑合一”的复合特征。石峁遗址石砌城墙的防御体系与城内道路的网格化布局，既体现军事管控的刚性需求，也暗含空间秩序对居民行为的规范作用。殷墟出土陶范的铭文显示，青铜礼器铸造须遵循“工官监制”的标准化流程，这种生产规范通过匠籍管理制度得以维系。传世文献《尚书·吕刑》所述“五刑”体系，虽经后世润色，但其“刑罚世轻世重”的原则，与考古所见不同时期刑具的形制变化存在时空对应关系。[2]权力机构通过法律解释权强化治理合法性。二里头宫城遗址出土的占卜甲骨存在集中存放现象，表明宗教人员垄断着神意裁判的解释权。甲骨文中“王闻惟辟”的司法程序记载，揭示重大案件的最终裁决权归于最高统治者。这种司法权与王权的结合，在石家河文化玉器上刻画的审判场景中得到图像化佐证，显示早期法律实践已形成从地方调解到中央终审的层级化体系。[3]法律制度与社会规范的协同演进，实质上是早期国家构建社会秩序的双重机制。习惯法源于氏族社会的集体记忆，而成文法则随着官僚体系的完善逐步显性化。这种治理模式的转型，既适应了跨血缘社会组织的发展需求，也为后续王朝“礼法合治”的传统奠定了实践基础。

---

［1］ 方向明 . 良渚玉器与中华文明［M］. 杭州：浙江人民出版社，2022.

［2］ 彭林 .《吕刑》“德刑”思想钩沉［J］. 中南大学学报（社会科学版），2024（5）：68-78.

［3］ 叶舒宪 . 祖灵在天：玉人像与柄形器的故事五千年［M］. 上海：上海人民出版社，2021.

3. 军事组织与防御策略

新石器时代晚期至青铜时代早期，军事组织的制度化与防御策略的系统化，构成区域王国社会治理能力提升的关键标志。考古证据显示，龙山文化阶段已出现专业军事力量的雏形，例如，陶寺遗址墓葬中石钺与玉戚的组合随葬，配合骨骼创伤分析揭示的群体暴力事件，共同印证军事职能的专业化趋势。[1] 二里头文化宫城外围发现的封闭式军营基址，其夯土房基呈行列式布局，与普通居址形成显著区隔，标志着常备武装力量的确立。这种变革在甲骨文“师”“旅”等军事建制的象形结构中得到文字印证，反映军事组织已纳入早期官僚体系的管理范畴。石峁城址三重石砌城墙与马面结构的复合防御体系，通过立体化观测孔道与藏兵洞的配合设计，实现攻防效能的最大化。长江流域良渚文化的塘山遗址，将水利系统改造为兼具灌溉与军事屏障功能的水网体系，展现资源管理与防御需求的高度整合。军事活动与生业模式的互动关系，在资源控制体系中尤为显著。晋南陶寺遗址仓储区与兵器作坊的毗邻布局，揭示出粮食储备与军械生产的战略关联。甲骨文“征”字蕴含的武装拓殖意象，与二里头文化青铜兵器在边缘聚落的集中分布形成时空对应，表明军事扩张实质上是保障核心农业区资源供给的重要手段。值得注意的是，长江中游石家河文化玉兵器的仪式化使用，将军事权威神圣化，这种符号建构通过控制稀有玉料产地，实现了物质资源与精神威慑的双重垄断。军事组织的等级分化推动社会治理结构的深层变革。殷墟西北岗王陵区出土的青铜钺与玉戈组合，其规格差异对应《周礼·夏官》记载的“五兵五盾”等级制度。[2] 石峁城址祭坛区埋藏的兵器祭坑，通过毁器仪式将军事权力纳入宗教祭祀体系。这种制度创新在生业层面的反哺效应显著。甲骨文“登人”记载的兵员征

[1] 贾国涛 . 礼器、礼与中国早期社会治理［J］. 河南社会科学，2024（8）：118-124.

[2] 高天 . 中西古典文献中的战争叙事——以先秦中国和古代希腊为例［D］. 上海：复旦大学，2010.

发制度，依托户籍管理系统实现人力资源的精准调配，其运作效率直接依赖于农业剩余产品的积累规模。军事防御策略的演变，实质上是早期国家应对资源竞争与权力扩张需求的适应性调整。从仰韶文化环壕聚落的被动防御，到龙山时期城垣体系的主动管控，再到二里头文化辐射状军事据点的战略布局，这种转变既反映暴力冲突的常态化趋势，也彰显权力中心对区域资源网络的掌控能力。考古地层学证据显示，核心城址的多次扩建均与兵器铸造技术的突破同步，表明军事技术创新持续驱动着治理空间的拓展。[1]

（三）生业模式与社会治理的互动

1. 经济基础对政治权力的影响

新石器时代晚期至青铜时代早期，农业生产力的突破性发展为政治权力的集中化提供了物质前提。黄河流域粟作农业体系的成熟，依托沟洫灌溉系统的完善与轮作技术的推广，显著提升了单位面积产量。这种农业剩余产品的系统性积累，在陶寺遗址的巨型仓储设施中得到实证，其窖穴容量达数千立方米，配合甲骨文中“廪”字的象形结构，共同揭示权力机构对粮食资源的垄断性管控。[2]剩余产品的集中管理不仅催生了专职管理人员阶层，更通过再分配机制构建起依附性社会网络，为早期官僚体系的形成奠定经济基础。手工业生产的专业化趋势直接推动管理职能的制度化转型。良渚文化玉器作坊中发现的标准化生产流程，要求权力机构对玉料开采、工匠组织及产品分配实施系统性控制。二里头遗址青铜冶铸区的封闭式布局，与甲骨文“百工”职官的记载形成互证，表明核心手工业已被纳入权力体系的直接管辖范围。这种技术垄断策略，使礼器生产成为彰显等级秩序的物质载体；青铜爵、玉璋等器物的形制规范与使用权限，实质上

[1] 李忠林 . 商周兵制考论［M］. 北京：中华书局，2024.

[2] 冉博文 . 从生产流动到文化统合：中国早期国家的阶段性演化与生成［D］. 长沙：中南大学，2024.

构成了政治权威的物化表达。资源控制机制的建立强化了权力结构的空间扩展能力。长江流域稻作区通过塘坝水利系统的营建，实现水权管理与农业生产的高度整合。良渚文化塘山遗址的层级水坝体系，不仅调节灌溉用水分配，更通过工程维护需求形成跨聚落协作网络。这种技术性控制转化为政治权力延伸的媒介，使治水权威逐渐演变为区域治理的核心职能。甲骨文中“王大令众人曰协田”的记载，揭示权力中心通过组织集体劳动强化对生产活动的干预能力。[1]经济形态的变革催化了权力合法性的建构机制。粟作区社祭遗址中发现的储粮窖穴与祭坛复合结构，表明粮食丰产与政治权威已形成仪式化关联。二里头文化青铜礼器上的兽面纹饰，其视觉威慑力与《尚书·洪范》所述“惟辟作福”的统治逻辑相互印证。这种将经济优势转化为意识形态权威的实践，使权力中心通过控制祭祀礼仪垄断精神领域的话语权，最终形成经济控制与政治统治的双向强化机制。

2. 社会治理对生业模式的调控

区域王国的治理体系通过制度设计与技术干预，对生业模式实施系统性调控，形成权力运作与生产活动的双向强化机制。考古证据显示，龙山至二里头时期的水利工程管理已形成层级化组织架构，良渚文化塘山遗址梯级水坝系统的营建和维护需进行跨聚落劳动力调配，这种工程实践催生了《周礼》所述“司空”“匠人”等职官制度的雏形。[2]权力机构通过规范耕作周期与农具形制标准，直接影响农业生产效率。陶寺遗址出土的标准化石犁与甲骨文的“协田”记载相印证，表明集体耕作已纳入官方督导体系。手工业生产的空间布局与工艺流程受到严格管控，如二里头宫城外围集中分布的青铜冶铸区，其封闭式作坊结构与陶范标准化生产流程，显

[1] 宋素红，杨志鹏．人神传播与国家治理：传播权力视阈下的甲骨占卜再探［J］．新闻界，2024（3）：62-73.

[2] 单苗苗．先秦两汉史传文学纪实性研究［D］．保定：河北大学，2024.

示核心手工业已被纳入官僚管理体系。金文“工师”职官铭文的发现，配合良渚玉器作坊的匠籍管理痕迹，证实技术传承与产品质量控制成为治理能力的重要体现。这种制度性约束既保障礼器生产的政治象征功能，又通过技术垄断强化对战略资源流通的掌控。资源分配制度通过赋税体系与仓储管理反作用于生业结构。石峁城址外围发现的粮窖区划与甲骨文“廪人”职守的记载，揭示粮食征收与再分配的系统化运作。祭祀礼仪的制度化设计深刻塑造着经济活动的价值取向。良渚祭坛玉礼器具有神圣属性，统治者通过控制稀有玉料产地实现宗教权威与资源垄断的结合。甲骨文“登禾”“烝祭”记载的谷物献祭规程，将农业丰收纳入权力合法性的论证体系。[1]这种符号化调控促使生产活动超越物质需求层面，发展成为维系等级秩序的文化实践，最终形成经济理性与政治伦理相互交织的复合型生业模式。军事管控体系通过空间规划与人口管理介入生产活动。石峁城址三重城墙防御带内的“藏兵于农”布局，将军事屯田与民户耕作有机结合。甲骨文“众”字反映的编户制度，通过组织季节性军事拓殖保障边缘农业区的开发。这种治理策略不仅优化了人力资源配置效率，更通过控制战略要冲维系核心经济区的安全边际，为生业模式的持续发展提供稳定环境。

3. 文化因素在互动中的作用

在生业模式与社会治理的互动机制中，文化因素发挥着符号编码与价值整合的双重功能。礼制系统的构建通过物质符号与仪式实践，将经济资源控制与权力合法性论证熔铸为统一的文化表达。良渚文化玉琮的形制规范与二里头青铜爵的礼仪使用限制，不仅体现生产技术的物质成就，更通过“器以藏礼”的原则将等级秩序神圣化。这种符号体系的制度化，使得生业活动中形成的资源差异转化为文化认同的具象载体，从而消解经济不平等引发的社会张力。文字系统的成熟为治理经验的知识化传承提供技术

[1] 谢肃．商代祭祀遗存研究［M］．北京：社会科学文献出版社，2019.

支撑。甲骨文中“礼”字的构形演变，从祭祀器皿象形到涵盖制度规范的含义拓展，印证礼制内涵随治理需求动态调整的过程。金文册命铭文对土地赏赐与职官任命的程式化记录，将资源分配行为固化为具有契约性质的文化记忆。这种文字载体的权威性，使得生业调控政策能够突破时空限制，形成跨代际的制度延续力。宗教观念的空间表达强化了生业活动的秩序建构。石峁城址祭坛区与粮储设施的空间关联，将丰产祈愿纳入宇宙观阐释体系，通过“天－地－人”的仪式连通赋予农业管理以神圣属性。[1] 殷墟卜辞中“帝令雨”的占卜程式[2]，将水资源控制权解释为天命意志的体现，这种认知模式使水利工程的组织实施获得超自然权威背书。长江流域稻作区社祭遗址中发现的稻谷遗存与祭器共存现象，证实宗教仪式对农业生产周期的规范性作用。跨区域文化互动催生出治理模式的创新融合。陶寺遗址出土的牙璋在黄河中游与长江上游的同步出现，反映礼器形制传播背后隐藏的治理理念交流。二里头文化青铜器铸造技术向周边扩散时，其纹饰母题被地域性文化符号重构，这种技术接纳与符号改造的辩证过程，促成了生业调控手段因地制宜的适应性调整。甲骨文“方”字蕴含的方位认知与资源控制关联，暗示文化地理观念对边疆拓殖策略的形塑作用。文化记忆的再生产机制维系着互动关系的持续演进。《尚书·禹贡》将水土治理功绩塑造为圣王典范，通过历史叙事将生业调控能力确立为政权合法性的核心标准。青铜器铭文对先祖治绩的追述，在强化宗法权威的同时，也为技术创新赋予文化正统性。这种将物质实践升华为文化传统的过程，使得生业模式与社会治理的互动突破短期利益局限，积淀为文明演进的内在动力。

---

[1] 李冬．文字起源、礼乐序章与中华汉字内涵的演变——从巫文化与仓颉造字说起［J］．咸阳师范学院学报，2025（1）：55–62.

[2] 刘钊．卜辞“雨不正”考释——兼《诗·雨无正》篇题新证［J］．殷都学刊，2001（4）：1–3.

（四）区域王国的兴衰与变迁

区域王国的动态演进过程，深刻体现着生业资源禀赋与治理能力的辩证关系。考古地层学证据显示，中原核心区的陶寺文化在兴盛期形成了覆盖晋南的聚落等级网络，其宫城区的礼制建筑与仓储设施规模，彰显着对汾河谷地粟作农业带的集约化控制。但晚期地层中出现的城墙多次改建痕迹与暴力破坏迹象，配合《竹书纪年》“后稷放帝朱于丹水”的文献记载，暗示过度依赖单一农业经济导致的资源耗竭加剧了社会矛盾。这种兴衰周期在伊洛流域的二里头文化中得到突破，其通过整合黄河中游的青铜冶铸技术与长江流域的硬陶生产工艺，构建起跨区域资源调控网络，最终实现中原王权的持续强化。[1]

长江下游良渚文化的突然衰落，揭示出生业模式与生态承载力的内在张力。塘山水利系统的淤塞层位与海平面上升数据的耦合，表明稻作农业所依赖的水文环境的变迁直接动摇治理基础。反山墓地晚期墓葬规格的显著降级，反映宗教权威体系因粮食危机逐渐失效。[2]与之形成对比的是成都平原三星堆文化的崛起，其依托独特的玉石资源控制与盆地生态屏障，发展出别具特色的青铜神权政治体系。其祭祀坑中黄河流域牙璋与印度洋齿贝共存的现象，彰显边缘区域通过远程贸易实现治理模式创新的特殊路径。北方地区石峁城址的兴废过程，凸显军事防御与资源供给的平衡难题。早期城墙营建所需的大量砂岩资源，通过组织周边聚落协作开采得以保障，但晚期地层中出现的城内农业区萎缩迹象，表明过度军事化挤占了农业生产空间。朱开沟文化向鄂尔多斯地区的扩散，则展现畜牧经济与移动治理的适应性优势；其带銎青铜兵器在草原地带的广泛流通，促使军事贵族集团主导的新型治理模式形成。区域王国变迁的本质动力，在于治理体系对生业模式变革的调适能力。在二里岗文化向江汉平原扩张的过程

[1] 赵生群．两周之际若干重要史实考论［J］．文史哲，2024（4）：5-26.

[2] 方向明．五千年前良渚古国的王：反山第 12 号墓［J］．公众考古学，2020（1）：202-228.

中，通过将青铜礼器生产技术植入本地硬陶传统，成功实现文化整合与资源重组。盘龙城遗址展现的冶铸作坊与稻作农业协同发展模式，证明有效技术嫁接能够重塑区域权力格局。这种创新性适应的反面例证可见于岳石文化的衰落，其对海岱地区传统石器工艺的保守坚持，难以应对青铜时代新型战争形态的挑战，最终导致治理体系被中原商文化取代。区域互动在王国兴衰中发挥了催化剂的作用。晋陕高原鬼方族群的压力，迫使商王朝强化北方军事据点建设，客观上促进了对草原青铜技术的吸收。[1]江西吴城遗址出土的殷式青铜器与本地印纹陶共生层位，揭示边缘区域通过技术模仿实现治理能力提升的特殊路径。这种多元互动最终促成周原地区的崛起，其将农业协作网络与封建治理相结合的新型模式，为后续广域王权体系的形成奠定基础。

通过对早期中华文明生业模式与社会治理互动关系的系统研究，可得出以下核心结论：黄河流域粟作农业与长江流域稻作文明的差异化发展，塑造了区域治理体系的空间特征与技术路径。农业生产力的提升推动社会分工复杂化，促使宗法制度、礼器系统与资源分配机制形成制度性耦合。同时，区域性治理体系通过水利工程调控、手工业标准化管理及军事防御布局，持续反作用于生业模式的优化调整。这种双向互动机制既催生了中原核心区的向心力，也保留了次级文明区的文化特质，为“多元一体”格局奠定基础。研究揭示了地理环境在文明演进中的双重作用：黄土地貌促成的旱作农业强化了集体协作与权力集中，而长江流域稻作经济则依托水利工程形成跨聚落治理网络。区域互动通过三条主要通道展开技术传播与制度互鉴，其中青铜冶铸技术的扩散与礼器形制的标准化，成为跨文化整合的关键媒介。边缘区域在吸收核心区治理经验时展现的适应性改造，印证了文明演进中统一性与多样性的辩证关系。

[1] 陈永康，吴志恩，王嫪彩．器以载道：河南工艺与礼制［M］．北京：文化发展出版社，2024.

中华文明的基因特征孕育于此，中国式治理的基因、特征也蕴含于此。这一时期社会分层和不平等加剧，龙山时期在一定程度上堪称中华大地上第一波“战国时代”——部落战争不断，共同体逐渐“滚雪球”般规模化、复杂化、军事化。例如，在古史记载的尧舜建邦立业的晋南地区，催生出东西族群轮番争夺、残杀痕迹明显的陶寺文化；在河洛平原，孕育出中华最早的广域王权国家——夏朝，在黄河中游建立起存在巫祝文化和人祭制度的商王朝，又在黄土高原腹地孕育出周人，夏商周一脉相承，完成了“溥天之下，莫非王土”的宏大政治抱负，首次实现了中国核心地域的政治一统。这个第一次“大一统”的过程，也是检验各族群、各复杂共同体凝聚力、治理能力与核心竞争力的一场人类学真实宏大实验。而核心竞争力的两大核心要素，就是后来《左传·成公十三年》所总结的“国之大事，在祀与戎”。

三、中国式治理历史逻辑的生成

本部分基于王国时代文明演进的整体性视野，揭示中国式治理历史逻辑生成的内在机理。生业经济作为物质基础，通过资源分配机制和劳动组织方式构建了社会运行的基本框架；共同体整合以血缘伦理为纽带，依托礼制规范与权力结构创新，实现了多元社会力量在政治层面的系统整合；文明价值观以“天下为公”为核心，通过宇宙观阐释和道德伦理重构，形成超稳定的价值认同体系。三者构成动态关联的文明演进机制：生业经济转型推动社会组织形态变革，共同体整合模式创新反哺经济制度优化，文明价值观的伦理化重构则为前两者提供合法性支撑。这种交互作用催生出“经济－政治－文化”三位一体的治理范式，其核心特征表现为实践理性与价值理性的有机统一、制度创新与文化传统的辩证融合。研究最终揭示，中国式治理的历史逻辑本质上是通过持续调适物质基础、社会结构与精神体系的关系，形成具有强大韧性的文明发展模式，为中华文明的持续发展提供了根本保障。

（一）历史线索与基本逻辑

中华文明绵延数千年的治理智慧，蕴含着独特的生成逻辑与运行机制。近年来，学界对中国传统治理模式的研究逐步从制度考据转向深层机理探索，但如何系统阐释其历史逻辑的生成过程仍存在理论空白。本研究突破传统断代史研究的局限，基于王国时代文明演进的整体性视野，提出生业经济、共同体整合与文明价值观的三维互动框架。这种分析视角将物质基础、社会结构与精神体系置于动态关联中考察，揭示出中国古代治理范式超越朝代更迭的连续性特征。生业经济作为治理体系的物质根基，其发展形态直接塑造着国家治理的技术路径。黄河流域早期农业文明孕育的集约化生产模式，不仅形成了“以农立国”的治理传统，更通过土地制度与赋税体系的创新，构建起资源配置与国家治理的共生关系。这种经济基础与上层建筑的深度耦合，为理解中国式治理的实践理性提供了关键线索。在共同体整合维度，宗法伦理与礼制规范共同编织的社会网络，创造出“家国同构”的治理空间。血缘纽带与地缘政治的交织，使权力结构既保持中央集权的向心力，又具备地方自治的弹性，形成独特的“大一统”治理格局。文明价值观的演进则为治理体系提供精神内核与合法性支撑。“天下为公”的价值追求通过“天人合一”的宇宙观阐释，转化为具有道德约束力的治理伦理。这种价值体系不仅规范着统治者的治国行为，更通过教育教化渗透至基层社会，形成超稳定的文化认同机制。当我们将这三个维度置于历时性框架中观察，便能发现其交互作用形成的正反馈机制：经济转型催生社会组织变革，社会整合推动制度创新，价值重构则为变革提供文化缓冲，这种动态平衡构成中华文明持续发展的深层密码。本书采用历史制度主义分析方法，结合考古发现与文献互证，重点考察先秦至秦汉时期的制度演进轨迹。通过解构治理要素的生成机制与互动模式，旨在揭示中国式治理区别于其他文明体的本质特征。本部分的研究遵循“经济基础－社会整合－价值体系”的分析路径，首先解析生业经济形态与治理技术的共生关系，其次探讨共同体整合中的制度创新，然后阐释文明价值观对治理合法性的构建作用，最终形成三位一体的理论框架。这种研究设计不仅为理解中国传统治理提供新的范式，更为当代国家治理现代化提供历史镜鉴。

（二）王国时代的生业经济

中华文明在王国时代（夏商周时期）形成了以中原为核心、多元互动的生业经济体系。这一时期的生业经济既继承早期农业传统，又吸收周边技术，推动社会复杂化和国家形成。此时的农业经济状况是粟作主导与多元融合。[1] 中原腹地以粟、黍等旱作农作物种植为主，延续仰韶文化以来的传统。龙山文化晚期至二里岗文化时期，中原居民 80% 以上以粟类为主食，猪、狗、黄牛等家畜饲料也依赖粟作农业副产品（秸秆、谷糠）。同时，稻作技术从长江流域引入，瓦店、煤山等遗址发现稻米食用群体，形成“南稻北粟”的复合农业体系。黄牛、绵羊等外来驯化物种在中原快速推广。洛阳盆地黄牛以粟类饲料为主，嵩山地区则结合稻草和野草，形成因地制宜的饲养模式。羊的饲养以 C3 植物（野草）为主，成为农业经济的重要补充。此外，梅花鹿等野生动物可能被尝试驯养，部分个体因长期食用粟类饲料表现出人工干预痕迹。井田制下的集体耕作模式（如“千耦其耘”）与分封制结合，形成土地国有与贵族领有的双重结构。水利工程如郑国渠的修建，进一步扩大耕地面积。手工业领域则表现为专业化与礼制绑定。如二里头遗址出现青铜礼器作坊，以爵、斝等酒器为核心，体现“器以藏礼”的政治功能。商代青铜器生产规模扩大，郑州商城、殷墟等地发现集中铸铜遗址，技术体系涵盖采矿、冶炼、铸造全链条。良渚文化玉琮、三星堆青铜神树等器物技术被中原吸收，形成以玉圭、璋为核心的礼器系统。丝织品成为贵族身份象征，商代甲骨文记载“蚕神”祭

[1] 王巍．十四届全国人大常委会专题讲座第六讲：中华文明起源与早期发展综合研究［EB/OL］．中国人大网，2023-09-01.

祀，周代设立“典丝”“典枲”官职管理纺织业。跨区域流动形成华夏区域初步的资源网络，成为形成中原中心的生业、市场与制度支撑。如商代贝币流通范围扩大，甲骨文记载“多贾”参与远程贸易。西周分封制推动形成“贡赋－赏赐”体系，将长江流域的龟甲、南海的贝壳、西北的玉石纳入中原物资网络。总之，王国时代的生业经济呈现三大特征：技术整合性（粟稻兼作、农牧结合）、资源网络化（跨区域矿产与农产品流通）、生产礼制化（手工业服务于政治认同）。这种经济形态不仅支撑了早期广域王权国家（如二里头、殷商）的物质需求，更通过“食货”体系（《尚书·洪范》）将经济秩序纳入礼制框架，为“多元一体”文明格局奠定基础。[1]

1. 生业经济的基本特征

王国时代生业经济的核心特征体现为生产组织方式与资源分配机制的高度耦合。黄河流域早期形成的集约化农耕体系，通过精耕细作技术实现了单位土地产出的持续提升，这种以家庭为基本生产单元的经营模式，既保障了粮食安全，又维系了人口稳定。在耕作制度方面，代田法与区田法的交替运用展现出因地制宜的技术理性，前者通过轮作休耕维持地力，后者利用垄沟结构实现水土保持，共同构建起可持续的农业生产体系。土地制度作为资源配置的核心载体，呈现出公田与私田并存的二元结构。西周时期推行的井田制将土地划分为公田与私田，农户在完成公田劳役后可在私田自主经营，这种制度设计巧妙平衡了国家赋税与个体激励的关系。至战国时期，授田制的普遍实施将土地占有权与使用权分离，国家通过定期调整土地分配来应对人口变动，这种弹性机制有效缓解了人地矛盾激化的风险。

[1] 王巍．十四届全国人大常委会专题讲座第六讲：中华文明起源与早期发展综合研究［EB/OL］．中国人大网，2023-09-01.

2. 生业经济对社会结构的影响

生业经济形态的确立深刻重塑了古代中国的社会结构，其影响渗透至家庭组织、阶层关系与社区形态等多个维度。以家庭为基本生产单元的经营模式，催生出“五口百亩”的典型农户结构，这种规模适中的生产单位既保障了农业生产效率，又维系了家族伦理的传承。家庭成员通过性别与年龄自然形成分工协作网络，男性主导田间耕作与水利建设，女性负责蚕桑纺织与家计管理，这种劳动分工模式强化了“男外女内”的性别角色认知，并通过代际传承固化为社会规范。土地制度的演进直接塑造了社会阶层的分化格局。井田制下公田与私田的划分，在确立国家赋税基础的同时，培育出兼具生产管理者与基层治理者身份的乡绅阶层。至战国时期，土地私有化进程加速，土地兼并催生的豪强地主与佃农群体重构了乡村社会的权力关系。值得关注的是“编户齐民”制度的实施，通过户籍登记将人口与土地绑定，既实现了国家对劳动力的有效控制，也形成了以土地占有量为基准的社会分层体系。资源分配机制创新推动形成了社会流动的特定模式。常平仓制度在平抑粮价波动时，客观上创造了粮食贸易的中介群体，这些兼具商人身份的乡里能人逐渐演变为连接官府与民众的中间阶层。铁器铸造的官营制度虽然抑制了私营手工业的规模扩张，但催生出世代传承的匠户群体，其技术垄断地位使之在基层社会获得特殊话语权。水利工程的建设维护需求，则使掌握治水技术的“水官”阶层在地方治理中占据重要地位。劳动组织方式的变化持续重塑着社区形态。小农家庭的独立经营促使散居村落成为主流居住形态，而大型工程建设所需的协作劳动又周期性强化着邻里互助传统。这种“平时分散、急时聚合”的社区特征，培育出独特的集体行动逻辑：日常生产中的自治传统与危机应对时的集中动员相辅相成。里社制度的建立将土地祭祀与生产协作相结合，通过春秋两社的集体仪式强化社区认同，形成超越血缘的地缘共同体雏形。经济活动的空间分布特征催生了城乡关系的特殊形态。乡村市集不仅承担物资交换功能，更发展为信息传播与文化交流节点，使分散的农户群体形成稳定的交往网络。都城周边因漕运体系发展出专业化的仓储与运输群体，这些新兴职业阶层的出现打破了传统“士农工商”的严格界限。农业生产率的持续提升释放出部分劳动力，为手工业与服务业发展创造条件，但受限于“重本抑末”的政策导向，这种经济多元化始终被控制在有限范围内。这些结构性特征共同构成了中国传统社会超稳定架构的经济基础，为理解治理体系与社会形态的共生关系提供了关键切入点。

四、典型案例：良渚的治理特色研究

中国4000年前大禹治水的故事家喻户晓，而良渚遗址水利工程的发现则展示了5000年前早期国家治水的辉煌成就。良渚文化距今5300—4300年，主要分布在长江下游环太湖地区，其都城——良渚古城位于杭州西北部丘陵与平原过渡区，是良渚文化的权力与信仰中心。全新世海侵结束后，良渚先民从山前台地向湿地平原迁徙，大力发展稻作农业。该地处于北亚热带南缘季风气候区，年际和年内降水量波动较大，同时临近山区，“来水猛、去水快”，容易出现雨季洪水和旱季缺水现象，治水成为图谋发展的重中之重。先民勘地理、察水文，挖河开沟、筑土堆墩，建设规模宏大的良渚古城和外围水利系统，完成了治水立国的伟大事业。[1]被列入《世界遗产名录》的良渚古城遗址，也代表了中国5000多年前伟大史前稻作文明的成就，呈现出在长江下游地区，以玉器为礼、以稻作为基的江南古国的崛起。一个以史前稻作农业文明为经济基础、出现明显社会分化和统一信仰的区域性早期国家，展现了中华文明乃至东亚地区史前稻作文明发展的极高成就，堪称人类文明发展史上早期城市文明的杰出范例，被考古学家誉为“中华第一城”。[2]作为东亚最早的国家形态之一，良渚古国文明独特的经济模式、严密的社会制度与深邃的文化基因，为理解中

[1] 浙江省水利厅.目前世界上最早的大型堤坝群在中国［EB/OL］.泛谈水利公众号，2025-05-28.

[2] 高蒙河.中华第一城 良渚［J］.知识就是力量，2024（11）：20-23.

华文明的起源与发展提供了重要线索，也实证了中华五千年文明史，揭示了中华文明“多元一体”格局形成的深层逻辑。如今，重新审视良渚古国文明，不仅是对先民智慧与历史记忆的致敬，更是对中华民族文化根脉的溯源。[1]

良渚古城留存了丰富的墓葬、完整的城墙基址、宏伟的大坝遗存，以及宫殿、祭坛、手工业遗迹等，它足以证明，中国人曾在这里创造出一个盛极一时的国都。良渚古城有着 300 万平方米的内城和 630 万平方米的外城，容纳了数万人在这座城里繁衍生息。[2]从良渚文明的考古发现中可以窥见华夏族群早期社会治理的复杂性和创新性。其治理智慧不仅体现在物质文明层面，更通过社会组织、资源管理和精神信仰体系展现出系统性特征。良渚古城外围发现的庞大水利系统，由 11 条堤坝构成，经碳十四测定，距今约 5100—4850 年。这套包括高坝、低坝、溢洪道在内的复合系统，兼具防洪、灌溉和运输功能，覆盖范围达 100 平方公里。这是中国已知最早的大型水利工程，需数十年甚至百年由数代人持续规划建设。[3]在目前早期文明的考古发现中，良渚遗址水利工程是工程体系最复杂、分布范围最广泛、类型最丰富、水利功能效益最全面、集成工程技术最多的水利工程。[4]该工程体现了中国先民对自然规律的深刻认知、跨区域劳动力协调能力，以及长期社会动员机制。联合国教科文组织对良渚水利工程的评语中说，它改写了世界水利史。文物专家、良渚博物院名誉院长单霁翔说：“5000 年前的先民们既没有精密的勘测仪器，也没有大型的施工设备，却能通过科学的选择与设计，创造出如此巧妙的水利工程，古老的智慧可

[1] 刘斌，阴瑞雪．良渚古国文明的多维解码［EB/OL］．中国社会科学报公众号，2025-06-04.

[2] 星球研究所．这里是中国 3：华夏文明史诗［M］．北京：中信出版社，2024.

[3] 秦岭．稻米之路 文明之光［N］．人民日报，2024-07-08（17）.

[4] 王浩，游仪．早期文明考古发现水利功能效益最全面的良渚遗址水利工程——5000 多年前的水网长啥样？［N］．人民日报，2025-06-03（15）.

见一斑。”[1] 水利工程建设背后必然存在稳定的社会组织架构，如此高超的智慧离不开共同体治理的高度社会化。

这套庞大的水利工程，也是为了保障稻作农业的集约化管理。良渚遗址发现约 20 万公斤炭化稻谷，茅山遗址水田规划显示单个田块面积为 1000~2000 平方米，并配套灌溉沟渠系统。稻作经济支撑了人口增长（古城内推测人口达数万），并促进了专业化分工（如治玉、筑城等非农职业群体的存在）。在良渚同时代，良渚遗址群无疑是规模最宏伟、工程量最大、人口最多的都城，并率先形成广域王权国家，这大概也与良渚人掌握了大规模种植水稻的能力有关。除了稻谷外，卞家山、美人地和钟家港等遗址淘洗出大量植物种子，如橡子、桃、杏、梅、南酸枣、柿子等木本植物的种子，以及瓠瓜、甜瓜、菱角、芡实等草本或水生植物的种子。浙江省文物考古研究所研究员郑云飞认为：“良渚时期瓜、果、蔬菜俱全，基本形成了长江中下游地区的传统稻作农耕文化体系的生产特色。”[2]

就权力结构与等级秩序建构而言，以玉琮、玉璧为代表的礼器体系，通过纹样（如神徽纹）和材质差异区分社会等级。玉器制作需耗费数千工时，表明存在专门化的工匠群体和资源分配制度。[3] 这种“以玉通神”的信仰体系，将宗教权威与世俗权力结合，强化了统治合法性。不同种类、不同数量、不同体量、不同组合关系的良渚文化玉器，除了承载“事神致福”的神圣内容外，更已成为世俗社会中举足轻重的物质财富，它既是显贵阶层攫取“祀与戎”权力的象征，也是平民阶层朴素情感与信仰的外在体现。

良渚古城采用“宫城 – 内城 – 外郭”三重结构，是中国史前都城设计

[1] 王建辉．“神王之国”良渚［J］．杭州，2025（7）：65−67.

[2] 王建辉．“神王之国”良渚［J］．杭州，2025（7）：65−67.

[3] 朱涵、段菁菁．良渚：五千年文明在保护传承中走近大众［N］．新华每日电讯，2024−07−17（5）.

的典型代表。莫角山宫殿区占地30万平方米，通过人工夯筑高台凸显权力中心。这说明当时已经出现了从事体力劳动的“劳力者”阶层、从事脑力劳动的“劳心者”阶层，还有能起行政调动、组织、管理大型工程作用的良渚王国“国王”。这种按照社会等级设计建设、凸显权力中心象征的营城手法，对后世中国古代城市规划产生了深远影响，甚至一直延续传承到隋唐长安城、明清北京城。[1]

良渚古城遗址出土的玉器上常刻画着一种神人兽面纹，也被称为“神徽”，其主体由飞翔的神兽、骑在神兽身上的羽冠神人形象组成。这也反映出良渚古国很可能已经形成了统一的崇拜对象和文化信仰。[2]水利系统、祭坛（如瑶山遗址）与居住区的空间布局，反映了“神权–王权”二元权力及“政治–经济–文化”三元治理模式。就跨区域治理与文化整合而论，良渚玉器纹样（如饕餮纹鼻祖）和筑城技术（如石砌基槽）向北传播，影响后续的陶寺、石峁等中原文明。二里头遗址的宫殿布局与良渚莫角山存在渊源，显示治理理念的跨时空传承。良渚末期遭遇特大洪水（遗址淤泥层证实），部分族群北迁至中原，将稻作技术与社会组织模式融入黄河流域。这种因环境变迁引发的资源再分配和人口流动管理，展现了早期文明的韧性。从基层治理与社会协同能力来看，遗址考古显示不同功能区（宫殿区、作坊区、墓葬区）规划有序，暗示可能存在类似“工官管理”的基层协作机制。现代良渚文化村借鉴古代治理智慧，通过《村民公约》实现自治共治，这种“约定俗成”的规则意识可能源自良渚时期的社会契约传统。良渚文明为华夏族群提供了“水利–农业–礼制”三位一体的治理范式。其以稻作经济为基础、以神权强化王权、以工程凝聚共识的模式，成为后世“敬天法祖”治理思想的源头。联合国教科文组织评价其展示了“早期区域性国家”特征，这正是华夏文明从多元走向一体的关键

[1] 高蒙河.中华第一城 良渚[J].知识就是力量，2024（11）：20–23.

[2] 高蒙河.中华第一城 良渚[J].知识就是力量，2024（11）：20–23.

节点。良渚的治理智慧证明，华夏文明并非单一中心辐射式发展，而是多区域互动融合的结果。其通过资源管理实现社会整合、通过精神信仰维系秩序稳定的模式，为后世“大一统”治理提供了原始基因，至今仍体现在中国基层治理的“共建共治共享”理念中。

第三章

祀与戎：共同体竞争优势及其可持续发展

“国之大事，在祀与戎”，虽出自《左传·成公十三年》，却是中华文明自部落竞争的古国时代就总结、提炼的共同体治理经验，凝练了中国乃至世界古代政治文明的核心逻辑。这一论断浓缩了中国古代政治智慧的核心——祭祀（祀）与军事（戎）是国家存续的两大支柱。几千年后，当代美国著名国际政治学者、哈佛大学肯尼迪政府学院教授约瑟夫·奈（Joseph Nye）提出的软实力、硬实力理论框架，揭示了现代国际竞争的本质规律。两者跨越时空的呼应，不仅展现了人类文明治理逻辑的恒常性，更指向共同体竞争优势构建的深层密码：唯有实现价值感召力（祀）与强制执行力（戎）的辩证统一，才能形成具有韧性的可持续发展模式。本章将通过历史溯源、理论互鉴与实践剖析，解构这一治理范式的现代转型及其对文明存续的战略价值。这种跨越时空的智慧对话，不仅揭示了文明延续的内在规律，更为当代人类命运共同体建设提供了重要的启示。

“祀”作为古代国家仪典体系的核心，承担着价值凝聚、文化传承、伦理教化的功能。这种通过文化符号构建认同的机制，正是软实力的原始形态。例如，对三星堆青铜神树的考古发现显示，早在新石器时代，祭祀器物就已成为权力合法性的物质载体。在中国古国时代，“戎”就作为共同体竞争的硬实力被高度重视，但作为军事维度的体系化建构，直至春秋时期才发展为系统的战略思想。如《孙子兵法》“上兵伐谋，其次伐交”的论述，体现了武力威慑（硬实力）与战略智慧（软实力）的辩证统一。当代核威慑理论中的“延伸威慑”概念，与古代中国“不战而屈人之兵”的战略思维具有惊人的相似性。如凌家滩著名的 87M4 号墓，在大量的随葬品中有特别突出的玉龟、琢刻纹饰反映“天圆地方”“四极八方”宇宙观等观念的玉版以及 8 件玉钺、18 件石钺；著名的 07M23 号墓，在大量的随葬品中也有玉龟、玉龟状扁圆形器以及 2 件玉钺和 44 件石钺。由此可见，这两座大墓的墓主集宗教占卜之权与军事权力于一身，即他们既执掌着宗教占卜和祭祀，也拥有军事指挥权。这显然是《左传·成公十三年》所说的“国之大事，在祀与戎”现象在中国古代中心聚落形态阶段的表现。[1]

就一定程度而言，它不仅是一种历史经验的总结，更蕴含着超越时空的共同体生存智慧——通过祭祀凝聚精神认同，通过军事强化组织能力，二者共同构筑了文明延续的根基。这也就是学者们常说的史前权力系统的演进遵循“权力的空间性与宗教的社会性”这个命题[2]，空间拓展需要军事力量，宗教社会化就是祭祀及图腾的扩散和传播。从考古发现的祭祀遗存到青铜时代的礼器铭文，从战国诸侯的变法图强到秦汉帝国的制度奠基，历史长河中“祀”与“戎”的交织，虽源头上带有“丛林法则”味道，却是中华文明早期就提炼出的软实力与硬实力双螺旋模型。先秦时期，祭祀用的礼器和打仗用的兵器很多都是青铜制造的，特别是祭祀活动常用的礼器，除了玉器，主要就是青铜器。[3]随着“周文郁郁”把商的“祭天”改造为“敬天爱人”，用充满“人间性”“人文性”的治理文化武装不断壮大的共同体，它越来越成为中华文明生生不息的动力源泉，其背后映射出的共同体竞争法则，至今仍具有深刻的启示意义。

祭祀的本质是共同体的精神建构。陕西宝鸡下站遗址的发掘揭示了一个延续600年的国家祭天体系，1400余处祭祀坑中埋藏的马驹、羔羊，印证了《史记》所载“畤驹四匹”“黄犊羔各四”的祭祀规制。[4]这种以仪式化行为强化政权合法性的传统，可追溯至黄帝时代。河南新郑黄帝故里、濮阳西水坡遗址中6400年前的北斗蚌塑，昭示着早期先民通过天文观测确立“天下之中”的空间认知，进而形成“中”与“中和”的政治哲学。[5]商周青铜礼器上的饕餮纹饰，以狰狞威严的视觉符号传递着“器

[1] 王震中．中国古代国家起源、发展与王权形成论纲［J］．中原文化研究，2013（6）：5–17.
[2] 王震中．中国古代国家起源、发展与王权形成论纲［J］．中原文化研究，2013（6）：5–17.
[3] 顾颖颖，杨舒幸，苏文皓，等．为什么是青铜，为什么有“六齐”？［J］．科技视界，2013（20）：5–11.
[4] 李韵，王笑妃，王建宏，等．“考古中国”又出新成果［N］．光明日报，2023–12–22（8）.
[5] 刘庆柱．国家祭祀与黄帝文化传承［N］．光明日报，2024–03–30（11）.

以藏礼”的统治逻辑：后母戊鼎832公斤的铜料熔铸，不仅需要高超的冶铸技术，更依赖庞大的社会组织能力，其纹饰中虎噬人头的意象，正是通过神权威慑维系等级秩序。[1]这种将物质生产、精神信仰与政治架构深度融合的智慧，使得祭祀超越了简单的宗教仪式，成为塑造集体记忆、强化身份认同的文化基因工程。另一个有意思且值得研究的话题是，祭祀中所用到的礼器包括食器、酒器、乐器等，其中最具代表性的就是鼎。《史记·封禅书》中记载：“禹收九牧之金，铸九鼎，皆尝亨鬺上帝鬼神。”意思是说大禹收集了九州也就是整个国家的青铜，铸造出九个鼎，这些鼎都曾经用来烹饪牺牲，以祭祀上天和鬼神。祭天也需要烹饪，这非常具有东方色彩和中国性，颇有宗教信仰的经济基础味道，而“钟鸣鼎食”的成语，与《周易》鼎卦所呈现的木材燃烧、火焰腾腾的炊煮之象相得益彰，呈现了一派声色殷实的人间生活景象，其中蕴含着“经世济民”的哲学和高度的民间性智慧。在《周易》构建的中国古代“天人合一”宇宙论体系里，鼎不仅是炊具，也是国家重器，设鼎代表新的国家或朝代的建立，象征着除旧布新、变革发展，且有养贤之意，卦辞显示此卦大吉大利、亨通。《史记·货殖列传》载：“洒削，薄技也，而郅氏鼎食。马医浅方，张里击钟。”唐代王勃《滕王阁序》云：“闾阎扑地，钟鸣鼎食之家。”任何共同体的长治久安、兴旺发达都要高度重视经济基础和软硬双实力，而历代经史子集正是这种三位一体的共同体治理智慧的渊薮和集散地。我们的祖先仰观俯察，道法自然，民胞物与，世世代代继承、更新、创造着这种中国特色的共同体治理“经世济民”思想和实践体系。

本章聚焦中国早期区域文明基于祭祀和军事力量的治理经验展开系统性研究。通过对比分析黄河流域、长江中下游及辽河流域三大核心区的考古遗存与文献记载，揭示出距今约5000—3000年间不同地域文明在祭祀体系、技术手工业发展用于军事武装等方面的差异化特征及其从战争不断

[1] 许宏，等.考古中国［M］.北京：中信出版社，2021.

到走向“竞合”的机制与过程。研究发现，“祀”与“戎”的深层互动，锻造了中华文明特有的韧性。良渚古城的水利系统与玉器文明，石家河遗址的城垣建制，展现了早期先民通过集体协作应对自然挑战的智慧，这种协作能力正是祭祀凝聚与军事组织共同作用的结果，为先秦“富国强兵”思想打下了原创基础。[1] 即便在十六国乱世，陕西北城村墓地中戎狄部族墓葬的汉化轨迹，仍昭示着“多元一体”的文化融合从未中断——战马的嘶鸣与祭祀的香火，共同熔铸着超越血缘与地域的共同体意识。这种动态平衡的文明演进模式，使得中华文明在五千年间既保持了礼制传统的连续性，又通过军事变革实现了制度的适应性调整。

本章从历史社会学视角切入，深入剖析“祀”与“戎”两种机制在古代社会组织中的协同作用。通过解构祭祀活动形成的文化认同体系与军事活动构建的资源整合网络，揭示二者在强化组织凝聚力、优化资源配置方面的耦合效应。基于礼制规范的价值共同体建构与危机应对机制的制度化运作，能有效提升组织的环境适应能力与持续发展动能。这种文化资本与组织效能的双向建构模式，为现代社会组织应对风险挑战提供了历史参照。本研究还进一步构建“文化认同 – 制度创新 – 可持续发展”的分析框架，指出在当代社会治理中，通过重塑价值共识体系与创新危机管理机制，可实现组织竞争优势的动态维护。该理论框架在公共管理、企业治理等领域的应用实践表明，将中华优秀传统文化与现代管理科学有机融合，能够有效促进社会共同体的韧性建设与可持续发展。

一、西辽河流域红山文化的祭祀体系与“以玉通神”的信仰治理

作为中华文明探源工程的重要研究对象，红山文化在辽西地区构建的独特精神信仰体系，为理解中国北方新石器时代社会复杂化进程提供了关

[1] 石健．戴向明：注重早期文明探源 让考古成果惠及大众［EB/OL］．新浪网，2025-03-08.

键性实证材料。研究表明，红山先民构建了以“坛－庙－冢”复合建筑群为载体的三级祭祀系统，形成天地人三界互通的宇宙观实践模式，更将中国礼制文明的起源研究推向全新维度。[1] 玉器作为核心媒介，其形制演变与功能分化印证了“以玉通神”信仰体系的确立过程，C 形玉龙、玉猪龙等礼器通过材质选择、制作工艺与使用规制，构建起人与超自然力量沟通的仪式化通道。这种信仰体系不仅规范祭祀行为，更通过玉礼器的等级化配置形成社会权力架构，玉器持有者借由通神特权确立群体领导地位。考古资料显示，信仰治理模式有效整合了红山文化晚期的社会组织，为早期复杂社会演进提供了精神纽带，其“天人合一”理念对后世礼制文明产生深远影响。相关研究为理解中国北方新石器时代社会复杂化进程提供了新的观察维度。[2] 近年来，随着国家社会科学基金重大项目的启动，相关研究团队借助项目支持，针对玉器制作工艺、祭祀遗迹空间布局开展了科技检测工作，这些检测成果为解读信仰体系与社会治理的互动机制提供了新的技术支撑。当前研究虽已揭示红山文化祭祀遗存的等级化特征，但关于“以玉通神”信仰治理模式[3] 的运作机理仍存在阐释空间。

（一）西辽河流域的地理与文化特征

西辽河流域独特的地理环境为红山文化的孕育提供了天然舞台。[4] 西拉木伦河、老哈河与大凌河构成的扇形水系网络，在燕山北麓与科尔沁沙地之间形成生态过渡带，这种地貌特征造就了多样的资源分布格局。河谷阶地上肥沃的黄土堆积适宜原始农业耕作，丘陵地带丰富的燧石与玉料矿脉支撑着手工业发展，而河岸沼泽区则为渔猎采集提供了物质保障。这种

[1] 李默然．试论史前仪式行为的展示性——以牛河梁、良渚古城和石峁遗址为例［J］．南方文物，2024（4）：83-91.

[2] 周洪宇，王文虎．炎黄学导论［M］．北京：中华书局，2021.

[3] 高崇文．试论中国古代国家的产生［J］．中原文化研究，2024（3）：23-30.

[4] 闫子奇，高洁，黎岩．西辽河文明对中华民族共同体形成发展的贡献［J］．黑龙江民族丛刊，2024（5）：78-90.

地理环境的多样性，促使红山先民发展出复合型生业模式，既在河川台地种植粟黍作物，又通过山林狩猎与河湖捕捞获取蛋白质资源，形成稳定的食物供给系统。大凌河上游发现的透闪石玉矿脉与红山文化玉器原料的高度吻合，证实了该流域在玉礼器制作中的核心地位，这种就地取材的优势为“以玉通神”信仰体系的物质化提供了基础条件。地理空间的开放性塑造了红辽河流域独特的文化互动模式。作为连接东北平原与蒙古高原的生态廊道，该区域既是中原彩陶文化北传的接收地，又是北方细石器技术南渐的中转站。考古发现显示，红山文化陶器群中既包含本土发展的之字纹筒形罐，又融合了来自后冈类型的彩陶元素，这种文化交融在祭祀用器上表现得尤为显著。牛河梁遗址出土的彩陶祭器，其纹饰构图既保留仰韶文化玫瑰花纹的基本母题，又通过简化变形发展出独特的勾云纹样式，这种创造性转化凸显了流域文化兼容并蓄的特质。流域内部的地理分异还催化了社会复杂化进程。老哈河流域密集的普通聚落群与大凌河流域超大规模礼仪中心的并存，反映出资源控制能力的空间差异。海拔较高的山地地带因玉料开采权的集中，逐渐形成掌握特殊技艺的工匠群体，而河谷平原则因祭祀建筑群的营建需求，催生了专业化的建筑团队。这种基于地理资源差异的社会分工，最终在牛河梁遗址群中得到整合，其通过礼仪建筑的层级化布局和玉礼器的等级化配置，构建起覆盖整个流域的信仰治理网络。

（二）红山文化的祭祀与信仰体系

牛河梁遗址群的系统性发掘为解析红山文化祭祀体系提供了关键性实证。[1] 该遗址群内由 13 个分布点构成的祭祀建筑群，呈现出三级递进的仪式空间结构：最高层级的女神庙坐落在山梁主脊，其半地穴式建筑内出土的泥塑女神像残件与动物塑像，暗示着祖先崇拜与自然神灵信仰的共存；中层台地错落分布着方形祭坛与圆形石砌建筑，坛体内部发现的灰烬

[1] 刘国祥．红山文化研究［D］．北京：中国社会科学院大学，2015.

层与玉器残片印证了燎祭仪式的持续开展；山脚区域的积石冢群则通过冢体规模与玉器组合的差异，展现出明确的等级序列。这种立体化的空间布局，将天体运行规律与地貌特征相结合，形成“天圆地方”宇宙观的物质表达。东山嘴遗址的发现进一步深化了对区域性祭祀网络的认知。该遗址南北长 60 米、东西宽 40 米的石砌建筑群中，中心方形祭坛与东西两翼的圆形祭坛构成“一主二辅”的布局模式。祭坛表面分布的成组立石与排列有序的陶筒形器，显示出方位测定与历法推算的仪式功能。尤为重要的是，遗址内出土的 20 余件陶塑人像残件中，孕妇特征塑像与小型坐像的组合，可能代表着生殖崇拜与祖先祭祀的双重内涵。这些发现与牛河梁遗址形成时空呼应，揭示出红山文化晚期祭祀活动已形成标准化仪式程序。近年来的科技考古手段为祭祀遗存研究注入新维度。三维建模技术复原显示，牛河梁第二地点三号冢的玉器埋藏位置与夏至日出方位存在精确对应关系，暗示着天文观测与祭祀仪式的深度融合。玉器微痕分析表明，C 形玉龙多出土于中心大墓且表面保留制作时的定向磨痕，而玉猪龙则普遍存在于次级墓葬且多有使用磨损，这种工艺差异证实了玉礼器的等级化使用规范。环境考古研究还发现，祭祀遗址多选址于山梁迎风坡，这种布局可以利用自然气流增强燎祭烟雾的升腾效果，实现“燔柴升烟，达于天庭”的仪式目的。祭祀遗存中出土的器物组合构成了信仰体系的物质载体。牛河梁遗址积石冢内玉器与彩陶祭器的固定配伍模式，呈现出“北玉南陶”的文化交融特征。筒形器群在祭坛周边环状分布，既作为祭祀空间的界标，其器身抽象的勾云纹饰又隐喻着天地沟通的通道。值得注意的是，不同等级墓葬中玉器种类与数量存在显著差异，如中心大墓独占玉龙与斜口筒形器组合，而边缘墓葬仅随葬玉环或玉璧，这种制度化的配置规则，确证了祭祀特权与社会权力的共生关系。

红山文化玉器的物质形态与精神内涵共同构建了独特的象征系统，这种将自然材质转化为信仰载体的文化实践，深刻反映了先民对宇宙秩序的认知。[1]玉器组合的空间配置蕴含着完整的宇宙观表达。积石冢内玉器埋藏位置与人体骨骼的对应关系显示：斜口筒形器多置于头部，象征通天；玉璧环绕腰部，隐喻法地；而玉龙佩于胸腹，则代表人界核心。这种立体化配置模式将人体转化为微型宇宙，通过玉器与身体的结合实现三界贯通。祭祀遗址中玉器与彩陶器的配伍规律同样具有深意，陶筒形器表面的勾云纹与玉器曲面形成虚实对比，共同构建起天地能量交换的通道意象。在使用规范方面，中心大墓出土的玉器多保留制作痕迹，暗示着“生器”与“葬器”的功能区分，而次级墓葬玉器表面的使用磨损，则印证了“事死如事生”观念下的持续性宗教实践。这种将技术细节纳入信仰体系的做法，使玉器成为连接物质生产与精神建构的关键媒介。[2]

（三）祭祀仪式的社会功能

红山文化的祭祀仪式在维系社会秩序与推动文明演进中展现出多层次的社会整合效能。牛河梁遗址群内不同等级的积石冢与祭坛的空间分布，构建起“中心—次中心—普通聚落”的三级祭祀网络，这种层级化布局不仅对应着现实社会的权力结构，更通过定期举行的祭祀活动强化了群体认同。[3]在仪式过程中，玉礼器有着特定组合与使用规范，成为区分不同身份等级的重要标识载体。中心大墓独占玉龙与斜口筒形器的配置模式，将通神特权转化为世俗权力的合法性来源，形成“祭仪－玉礼－权力”三位一体的治理机制。祭祀活动的周期性举行创造了跨区域的社会动员机制。东山嘴遗址陶筒形器群的环状排列与牛河梁燎祭遗迹的方位设定，显示出仪式参与者在空间站位上的严格规定。这种规范化的行为模式通过代际传承演变为社会共同遵守的准则，使分散的氏族群体在共同的信仰下形成文化共同体。玉器制作技术的标准化进程尤为关键，透闪石玉料的统一选择

[1] 刘国祥．红山文化研究［D］．北京：中国社会科学院大学，2015.
[2] 钟雪．中国北方地区新石器时代玉器研究［D］．长春：吉林大学，2024.
[3] 刘国祥．红山文化研究［D］．北京：中国社会科学院大学，2015.

与C形玉龙形制的严格传承，既保证了祭祀仪式的神圣性，又通过玉工群体的专业化生产实现了技术垄断，为权力阶层掌控精神资源提供了物质基础。祭祀体系还承担着调节人地关系的重要功能。遗址群选址中对山梁地形与河流走向的精准利用，反映出仪式空间与自然环境的深度互动。积石冢封土中发现的农作物遗存与祭坛灰烬层的植物分析表明，祭祀活动包含祈年祭与报祭等农业仪式，这种将生产实践纳入信仰体系的做法，有效缓解了气候变化带来的生存压力。玉猪龙造型中猪首与龙身的结合，既是对狩猎采集传统的记忆保存，又是对新兴农业崇拜的艺术表达，显示出祭祀仪式在调和不同经济形态中的缓冲作用。在精神层面，祭祀仪式通过宇宙观具象化实现了社会价值观的统一。“天圆地方”的祭坛形制，与北斗星象对应的玉器埋藏方位，将抽象宇宙认知转化为可视化的仪式程序。参与者通过重复性的仪轨动作，体验天地人三界互通的神圣场景，这种集体记忆的塑造强化了社会成员的归属感。女神庙泥塑群像的多元特征，则为不同氏族提供了共同的崇拜对象，在化解族群矛盾的同时促进文化融合，这种精神整合机制为红山文化晚期社会复杂化奠定了意识形态基础。

红山文化祭祀活动与权力结构的互动机制，在考古遗存中呈现出物质与精神的深度耦合。牛河梁遗址群内中心大墓独占玉礼器的现象，揭示出通神特权向世俗权力转化的逻辑——掌握祭祀仪式的群体通过垄断天地人沟通渠道，将宗教权威转化为社会管理权。积石冢群落的层级分布与玉器组合差异构成可视化权力谱系。中心冢区出土的C形玉龙与斜口筒形器组合，不仅标志着墓主具备最高等级的通灵能力，更通过器物形制与摆放方位的严格规范，建立起“祭器–身份–权力”的对应体系。[1]这种将宇宙观认知嵌入物质载体的实践，使得祭祀行为本身成为权力合法性的源泉。祭祀仪式的空间建构强化了权力的空间表达。女神庙遗址所处的山梁制

[1] 陈永康，吴志恩，王嫪彩．器以载道：河南工艺与礼制［M］．北京：文化发展出版社，2024.

高点，通过视觉统摄形成精神领域的权力中心，而环绕分布的积石冢群则构成次级权力节点。不同等级遗址中陶筒形器的标准化生产与环状排列模式，形成跨越地理单元的文化标识系统。这种精神纽带的确立，使得掌握核心祭祀权的群体能够突破血缘氏族界限，建立起覆盖整个文化区的地域性管理组织。祭祀过程中玉器的集中展示与再分配，更创造出物质循环与权力辐射的双向通道，最终推动红山文化晚期出现超越部落联盟的复杂社会形态。

红山文化信仰体系对社会组织的重构作用，在考古遗存中呈现出多层次的影响维度。[1]不同等级墓葬中玉器品质的显著差异，不仅反映资源分配机制，更通过“技近乎道”的技术伦理强化了社会阶层的固化。祭祀活动的周期性开展推动了跨聚落协作机制的形成。东山嘴遗址陶筒形器的标准化生产与跨区域分布，证实了祭祀用品供给网络的系统化运作。各氏族群体在共同信仰的驱动下，依照固定节律参与礼仪建筑营建与祭器制备，这种超越血缘关系的协作模式，催生出早期社会组织中的公共事务管理体系。积石冢封土中不同地域土壤的层积现象，隐喻着参与群体通过物质贡献实现精神认同的整合过程，这使得分散的氏族在共同的仪式实践中凝聚为文化共同体。信仰体系通过空间叙事重塑社会认知结构。信仰治理最终催生了早期官僚体系的萌芽。女神庙壁画中手持玉器的神职人员形象，与积石冢出土的骨卜器具共同揭示出专业祭司群体的存在。这个阶层通过解读天象、主持祭仪垄断知识解释权，其职能分化预示着社会管理职能的专业化发展。祭祀遗址中发现的刻画符号与方位测量工具，暗示着历法推算与资源调配等行政功能的雏形，这种将信仰实践转化为管理技术的智慧，为红山文化晚期社会复杂化提供了制度创新路径。

（四）小结

通过对西辽河流域红山文化遗存的系统研究，本部分揭示了新石器时

[1] 刘国祥．红山文化研究［D］．北京：中国社会科学院大学，2015.

代晚期独特的精神文明建构模式。研究表明，“坛－庙－冢”复合建筑群构成的三级祭祀体系，通过仪式空间与宇宙观的高度契合，实现了自然秩序与社会秩序的有机统一。玉器形制演变与使用规制的考古学证据显示，“以玉通神”不仅是物质载体的功能转化，更是通过材质神圣化、工艺仪式化、配置等级化构建的信仰治理系统。这种将精神信仰嵌入社会运行的实践智慧，为早期复杂社会的权力建构提供了可持续的意识形态支撑，其天地人三界互通的宇宙认知模式，成为中华文明礼制起源的重要思想源头。2024 年启动的“红山文化与西辽河流域文明化进程综合研究”项目，通过聚落考古、生业模式、环境变迁等多维度研究，有望构建更为立体的文明演进解释框架。[1] 未来研究应着重在以下三方面取得突破：其一，深化祭祀体系的比较考古学研究，将红山文化“天圆地方”的空间实践与良渚文化祭坛、仰韶文化天文遗迹进行系统对比，揭示中国早期宇宙观的形成谱系；其二，加强玉器科技的跨学科整合，运用微量元素检测、三维建模等技术手段，建立红山玉器工艺数据库，解析“以玉通神”的物质技术基础；其三，拓展信仰治理的理论阐释，将考古材料与人类学理论相结合，探讨仪式权力向行政权力转化的具体路径。这些研究方向的推进，不仅能够完善对西辽河流域文明化进程的认知图景，更能为理解中华文明“多元一体”格局的形成机制提供关键性实证。

二、其他文明的祭祀与军事情况

新石器时代晚期的黄河岸边，一座高耸的土筑祭坛在晨曦中显现轮廓，玉琮的碰撞声与青铜戈戟的铿锵声交织回荡。这个场景浓缩了上古国家文明发展的核心密码：宗教祭祀构建的精神共同体与军事力量支撑的物质保障，共同构成了早期国家存续的双重支柱。考古发现与文献记载共同揭示，从良渚文化的玉器文明到殷商王朝的青铜时代，“祀”与“戎”始

[1] 韩金秋．河北红山文化考古历程回顾［J］．草原文物，2024（4）：51-55.

终是维系国家运转的核心要素。

（一）神权秩序：祭祀体系构建的文明共同体

良渚古城遗址出土的瑶山祭坛，以三重土台构成天地人沟通的通道，其精妙设计远超实用需求。考古学家发现，在祭坛周边分布的贵族墓葬中，玉琮、玉璧等礼器呈现出严格的等级序列，这种器物组合的标准化暗示着统一祭祀礼仪体系的存在。在殷墟甲骨卜辞中，商王每年举行百余次祭祀活动，用牲数量多达千头。通过这种周期性的集体仪式，不同氏族在共同的信仰体系中找到了身份认同的归属感。商周青铜器上的饕餮纹饰，通过视觉符号的统一传播，将抽象的宗教观念转化为具象的视觉语言。湖北石家河遗址出土的陶制人偶有着统一的服饰与姿态，表明祭祀活动已形成程式化的行为规范。三星堆青铜神树的枝干间悬挂着象征日月的金箔饰片，这种具象化的宇宙模型成为群体认知的精神坐标。商王通过垄断甲骨占卜的解释权，将世俗权力与神权紧密结合。周代形成的“天命”观念，将政治合法性建构于超越性的宗教框架内，这种意识形态的创新使周王朝的统治范围扩展至中原之外。

（二）青铜戈戟：军事体系支撑的文明竞争力

二里头遗址出土的青铜钺，刃部残留的砍斫痕迹显示其已超越礼器功能。考古类型学研究表明，早期兵器经历了从石质到金属材质的突变式发展。郑州商城出土的青铜镞，其年产量可达数万枚，这种规模化生产标志着专业化军事组织的形成。殷墟车马坑中四马一车的标准配置，印证了文献记载的“戎车三百乘”并非虚言。

甲骨文中“王作三师”的记载，揭示了商代常备军的建制体系。甘肃马家塬战国墓葬出土的皮甲与铁剑，其制作工艺的复杂程度远超日常工具。西周金文中的“师氏”职官体系，显示出军事管理的专业化趋势。湖北随州叶家山墓地出土的成组青铜兵器，其标准化程度暗示着统一武器装备制度的存在。

商王武丁时期的甲骨卜辞记载，一次军事行动可俘获“羌刍五十”，这种规模化战争带来的劳动力补充，极大提高了社会生产力。江西新干大洋洲商墓中青铜兵器与农具同出的现象，表明军事扩张与资源获取存在直接关联。周原遗址发现的铸铜作坊遗迹，其生产组织方式已具备军工复合体特征。

（三）祀戎交融：文明发展的双螺旋结构

安阳殷墟发现的祭祀坑与兵器窖藏共存现象，印证了国之大事“祀”与“戎”的并存状态。商代青铜礼器上的征战纹饰，将军事胜利转化为神圣叙事。周代“大蒐礼”将军事演练与祭祀仪式合二为一，这种制度设计实现了精神动员与武力展示的有机统一。湖北盘龙城遗址的祭祀区与作坊区相邻布局，显示出精神生产与物质生产的空间关联。

商王同时担任最高祭司与军事统帅的双重角色，这种权力结构在甲骨文“王卜”记载中得到印证。良渚玉琮上的神人兽面纹，可能隐含着对军事权威的神圣认证。这种政教合一的治理模式，使早期国家获得了超稳定的统治结构。

二里头遗址的宫城与作坊区面积比例显示，大量社会资源被投入祭祀与军事领域。商代甲骨文记载的“燎祭”用牲数量，相当于当时数个聚落的牲畜总量。这看似是一种非理性的资源消耗，实则通过精神共同体的强化，降低了社会治理成本。军事扩张带来的战俘与资源，又反哺了祭祀体系的运作，形成独特的文明发展循环。

当现代考古学家轻轻拂去青铜鼎上的千年尘埃，那些铭刻在礼器与兵器上的文明密码依然清晰可辨。从良渚玉琮的神秘纹饰到殷墟甲骨的战事记载，上古先民在祭祀与征伐之间找到了文明存续的平衡点。这种双轨并进的发展模式，不仅塑造了早期国家的治理智慧，更为理解人类文明演进提供了关键线索。在当代文明对话的语境下，重新审视“祀与戎”的古老命题，或许能为我们处理精神信仰与物质力量的关系提供历史镜鉴。

通过以上比较研究，我们得出红山文化“天圆地方”的空间实践与良渚文化祭坛“以玉通神”两个重大历史遗产对于共同体治理的价值和意义。红山文化“天圆地方”的空间实践及其共同体治理，是中国史前文明中宇宙观与社会治理相融合的典型案例。在红山文化遗址中，以牛河梁、东山嘴为代表的祭祀场所，通过“坛－庙－冢”三位一体的空间布局，体现了“天圆地方”的宇宙观。玉器作为礼制载体：红山文化玉器（如玉龙、玉凤、斜口筒形器）多采用方圆结合的造型，既象征天地秩序，又成为身份等级和社会规范的物化符号。红山文化通过祭祀活动凝聚族群认同，墓葬差异体现社会分层，文化交融促进制度趋同。祭祀遗址的南北轴线布局和“天圆地方”符号，通过重复性仪式强化了族群对共同宇宙观和历史叙事的认同，形成“我中有你”的文化基因。红山文化的“天圆地方”不仅是宇宙观的具象化表达，更是通过空间秩序构建社会秩序的关键实践。人工堆筑的阶梯状祭坛（如瑶山遗址），既是观测天象的物理载体，也是“玉帛牺牲”的祭祀场所。考古显示祭坛兼具祭天与埋葬权贵的双重功能，印证“事死如事生”的宗教政治逻辑。[1] 其共同体治理意义在于建立了权力合法性的神圣赋权、实现了社会分层与资源控制、完成了跨区域文化认同塑造、呈现了治理体系的制度化萌芽。良渚的“玉礼系统”为商周青铜礼制提供原型（如琮璧组合演变为鼎簋制度），其“神权－军权－财富”三位一体的治理模式，成为东亚早期国家的典型范式。2019 年良渚古城申遗成功，更验证了这种五千年前的城市文明对现代共同体构建的启示价值。[2] 中原文明共同体的文化整合机制在宗教实践中展现出独特的融合智慧，其核心在于构建超越地域与族群的精神认同体系。

三、夏王朝的软硬双实力及其王国治理智慧

在中国早期国家形成的进程中，陶寺与二里头的考古发现构成了理

[1] 杜金鹏．良渚神祇与祭坛［J］．考古，1997（2）：52–62.

[2] 张煜欢．王明达：良渚玉琮王何以“玉见千年”？［EB/OL］．中国新闻网，2023–05–03.

解“夏朝”王权政治起源的关键链条。从距今约 4300 年的陶寺邦国到距今约 3800 年的二里头王朝，早期政治实体通过宗教祭祀与军事力量的协同建构，逐步确立起“祀”与“戎”并重的治理模式。这一过程不仅揭示了“国之大事，在祀与戎”古训的历史根源，更展现了中华文明在多元互动中形成超稳定政治结构的深层逻辑。

（一）从陶寺到二里头的政治演变

陶寺遗址作为中原地区首个具备早期国家特征的都邑，其政治体系展现出“文武之道”的雏形。考古发现表明，陶寺邦国的统治者通过“经天纬地”的时空政治文明与“文德武功”的双轨策略，构建了兼具神权与军权的复合型王权。陶寺遗址的观象台与圭尺系统，通过精确的天文观测垄断历法制定权，将王权与“天时”绑定。其“地中之都”的空间布局（南北长 1800 米、东西宽 1500 米），以宫城为核心向外辐射，形成“中土之国”的意识形态象征。陶寺遗址初步建立起一条考古、文献、人类学证据链绳股，指向陶寺早期都城为文献所记载的尧都，中期都城为文献所记载的舜都。陶寺文化的社会已经进入了早期国家阶段，具体说是陶寺邦国。而陶寺圭尺第 11 刻度与“地中”标准夏至晷影长度的对应以及陶寺都城和陶寺邦国，说明最早“中国”的明确概念是“地中之都，中土之国”。陶寺邦国的治国理政思想集成创新，形成了颇具特色的“陶寺模式”。我们称之为尧舜“中国”大政。“中国”大政包括两大核心内涵：一个是“经天纬地”的时空政治文明，另一个是“文德上政”与“武功次政”的文武之道。[1]墓葬中彩绘龙盘与玉琮的组合，既继承了良渚文化的礼器传统，又融入了本地化的龙蛇崇拜，形成独特的宇宙观叙事。尤其是 M3016 大墓出土的龙盘，其疣鼻天鹅头与赤链蛇身的结合，隐喻着“文德上政”与“武功次政”的治国理念：天鹅象征和平外交，蛇身则暗含“人

[1] 何努．陶寺遗址展现的中国古代政治文明［N］．学习时报，2025-02-28（7）．

不犯我，我必犯人”的军事威慑。[1]

从陶寺到二里头的政治演进历程，揭示了早期王权从地域性权威向制度化统治转变的关键机制。陶寺中期的社会结构呈现出酋邦向国家过渡的典型特征，其政治权力建构主要依托宗教权威与资源控制的双重路径。大型观象设施的建造与历法知识的垄断，使统治阶层得以通过“授民以时”的神圣职能确立合法性，这种将天文观测与农业生产周期相绑定的治理策略，成功将自然规律认知转化为社会动员能力。

祭祀是上古时期人们调节、联系、沟通人与神秘自然的重要形式。定期的祭祀活动是人们年度生活的重要内容，人们往往以祭祀周期作为时间段落的分界，如“岁时伏腊”“岁时祭祀”等，岁时几乎成为祭祀的代称。礼器作为祭祀的工具，大多是通过古代墓葬考古发掘而得以呈现的。墓葬中礼器组合的规范化趋势，表明礼仪制度开始成为固化等级秩序的重要手段。二里头文化时期的政治形态实现了质的突破，建立起多维度治理体系。[2]宫殿建筑群的中轴布局与功能分区，不仅体现空间规划能力的提升，更标志着行政中枢机构的形成。铸铜作坊和绿松石器制作区的空间隔离政策，显示出统治者对战略资源与核心技术的绝对掌控，这种将经济命脉与政治权力相捆绑的模式，极大强化了中央集权能力。尤为重要的是，建立多层聚落等级体系，通过都城与区域中心聚落的从属关系，构建起早期国家的空间控制网络，使资源调配与人口管理突破单一聚落范畴。政治权威的运作机制在两遗址间呈现显著差异。陶寺统治阶层主要依赖天文历法解释权与祭祀特权维持权威，其治理模式仍带有强烈的神秘主义色彩。而二里头统治者已发展出更系统的制度化管理手段：通过规范礼器使用制度固化社会等级，依托仓储体系实施粮食再分配，利用道路网络加强区域联系。这种从“神权政治”向“制度政治”的转型，使王权统治突破血缘

[1] 李新伟．中华文明的宏大进程孕育多元一体、协和万邦的文明基因［EB/OL］．新华网，2020-09-23.

[2] 陈胜前．中华文明格局的起源：考古学的视角［M］．北京：中国人民大学出版社，2024.

纽带限制，形成更具扩展性的治理框架。治理智慧的演进集中体现在风险应对机制的创新上。陶寺时期通过观象授时与粮食储备应对气候波动，二里头时期则建立起跨区域资源调配体系以平衡生态差异。这种从被动适应到主动调控的转变，反映出统治者对复杂系统驾驭能力的提升。政治权力与知识体系的深度耦合构成治理传统的重要特征。天文历法从生产技术指南升华为王权合法性的象征；手工业标准化生产既是经济管控手段，也成为维系等级制度的物质载体。两地政治演进的连续性特征同样值得关注。陶寺开创的“历法－农业－治理”互动模式，在二里头时期发展为更成熟的“资源控制－制度规范－空间整合”三位一体体系。“文德上政”与“武功次政”的文武之道，主要作为处理邦国外部关系的指导方针，彰显与巩固的主要是军权。可见，尧舜“中国”大政“陶寺模式”是王权与军权结合的完美模式。考古学家李伯谦先生就认为，陶寺是中原地区第一个崇尚军权与王权相结合模式的“王国”。[1]这种治理智慧的传承与创新，不仅推动着早期国家形态的完善，更为商周礼乐文明的制度建构提供了原型经验。

（二）夏朝治理模式的创新与影响

夏朝治理体系的核心突破在于构建了“知识－权力－制度”有机整合的机制，将自然规律认知转化为制度性治理资源。二里头遗址展现的宫城布局中，天文观测设施与行政中枢存在空间毗邻关系，暗示着历法知识已成为王权运作的技术支撑。统治集团通过垄断日月运行规律的阐释权，将农时确定与赋税征收纳入统一的时间管理体系，这种将天文学科知识制度化的实践，开创了“天道治理”的政治哲学原型。治理模式的创新突出表现在三维调控体系的形成上。在农业生产方面，结合黄河流域生态特征发展出粟稻轮作制度，借助历法的指导实现不同作物的时序安排，这种精准化的农时管理使粮食产量获得显著提升。手工业领域建立的核心技术控制

［1］ 何努．陶寺遗址展现的中国古代政治文明［N］．学习时报，2025-02-28（7）．

机制，将青铜铸造、绿松石加工等战略产业集中于宫城周边，形成“技术垄断—产品分配—等级标识”的完整链条。资源再分配系统通过多级仓储网络实现，都城中心库区与区域粮储节点的联动，既保障了应对突发灾变的能力，又强化了中央对地方的控制效力。这种治理智慧影响深远，重塑了中原文明的发展轨迹。礼器制度的确立使物质文化成为等级秩序的物化载体，青铜酒器的形制规范与使用礼仪，构建起维系贵族集团身份认同的符号系统。天文历法从生产指导技术升华为王权合法性的神圣来源，通过“测影授时”仪式将自然规律转化为政治权威，奠定了中国传统政治“天人感应”思想的基础。更值得关注的是，跨区域资源调配体系的建立使早期国家突破地理限制，通过对铜矿、玉料等战略物资的远程控制，形成了广域王权经济的雏形。夏朝治理传统持续渗透于后世文明的演进。商周时期发展成熟的“礼乐征伐自天子出”制度，实质上是对夏朝“历法－礼制－资源”三位一体治理模式的继承与升华。二里头宫室建筑的中轴线布局传统，演变为中国古代都城规划的基因密码。而将知识体系与政治权力深度绑定的治理智慧，更培育出中华文明特有的“圣王”政治理想。这种强调统治者道德修为与治理能力的传统，成为贯穿中国古代政治思想的核心线索。[1]

（三）小结

通过对陶寺与二里头文化的系统对比，揭示出早期国家形成过程中生业基础、历法体系与治理结构深度耦合的演进规律。两遗址的考古材料表明，中原文明在应对生态压力与社会复杂化的挑战中，逐步发展出将自然规律认知转化为制度性治理资源的独特智慧。陶寺时期建立的“历法－农业－祭祀”三位一体模式，在二里头时期演进为“资源控制－技术垄断－制度规范”的系统化治理框架，这种转变标志着古代共同体从被动适应环境向主动建构秩序的质变。早期王权的治理创新集中体现在知识体系与权力运作的有机整合上。天文历法从指导农业生产的实用技术，升华为论证

[1] 陈胜前．中华文明格局的起源：考古学的视角［M］．北京：中国人民大学出版社，2024.

统治合法性的神圣知识；手工业标准化生产既是提升效率的经济手段，也成为固化社会等级的物质载体；资源再分配机制通过多级仓储网络，既实现风险应对，又强化中央权威。这种将技术理性与政治智慧相融合的治理范式，成功构建起跨越生态区位的广域王权体系，为华夏文明“多元一体”格局的形成奠定基础。研究结论对理解中华文明治理传统具有三重启示。其一，“天人合一”的政治哲学源于早期国家将自然节律与社会运行相协调的实践智慧，二里头宫城布局中天文设施与行政中枢的空间关联，正是这种思维的物质化表达。其二，礼制体系的形成本质上是物质生产与社会治理的创造性结合，青铜礼器的技术垄断与仪式化使用，开创了通过物质文化维系社会秩序的传统。其三，早期国家通过弹性调控机制平衡不同利益诉求，陶寺的粮食储备制度与二里头的跨区域资源调配网络，均展现出在复杂系统中维持动态平衡的治理艺术。

这些发现为当代社会治理提供了历史镜鉴。早期文明演进中呈现的技术创新与制度变革的协同机制，提示现代社会发展需注重知识体系与治理能力的系统整合。古代先民在资源利用中展现的生态适应智慧，则启示可持续发展路径的探索应重视传统经验的创造性转化。对早期国家形成机理的深度解析，不仅丰富了人类文明演进的理论图谱，更在文明互鉴视角下为全球治理体系创新提供了东方经验。

四、结语：重返文明的元命题

从良渚玉琮到量子卫星，从《孙子兵法》到 AI 兵法，人类始终在探索“祀”与“戎”的黄金分割点。当气候危机与 AI 革命同步迫近，唯有将硬实力转化为制度性权力，使软实力升华为文明吸引力，才能构建具有抗熵增能力的命运共同体。这既是对“国之大事，在祀与戎”的现代诠释，更是文明存续的终极智慧——在刚柔并济中寻找永恒，于张弛有道处见证不朽。

第四章

干戈与玉帛：从大禹家族创业看中国式治理的早期典型特征

人类社会文明之根，皆深植于河流之畔。在探索人类文明的源流时，河流的作用往往是决定性的，甚至是无可替代的。[1]这种历史的洞见，无疑揭示了“治水”的智慧是人类历史长河中极为核心、极具代表性的智慧。《管子·水地》有云：“圣人之治于世也，不人告也，不户说也，其枢在水。”

在中华文明几千年的历史中，之所以形成并长期维持“多元一体”的“大一统”王朝形态，与治水有密不可分的关系。[2]在一定程度上可以说，中国式治理的智慧与底蕴蕴藏在丰富的治水人物和事件中。如“大禹治水”中的大禹，就是我们历史源头上的典型智慧人物。《史记·夏本纪》记载：“夏禹，名曰文命。禹之父曰鲧，鲧之父曰帝颛顼，颛顼之父曰昌意，昌意之父曰黄帝。”从黄帝到大禹正好五代，为了便于读者理解，我们不妨以现代视角将他们的宏伟事业比喻成家族创业，并将其中历史记载相对翔实的三代权力代际传承——从鲧到启的治理体系升级过程类比为一家名为“夏氏集团”的家族企业的发展历程。这家企业经历了创始人鲧的“技术积累”到大禹的“治水经验升华”，其家族的创业史是中国上古时代最具典范性的政治权力建构历程，其最大的经验在于实现了从族群的恶性竞争——大动干戈，到“化干戈为玉帛”的高效能共同体合作，同时经历了技术探索和革新、文化信仰融合、治水工程推进、制度与合作机制创新以及权力代际和平有效传递，最终奠定了持久而辉煌的夏朝基业。

《山海经》多次提及“禹所积石”“禹所导积石”，而随着考古成果的丰富，关于“大禹”的研究也从“神话传说”转向了“历史叙事”。学术界已基本达成共识：“夏代结束年代为公元前1553年的看法，判断夏代积

[1] 葛剑雄．河流与人类文明［J］．民俗研究，2021（6）：5-13，158.

[2] 陈茂山，王亦宁．深刻领悟“治水之道是重要的治国之道”［J］．水利发展研究，2024（4）：1-6.

年为公元前2024—前1553年。”[1]又如2021年“中华文明探源暨马家窑文化考古研究座谈会”上，易华等学者指出，大禹的神话传说可以追溯至马家窑文化，如以临夏为中心出土的马家窑彩陶，其纹饰以蛙纹、漩涡纹最为丰富。经典历史文献《尚书·禹贡》说“导河积石，至于龙门”，记录大禹曾在积石一带治理黄河;《左传·襄公四年》说：“芒芒禹迹，画为九州”;《史记·秦始皇本纪》记载秦二世胡亥之言：“禹凿龙门，通大夏，决河亭水，放之海，身自持筑臿，胫毋毛，臣虏之劳不烈于此矣”;《史记·夏本纪》记载，大禹治水之后，“九州攸同，四奥既居，九山刊旅，九川涤原，九泽既彼，四海会同。六府甚脩，众土交正，致慎财赋，咸则三壤成赋。中国赐土姓，‘祗台德先，不距联行’”。[2]当代治水权威机构“水利部发展研究中心”的专题研究称：“大禹治水发生在距今约4200—4100年前，其所处的历史节点，恰好是中原的华夏文明进入国家时代的前夕，治水由此成为催生华夏国家文明诞生的重要契机。”[3]目前，关于禹都阳城的观点已经得到学术界的公认，著名考古学家、中国社会科学院研究员曹定云先生在“2008中国登封·中国大禹文化研讨会”上指出，经过几十年的考古工作，解决了三个问题：第一，禹都阳城在河南登封；第二，王城岗大城的年代问题；第三，王城岗小城是被洪水冲毁的。继安金槐先生主持王城岗考古发掘的方燕明先生根据考古发掘成果认为，王城岗一期是崇伯鲧的都城，王城岗二、三期是大禹的都城。河南省文物考古研究所的马世之也持同样的观点。[4]

本章将从大禹家族创业的角度，基于历史文献和最新考古成果，探讨

[1] 袁泉，吴佳仪．“夏代信史”说的考古学观察——以二里头遗址为中心［J］．河北学刊，2024（5）：212-217.

[2] 藏岩．大禹治水背后的马家窑［J］．博览群书，2023（4）：65-70.

[3] 陈茂山，王亦宁．深刻领悟“治水之道是重要的治国之道”［J］．水利发展研究，2024（4）：1-6.

[4] 李岩．大禹治水与中国国家起源［J］．学术论坛，2011（10）：4-7.

中国式治理的早期典型特征，特别是“干戈与玉帛”这一核心主题如何在大禹治水及其家族权力传承中得以体现。当前学术界对早期国家治理模式的探讨多集中于制度考古或政治哲学层面，缺乏将技术革新、经济形态与文化建构进行系统整合的研究视角。现有文献中关于大禹治水的工程技术分析、玉器礼制的象征研究虽成果丰硕，但存在三个方面的理论缺口：其一，对治水工程与礼器经济间的互动机制缺乏动态考察；其二，忽视家族创业维度在早期国家形成中的组织创新价值；其三，未能在治理模式层面提炼中华文明基因的独特性表达。通过深入分析大禹治水过程中的策略选择、家族权力的世袭制度以及这些行为背后的治理理念，本章旨在揭示中国式治理的早期智慧及其深远影响。

为解决上述理论问题，本部分构建了“技术－文化复合型创业模型”和“三维互动文明演进模型”作为分析框架。前者聚焦大禹家族通过治水技术资本积累、礼器制作体系化和祭祀文化重构形成的复合创业路径，后者阐释物质基础、符号系统与权力结构的动态耦合机制。在方法论上，对三重证据法进行创新运用：以《尚书》《左传》等传世文献为经，以考古发现的玉器形制、治水遗迹为纬，结合人类学“礼物交换”理论[1]进行互证分析。通过建立治水工程量化数据库与玉器类型学图谱，实现历史叙事与物质证据的交叉验证。

该案例研究的学术价值体现在三个方面：理论层面，突破传统国家起源研究的“战争说”“灌溉说”单线解释，揭示技术创业与文化建构的双螺旋发展机制；方法论层面，创建适用于早期文明研究的跨学科分析模型，为治理基因研究提供可操作的理论工具；现实层面，通过解码中国式治理的文明源代码，为理解当代国家治理体系的历史延续性与创新性提供历时性参照。这些探索不仅补足了早期国家治理研究的理论短板，更为文

[1] 李元元，张科．集体欢腾、绝地天通与礼物交换——莫斯与涂尔干宗教人类学思想的理论分歧及其化解［J］．民族学刊，2022（3）：57-66，14.

明比较研究提供了新的范式可能。

现代国家概念的提出者布丹认为，“家庭是国家的真正起源和基础”。[1]那么，是什么样的“家庭”拥有什么样的“威权”才能直接影响甚至造就“国家”呢？历史经验表明，大禹家族通过两代人的大型治水工程与“竞合”战略，实现了不同区域部落、族群的团结合作，创造了上古共同体治理的“玉帛经济”卓越模式，为后世中华民族治理的“经世济民”模式奠定了基础，贡献了最稳定的基因要素，也创造了中华大地上最早的“国家”。在部落联盟向早期国家转型的关键时期，大禹通过治水工程构建跨地域协作网络，创新性实施“德刑并重”的治理策略，既保持军事威慑，又注重文化整合，形成“恩威并施”的治理模式。大禹不仅平息了部落间的冲突，更通过治水工程，奠定了中华政治经济文化共同体的基石，体现了先民“经世济民”的治理理念。本章通过对大禹治水的深入分析，揭示了其对后世深远的影响与启示，完成了对“经世济民”思想在历史长河中的连贯性与生命力的论证。

一、“经世济民”的大禹样本

（一）大禹家族创业的历史定位

在华夏文明从部落联盟向早期国家转型的关键阶段，大禹家族的创业实践具有承前启后的历史坐标意义。这一时期的社会结构正经历着深刻变革，原有的血缘氏族组织逐渐向地域性政治实体转化，而频繁的洪水灾害加速了社会组织形态的演进。大禹通过治水工程这一特殊历史契机，将分散的部落力量整合为具有统一行动能力的协作网络，实质上实现了社会组织化程度的重大突破。这种以公共事务治理为核心的社会动员方式，不仅解决了迫切的生存危机，更在实践层面构建起超越血缘关系的治理框架。

[1] 王刚，陈灵钰．国家起源的理论谱系：马克思国家起源理论再议［J］．今古文创，2025（4）：49-51.

大禹家族在创业过程中展现出独特的治理智慧，其核心在于平衡不同治理要素的动态关系。在治水工程形成的跨地域协作体系中，大禹家族既需要运用军事权威保障工程实施，又必须借助文化认同维系联盟稳定，这种“干戈”与“玉帛”的辩证运用，奠定了中国式治理传统中“刚柔相济”的基调，与《管子》以“秋云之远”“夏之静云”喻教化之柔、孔子“德主刑辅”之论遥契相通。尤为重要的是，大禹团队在工程推进中形成了“德刑并重”的管理原则，既通过德行教化凝聚共识，又依靠制度规范约束行为，这种双重治理机制为后世“礼法合治”的政治传统提供了原型。

结合考古成果和文献资料可以判断，当时大规模的治水工程加大了众多小共同体之间在政治、经济、文化上的整合力度。夏后氏部族通过主导公共工程，不但增强了对资源的汲取能力，还催生出更复杂的组织分工和原始官僚管理等机制。[1]家族创业动机呈现出多维度特征：表层动机源于应对生态危机的现实压力，深层则蕴含着构建新型治理秩序的战略考量。[2]治水工程不仅是技术性救灾措施，更成为突破氏族血缘壁垒的政治媒介。《左传・哀公七年》所述“执玉帛者万国”的盟会场景，折射出大禹通过水利协作网络将技术权威转化为政治权威的智慧。这种创业选择本质上是对传统部落联盟制度的超越，通过建立跨氏族的技术协作体系，为早期国家的形成创造了组织基础。

从文明演进的角度审视，大禹家族创业标志着中国早期治理模式的重要转型。其治水实践将部落联盟时期的公共事务管理经验转化为具有国家雏形的治理体系，在权力结构、组织方式和文化认同三个维度实现了质的突破。这种治理创新既保留了氏族社会注重集体利益的传统，又孕育了国家形态下的制度建构能力，为夏商周三代治理体系的发展提供了实践范

[1] 李竞恒. 大禹时代“执玉帛者万国”与天下治理［J］. 天府新论，2021（2）：43-48.

[2] 梁强，董香灵，邹立凯. 企业家族何以形成？——家庭动力结构视角下跨代创业的多案例研究［J］. 南开管理评论，网络首发时间：2025-02-10.

本。这种承续性特征，使得大禹时代的治理经验成为中国政治文明演进的重要源头。

（二）中国古国时代族群治理的研究进展

近年来，学术界对中国古国时代族群治理的研究呈现出多维度拓展态势。研究者普遍注意到，在早期国家形成过程中，如何协调多元族群关系、构建有效治理体系，是决定文明存续发展的关键问题。现有成果主要集中在两个层面：在制度设计层面，学者们揭示了“盟誓制度”[1]的独特作用，这种通过祭祀仪式建立的血缘拟制关系，有效化解了部落联盟间的信任危机，为跨族群协作提供了制度保障；在文化整合层面，研究指出“玉器礼制”[2]的象征体系具有凝聚文化共识的功能,不同等级玉器的分配使用，既规范了社会秩序，又强化了族群认同。

值得关注的是，最新研究开始突破传统“军事征服论”[3]的局限，更多关注治理技术的创新。有学者提出“工程治理”概念[4]，认为大型公共工程不仅是技术实践，更是治理能力的集中体现。这种观点将治水、筑城等集体行动视为政治整合的特殊场域，其中展现的资源调配能力和组织协调智慧，构成了早期国家治理的重要经验。此外，关于“德性政治”[5]起源的探讨取得新进展，研究者从盟誓文献中解读出责任伦理的萌芽，揭示出权力合法性与道德示范之间的内在关联。

既有研究仍存在若干薄弱环节：首先，对治理实践中“刚柔相济”机理的解析尚不充分，往往将军事威慑与文化教化割裂考察，忽视二者动态配合的内在逻辑；其次，关于治理经验传承路径的研究多聚焦于制度层

[1] 田兆元．盟誓——关于中国早期国家制度的思考［J］．中原文化研究，2016（3）：52-58.

[2] 陈永康，吴志恩，王嫪彩．器以载道：河南工艺与礼制［M］．北京：文化发展出版社，2024，

[3] 曲柄睿．“圣王”观念与秦统一的历史文化建构［J］．史学月刊，2024（5）：17-27.

[4] 韩梅，梁贞堂．治水成就了古代中国的辉煌［J］．黑龙江大学工程学报，2022（2）：22-27.

[5] 王文军．从“圣王”到“素王”：公羊学视域下的德性政治［J］．人文杂志，2022（12）：40-47.

面，对非正式规范、集体记忆等隐性传承机制关注不足；最后，现有成果偏重结构分析，对治理者主体能动性及其策略选择的研究亟待深化。这些研究盲点，为重新审视大禹家族的治理实践提供了学术空间。当前研究趋势是从静态制度考证转向治理过程还原，这为解析中国早期治理智慧提供了新的理论视角。

（三）政治经济学与人文经济学视角

从政治经济学视角考察大禹治水实践，可以发现其治理智慧体现为资源整合与制度创新的双重突破。面对跨流域治水这一复杂工程，大禹家族通过“任土作贡”的赋税制度创新，将各部落的资源禀赋转化为协同治理的物质基础。这种因地制宜的资源调配机制，既保障了工程物资供给，又维持了部落联盟的经济平衡。在劳动力组织方面，创造性地采用轮值制度，通过合理分配劳动强度与休息周期，显著提升了工程效率。这种将人力资源管理与工程进度控制相结合的做法，展现出早期政治经济治理的雏形。

人文经济学视角的解读则揭示了大禹治理中文化认同建构的深层逻辑。治水过程中推行的“声教讫于四海”策略，通过统一历法、规范祭祀、传播农耕技术等方式，在物质生产活动中嵌入文化整合功能。特别是“九州”地理概念的创设，将治水形成的工程协作网络升华为文化共同体意识，为多元族群的融合提供了精神纽带。这种将经济实践与文化教化相结合的模式，使治水工程同时成为文明传播的载体，实现了物质建设与精神建设的同步推进。

两种视角的交叉分析显示，大禹治理模式成功的关键在于把握了经济规律与人本需求的辩证关系。在治水物资分配中贯彻“懋迁有无”[1]原则，既遵循等价交换的经济规律，又通过赈济灾民体现人文关怀；在工程管理上建立“五服”制度，既按地域距离确定赋役标准，又通过朝贡体系强化

[1] 李运富.《尚书》《论语》札记十则[J]. 古籍整理研究学刊，1998（Z1）：57-58，62.

文化认同。这种治理智慧将工具理性与价值理性有机统一，既保障了工程效率，又培育了“四海一家”的共同体意识，为后世处理经济发展与社会稳定的关系提供了历史参照和智慧源泉。

（四）两代创业的异同及有效模式的形成

大禹家族两代创业实践呈现出显著的代际差异与内在连续性。[1]鲧禹父子在治水方略的选择上存在根本性分野，《国语·鲁语》所载“鲧障洪水”与“禹疏九河”的对比，折射出两代创业者在技术创新路径上的本质区别。考古证据显示，陶寺文化晚期水患治理遗迹中夯土堤坝与导流沟渠并存，印证了治水技术从单纯封堵向疏导结合的转型。这种技术路线的更迭不仅是工程方法的进步，更反映了治理思维的质变——鲧的创业实践局限于氏族本位的技术应用，而大禹则开创了跨部族协作的技术整合体系。

在组织创新层面，两代创业者展现出迥异的资源动员能力。鲧的治水活动主要依赖共工氏部族内部力量，其组织模式仍囿于传统氏族分工结构。而大禹通过“执玉帛者万国”的盟会机制，建立起跨地域的物资调配与人力动员网络，二里头遗址出土的标准化石质工具证实了专业化生产组织的存在。这种从血缘共同体向技术共同体的转变，使治水工程突破了氏族经济的封闭性，形成了早期国家治理的雏形。两代创业的差异本质上反映了从技术应用向制度创新的范式转换。

文化资本积累方式的代际演进尤为显著。鲧的创业实践尚未形成系统的文化符号体系，其权威主要依赖氏族传统与治水专长。而大禹通过“贡金九牧”铸九鼎的符号生产，将技术权威转化为文化权威，二里头遗址出土的青铜礼器群证明这种文化建构具有物质载体。更为关键的是，大禹开创了“技术－制度－文化”三位一体的资本转化机制：治水技术催生协作制度，协作制度衍生礼仪规范，礼仪规范固化权力结构，这种复合型资本积累模式成为家族创业的核心竞争力。

---

［1］ 杨栋. 神话与历史：大禹传说研究［D］. 长春：东北师范大学，2011.

两代创业的实践差异最终凝结为具有历史效度的治理范式。大禹在继承家族技术传统的基础上，通过三重创新构建起可持续的创业模式：其一，技术创新与制度创新的协同机制，将疏浚技术转化为“任土作贡”的财政制度[1]；其二，物质生产与符号生产的互动机制，使玉帛制作既满足经济交换需求，又承担文化认同功能；其三，权威建构与权力分配的平衡机制，通过“五服”制度[2]实现核心区与边缘区的差异化治理。这种动态调适的创业模式，既保持了技术创新的连续性，又实现了制度变革的突破性，为早期国家治理提供了可扩展的实践框架。

代际传承中的模式优化凸显中国式治理的实践理性特征。大禹在创业过程中既延续了家族积累的水利技术资本，又通过“声教讫于四海”[3]的文化整合突破了氏族局限。考古发现的龙山文化晚期玉器分布网络显示，以玉帛为媒介的物资流通体系已覆盖黄河中下游流域，这种经济整合与文化认同的同步推进，证明有效治理模式的形成依赖于多重资本的协同转化。两代创业的辩证发展揭示，中国式治理基因内含着技术理性与价值理性的统一，既强调实践经验的代际传递，又注重治理模式的适应性创新。

大禹“决九川，距四海”的工程，需协调黄河流域九大部落的资源与人力。《左传·哀公七年》载“禹合诸侯于涂山，执玉帛者万国”，印证其通过盟会建立治理联盟，体现了跨部族动员的实践智慧；大禹设立“司空”专司水利，形成专业分工和技术官僚体系雏形；大禹“三过家门而不入”的叙事，塑造公仆式领袖形象，表现为身体治理符号，与法家“术势”形成对照；突破尧舜禅让制，通过治水功业确立权威，以功绩代血缘的权威系统为世袭制埋下了伏笔。

---

[1] 蔡昌．从“任土作贡”到“井田制”——夏商周时代的农业税［J］．中国财政，2015（8）：78–79.

[2] 蹇沥，谢丹．五服与九州思想初探［J］．作家天地，2023（13）：25–27.

[3] 刘逖．论《禹贡》畿服制——中国最古的边疆学说试探［J］．中国边疆史地研究，1991（1）：46–58.

二、大禹家族创业的历史场域

（一）前国家时代的政治生态

1. 部落联盟的权力格局

在华夏文明演进的关键阶段，部落联盟呈现出独特的权力运行模式。这种政治结构以血缘氏族为基本单元，通过松散的盟约关系维系整体稳定。各部落保持高度自治权，首领会议成为最高决策机构，重大事务需经多数部落认可方能实施。这种分权特征既避免了单一强权的出现，也造成决策效率的局限，为后续治理创新提供了历史契机。

权力平衡的维系依赖双重机制：盟誓制度与资源交换。通过定期举行的祭祀仪式，各部落以神灵为见证缔结盟约，形成具有约束力的道德契约。玉帛作为仪式的核心器物，既是身份等级的象征，也成为调解矛盾的信用凭证。在治水等公共事务中，优势部落通过粮食、工具的定向支援，换取他族的劳动力投入，这种互惠性交换构成了早期协作网络的经济基础。

大禹治水工程深刻改变了传统权力格局。面对跨流域治理需求，原有部落界限被功能性分工打破，形成以工程指挥部为核心的临时权力中心。治水团队通过“执玉帛者万国”的盟会形式，将物资调配权与仪式主导权相结合，逐步构建超越血缘的权威体系。这种转变并未完全消解部落自治传统，而是创造了“统而不僵”的新型关系——中央指挥部负责技术标准与进度控制，具体实施仍由各部落自主完成。

特殊历史条件催生的权力重构，为早期国家形态孕育了制度雏形。在治水实践中形成的跨部落协作机制，演化出最早的赋役制度雏形；工程管理需要的层级指挥体系，奠定了官僚制度的组织基础；而治水成功后形成的权威认同，则转化为持续性的政治服从。这种渐变式权力过渡，避免了剧烈的社会震荡，保持了文明发展的连续性特征。

2. 治水工程的社会整合效应

治水工程作为特殊历史条件下的集体行动，深刻重塑了前国家时代的社会组织结构。面对跨流域洪水威胁，传统以血缘为纽带的部落单元难以独立应对，这种生存压力迫使各部落突破固有界限。大禹团队创造性地采用“分区承包”的施工方案，将治水区域按地理特征划分，由不同部落承担具体区段的任务。这种分工模式打破了封闭的血缘群体，使原本分散的部落成员在共同劳动中形成新的协作关系，为跨族群的常态化合作奠定基础。

工程实施过程中形成的管理机制，催生了早期社会组织创新。治水指挥部建立的三级巡查制度，通过定期巡视、质量验收和进度协调，构建起垂直管理体系的雏形。各施工区配备的“水正”官员，既负责技术指导也负责物资调配，这种职能复合型岗位的出现，标志着专业管理阶层的萌芽。特别值得注意的是，工程团队推行的“记功授牌”制度，将施工表现与玉器奖励挂钩，这种物质激励与文化认同相结合的方式，有效调动了各部落参与的积极性。

文化整合在治水实践中呈现出独特路径。工程团队统一推行的“夏历”计时系统[1]，使不同部落的农事活动得以同步，客观上促进了生产方式的标准化。治水过程中形成的“禹步”测量法[2]，作为技术规范被广泛传播，成为跨部落交流的共同技术语言。更具深意的是治水神话的集体创作，通过将各部落的治水传说融入大禹叙事，既保留了地方文化记忆，又构建起共享的精神符号体系。[3]

物资调配体系的创新凸显治理智慧。治水指挥部建立的“九鼎”物资调度中心，按照“就近调剂、跨区平衡”原则进行资源分配。粮食储备方面实行“丰歉相济”制度，丰收地区按比例上缴余粮，统一用于补给受灾

[1] 毕旭玲．节气神话叙事的时间谱系与中华文明的创新性［J］．学术月刊，2024（1）：155-163.

[2] 郭佳兴．禹、鱼、羽：跨学科视域下禹步的文化内涵［J］．中华文化论坛，2024（5）：151-160.

[3] 肖燕，罗颖．展现视角与空间叙事的大禹文化符号研究［J］．文史杂志，2025（1）：69-74.

部落。工具共享系统通过设立流动工匠团队，使先进治水工具能在各施工区循环使用。这些举措不仅保障了工程物资供应，更在实践中培育了风险共担、利益共享的共同体意识。

（二）家族创业的实践路径

大禹治水工程的成功实施，为政治权威的建立提供了实践基础。在治水过程中形成的技术领导力，通过工程成效转化为社会公信力。大禹团队发明的疏导治水法，相比传统的堵截方式显著提升了防洪效率，这种技术优势使治水总指挥的职位获得各部落的普遍认可。在工程推进中建立的标准化施工规范，如统一测量工具、施工流程和质量标准，逐渐演变为具有约束力的管理权威。

物资调配权的集中管理成为权力转化的重要支点。治水指挥部通过掌控粮食储备和工具分配，建立起跨部落的资源调度体系。在洪水频发时期，这种物资统筹能力直接关系到部落存续，使得治水团队的实际影响力超越传统部落首领。特别设立的应急粮仓制度，既保障施工队伍的供给，也用于救济受灾部落，这种公共物资管理职能为后续赋税制度的形成奠定基础。

文化符号的创造性运用强化了权威认同。治水过程中推行的“九州”地理划分，将工程区域管理升华为空间治理概念。各部落承担的治水区段被赋予“州”的命名，这种地理标识既保留地方特色，又统合于整体框架之中。更具深意的是“九鼎”铸造工程，将各部落贡献的金属熔铸为象征权力的礼器，通过物质载体将治水功绩转化为持久性的权威符号。

制度创新为权力延续提供保障。治水期间形成的“三载考绩”制度，通过定期考核工程进度与质量，培养出最早的专业管理队伍。这种考核机制不仅确保治水效率，更建立起“能者居之”的选拔标准。工程结束后，熟练的治水官员转型为地方管理者，将施工管理经验转化为行政能力。特别值得注意的是建立了治水档案系统，详细记录了各部落的贡献度，这为后续权力分配提供了客观依据。

（三）创业过程中的矛盾冲突

1. 共主制与世袭制的张力

在部落联盟向国家形态演进的关键阶段，共主制与世袭制的制度冲突成为大禹家族创业面临的核心挑战。传统共主制下的联盟领袖由部落首领集体推举产生，其权力来源于各部落的共同认可，具有临时性与轮替性特征。而世袭制强调权力在家族内部传承，要求建立稳定的继承秩序。这两种制度的碰撞，实质上是原始民主传统与新型权力集中诉求的深刻矛盾。

治水工程的成功实施客观上强化了大禹的个人权威，为权力世袭创造了条件。工程指挥部形成的垂直管理体系，使决策效率显著优于传统的部落议事制度。治水期间建立的物资调配系统和专业管理队伍，逐渐演变为常设的行政机构。这种治理效能的提升，使部分部落开始认识到集中领导的必要性。但传统共主制的支持者担忧权力世袭会破坏部落平等原则，这种疑虑在治水后期逐渐显现。

面对制度转型的阻力，大禹团队采取了渐进式改革策略。在权力交接环节保留“禅让”形式，实质上通过培养启的政治能力确保权力平稳过渡。创设“五服朝贡”制度，既承认核心家族的领导地位，又给予外围部落适度的自治权。在军事部署上，将治水时期的技术团队转型为常备武装力量，既保障新政实施，又避免过度刺激传统势力。

文化整合成为化解张力的重要手段。通过修订祭祀礼仪，将大禹治水功绩纳入祖先崇拜体系，使家族权威获得神圣性加持。重新诠释“九州”概念，强调地理统一性，弱化部落界限。推行标准化度量衡和历法系统，在日常生活层面培育统一秩序意识。这些措施使世袭权力的集中获得文化合法性支撑，缓解了制度变革引发的认同危机。

这种制度博弈最终形成独特的过渡形态：在中央层面确立家族世袭的核心地位，地方治理则仍保留部落自治传统；重大决策采用“朝会议事”形式以维持共主制表象，日常行政运作则依靠专业官僚体系。这种“形共主而实世袭”的混合模式，为夏朝的建立奠定了制度基础，也埋下了后续权力斗争的历史伏笔。

2. 军事征服与文化认同的平衡

在部落联盟向国家形态转型的关键时期，大禹家族面临着如何协调武力使用与文化整合的治理难题。在治水工程推进中，既要应对三苗等部落的武装抵抗，又需维系联盟内部的稳定，这种双重挑战催生出独特的平衡策略。大禹团队创造性地采用“军事威慑为盾，文化渗透为矛”的治理方式，既保障工程实施，又促进长期认同。

军事力量的运用始终以工程保障为限度。面对阻碍治水的部落武装，大禹采取快速精准的打击策略，通过集中优势兵力实施战术突击，在击溃抵抗力量后立即撤回主力，避免陷入持久消耗。这种“惩戒性用兵”既展示军事实力，又控制冲突规模，将军事行动严格限定在保障治水推进的范围内。战后处理更显智慧，战败部落只需提供劳动力参与治水，其自治地位和文化传统仍予保留，这种宽严相济的做法有效化解了复仇循环。早在陶寺时期就出现过一个特殊现象：6000 年来，各地常作为武器而存在的斧钺，在陶寺大墓中出现时尖刃向下、镂空雕漆，作为一种仪仗用具成排地沿墙摆放。大墓中还出土了拔掉獠牙的野猪下颌骨，以及两张折断的弓，昭示统治者“休兵不战、不战而屈人之兵”的理念，体现当时社会繁盛而不黩武扩张的“和合”思想。从这些墓葬细节不难看出陶氏先民以礼治国、协和万邦的大政之道。[1]

文化认同建构贯穿治理全过程。大禹在军事要冲设立祭祀中心，邀请各族参与治水神祇的联合祭祀，将工程安全与神灵庇佑相联结。治水团队推行的标准化历法，不仅统一了工程进度管理，更使不同部落的农时安排趋于同步，在生产实践中培育共同文化节奏。最具创新性的是“禹贡”体

[1] 赵东辉，刘翔霄. 文明的细节：来自陶寺的调研报告［N］. 新华每日电讯，2025-03-30（1）.

系的创设，其要求各部落以本地特产参与物资调配。这种物质文化交流既满足工程需要，又使参与者直观感受协作效益。

动态平衡机制体现在策略的灵活调整上。在洪水肆虐的紧急阶段，暂时搁置文化差异争议，集中力量推进工程，通过实效赢得信任基础；在灾后重建期，则加大文化整合力度，推行统一的礼仪规范。对于归附部落，采用“用夏变夷”的渐进同化策略，在允许保留核心习俗的同时，使其逐步接受中原礼制。这种刚柔并济的治理节奏，既保持必要的威慑力，又给予文化适应空间。

这种平衡艺术产生了深远影响。军事行动始终服务于治水大局，避免了武力滥用导致的治理成本激增；文化整合依托共同生产实践，使认同建构具有物质基础。二者配合形成的“慑而不压，化而不迫”治理模式，为后世处理民族关系提供了原型经验。特别是将武力威慑转化为文化认同载体的智慧，深刻塑造了中国“礼法合治”的政治传统。

三、治理模式的制度创新

（一）权力结构的层级化

1. 九州划分的行政建制

大禹推行的九州地理区划，开创了层级化行政管理的先河。面对治水后形成的广阔疆域，传统部落联盟的平面化管理模式已难以适应，九州建制通过空间重构实现了治理效能的突破。该制度将治水时期形成的工程协作区转化为行政单元，每个州以显著地理特征为界，如山脉、河流等自然标识，既尊重地域文化差异，又构建起统一的空间框架。

在具体实施中，各州设立“牧”作为行政长官，负责赋税征收、纠纷调解等事务，这种专职管理岗位的出现标志着专业官僚体系的萌芽。州内进一步划分若干“邑”，保留原有部落聚居点作为基层单位，形成“中央—州—邑”三级管理结构。值得关注的是，九州边界设计兼顾经济互补性，相邻州份在物产资源上形成自然搭配，为物资调配建立地理基础。

配套推行的贡赋制度使行政建制获得经济支撑。各州按物产特色缴纳不同贡品，如兖州贡漆丝、荆州贡羽毛，这种差异化征赋既减轻地方负担，又促进区域间物资流通。更巧妙的是，贡品运送路线与治水时期建立的交通网络重合，利用既有基础设施降低行政成本。定期举行的贡品验收仪式，兼具质量核查与权威宣示两种功能，通过物质交流强化了政治认同。

该制度的创新性体现在三个方面：首先，自然地理与行政边界的一致性，降低了管理中的认同阻力；其次，层级设置保留地方自治空间，实现了“统而不死”的治理弹性；最后，将经济职责嵌入行政体系，使地方治理具有自我维持能力。这种“地理区划＋专职管理＋经济纽带”的三维结构，为后世郡县制提供了原型经验，展现出中国早期行政智慧的生命力。

2. 贡赋体系的财政设计

大禹建立的贡赋体系[1]，开创了中国早期财政制度的独特模式。这一体系的核心在于遵循“因地制宜”的征收原则，根据各地区的物产特点确定贡品种类，既保障国家物资需求，又避免加重地方负担。例如，兖州盛产漆树和桑蚕，就规定其缴纳漆器与丝织品；荆州多禽鸟，则以羽毛作为主要贡品。这种差异化设计充分考虑了地方经济特点，使赋税征收与生产能力相匹配。

贡赋运输网络的设计体现了治理智慧。大禹利用治水时期开凿的河道和整修的道路作为主要运输线路，在关键节点设立物资中转站。这些站点兼具仓储与补给功能，形成覆盖九州的物流体系。贡品运输采取“接力传递”方式，各州只负责本辖区内的运送任务，既提高效率，又明确责任。更巧妙的是，运输途中损坏的贡品可就地折价处理，所得收入用于道路维护，形成自我维持的良性循环。

贡赋管理中的仪式化设计强化了制度权威。每年春季举行的“纳贡大

[1] 方燕明．早期夏文化与早期国家问题初探［J］．中原文化研究，2024（2）：13–22.

典”，不仅是物资交接仪式，更是政治认同的建构过程。各州代表需按固定礼仪程序献上贡品，接受中央官员的验收与封存。这种庄严的仪式将经济义务转化为文化礼仪，使纳税行为获得神圣性加持。贡品清单刻录在特制的青铜鼎上，既作为档案记录，也成为权力象征的实物载体。

该体系的创新性体现在三个方面：首先，实物税与劳役税的灵活搭配，既保障工程物资，又控制人力成本；其次，建立“丰年储备、灾年调剂”的平准机制，通过中央粮仓调节区域供需；最后，将贡赋额度与治水贡献度挂钩，形成激励相容的财政关系。这些设计使财政制度既满足治理需求，又促进地方经济发展，为早期国家运行提供了可持续的经济支撑。

（二）礼法制度的初创

1. 祭祀仪典的治理功能

祭祀活动在大禹时期不仅是宗教仪式，更是社会治理的重要工具。通过规范化的祭祀流程，成功将部落分散的信仰整合为统一的文化体系。在涂山举行的部落盟会中，祭祀仪式被设计为包含献玉、歃血、刻铭三个环节，每个步骤都暗含治理智慧：玉器象征诚信契约，牲血混合代表命运交融，铭文记录则形成历史共识。

祭祀空间布局具有特殊政治寓意。治水指挥部设置的天、地、人三坛祭祀系统，分别对应不同的治理功能：天坛祭祀强调领导权的神圣来源，地坛仪式巩固部落对疆域的认同，人坛纪念则凸显集体劳动的价值。这种分层设计将抽象权力观念转化为可感知的仪式场景，使不同文化背景的参与者都能找到情感共鸣。

仪式创新促进治理标准化。大禹规定每年春分举行统一的治水神祭祀，要求各部落代表携带本地水土参与仪式。祭典中将各地水土混合熔铸成鼎，既象征地理统一，又通过物质载体传递“九牧贡金”的政治含义。[1]祭祀时使用的乐舞规格、祭器形制均有严格规定，这种标准化操作

[1] 田长浒．中国古代青铜鼎铸造技术的研究［J］．成都科技大学学报，1982（4）：145-151.

潜移默化地培养了秩序意识。

祭祀制度还承担着道德教化的功能。仪式中专门设置“功过陈述”环节，各部落需如实汇报治水贡献与失误，由巫师当众占卜评判。这种公开问责机制将道德约束与神秘信仰相结合，既维护了领导者权威，又建立了最早的绩效评估体系。被表彰者获得刻有图腾的玉璋，失误者则需补献牺牲，形成奖罚分明的激励机制。

治水神话的仪式化传播尤为关键。通过反复演绎“禹凿龙门”“三过家门”等故事，将治理者的奉献精神植入集体记忆。[1]祭祀时使用的道具如耒耜模型、河道图版，使治水技术神圣化为文化符号。这种将历史叙事与祭祀仪典相融合的做法，成功塑造了跨越部落的英雄崇拜，为权力延续提供了文化基础。

2. 五刑体系的规范作用

五刑体系的确立标志着中国早期社会治理从习俗约束向制度规范的跨越式发展。面对治水后社会关系的复杂化，大禹团队在整合部落习惯法的基础上，建立起包含墨、劓、剕、宫、大辟五种基础刑罚的体系。这种分级惩处机制既维护了基本秩序，又避免了过度严苛，在部落社会向国家形态转型中发挥了关键作用。

刑罚设计充分考虑了地域文化差异。针对不同地区的习俗特点，大禹团队制定了差异化执行标准：在尚武的西部部落，增设以劳役替代肉刑的选项；在重视仪容的东部沿海部落，则允许以缴纳贝币折抵墨刑。这种灵活变通既维护了法律权威，又尊重了地方传统，使新法易于被各族群接受。特别设立了“三宥”制度，对不知法、过失犯罪和幼年犯罪者给予宽宥处理，体现了原始的人道主义考量。

法律执行机制凸显治理智慧。治水时期建立的巡查网络被改造为司法监督体系，专职“理官”定期巡视各地并审理案件。重要案件实行“三级

[1] 邓雷，杨红卫，刘俊民. 禹凿龙门 光耀千秋 [N]. 许昌日报，2023-08-21 (3).

会审”，由部落长老、地方官员和中央特使共同裁决，既保证审判公正，又强化中央权威。更具特色的是“铸刑鼎”举措，将典型案例刻在青铜器上巡回展示，通过直观的视觉符号普及法律知识，有效提升了民众的规则意识。

五刑体系与德治教化形成互补。在惩治犯罪的同时，配套推行“明刑弼教”政策：受刑者需参与治水工程，接受劳动改造，通过集体劳动重建社会联系；刑满人员可获得“更生玉符”，凭此参与部落公共事务，恢复社会身份。这种惩戒与挽救相结合的方式，使法律制裁同时承担教育功能，为后世“礼法合治”提供了实践范本。[1]

该制度的规范作用体现在三个层面：首先，统一量刑标准遏制了部落私刑泛滥，维护了联盟内部稳定；其次，公开审理程序增强了治理透明度，提升了中央政权的公信力；最后，罪罚相适原则平衡了社会防卫与人权保障，为早期国家治理积累了法治经验。这些创新使五刑体系不仅成为惩戒工具，更发展为维系社会秩序的基础性制度。

（三）资源管理的制度化

大禹推行的王畿制度开创了中国早期土地管理的典范模式。该制度以都城为中心，将土地划分为不同的功能区域，形成同心圆式的空间布局。最内层的“甸服”区域专供王室直属耕种，向外依次设置“侯服”“绥服”“要服”“荒服”等圈层，这种分层设计既保障了中央资源供给，又兼顾了地方治理需求。

土地分配遵循“以功定畴”原则，根据部落贡献度授予不同等级的土地使用权。治水期间出力最多的部落获得靠近都城的肥沃土地，这些区域同时承担着粮食主产区的职能。外围土地则按军事防御需要划归边防部落，形成“内农外兵”的布局结构。特别设立“公田”制度，要求每个耕

[1] 李德嘉．情法两尽 明刑弼教——中国传统司法注重人情与法意相结合［J］．历史评论，2024（2）：15-19.

作单位划出部分土地共同耕种，所得收成纳入中央储备，这种设计既保证税源稳定，又保留了部落生产的自主性。

土地管理引入动态调整机制。每三年进行“土均”考核，根据人口增减和土地产出情况重新分配资源。对于撂荒土地实行“收归再授”，由官府统一调配给新增劳动力。在灾害频发地区推行“轮耕制”，通过定期休耕维持地力平衡。这些措施既提高了土地利用率，又避免了资源过度集中引发的社会矛盾。

该制度的创新性体现在三个方面：首先，通过空间分层实现资源集约化管理，核心区专注于农业生产，外围区承担防御职能；其次，建立土地流转规范，既维护中央权威，又尊重地方权益；最后，将土地分配与治水贡献挂钩，形成激励相容的资源配置机制。这种“核心控制＋梯度开发”的土地管理模式，为早期国家资源整合提供了制度保障，其体现的统筹思维至今仍具借鉴价值。

四、中国式治理的基因图谱

（一）权威建构的双重逻辑

1. 功绩型权威的生成机制

大禹治水工程的成功实施，开创了中国历史上以实际功绩构建政治权威的独特路径。面对洪水肆虐的生存危机，治水行动本身具有天然的正当性，这为权威生成提供了价值基础。大禹团队通过疏导为主、堵疏结合的治水策略，在十年间显著改善农业生产条件，使受灾部落直接受益于治水成果。这种看得见的民生改善，自然转化为民众对领导者的信任与服从。司马迁在《史记·夏本纪》里对大禹给予高度评价：“禹为人敏给克勤，其德不违，其仁可亲，其言可信。”

治水过程中形成的协作网络成为权威延伸的物理载体。大禹建立的工程指挥部系统，将分散的部落劳动力整合为专业施工队伍。在开凿河道、修筑堤坝的具体实践中，指挥系统的决策效率与传统部落议事的效率形成鲜明对比。工程期间培育的技术官僚，如擅长测量的“准人”、精通土木的“匠师”，逐渐演变为常设管理岗位，为权力体系提供了组织基础。

文化符号的创造性运用强化了权威的合法性。大禹将治水工具耒耜铸成礼器，赋予生产工具以权力象征意义；把测量土地的准绳升华为公平执法的意象，使技术物品转化为道德符号。最具影响力的是铸造九鼎，将治水时期勘测的九州地理信息铸刻其上，使实用工程数据转变为代表王权的神圣器物，实现了技术权威向政治权威的升华。

动态平衡的治理艺术巩固了权威的持续性。在权力运用上，既保持核心决策的集中统一，又在工程实施中尊重部落的自治传统；在资源调配时，既强调中央统筹的必要性，又保留地方物产特色的差异性。这种“原则坚定、策略灵活”的治理方式，使权威建构始终与实际问题解决相结合，避免了单纯依赖武力维持统治的高成本压力。

制度化的权力传承机制确保了权威的延续。大禹在晚年培养启参与重大治水决策，使其通过实践历练积累政治资本；大禹还在虞舜时期就已经创制出的法律制度的基础上，将行动纲领、技术规范升华为法律规则。《左传·昭公六年》载：“夏有乱政，而作禹刑。”《史记·夏本纪》载：“皋陶于是敬禹之德，令民皆则禹。不如言，刑从之。”法律和刑罚的制定，都是国家正式形成的体现。[1]

2. 道德型权威的塑造路径

《庄子·天下》中有言：“禹亲自操橐耜而九杂天下之川，腓无胈，胫无毛……”大禹家族在构建治理权威时，特别注重以身示范和道德感召力的培育，形成了独具特色的伦理型领导模式。这种权威塑造不是依靠强制手段，而是通过持续的行为示范和制度设计来实现的。在治水过程中，大禹坚持“卑宫室而尽力乎沟洫”的生活作风，与普通劳动者同吃同住，这

[1] 李岩．大禹治水与中国国家起源［J］．学术论坛，2011（10）：4-7.

种亲民作风打破了部落首领的传统形象，树立了“先天下之忧而忧”的道德标杆。

日常行为规范成为道德教化的活教材。大禹刻意将个人生活与公共道德相结合：“三过家门而不入”的事迹被转化为“公而忘私”的典范；饮食器具使用陶土制品，传递节俭理念；接见部落代表时必先整理衣冠，示范礼仪规范。这些细节通过口耳相传形成道德叙事，使领导者的个人品德转化为可感知的公共准则。

制度设计中嵌入道德培育机制。《吴越春秋·越王无余外传》记载：“（禹）三载考功，五年政定，周行天下，归还大越。登茅山，以朝四方群臣……乃大会计。”大禹建立“三考”制度，对官员的品德、能力和政绩进行综合考评，其中品德权重居于首位；推行“罪己”仪式，遇到治理失误时，领导者当众自我检讨。这些制度将道德要求转化为具体行为规范，使伦理建设具有可操作性。

符号系统强化了道德权威的象征意义。将治水工具耒耜设计为礼仪器具，赋予“勤劳”以神圣价值；用不同颜色的旗帜区分道德等级，德行出众的部落可悬挂玄色旌旗；铸造的九鼎不仅记载地理信息，更刻有“正德、利用、厚生”的治理箴言。这些视觉符号使抽象道德理念具象化，形成潜移默化的教化效果。

（二）治理技术的复合特征

1. 刚柔并济的统治策略

在部落联盟向国家形态转型的关键阶段，大禹团队开创性地将刚性管控与柔性引导相结合，形成独具特色的治理艺术。这种策略在治水工程中体现得尤为明显：施工队伍采用军事化编制确保工程进度，同时通过祭祀河神、传唱治水歌谣等方式维系劳动者的精神认同。指挥系统既严格执行“春令”规定的开工时间，又允许各部落保留祭祀祖先的传统习俗，在统一管理中尊重文化差异。

德治与法治的互补设计展现了“刚柔相济”的治理智慧。在推行五刑制度、维护社会秩序的同时，配套实施“三赦之法”，对老弱、幼童及过失犯罪者从轻发落。在普通纠纷调解中，长老既依据成规裁决，也注重用“歃血为盟”等传统仪式修复人际关系。动态平衡的治理艺术体现在资源调配方面。治水物资征收严格执行“任土作贡”原则，但对受灾地区实行“当年免征、次年减半”的弹性政策。文化整合手段更是刚柔并用的典范。通过铸造九鼎确立中央权威的刚性象征，同时保留各部落图腾并将其镌刻在鼎身，形成“百物图鉴”。

2. 文治武功的平衡艺术

在部落联盟向国家形态转型的关键时期，大禹团队开创了武力保障与文化感化相融合的治理范式。这种平衡艺术在治水工程中展现得尤为突出：施工队伍采用军事化编制确保工程纪律，同时通过传唱《禹贡》歌谣维系劳动者的精神认同。指挥系统既设立督战队防止消极怠工，又在各营地设置“劝善亭”传播协作理念，形成“刚柔相济”的管理模式。

军事威慑与文化整合形成互补机制。大禹在平定三苗叛乱时，战后立即举行“涂山会盟”，将被征服部落的图腾镌刻于祭祀礼器，既展示武力，又给予文化尊重。治水期间建立的军事据点，战后改造为传授农耕技术的“教稼台”，武士转型为生产技术指导员。这种“武备为盾、文教为犁”的转化策略，有效降低了治理成本。

民生工程成为平衡文武的实践载体。开凿河道既解决洪水威胁，又形成贯通九州的水运网络；修筑堤坝的土方工程，同步建成连接各部落的驿道系统。更巧妙的是将军事训练与生产技能相结合：士兵冬季演练阵法，农忙时组成抢收队支援生产。这种“兵民合一”的设计，使武力储备转化为发展资源。

文化符号的创造性运用强化了治理正当性。大禹将治水工具耒耜铸成礼器，赋予生产工具以文明象征；把测量土地的准绳升华为公平执法的意象，使技术物品转化为道德符号。最具影响力的是铸造九鼎，既记载治水勘测的地理数据，又镌刻部落联盟的盟誓铭文，使实用器物兼具权力象征与文化传承功能。

动态平衡的治理艺术体现在三个方面：在权力结构上，既保持核心决策的集中统一，又通过“部落议事会”吸纳地方意见；在资源配置时，军事要冲地区重点发展冶炼技术，文化重镇则扶持礼乐教育；在人才选拔中，武力值考核与道德评价各占权重，形成“能文善武”的官员培养标准。这种复合型治理技术，为后世“文武之道”的治国理念奠定了实践基础。

（三）文化认同的整合模式

1. 华夏意识的初步形成

在治水工程推动的跨部落协作中，不同族群逐渐萌发出共同的文化归属感。面对洪水威胁的生存挑战，原本分散的部落首次形成了超越血缘的集体认同。大禹团队通过多项关键举措，将这种危机应对中的临时合作转化为持久的文化共识。

治水实践本身成为文化融合的催化剂。来自不同地区的劳动者在开凿河道时，自发形成了统一的劳动号子，这些韵律后来演变为早期诗歌的雏形。施工中发明的测量工具准绳，从实用器具升华为公平正义的文化符号。更显著的是，共同应对自然灾害的经历，使“协力抗灾”升华为族群精神的核心要素，为华夏意识注入了实践基因。

文化符号系统的整合具有里程碑意义。大禹将各部落的图腾融合创新，创造出兼具龙、蛇、鱼等多种生物特征的复合图腾。治水期间发明“九州”地理概念，用自然山川界定文化疆域，使抽象的空间认知转化为具体的身份认同。最具创造力的是将治水时期的协作规范编成《禹贡》歌谣，通过口耳相传形成文化记忆载体。

制度设计强化了文化认同的延续性。统一历法的推行，使不同部落的农时活动同步为“二十四节气”体系；标准化度量衡的推行，让原本各异的交易方式整合为通用规范；“五服”制度的建立，则通过差异化的治理策略，在保持文化多样性的同时维系整体认同。这些制度创新使文化认同从情感层面上升为制度保障。

历史叙事的重构巩固了集体记忆。大禹团队有意识地收集各部落的治水传说，将其整合为连贯的英雄史诗。通过定期举行的“禹迹巡礼”活动，在重要治水地点设置纪念标识，将地理空间转化为文化记忆的坐标。最具影响力的是将治水时期的决策过程刻录为“金简玉书”，使实践经验升华为文明传承的圣物。这些措施使分散的部落历史逐渐融合为共享的文明源头。

2.“多元一体”的治理智慧

在部落联盟向国家形态转型的过程中，大禹团队展现出独特的文化整合智慧，既尊重地方传统，又构建共同价值，形成了“多元共存、一体共荣”的治理范式。这种智慧的核心在于：通过差异化管理实现文化包容，借助共同事业培育集体认同，最终形成超越地域局限的治理共同体。

差异化管理体现在制度设计的灵活性上。针对西部游牧部落重视荣誉的特点，设立“旌表制度”，对治水功臣授予图腾旌旗；在东部农耕部落则推行“社稷共祭”，将各氏族祖先的牌位统一安放祭祀。法律执行保留地方变通空间：沿海部落允许用贝壳抵偿罚金，山区部落可用猎物折抵劳役。这种“底线统一、形式多样”的策略，既维护了中央权威，又保留了文化多样性。

共同符号系统的构建强化了文化认同。大禹用四方贡物熔铸成九鼎，每个鼎面镌刻不同地区的山川纹样与贡献事迹，使实用器物升华为文化共生的象征。创制“九州”地理概念时，既保留“兖州”“扬州”等原有地名，又用统一方位体系重新界定，形成新旧融合的空间认知。最具创意的是将各部落历法整合为“四时八节”体系，既保留地方农时经验，又形成通用时间框架。

动态平衡的制度设计促进文化融合。在礼仪制度上，规定“五礼”基本框架，同时保留部落特色祭祀流程；在音乐体系上，以石磬确定标准音高，但鼓励各地发展特色乐器。这种“主干稳固、枝叶舒展”的文化政策，使不同族群既能找到归属感，又不丧失自身特色。

治理实践中培育的共同价值更具持久性。治水工程中形成的“协力抗灾”精神，升华为“天下为公”的治理理念；工程管理中产生的“公平分配”原则，固化为“均平”思想；跨部落协作需要的诚信守约，发展为“信”的价值规范。这些源于实践的核心价值，成为联结多元文化的精神纽带。

这种治理智慧的历史意义在于：它没有通过文化征服实现统一，而是用“和而不同”的方式构建共同体；不仅解决了当时的治理难题，更塑造了中华文明兼容并蓄的特质。其展现的尊重差异、寻求共识、培育共性的治理逻辑，至今仍是处理多元文化关系的宝贵经验。

3.“经世济民”的古典样本

大禹治水时期形成的治理实践，为后世提供了“经世济民”的原始范本。这种治理模式的核心特征在于将民生改善与文化教化有机结合，通过具体事务推动社会进步。治水工程本身就是最大的民生项目，在疏导洪涝的同时修建灌溉系统，使受灾土地转化为高产农田。工程指挥部创新设置“粮监”岗位，专职监测各部落粮食储备，并建立“丰歉调剂”机制，在丰收地区征收余粮作为储备，用于接济受灾部落。文化符号系统深度融入民生实践。将治水时使用的准绳、规矩等工具，转化为公平正义的象征符号，镌刻于粮仓门楣与量器表面。最具特色的是创设“五谷祭”仪式，将粮食丰收与祖先感恩相结合，在祭祀活动中演示选种、播种等农技知识。社会管理采用“以事化人”的柔性策略。纠纷调解常在田间进行，长老以庄稼长势比喻人际关系，用农时规律阐释社会秩序。

这种治理模式的历史价值在于开创了务实与务虚相结合的传统。治水工程解决具体生存问题，配套制度培育社会价值共识，文化符号固化集体记忆，形成物质文明与精神文明同步发展的良性循环。其展现的“实事育人”“器物载道”等治理智慧，为后世“知行合一”理念提供了实践源头，至今仍启示着社会治理中工具理性与价值理性的融合路径。

大禹家族的创业史，本质是上古中国的一场治理革命。大禹将水利工程中积累的组织经验升维为国家治理体系：通过“会计诸侯”的绩效评估（会稽山盟会诛杀防风氏）、铸造九鼎确立权力象征，完成了从“项目经理”向“CEO”的身份跃迁。《竹书纪年·帝舜有虞氏》载：“三十三年春正月，夏后受命于神宗。”《尚书·大禹谟》载：“正月朔旦，受命于神宗，率百官，若帝之初。”大禹之子启终结禅让制、建立夏朝——中国历史上第一个体现阶级差别的国家政权正式产生了，完成了家族创业从“公天下”到“家天下”再到“王天下”的历史大跃迁。这场跨越代际的创业史揭示：真正的“家族基因”不在于血脉的延续，而在于对复杂挑战的迭代应对能力——从抗洪到抗熵，从治水到治世，大禹家族以动态创新的治理智慧，为中国文明初创期注入了绵延数千年的制度韧性。

五、经世济民：共同体治理的底层逻辑

（一）“经世济民”的治理模式

大禹治水实践中形成的治理智慧，揭示了中华文明延续数千年的根本逻辑——通过解决现实问题培育共同价值，借助具体事务构建社会共识。这种“经世济民”的治理模式，将民生改善与文化塑造有机结合，形成了共同体治理的底层运行机制。

公共工程成为价值培育的实践平台。治水工程不仅是水利设施建设活动，更是社会协作的实训场。参与者在疏浚河道时体会“协力同心”的意义，在分配物资时理解“公平正义”的内涵，这些实践经验逐渐升华为“天下为公”的集体意识。现代乡村振兴中的道路硬化、电网改造等基建项目，同样可以成为培育社区认同的载体，引导人们通过共同参与强化主人翁意识。

柔性制度设计实现价值内化。大禹团队将治水工具转化为礼仪器具，使劳动规范获得文化神圣性；用“五谷祭”仪式传递农耕知识，让技术传承具有仪式感。这种“寓教于行”的智慧对当代治理的启示是：垃圾分类

可以结合传统节气知识讲解，社区公约可通过居民墙绘形式呈现，使制度规范自然融入日常生活。

家国同构的组织方式强化责任伦理。治水时期形成的“家族－部落－联盟”治理网络，将家庭伦理扩展为社会规范。工程管理中“家长式”的责任担当，演化为官员的“父母官”意识；家族协作中“兄弟齐心”的经验，转化为部落间的互助传统。这种组织逻辑在当代表现为“家国情怀”的延续，疫情防控中的社区互助、抗洪救灾中的八方支援，都是传统责任伦理的现代表达。

动态平衡的治理艺术保持系统活力。大禹既推行统一历法又保留地方节气，既建立中央调配制度又允许特色物产流通，这种“框架稳定、细节灵活”的策略，使治理系统既能保持核心价值，又可适应环境变化。在现代社区治理中，既坚持党建引领又培育特色文化团队，既推行标准化服务又保留地方议事传统，正是这种平衡智慧的延续发展。

这些历史经验表明，有效的共同体治理需要找到价值理念与现实需求的结合点。当前推行的“全过程人民民主”将民主协商融入旧城改造、电梯加装等具体事务，“新时代文明实践中心”通过文化活动传播主流价值，这些都是传统治理智慧的创新运用。其关键在于让抽象价值在具体实践中获得生命力，使社会治理成为文明传承的生动课堂。

（二）“和能生财”的人文经济学模式

大禹时代形成的“玉帛经济”体系，开创了人文要素与经济活动深度融合的治理范式。该模式突破单纯物质交换的局限，通过《尚书·禹贡》记载的“任土作贡”制度，将区域资源禀赋差异转化为文化认同的生产要素。考古发现显示，二里头文化玉器作坊实行原料定向供给与成品统一分配制度，这种资源配置方式既满足经济协作需求，又通过礼器形制的标准化实现文化编码。玉帛流通网络中的“执玉帛者万国”盟会机制，本质是将经济交换升华为意义交换的治理实践。

人文经济模式的运行机理建立在“和合共生”的价值逻辑之上。大禹治水工程形成的跨部族协作网络，通过《左传·哀公七年》记载的“禹合诸侯于涂山”盟誓仪式，将技术协作经验转化为经济协作规范。龙山文化玉器分布图谱显示，玉料产地与加工中心的空间分离，催生出以专业分工为基础的生产体系。这种经济形态的先进性在于：既保持地域特色资源的比较优势，又通过礼器制作规范消弭文化差异，使物质生产活动承担起价值整合功能。

文化符号系统的经济赋能作用尤为显著。玉帛作为“天地精粹”的物质载体，其制作与流通全过程被赋予宇宙观解释。《周礼》中“以苍璧礼天，以黄琮礼地”的记载，揭示礼器形制与自然秩序的象征关联。二里头遗址出土玉璋的纹饰分析表明，特定几何图案在不同地域的重复出现，实质是通过视觉符号建构共同价值认知。这种符号化运作使经济行为突破实用功能，转化为文化认同的物化表达，形成“以器载道”的人文经济特征。

动态调适机制保障了人文经济模式的持续演进。大禹治理实践中，“玉帛经济”根据治理需求进行功能扩展：玉帛在初期作为部族联盟的信用凭证，中期演变为等级制度的物质标识，后期发展为意识形态的传播媒介。考古地层学证据显示，夏朝中晚期玉器组合从祭祀重器向礼仪配饰延伸，反映经济模式从神圣性向世俗化的适应性转变。这种弹性机制的关键在于始终维持物质基础与人文价值的平衡，使经济网络既承载资源整合功能，又持续生产文化共识。

（三）技术与人心、权威与责任——大禹治水的启示

大禹治水实践所展现的技术理性与人文关怀的深度融合，揭示了早期中国治理模式中权威建构与责任伦理的共生机制。考古证据显示，龙山文化晚期至二里头文化初期，水利工程的技术创新与组织管理呈现系统化特征，治水活动从单纯的技术行为升华为社会治理的综合性实践。《尚书·禹贡》记载的“奠高山大川”治水方略，本质上是通过地理认知的系统化重构社会秩序，将自然地理空间转化为政治治理场域。这种技术实践

不仅创造了物质生存基础，更通过协作网络的重构培育了共同体意识，形成技术赋能与社会整合的双向互动机制。

治水工程中的权威建构呈现出双重基础特征：技术效能产生的专业权威与道德实践形成的人格权威。大禹“身执耒锸以为民先”的记载，既彰显技术领导者的专业素养，又塑造了责任共担的道德典范。二里头遗址出土的标准化石质工具与水利设施遗存，印证了技术规范与组织纪律的严格实施，这种技术权威通过治水效能转化为政治合法性。同时，治水过程中形成的“三过家门而不入”叙事母题，通过《孟子》等典籍的传播，构建起责任伦理的文化符号系统，使技术权威获得道德正当性支撑。

责任伦理的实践机制体现为技术应用与社会福祉的深度绑定。大禹治水突破单纯工程治理的范畴，通过《周礼》的“以水寓政”理念，将水利管理经验升华为国家治理原则。考古发现的早期沟洫系统与聚落布局存在空间对应关系，表明水资源分配机制已纳入公共治理范畴。这种技术责任向政治责任的转化，形成“治水—治民—治世”的治理逻辑链条：水利工程维护需要持续的社会协作，协作实践催生制度规范，制度运行强化治理权威，构成闭合的责任履行体系。

系统化工程思维与组织动员能力。《尚书·禹贡》记载“禹敷土，随山刊木，奠高山大川”，通过划分“九州”地理框架，将治水体系转化为国土空间治理体系。这种“全域规划－分区实施”模式，在二里头遗址考古中得到印证：以都邑为中心的水利网络辐射半径达30公里，需协调十万级劳动力（据碳十四测年推算），展现出早期中央集权的组织效能。

动态调适能力在治水实践中具体化为技术迭代与治理创新的协同演进。陶寺遗址发现的治水设施改进痕迹显示，从单纯疏导到蓄泄结合的治水策略转变，既回应了生态环境变迁，也促进了社会组织形式的升级。这种调适智慧在治理层面表现为“时中”原则的运用——既保持核心治水技术的稳定性，又通过“随山刊木”的因地制宜策略增强制度弹性。技术方案的区域性差异处理，培养出治理者把握普遍规律与特殊情境的辩证思维能力，为后世“经权之道”的治理哲学提供了实践原型。

治水实践铸就的治理基因，在文明演进中沉淀为三重启示：技术革新必须与人心向背相结合，方能实现社会治理效能；权威合法性需建立在专业能力与道德担当的双重根基之上；责任伦理的制度化是治理体系持续发展的根本保障。这些特征在华夏文明的发展进程中不断被重新诠释，形成技术理性与价值理性交融的中国式治理传统，为理解当代中国治理体系的深层逻辑提供了历史参照。

历史学家黄仁宇与周雪光在分析中国传统社会与治理问题时，也有类似的观察与描述。例如，黄仁宇一再地指出，由于十五英寸等雨线和黄河泛滥两个基本因素的存在，中国过早地形成了中央集权的“大一统”国家形态。这当然有助于国防与治水等基本社会公共物品的提供。但同样由于规模因素，在当时的技术条件下，中央政府的官僚体系在信息的传递、税赋的征收、政令的统一等诸方面都面临着艰巨的挑战，因此不得不依赖于儒家道德话语和意识形态的辅助，来形成较为抽象的文化与道德层面的自我认同。周雪光也在黄仁宇的基础上进一步指出，传统中国的治理体系受制于超级巨大的规模及其带来的规模负荷，因此不得不依赖于政治制度与非政治制度之间、中央政令的名与实之间的微妙把控来实现帝国的治理。[1]

（四）政治经济文化一体化的实践

在大禹治水的伟大实践中，中华文明共同体的政治经济文化一体化展现得淋漓尽致，这一历程不仅巩固了早期国家形态，更深化了“经世济民”的智慧基因。治水工程的实施，不仅是技术上的革新，更是社会治理理念的深刻变革，它将政治、经济与文化的融合推向了新的高度。政治层面，大禹通过治水工程展现了卓越的领导才能与组织能力，建立了有效的监督与激励机制，不仅提高了治水工程的效率，也为后世的政治制度提供

[1] 泮伟江．如何理解中国的超大规模性［J］．读书，2019（5）：3-11.

了雏形。治水过程中的决策与执行，体现了权力与责任的统一，以及对民众福祉的重视，这与“经世济民”理念中对公平正义与社会和谐的追求不谋而合。大禹治水的成功，不仅增强了民众对治理者能力的信任，也促使部落联盟在政治制度上进行改革与创新，加强了部落间的合作与统一，为中华文明共同体的形成奠定了坚实的政治基础。经济层面，治水工程的实施促进了社会分工与经济体系的进一步发展。一方面，治水工程的完成提高了农业生产能力，保障了粮食供应，稳定了农业经济；另一方面，工程的实施需要大量的劳动力与物资，这一过程促进了手工业、运输业、建筑业等行业的发展，加强了部落间的经济联系，为市场交易与商品经济的繁荣提供了物质基础。治水工程中的物资调配与人力组织，体现了“经世济民”理念中对经济公平与市场规范的追求，即通过公正的经济活动，保障民众的经济权益，维护社会的公平与正义。文化层面，大禹治水不仅解决了水患，更在文化上产生了深远影响。不同部落的民众通过共同参与治水工程，打破了部落间的界限，促进了文化的交流与融合。治水工程中的合作与交流，加深了部落间的文化认同，促进了社会的和谐与团结，为中华文明共同体的形成提供了精神纽带。大禹治水的故事，也成为中华文明共同体精神文化的一部分，体现了“经世济民”理念在文化传承中的核心地位与深远影响。大禹治水的政治经济文化一体化实践，是中华文明治理智慧的生动体现，展现了“经世济民”理念在社会治理中的深刻内涵与实践价值。这一时期，政治制度的创新、经济体系的完善、文化理念的深化，共同推动了中华文明共同体的形成与稳定，为后世的社会治理提供了宝贵的经验与启示。在历史的长河中，大禹治水的政治经济文化一体化实践，不仅是一个技术上的壮举，更是中华文明智慧基因的深刻展现，为中华文明的持续繁荣与发展奠定了坚实的基础。如先文后武、最终建构竞合型经济共同体的战略：大禹所开创的夏王朝，作为傅斯年所说“夷夏－东西”联盟的“万国”盟主，将东部、西部集团下的各小共同体整合了起来。一方面，通过治水等公共工程活动强化了组织结构和资源整合，以至于中国最早的国家不是出现在礼仪、器物更加发达的山东、晋南龙山文化，而是出现在更为简单的伊洛龙山文化，这是夏王朝诞生“文”的一面；另一方面，通过征伐三苗、有扈等部族的军事活动，扩大了直属的领土、人口规模和资源，提高了军事威慑的声誉，这是其“武”的一面。通常来说，战争“武”的这一面对于促进国家的诞生尤其重要。从二里头、东下冯文化的考古材料来看，夏人拥有青铜戈、铜箭镞、铜斧钺等在当时最先进的武器，并有手推车等工具可用于运输后勤物资。在“一文一武”机制的配合下，天下诸侯来朝，形成了早期国家制度，以至于能诛杀迟到的防风氏首领。[1]恩威并用之中，软实力、硬实力融合成政治经济学的“玉帛经济”，为中华民族后世无限的开放性、包容性治理树立了经典榜样，也是我们汉语成语“有容乃大”“王道永续”的写照。

六、结语

传统治理智慧的现代转化路径揭示了中国式治理的历史延续性与实践创新性。大禹时代形成的“天人协同”治理哲学，在当代社会治理中体现为生态治理与人文关怀的有机统一。考古发现的二里头文化水利设施网络显示，早期治水工程兼具资源管理与文化整合功能，这种系统思维在当代“河长制”等制度创新中得到创造性转化。通过将传统“道法自然”理念与现代生态技术相结合，当代中国在流域综合治理中实现了工程技术、社区参与和文化传承的三维协同，彰显传统智慧的时代生命力。

“玉帛经济”蕴含的文化治理逻辑为现代经济体系创新提供了历史参照。大禹通过礼器标准化生产构建跨地域认同的经验启示我们，物质生产活动可以成为价值共识培育的载体。当前文化产业园区建设借鉴“器以藏礼”的智慧，将传统工艺振兴与现代设计创新相结合，使非遗技艺传承转化为地域文化认同的生产机制。如同玉帛网络通过器物流通促进政治整

[1] 李竞恒．大禹时代“执玉帛者万国”与天下治理［J］．天府新论，2021（2）：43-48.

合，现代特色产业集群通过文化赋值提升产业链价值黏性，实现经济效能提升与文化传播的双重目标。

动态调适的传统治理基因在制度创新中展现独特优势。大禹治水“时中”原则指导下的弹性治理策略，与当代“顶层设计与基层探索相结合”的改革方法论形成历史呼应。新型城镇化建设中“一城一策”的实践智慧，既延续了“五服”制度差异化治理的传统，又通过数字化治理工具实现精准施策。这种调适能力在应对突发公共事件时尤为显著，传统“群防群治”经验与现代网格化管理相结合，构建起平战结合的弹性治理体系。

责任伦理的现代重构为治理现代化提供价值支撑。大禹“三过家门而不入”的叙事母题在当代转化为党员干部“钉钉子精神”的价值符号，使传统道德典范与现代公仆意识形成精神共鸣。政务服务平台“好差评”制度的实施，将“民惟邦本”理念具象化为可量化的服务标准，通过技术赋能实现责任伦理的制度化传导。这种伦理重构在乡村振兴中体现为“驻村第一书记”制度的创新，技术官僚的治理权威与“士绅传统”的道德责任在新时代达成实践统一。

传统治理智慧的创造性转化揭示出文明基因的演进规律：共同体本位的价值取向通过社会组织形式创新得以延续，实践理性导向转化为政策试点的改革方法论，动态调适能力发展为制度弹性的维系机制。这些历史经验为破解现代治理碎片化、工具理性过度扩张等困境提供了文化资源，其核心启示在于，治理体系现代化需要构建“历史传统—现实实践—未来指向”的意义连接，在技术创新中保持文化自觉，在制度建设中延续精神基因。

第五章

生业与民心：共同体凝聚力的双螺旋建构

如果说前文所讲的“祀戎一体”是古代族群寻求在统一文化符号下拥护一面大旗（图腾与信仰体系）、凝聚一致对外战斗力以图长期生存的话，本章讨论的“生业与民心”则是眼光向内，要着重研究一下共同体凝聚的生业依赖和经济基础。过渡到第六章“失衡之殇：经济崩溃与王朝倾覆”，我们会看到无论是作为小共同体的族群还是作为大共同体的国家，生业形态和经济基础都是内外力量的基座，基础不牢，必然地动山摇。所以，共同体无论大小，必须作为开放组织不断通过学习体悟“天道人心”，一面把天道下贯到人间，通过高效能自组织，与外界环境和谐互动，交换各种资源、能量、文化、信息，努力实现“熵减”和进化，高质量解决人们的丰衣足食与民心向背问题，一面发展生产力和软硬双实力，保障族群乃至国家永远走在和谐发展的大道上。换一个角度表达，就是一面要善于“知行合一”，一面要善于反思、总结，不断将经验、教训提炼成“经典理论”，并不断传承创新。从这种意义上来说，我们对“经世济民”的理解就会走进人类进化和族群兴灭的历史最深处，以宏阔又深刻的逻辑洞察，有质量地进行历史叙事。

一、引言：双螺旋结构的文明密码

回顾中华文明的历史曙光期，我们发现先圣、先哲、先民们“经世济民”的智慧是从“抓民生”着手的，我们今天将其称为“经济基础”，古人的信念是“民惟邦本，本固邦宁”。儒家孟子更提出“民为贵，社稷次之，君为轻”。甚至《史记·郦生陆贾列传》直接喊出：“王者以民人为天，而民人以食为天。”在这种历史叙事中，我们充分体会到中华民族的伟大在于其早熟的真理：民生的温度决定文明的高度。

管仲提出“仓廪实则知礼节”，孟子强调“有恒产者有恒心”，这些跨越时空的箴言并非仅是思想家的个人洞见，而是对三皇五帝至夏商周三代历史经验的凝练总结。在黄河与长江的滋养下，早期中国以生业为根基，以民心为纽带，构建起共同体的凝聚力。这种经济基础与政治伦理的互动，既塑造了“敬天保民”的治理传统，也暗藏着王朝兴衰的密码。[1]本章以夏商周三代至商周时期的经济基础与政治伦理互动为研究对象，通过考古遗存与文献互证，揭示生业模式变革、政治文化机制的相互影响以及二者对共同体凝聚的双螺旋建构。研究显示，粟作农业的推广、水利技术的革新与资源分配制度的演进，共同塑造了早期国家“敬天保民”的治理范式，而“以民为天”“经世济民”的政治文化又强化了对生业形态和经济基础的重视，二者相互作用，共同为中华文明“民本政治”传统的形成和中华文明共同体“王道永续”的治理智慧贡献了双螺旋动态演化模型。农业生产系统与意识形态体系形成的动态耦合机制，构成了中华文明“多元一体”格局的原始基因，其自我调适能力为文明延续提供了根本动力。

本章聚焦于中国古国时代共同体的存续机制，提出“生业－民心”双螺旋协同演进模型。通过整合考古学、人类学与社会学等多学科视角，系统考察了早期文明中物质生产体系与社会意识形态的互动关系。分析表明：农业技术革新与手工业专业化构成的生业系统，不仅为共同体提供了物质保障，更通过劳动分工强化了社会依存网络；而基于祖先崇拜与集体记忆构建的民心体系，则借助仪式实践与符号系统维系着文化认同。两者以螺旋式互构的方式推动着社会组织形态演进，如在良渚、红山等考古案例中呈现出生产工具改良与祭祀制度完善同步发展的特征。这种双向驱动机制揭示了早期国家形态中经济基础与上层建筑的动态适配过程，为理解文明起源提供了新的分析框架。研究不仅弥补了传统单线进化论的阐释局限，其揭示的“技术－文化”共生规律对当代社会组织治理也具有启示价值，特别是在协调物质文明与精神文明建设方面展现出历史参照意义。

[1] 陈煦，王宁．河南地区二里岗文化生业模式的考古学证据［J］．农业考古，2025（1）：53-63.

随着考古发现与历史研究的深入，中国古国时代社会组织形态的存续机制逐渐成为学术界关注的焦点。现有研究多从单一维度解析早期文明演进规律，或偏重物质生产领域的技术进步，或强调意识形态的凝聚作用，未能充分揭示经济基础与上层建筑之间的动态关联。本章立足于跨学科视角，试图通过构建“生业－民心”双螺旋模式，系统阐释中国古国时代共同体实现持续发展的内在动力。

在文明起源研究中，传统单线进化论往往将社会复杂化进程简化为生产工具升级的必然结果。然而，良渚、红山等考古遗址显示，玉器礼制系统的完善与水稻耕作技术的进步呈现出同步发展态势。这种现象提示我们，共同体的存续既需要夯实物资产出的生业体系，也离不开维系群体认同的民心基础。管子“仓廪实则知礼节”的经典论述，实际上已触及物质保障与文化建设的辩证关系，这对理解古代社会运行机制具有重要启示。

中华文明探源工程的考古发现揭示了一个核心命题：中国古国时代的族群竞争与文明延续，本质上是生业模式与民心凝聚的双重博弈。从良渚的水稻王国到石峁的军事城邦，从陶寺的天文圣殿到二里头的青铜王朝，考古地层中埋藏的不只是陶器与玉器，更是一部“经济基础决定上层建筑，精神认同反哺社会组织”的文明建构史。生业与民心的互动，如同DNA双螺旋结构中的碱基对，在矛盾与协同中推动着共同体的迭代升级。这一过程，既是对自然环境的适应性改造，更是对社会关系的创造性整合。

本研究采用多维度分析方法，整合聚落考古数据、器物符号学解读与社会网络理论。通过考察生产工具改良与祭祀礼器演变的对应关系，剖析手工业专业化如何通过劳动分工强化社会依存网络；借助仪式遗存与图腾符号的关联性研究，揭示祖先崇拜体系在凝聚文化认同中的核心作用。这种双向互构的研究路径，有助于打破经济决定论与文化决定论的二元对立，为阐释早期国家形态提供新的理论框架。

二、生业特点：生业门类及其基本状况

（一）农业与畜牧业的发展

人类历史上，农业革命是社会组织从松散走向有序的关键转折点。长江流域的稻作体系与黄河流域的粟作文化，以不同的方式演绎了规模化生产如何促进资源管理机制的进化。田螺山遗址的稻田遗迹与磁山文化的窖穴储粮，揭示了剩余粮食积累对社会结构复杂化的推动作用。这场跨越千年的农业革命，不仅塑造了东亚最早的定居聚落，更成为中华文明共同体资源管理智慧的源头。[1]考古证据显示，新石器时代晚期至青铜时代早期的农业生产实现了重要突破，表现为作物种类的丰富化与耕作技术的系统化。以良渚文化为例，人工建造的水利灌溉系统与水稻种植技术相结合，使沼泽湿地转化为高产农田，这种集约化生产方式显著提升了粮食产量。红山文化遗址中发现的黍、粟等旱作农作物遗存，则反映出北方地区因地制宜的农业开发模式。

又如长江流域的稻作农业，以“水田－灌溉－聚落”三位一体的模式，开启了人类最早的规模化生产实验。湖南道县玉蟾岩遗址出土的距今约 1.5 万年的古栽培稻，标志着人类开始干预自然物种的演化轨迹。在距今约 9300—8000 年的浙江衢州皇朝墩遗址，考古学家发现了由浅坑、水沟、水口组成的完整灌溉系统，表明稻作生产已从零星种植发展为系统性耕作。这一时期，长江中游的彭头山遗址出土的骨耒、耜等农具，证实了人工翻地、开垦等精细化农事活动的存在。[2]从野生稻到人工栽培的农业技术进步，完成了中华文明史上第一轮系统的技术积累与生产革命。苏州草鞋山遗址的马家浜文化地层中，炭化稻谷与纺织物共存，灌溉系统覆盖

[1] 温证聪．田螺山遗址河姆渡文化的稻作发展水平和饮食食谱的地球化学研究［D］．杭州：浙江大学，2015.

[2] 徐宁．稻作文明，母亲河长江的馈赠［EB/OL］．新浪网，2024-10-31.

范围达数百平方米，显示单位面积的粮食产量大幅提升。[1]而良渚古城内近 1 万平方米的炭化稻谷堆积（储量约 36 万斤），更表明剩余粮食足以支撑数万人口的非农业分工。这种积累直接催生了社会分层：一部分人脱离农业生产，转而从事祭祀、手工业或管理活动，推动权力结构的形成。

畜牧业的兴起为人类提供了稳定的蛋白质来源，同时推动了资源利用方式的多样化。黄河流域的仰韶文化遗址中，猪、狗等家畜骨骼的普遍出土，表明圈养技术已趋成熟。北方草原地带则发展出以羊、牛为主的游牧经济形态，这种生产模式不仅适应了干旱半干旱地区的生态环境，更通过畜群管理与季节性迁徙积累了独特的生存智慧。农业与畜牧业的协同发展，使中国古国时代的先民能够应对不同地域的自然条件差异，为共同体规模的扩大奠定了基础。

生产技术的革新直接促进了社会分工的深化。耕作工具如石犁、骨耜的改良，使得单位劳动力的耕作效率大幅提升，部分劳动力得以从粮食生产中解放出来，转而从事手工业或管理活动。这种分工体系在龙山文化的聚落遗址中得到印证，专业化的制陶、玉器作坊与普通居住区形成明显区隔。管仲提出的“四民分居”理念，本质上是对这种历史经验的总结与制度化，其“仓廪实则知礼节”的论述，深刻揭示了农业生产效率提升与社会文明发展的内在关联。

农业与畜牧业的进步还催生了早期的经济交换网络。不同地区因自然条件差异形成的特色物产，如南方的稻米、北方的粟黍、草原的畜产品，通过战争、迁徙、家族联姻或原始贸易实现了资源互补。这种物质交换不仅增强了各聚落间的经济依存度，更为文化融合提供了载体。考古发现的玉器原料远程输送证据，以及陶器纹饰的跨区域相似性，都印证了生业发展与文化交流的同步性特征。[2]

---

［1］ 姚晨辰．草鞋山新石器时代遗址简述——从苏州博物馆藏相关文物说起［J］．苏州文博论丛，2020（1）：43−55.

［2］ 万红．原始交换与市场起源问题研究述略［J］．世界民族，2003（3）：36−43.

（二）工商业的兴起与演变

手工业的专业化发展标志着中国古国时代经济形态的重要转型。考古发现显示，新石器时代晚期开始出现专门的手工业作坊区。在良渚文化的玉器加工作坊中，从原料切割到纹饰雕刻形成了完整的工艺流程。这种专业化生产需要长期训练的技术人才，促使手工业逐渐从家庭副业转变为独立行业。在红山文化的制陶遗址中，标准化生产的彩陶器形制统一，表明已存在明确的质量控制标准和技术传承体系。[1]

1986 年，浙江反山墓地 12 号墓出土的“玉琮王”震惊世界——这件高 8.9 厘米、重 6.5 公斤的玉器，表面密布细若发丝的阴刻线，仅眼部纹饰就需连续雕刻 2000 余刀。当科学家用锶同位素技术追踪其原料来源时，竟发现这些透闪石玉料跨越 500 公里，来自江苏溧阳天目山矿脉。这件文物如同时光胶囊，封印着 5000 年前手工业与贸易网络的惊人真相。近十年中华文明探源工程的巨大成就更为我们描述了良渚匠人开创的史前最精密的手工业体系：从选料、切割、钻孔到纹饰雕刻，形成标准化流程。瑶山遗址出土的燧石钻头直径仅 0.15 毫米，与现代针灸针相当，配合解玉砂可实现日均 1 毫米的钻孔速度。反山墓地 M20 出土的玉璧，外缘误差不超过 0.2 毫米，这种精度直到战国时期才被超越。而玉料运输线犹如青铜时代的“玉石之路”，如天目山开采的原石经太湖转运至良渚，途中设置莫角山、卞家山等中转站。安徽凌家滩遗址出土的良渚式玉器，证明贸易半径已达 300 公里。更惊人的是，山西陶寺遗址发现的玉琮残片，将这张网络向北延伸至黄河中游。[2]

陶寺遗址出土的铜齿轮形器，含砷量达 4.3%，这种合金使硬度提升 50%。冶炼实验显示，当地工匠已掌握“硫化矿—冰铜—粗铜”的三步冶炼法，采用该方法时，需在 1200℃高温下持续焙烧 8 小时。更惊人的是

[1] 李冬君．中国的文明古国时代［J］．文史天地，2021（8）：21–25.

[2] 王巍．听首席专家讲述中华文明探源工程［M］．北京：东方出版社，2023.

复合范铸造技术：铜铃的泥芯悬空定位误差小于1毫米，这种工艺比二里头早300年。铜器从实用工具向礼器蜕变：陶寺贵族墓中，铜铃与特磬组合出现，构成最早的“金声玉振”礼乐体系。M3016大墓出土的铜容器残片，表面残留朱砂痕迹，暗示青铜器已用于血祭仪式。这种转变标志着手工业从服务于民生需求转向权力象征。

二里头遗址铸铜作坊区面积达1万平方米，发现数百件陶范与熔炉残片。科技检测显示，青铜配方的铜锡比严格控制在9∶1至7∶3之间，误差不超过2%。更惊人的是绿松石镶嵌工艺：一件铜牌饰需镶嵌2000余片绿松石，每片厚度仅0.2毫米，这种技术至今难以完全复原。郑州商城发现的铸铜遗址中，铜镞范一次可铸造14支箭镞，尺寸误差小于0.5毫米，实现兵器量产化。殷墟出土的铜胄用7层范铸成，重2.5公斤，且厚度均匀，这种装备使商军成为青铜时代的“装甲部队”。

长江中游的铜绿山矿区、中原的锡矿带、西北的玉石之路，构成三大资源走廊。二里头青铜器的铅同位素分析显示，原料来自辽宁、湖北等7个不同的矿源。这种跨区域资源调配，需要至少2000人规模的运输队伍和驿站体系作为支撑。三星堆青铜神树采用中原的范铸法，却融入长江流域的太阳崇拜意象；江西吴城遗址的铜鼎，形制模仿中原却饰以虎形扉棱，这种“混搭”风格见证着技术传播中的文化再造。更微妙的是，商代铜器上的饕餮纹，其原型可追溯至良渚玉琮的神人兽面纹。[1]

商品交换网络的扩展推动了跨区域经济联系的形成。黄河中游地区出土的海贝、长江流域发现的北方玉料，证实了早期远程贸易的存在。这种物资流通不仅满足了各地区的特殊需求，更催生了原始的市场交易规则。山东龙山文化遗址中发现的陶器刻划符号，可能是用于记录交易信息的早期文字雏形，反映出商业活动对信息载体的创新需求。

工商业发展深刻改变了社会分工结构。专业工匠群体的出现使社会职

[1] 王巍. 听首席专家讲述中华文明探源工程［M］. 北京：东方出版社，2023.

业划分更加细化，正如文献记载的“百工”称谓所示，制陶、冶铜、纺织等行业都形成了特定的从业群体。这种分工在考古遗存中表现为居住区的功能分化。在山西陶寺遗址中，青铜器作坊与普通居民区相距较远，且作坊区出土了特殊形制的礼器，暗示工匠群体已具备特殊的社会地位。

生产技术的革新与管理制度相伴而生。良渚玉器作坊中发现的统一规格石质工具，表明存在生产工具的标准化管理。商代早期的青铜冶铸遗址显示，从矿石开采到成品铸造需要数百人协作，这种复杂生产催生了早期管理阶层。文献记载的“工商食官”制度，正是对这种专业化生产体系的社会化组织方式的制度回应。[1]

工商业的勃兴还促进了早期城市的形成。在河南二里头遗址中，宫城外围分布着密集的铸铜、制骨作坊，显示出手工业区与政治中心的有机结合。这种空间布局既保障了贵族对重要物资的控制，又为技术创新提供了集中化的生产环境。城市作为工商业枢纽的功能，使得不同地域的物资、技术与文化得以在此交汇融合，为共同体的持续发展注入活力。

良渚玉器的神圣性贸易演变为夏商青铜器的政治性贸易，这种转变映射着权力形态的升级。玉器时代“以玉通神”的祭司权威，在青铜时代转化为“以铜立威”的军事王权，但二者都依托于对手工业的绝对控制。夏王国将铸铜技术秘方刻在甲骨上，由贞人集团严格传承，这种知识垄断持续千年。但正是这种封闭性，反而催生了标准化的技术体系，使中国青铜文明区别于地中海的碎片化技术传播，形成独特的持续性发展模式。[2]

当我们在博物馆凝视那些玉璧铜鼎时，看见的不仅是古代匠人的巧思，更是整个文明的运作密码。从良渚玉工雕刻的神徽，到二里头铜匠浇铸的礼器，早期中国用手工业编织出一张覆盖大半个东亚的文明之网。这张网既输送着资源与技术，更传递着权力与信仰，最终将星罗棋布的史前

[1] 左丽慧．武大教授“商都讲坛”讲述商代青铜文明［N］．郑州日报，2024-09-02（6）．

[2] 王巍．听首席专家讲述中华文明探源工程［M］．北京：东方出版社，2023.

文化聚合成璀璨的华夏文明。正如《考工记》所言："知者创物，巧者述之"——五千年文明传承的奥秘，或许就藏在这些器物之中。

三、生业革命：文明存续的物质密码

（一）地理禀赋与生业路径分化

在人类文明的发展进程中，地理环境始终是一个关键的影响因素。不同的地理禀赋塑造了各个地区独特的自然条件和资源分布，进而促使不同族群选择了差异化的生业路径。长江流域的良渚文化和黄土高原的石峁文化便是典型例证，它们分别以稻作农业和"农牧复合"模式展现了地理禀赋如何深刻影响生业选择。深入探讨地理禀赋与生业路径分化的关系，对于理解人类文明的多样性和发展规律具有重要意义。

长江流域具有丰富的水资源和湿润的气候，河网密布、湖泊众多，为稻作农业的发展提供了得天独厚的条件。苏秉琦先生曾指出，良渚文化是中国文明起源进程中"方国"的最典型实例之一。[1]良渚文化所处的区域多为沼泽湿地，这种特殊的地理环境使得水稻种植成为可能且具有天然优势。水泽环境中的丰富水源满足了水稻生长对水分的大量需求，而肥沃的淤泥土壤也为水稻提供了充足的养分。塘山遗址外围堤坝系统等大规模水利工程的建设，进一步将沼泽湿地改造为适宜水稻种植的农田，构建起"鱼米共生"的生态农业体系。经测算，水稻亩产超过 200 公斤，支撑起 20 万人口的社会规模。这种生态农业体系不仅充分利用了当地的水资源和湿地生态环境，还通过水稻种植和渔业养殖的结合，实现了资源的高效利用和生态的平衡发展。

黄土高原地区气候干旱，降水相对较少，土壤以黄土为主，土质疏松但保水性较差。这种地理环境虽不利于大规模单一农业种植，却为畜牧业和耐旱作物的生长提供了一定条件。黄土高原的石峁文化发展出"农牧复

[1] 苏秉琦．中华文明起源新探［M］．香港：商务印书馆，1997.

合”模式，考古发现的家畜骨骼占比达60%，说明畜牧业在其生业结构中占据重要地位。同时，粟、黍等耐旱作物的种植也与当地的地理条件相适应。这种生业模式结合了畜牧业的移动性和粟黍种植的相对稳定性，既能在干旱少雨的年份通过家畜的移动寻找水源和草料，又能在相对适宜的年份通过粟黍种植获得稳定的粮食供应，从而形成了移动性与抗灾性兼备的生业结构。

这种差异化的生业选择，本质上是族群对地理约束的突破。良渚文化以“改造自然”为核心，通过大规模的水利工程建设，如塘山遗址外围堤坝系统，对沼泽湿地进行了全面改造。这些水利工程不仅解决了农田的灌溉和排水问题，还通过调节水位，创造了适合水稻生长的环境。大规模的水利工程建设需要大量的人力、物力和组织协调能力，这也促使良渚社会形成了高度集中的社会组织结构和复杂的管理体系。良渚文化在玉器制作、城市建设等方面也达到了相当高的水平，这与稻作农业的高度发展密切相关。水稻的高产为社会提供了充足的剩余粮食，使得一部分人可以从农业生产中脱离出来，从事手工业、文化艺术等其他领域的活动，从而推动了社会的全面发展。石峁文化则采取了“顺应自然”的生业路径。在黄土高原干旱的地理环境下，石峁人充分利用当地的自然资源，发展“农牧复合”模式。畜牧业的发展使得他们能够随着季节和水源的变化，灵活地移动家畜，寻找更适宜的放牧区域。粟、黍等耐旱作物的种植则为社会提供了基本的粮食保障。这种生业模式虽然不像良渚文化的稻作农业那样具有高度的集约性，但具有很强的适应性和抗灾能力。在干旱、洪涝等自然灾害频繁的黄土高原地区，“农牧复合”模式能够有效地分散风险，保证社会的稳定发展。石峁文化的聚落建筑也体现了对自然环境的顺应，其多采用石头建造房屋，以适应黄土高原的地质条件和气候特点。又如陶寺文明，地处中华文明重要发祥地之一的晋南，是“禹都安邑”和“叔虞封唐”等古史传说的发生地。考古学家和历史学家认为，陶寺遗址就是文献记载中的“尧都平阳”。出于狩猎、采摘和农作的生存需要，远古人类很重视对太阳的观测。而古观象台的发现，也使《尚书·尧典》“历象日月星辰，敬授人时”的说法得到了印证。对陶寺圭尺的考古研究表明，当时的陶寺先民已经有了“地中”观念，认为自己所在之地就是天下之“中”。中国社会科学院学部委员、中华文明探源工程首席专家王巍认为，从这个意义上来说，“中国”之“中”始自陶寺，这正是“何以中国”的关键实证。作物的种植与节气密切相关。可以想见，拥有了当时最先进的观象台，早期的农耕文明便在这里日渐孕育成长。[1]这种集狩猎、采摘和农作于一体、“择中而治”的多元生业模式，体现了尧舜时期“经天纬地”的时空政治文明。[2]

但是，不同的生业路径导致了良渚文化和石峁文化社会结构的差异。良渚文化的集约生产模式需要大规模的劳动力协作和复杂的管理体系，这促使其社会形成了明显的阶层分化。贵族阶层掌握着对水利工程建设、农业生产组织和玉器制作等重要领域的控制权，平民阶层则主要从事农业生产和其他体力劳动。这种阶层分化在良渚文化的墓葬、玉器等考古发现中得到了充分体现。而石峁文化的“农牧复合”模式相对较为分散和灵活，其社会结构相对较为平等。虽然也存在一定的阶层差异，但不像良渚文化那样明显。畜牧业的移动性使得人们的活动范围相对分散，社会组织相对松散，更多地依靠家族和部落的血缘关系来维系。

生业路径的分化也对两种文化的发展产生了不同的影响。良渚文化的稻作农业高度发达，为文化的繁荣提供了坚实的物质基础。在良渚文化中，玉器制作、宗教信仰、礼仪制度等方面都取得了很高的成就。精美的玉器不仅是权力和财富的象征，还蕴含着丰富的宗教和文化内涵。良渚文化的宗教信仰与农业生产密切相关，人们通过祭祀等活动祈求风调雨顺、五谷丰登。而石峁文化的“农牧复合”模式则塑造了其独特的文化风格。

[1] 赵东辉，刘翔霄．文明的细节：来自陶寺的调研报告［N］．新华每日电讯，2025-03-30（1）．

[2] 张清俐．探寻中国文明起源的陶寺模式［N］．中国社会科学报，2022-07-27（1）．

石峁文化的建筑、雕刻等艺术形式具有浓厚的北方草原文化特色，反映了其与自然环境的紧密联系和对游牧生活的适应。

地理禀赋是人类生业选择的基础，不同的地理条件促使不同族群选择了差异化的生业路径。长江流域的良渚文化和黄土高原的石峁文化分别以“改造自然”和“顺应自然”的方式，突破了地理约束，形成了各具特色的生业模式。这种生业路径的分化不仅影响了社会结构和文化发展，也为人类文明的多样性做出了重要贡献。在当今社会，我们应该充分认识到地理环境对人类发展的重要影响，尊重不同地区的自然条件和文化特色，因地制宜地选择发展道路，实现人与自然的和谐共生。同时，我们也可以从古代文明的生业选择中汲取智慧，为解决现代社会面临的资源环境问题提供有益借鉴。

（二）技术迭代与生业边界拓展

二里头文化的青铜冶铸技术突破具有划时代意义。铜爵、铜斝等礼器的标准化生产（误差不超过 0.5 毫米），不仅标志着手工业的专业化分工，更通过礼器分配制度构建起跨区域资源网络。冶铜所需的铜、锡来自长江中游与晋南地区，生业经济由此突破地理局限，形成早期的“产业链”。技术升级带来的生业边界扩张，使共同体从“生存共同体”跃升为“利益共同体”。

手工业呈现专业化趋势，制陶、纺织、冶金技术的突破具有划时代意义。青铜冶炼技术（公元前 3000 年两河流域、公元前 2000 年华夏地区）催生新型农具与兵器，促进社会分工。玉石加工、漆器制作等工艺成为等级制度的物质表征。原始商业依托于剩余产品交换，贝币、铜块等实物货币开始流通，区域贸易网络随交通工具（车船）的改进而扩展。盐、金属、玉石等战略资源的长途贸易推动文明交流，如中国二里头文化与周边地区的绿松石贸易。这种复合型生业体系，为早期国家的政治整合与文明演进奠定了物质基础。

例如，作为夏墟的陶寺，其不但有发达的农业和畜牧业，而且制陶、制玉、冶金等手工业已从农业中分离了出来。生产的专门化使产品空前丰富，但不断增多的社会财富愈来愈集中在少数人手中。在陶寺发现的两个朱书陶文已说明都邑内文字的出现和使用。在陶寺特定区域内发现的观象授时的天文台建筑，以及在可能是邦君墓的M22号墓中发现的残长171.8厘米的“漆木圭尺”，反映了陶寺邦国天文历法的发达。陶寺的邦君通过颁布历法，“钦若昊天，历象日月星辰，敬授民时”（《尚书·尧典》），不但在本国，而且在族邦联盟中也树立了绝对权威。陶寺文明是当时众多邦国文明中的佼佼者。中国社会科学院考古研究所研究员、陶寺遗址第五任考古领队高江涛说，陶寺“观象台反映的是当时先进的‘科技文明’，是最早的‘天地人合一’，也是最早的‘问天系统’”。在某种程度上，它也是农业生产的“刚需”，依据观象而形成的农时划分，可以很好地指导陶寺先民应时而作，开展集中种植。[1]

在中国璀璨的远古文化中，环太湖地区的良渚文化是一颗非常耀眼的明珠。它以发达的稻作农业、大量而精美的玉器、高超的制陶技术、成句子的陶器符号文字资料以及由墓葬、规模巨大的城墙和城内大型土建工程所反映出的不平等和社会分层等现象，使我们有理由认为它已进入文明社会，已形成一个个文明古国——邦国，而整个环太湖地区则组成了族邦联盟（邦国联盟）或集团。[2]

（三）生业危机与文明重构

当盛极一时的长江中下游良渚文明、石家河文明等相继衰落，中原逐渐崛起，兴盛于黄河中游晋南盆地的陶寺文明脱颖而出。海岱地区的陶器、石家河文化的玉兽面、良渚文化的玉琮……各地的文明因素汇聚

[1] 赵东辉，刘翔霄．文明的细节：来自陶寺的调研报告［N］．新华每日电讯，2025-03-30（1）．

[2] 王震中．中国古代国家起源、发展与王权形成论纲［J］．中原文化研究，2013（6）：5-17.

而来，使陶寺成为史前文明因素的“集大成者”。[1] 然而，在“天灾人祸”频发的时代，哪个族群的生存和发展都充满危机。陶寺文明最终也走向崩溃，为我们提供了生业崩塌、政权沦落的族群生存反向例证。中国社会科学院考古研究所研究员何努认为，陶寺晚期的衰落与石峁的南下冲击有关。浪涛奔涌的黄河行至晋陕大峡谷附近，出现了“几字形”大拐弯。峡谷两岸的山西陶寺与陕西石峁横空出世，并称为“黄河双雄”。考古证实陶寺以农业为主，陶寺与石峁两地有农业、资源等文化往来，还有风格类似的“瓮城”类建筑。龙山时代末期，风云际会。从文化互动、关系密切到冲突升级，这或许是历史上第一个游牧民族与农耕民族之间发生的“最早战争”。[2] 战争的胜负表面上看是“国之大事，在祀与戎”所体现的文化和军事软硬两种实力较量的结果，但经济基础的崩塌或许才是更根本的原因。

碳同位素分析显示，公元前 1900 年左右，气候急剧干冷化，粟作农业减产 30%~40%，原本依赖集约农业支撑的复杂社会（陶寺古城面积达 280 万平方米）陷入崩溃。但同一时期的齐家文化却因畜牧业比重提升（羊骨占比从 15% 增至 40%）而延续发展。生业模式的弹性，成为文明存亡的关键阀门。同时，如果将山西南部的龙山晚期陶寺遗址与二里头遗址进行深入比较分析，就会发现两处大型高规格聚落相当，墓葬中均出现了明显的社会分层现象，但其结果不同，陶寺社会最终走向了崩溃，而二里头社会则开创了中国最早的广域王权国家。究其原因，就在于陶寺文化还处在“铜石并用”时期[3]，铜器在陶寺文化居民的社会生活中并未发挥十

[1] 赵东辉，刘翔霄 . 文明的细节：来自陶寺的调研报告［N］. 新华每日电讯，2025-03-30（1）.

[2] 赵东辉，刘翔霄 . 文明的细节：来自陶寺的调研报告［N］. 新华每日电讯，2025-03-30（1）.

[3] 徐豪 . 陶寺铜铃里的秘密［J］. 中国报道，2024（7）：36-38.

分重要的作用，更没有像二里头文化那样出现发达的青铜礼器。[1]

四、民心聚合：文明升华的精神纽带

早期共同体的存续不仅依赖物质生产，更需构建文化认同，“生业－民心”双螺旋结构成为凝聚力形成的核心机制。如红山文化牛河梁遗址的积石冢与女神庙，通过分层祭祀礼仪构建“天－地－人”的宇宙观，玉猪龙成为身份标识与信仰符号。良渚玉琮上的神人兽面纹饰，将治水权威神化为“通天媒介”，赋予管理者“代天牧民”的合法性。山西陶寺观象台的夯土基址，反映出当时以太阳历法指导农时，这使“敬授民时”成为凝聚共识的治理工具。这些实践将自然规律转化为道德秩序，形成超越血缘的文化认同。[2]

（一）社会结构与阶层关系

在中国古国时代的社会演进中，劳动分工的深化推动了社会结构的层级化发展。考古证据显示，良渚文化遗址中已形成明确的功能分区：玉器作坊区的专业化生产工具与普通居民区的农具形成鲜明对比，反映出工匠阶层与农业生产者的职业分化。这种分工体系在龙山文化中更为显著，陶寺遗址的青铜器作坊不仅与居住区分离，其出土的礼器残片还暗示工匠群体可能承担着特殊的仪式职能。

社会阶层的形成与生产资料的占有密切相关。在红山文化的积石冢墓葬中，随葬玉器的数量与形制差异，直观展现了财富与地位的分化。拥有祭祀权的高级祭司阶层通过掌控宗教仪式，逐步形成与普通民众的权力区隔。陶寺遗址中地位凸显的宫殿区、差异明显的墓葬、标志身份的礼器

[1] 李宏飞．铜器对早期中国社会变迁的作用试析［J］．南方文物，2011（4）：67-73.

[2] 何駑．楚帛书创世章与良渚玉琮蕴含的创世神话比较研究［J］．江汉考古，2021（6）：184-191.

群，也表明陶寺社会已然出现严格的等级分化。[1]

礼制规范在维系阶层关系中发挥着核心作用。良渚遗址出土的玉琮、玉璧等礼器，其使用规格与墓葬等级严格对应，形成可视化的身份标识系统。这种物质化的等级制度，通过日常礼仪实践内化为社会共识。周代文献中“礼不下庶人”的记载，实质上是早期社会规范的延续，通过将礼仪活动与身份特权绑定，既强化了精英阶层的权威，也为底层民众提供了可预期的行为准则。[2]

社会流动机制的存在缓和了阶层固化的矛盾。龙山文化灰坑中发现的残损玉料，暗示普通工匠存在接触贵重材料的可能；殷墟甲骨文中记载的“小臣”晋升案例，表明专业技能可以成为阶层跨越的通道。这种有限度的流动性，既保持了社会结构的总体稳定，又为特殊人才提供了上升空间，形成动态平衡的治理智慧。

血缘网络与地缘组织的交织构成社会关系的双重维度。仰韶文化聚落中的氏族墓地布局，显示出血缘纽带在基层社会中的持久影响力。而良渚古城的水利管理系统，则需要跨氏族协作，催生出超越血缘的地缘管理组织。这种二元结构在商周时期的宗法制度中得到延续，既通过分封制维系血缘认同，又借助官僚体系实现地域治理，形成独具特色的复合型社会架构。

（二）文化认同与宗教信仰

在中国古国时代共同体的凝聚过程中，文化认同与宗教信仰构成了精神纽带的核心要素。考古发现显示，良渚文化的玉琮、红山文化的玉龙等礼器，不仅是工艺技术的结晶，更是群体认同的物化象征。这些具有特定形制的器物在祭祀仪式中被反复使用，通过视觉符号的重复呈现，逐渐内化为共同体成员共享的文化记忆。良渚文化的玉琮、玉璧等礼器，通过

[1] 赵东辉，刘翔霄．文明的细节：来自陶寺的调研报告［N］．新华每日电讯，2025-03-30（1）．

[2] 王巍．听首席专家讲述中华文明探源工程［M］．北京：东方出版社，2023.

“天圆地方”的宇宙观符号，将祭司集团塑造成“天人中介”。反山墓地M12出土的神人兽面纹玉琮，其0.2毫米宽的阴刻线需放大镜才能辨识，这种“不可见的精密”制造技术垄断，实质是在构建神秘主义权威。当生业丰收被解释为神灵对统治者的认可，经济权力便转化为精神权力。

祖先崇拜体系的确立为群体认同提供了神圣依据。在山东大汶口文化遗址中，氏族墓地呈现出规律性排列，墓主人佩戴的骨雕饰品多刻有族徽符号。这种葬仪制度将血缘传承与精神信仰相结合，使生者与祖先建立起跨越时空的情感联结。[1]

礼制规范的普及促进了价值共识的形成。良渚古城祭坛遗址出土的玉璧、玉钺等器物，其使用规格与使用者身份严格对应，形成可视化的等级标识系统。这种物质化的礼仪制度，通过日常化的仪式实践演变为行为准则。周代文献记载的“器以藏礼”，生动诠释了礼器作为文化载体的教化功能，使抽象的道德规范具象化为可感知的仪式流程。

宗教信仰通过神圣叙事维系着社会秩序。在红山文化的女神庙遗址中，孕妇造型的陶俑与动物形玉器共出，暗示着生殖崇拜与自然崇拜的融合。这种信仰体系将人类繁衍与作物丰产相联系，既解释了自然规律，又强化了群体协作的必要性。商代甲骨文中的“上帝”概念，已发展出惩恶扬善的伦理属性，为世俗权力提供了超自然的合法性支撑。[2]

符号系统的传承创新巩固了文化连续性。仰韶文化彩陶上的几何纹饰，在龙山文化时期演变为具象的兽面图案，这种视觉语言的演变并非简单的艺术革新，而是群体认知模式的直观反映。良渚玉器表面的神人兽面纹，跨越数百年仍保持构图稳定性，证明其承载的宇宙观已成为跨越代际的认知框架。

[1] 何德亮，高明奎，兰玉富．山东滕州市西公桥大汶口文化遗址发掘简报［J］．考古，2000（10）：29-45.

[2] 刘佳佑．红山文化女神信仰研究［J］．赤峰学院学报（汉文哲学社会科学版），2020（5）：6-10.

在动态发展过程中，物质遗存与精神信仰形成了相互强化机制。祭祀活动中消耗的玉器、牲畜等资源，既依赖生业系统的物质供给，又通过仪式实践反哺文化认同。这种双向作用在商周青铜礼器的铸造中尤为显著，复杂的铸铜技术保障了礼器生产，而礼器使用又维系着等级制度，最终推动着共同体凝聚力的持续增强。

五、双螺旋模式的理论构建

当龙山文化晚期气候干冷化导致农业衰退，中原社会通过畜牧业比重提升、手工业技术革新（如陶寺复合范铸造）重构生业系统；三星堆文明在洪灾后，以青铜神树融合太阳崇拜与祖先信仰，实现意识形态的创造性转化。这种物质与精神的动态互嵌，使古国体系在环境压力与族群碰撞中保持韧性，为夏商周“多元一体”文明奠定基础。

（一）双螺旋协同机制：水坝与玉琮的共时性互构

在中国古国时代（距今约 5800—3800 年），黄河流域与长江流域涌现出良渚、陶寺、石峁等早期复杂社会。这些共同体的存续不仅依赖物质生产技术的突破（生业），更需通过精神信仰体系（民心）凝聚社会认同。良渚文化就是典型，其水坝系统与玉琮信仰的共时性发展，揭示了“生业－民心”双螺旋协同演进模型的运作逻辑：技术革新与意识形态构建相互渗透，形成维系共同体的核心动力。这一机制突破了早期古国“昙花一现”的困境，为理解上古社会演进提供了新范式。水利系统带来的农业产量提升（稻谷年产量估算达 1000 吨）为玉器手工业提供了剩余劳动力。反山墓地出土的琢玉工具显示，专业工匠群体已脱离农业生产，其生存依赖于贵族阶层的粮食再分配。[1]这种“农业养玉工—玉器固王权”的闭环，使物质生产与精神生产形成正向反馈。当气候波动导致水患加剧时（如距今 4200—4000 年的全球降温事件），良渚人通过加高堤坝与强化祭

[1] 李硕．翦商：殷周之变与华夏新生［M］．南宁：广西师范大学出版社，2022.

祀并行应对：工程技术解决物理威胁，而扩大玉琮祭祀规模则缓解群体恐慌。苏州草鞋山遗址发现的被洪水冲毁的堤坝与同期激增的玉器窖藏，印证了双系统协同抗灾的史实。而夏商时期，青铜器取代玉器成为双螺旋的新载体。铸造技术（生业）与礼器制度（民心）的结合，使共同体规模突破地域限制。但良渚模式的历史意义在于：它首次证明非金属材料（玉、石、水）同样可构建复杂协同系统，为早期文明演进提供了多元路径。[1]

（二）"生业-民心"双螺旋模式

这一模式是对中国古国时代共同体存续机制的理论提炼，其核心在于揭示物质生产与文化认同的协同演进规律。该模式借鉴DNA双螺旋结构的生物学隐喻，将社会系统的持续发展视为生业系统与民心体系相互缠绕、共同攀升的动态过程。生业系统涵盖农业生产、手工业制造等经济活动，构成共同体的物质根基；民心体系则包含价值观念、文化认同等精神要素，形成群体凝聚力的纽带。二者通过持续互动实现功能耦合，推动社会组织形态的迭代升级。

这一理论框架包含三个关键维度：首先是互嵌性，表现为经济活动中渗透着文化符号，如良渚玉器既是手工业产品，又是礼仪制度的物质载体；其次是共生性，如红山文化祭祀遗址中发现的农具与礼器共存，印证了物质生产与精神活动的一体两面关系；最后是演进性，如同DNA链的碱基配对，生业技术进步总会激发文化创新，如水利工程完善后出现的复杂祭祀仪式。

具体的运行机制呈现螺旋式攀升特征。生业系统通过技术创新释放生产力，如良渚稻作农业的集约化生产，不仅增加粮食储备，更催生专业工匠阶层，推动社会分工细化。这种物质积累为民心体系建设提供资源保障，使祭祀活动规模化、礼制规范系统化。与此同时，文化认同的强化反作用于生业系统，如良渚古城的水利设施维护依赖集体协作，而这种协作

[1] 王巍．听首席专家讲述中华文明探源工程［M］．北京：东方出版社，2023.

又需要共享的文化观念作为精神支撑。

模式的空间维度表现为地域特色与普遍规律的统一。北方红山文化的畜牧经济与玉器崇拜，南方良渚的稻作文明与水利管理，虽生业形态各异，但都遵循技术革新与文化建构的协同逻辑。时间维度上则展现阶段性特征：早期以生业驱动为主，如农业技术进步带来人口增长；成熟期转为双向促进，如手工业专业化与礼制复杂化同步显现；鼎盛期则形成稳定的互促循环，如商代青铜铸造技术突破与祖先崇拜体系完善互为表里。

商代青铜冶铸技术发展与社会整合的互动更具典型性。铸造作坊遗址显示，铜矿开采需要跨地域协作，这种物质生产需求倒逼形成早期官僚管理体系。同时，青铜礼器上的饕餮纹饰将技术美学与权力象征相结合，使生产成果转化为意识形态载体。甲骨文记载的“百工”管理制度，既保障了手工业质量，又通过行业神崇拜强化工匠群体的身份认同。[1]

跨文化比较进一步验证双螺旋模式的普适性。两河流域的灌溉农业与神庙经济，印度河流域的城市规划与沐浴仪式，虽地域特征迥异，但都呈现出生业创新与文化建构的协同发展。这种跨文明共性表明，物质生产与精神认同的螺旋式互促，是人类早期文明演进的基础动力机制。

该框架突破了传统单线进化论的局限，认为文明演进既非经济决定论强调的技术主导，也非文化决定论看重的观念先行，而是注重二者在实践中的动态平衡。管子“仓廪实则知礼节”的论述，实为双螺旋模式的思想雏形，既承认物质基础的决定作用，又强调文化建设的反哺功能。这种理论构建为理解古代社会演进提供了新视角，不仅解释了良渚、红山等考古案例中的共生现象，也揭示了文明存续的内在动力机制。

六、中国古国时代共同体发展的历史进化逻辑

中国古国时代的治理智慧表明，共同体的生命力源于“生业”与“民

[1] 王巍. 听首席专家讲述中华文明探源工程[M]. 北京：东方出版社，2023.

心”的螺旋共进——前者提供协作的物质基础，后者赋予存续的精神内核。从良渚玉琮到陶寺铜铃，先民以器物为媒，在天地人神的对话中，书写了中华文明最早的凝聚力密码。

（一）关键历史节点与转折

在中国古国时代共同体的演进历程中，有几个重要历史阶段成为推动社会组织形态升级的关键转折。新石器时代晚期农业革命的发生，使人类从游牧采集转向定居生产，这是共同体形成的物质起点。黄河流域的仰韶文化遗址显示，粟作农业的普及使聚落规模显著扩大，稳定的粮食供给催生了最早的劳动分工。这一阶段，生产工具改良与原始信仰萌芽开始同步发展，例如，磨制石斧的广泛使用与陶器上的图腾纹饰并存，显示出物质生产与精神建设的初步互动。

青铜时代的到来标志着技术突破推动社会复杂化。商代青铜冶铸技术的成熟，不仅提升了农业工具和武器的效能，更催生出礼器铸造体系。安阳殷墟出土的青铜鼎兼具炊具与祭器两种功能，直观体现了生产技术如何服务于文化认同建构。此时，专业工匠群体的形成加速了社会分层，而青铜礼器上饕餮纹的规范化使用，则通过视觉符号强化了等级秩序，形成“技术突破—阶层分化—礼制强化”的连锁反应。

春秋战国时期的社会变革展现了双螺旋模式的动态调适能力。铁器农具的推广使土地开垦效率大幅提高，原本松散的血缘群体逐渐被地缘组织取代。管子推行的“相地而衰征”政策，将土地产出与赋税征收挂钩，这种经济改革客观上促进了行政管理体系的完善。与此同时，诸子百家争鸣中形成的“华夏”认同观念，通过典籍传播和制度实践，为即将到来的“大一统”王朝奠定了文化基础。

气候波动等环境因素在特定时期成为历史转折的催化剂。4200—4000年前的全球降温事件导致北方旱作农业区产量下降，迫使部分族群南迁或转向游牧经济。这种生业模式的适应性调整，反而促进了不同经济形态族群的交流融合。河套地区发现的农具与畜牧工具共存现象，印证了经济形态转型如何倒逼文化包容性提升，最终使“多元一体”的共同体结构更具韧性。

这些历史节点共同勾勒出中国古国时代共同体的演进轨迹：每当生业系统取得突破时，必然引发社会组织形式的革新；而每次文化认同的强化，又会促进物质生产方式的优化。这种螺旋式上升的发展规律，为理解古代社会从分散聚落走向成熟文明提供了清晰的历史线索。

（二）影响因素与长期趋势

中国古国时代共同体的发展轨迹受多重因素影响，这些因素的持续互动塑造了社会演进的长期趋势。地理环境构成最基础的制约条件，黄河流域的冲积平原与长江中下游的水网地貌，分别孕育出粟作农业与稻作文明的不同发展路径。这种自然禀赋差异促使各地形成特色生业模式，如北方发展出旱作农业与畜牧业结合的混合经济，南方则专注于水利稻作系统的精耕细作，这些适应性选择为后续的文化多样性奠定了基础。

技术革新作为核心驱动力，持续改变着共同体的发展节奏。耕作工具从磨制石器到青铜农具的迭代，不仅提升了农业生产效率，更催生出手工业的专业化分工。良渚文化中的木质犁具改良，使得沼泽开垦成为可能，这种技术进步直接推动聚落规模扩张。但技术创新并非孤立发生，如红山文化玉器加工技术的突破，始终与祭祀仪式的复杂化保持同步，显示出物质生产与精神需求的协同演进。

社会组织形式的演变呈现出明显的阶段性特征。早期血缘氏族通过集体劳作维系生存，如仰韶文化聚落中的公共窖穴遗址，证明存在原始的物资分配机制。随着生产剩余的增加，专业管理者阶层逐渐分化，如龙山文化出现的城防设施与仓储建筑，标志着公共权力机构的萌芽。这种管理体系的完善，反过来保障了大型公共工程的建设，形成“技术进步—组织强化—资源开发”的良性循环。

文化整合力在长期发展中发挥黏合作用。各地考古遗址普遍存在玉礼器系统，从红山文化的玉龙到良渚文化的玉琮，虽形制各异，但都服务于等级秩序的建构。这种跨地域的文化共识，通过器物形制与使用规范的传播逐渐形成。春秋时期齐国推行“尊王攘夷”策略，实质是对早期文化认同传统的延续与发展，将地域性信仰整合为更具包容性的价值体系。

生态环境的波动构成重要的外部变量。气候干冷化事件导致北方农业区收成缩减，迫使部分族群南迁或转向游牧经济。这种生业模式的适应性调整，反而促进了农耕族群与游牧族群的互动融合。河套地区发现的农具与畜牧工具共存现象，印证了经济形态转型如何推动文化包容性提升，为“多元一体”格局的形成创造条件。[1]

长期发展趋势显示，共同体的发展始终遵循“均衡—突破—再均衡”的螺旋轨迹。每当生业系统取得重大突破，如铁器普及或灌溉技术革新，就会推动社会组织形式的升级；而新的管理体系确立后，又通过文化整合巩固发展成果。这种螺旋式上升机制，使古代社会从分散的部落联盟逐步发展为具有复杂结构的早期国家形态，为中华文明的持续发展奠定基础。

七、结语

通过对中国古国时代共同体存续机制的深入研究可以发现，“生业－民心”双螺旋协同演进模型具有强大的解释力。研究表明，物质生产与文化认同始终处于动态互构状态：农业技术进步不仅提升粮食产量，更通过劳动分工推动社会组织变革；手工业专业化既促进经济发展，又为礼制建设提供物质载体。与此同时，祖先崇拜与集体记忆的传承深化了文化认同，这种精神纽带反过来保障了大型公共工程的建设与维护。良渚文化的水利系统与祭祀遗址的空间关联、红山文化的畜牧经济与玉器崇拜的共生现象，均印证了生业与民心螺旋式攀升的发展规律。

突破传统单线进化论的局限，厘清我们文明源头上共同体治理的真实

［1］魏霞，郝亚明．多民族交融互嵌：河套地区农牧交错共生格局形成析论［J］．湖北民族大学学报（哲学社会科学版），2024（6）：1–9.

逻辑和历史智慧，能够揭示古代社会演进中经济基础与上层建筑的复杂互动关系。双螺旋模式表明，共同体凝聚力的形成既非单纯依赖物质积累，也非完全由意识形态主导，而是源于两种系统在实践中的持续调适与协同创新。这种动态平衡机制为理解早期国家的起源提供了新视角，特别是解释了不同地域文明虽生业形态各异，但都实现社会组织复杂化的内在动因。这些探索将有助于完善早期文明演进的理论框架，为当代社会协调物质文明与精神文明建设提供历史镜鉴。

在实践层面，本章揭示的“技术－文化”共生规律对现代社会治理具有启示意义。中国古国时代治理者通过礼制建设化解技术变革带来的社会分化矛盾，这种历史经验提示我们，在当今技术创新加速的时代，更需要同步构建价值共识以维系社会凝聚力。后续可结合乡村振兴、文化遗产保护等现实课题，挖掘传统智慧在当代的转化路径，推动历史研究与现实需求的有效衔接。

第六章

失衡之殇：经济崩溃与王朝倾覆

列夫·托尔斯泰曾说："幸福的家庭都是相似的，不幸的家庭各有各的不幸。"要套用这句话来"叙事"人类历史，则可以说："历史的喜剧总是相似的，历史的悲剧各有各的深渊！"当然，托尔斯泰的这句名言揭示了家庭命运的某种普遍性，而人类历史的演进则呈现出更为复杂的规律与失衡，人类自己对这些规律的观察和总结也会"横看成岭侧成峰，远近高低各不同"。黑格尔的辩证法认为，人类历史呈现螺旋上升的文明轨迹，文明在"正题—反题—合题"的辩证运动中前进，如：西方青铜时代城邦制度瓦解后，希腊城邦民主实验开启新范式；中世纪神权统治被文艺复兴打破，人文主义重构价值体系；东方中国夏商周、周秦汉的朝代更替中，每个阶段既否定又继承前代文明基因。而《枪炮、病菌与钢铁：人类社会的命运》的作者贾雷德·戴蒙德（Jared Diamond）则认为人类的悲喜剧都是资源争夺的永恒循环，其历史观以跨学科研究和环境决定论为核心，强调地理、生态和资源对人类社会发展的深远影响。马歇尔·麦克卢汉（Marshall McLuhan）的媒介理论则认为，字母文字催生逻辑思维，印刷术推动宗教改革，互联网重构认知方式。而有关人类某个历史阶段系统性失衡的灾难模板，则有权力熵增定律、文化认知断层、生态承载阈值等多种理论解释体系。

一、概论

随着中华文明探源工程成果的积累，学者们对中国上古、中古、近古史的认知越来越清晰、系统，这也得益于中国学派历史理论的发展，因为"考古学又是阐释性的，遗迹遗物本身不会说话，它需要人们利用技术、经济、环境、人口等方面的知识对人类活动的方式作出符合上古实际的解释和分析"。[1]考古是第一步，解释是第二步，但我们更需要第三步：解释中的理论建构，从而从第一性出发，传递历史的智慧，尽可能地避免

［1］ 王震中．中国古代国家起源、发展与王权形成论纲［J］．中原文化研究，2013（6）：5-17.

历史悲剧再次上演。从古至今，学者们试图通过不同的视角解读历史的脉络，搞清楚历史演化的底层逻辑，从而通过预警或政策干预预防那些由失衡引发的历史悲剧，因为这些历史的反面教材太过触目惊心，其历史危害太过深重。如夏桀亡国是中国历史上首个王朝覆灭的典型案例，其悲剧本质上是多重系统失衡的集中爆发。如果从现代政治经济学视角来看，我们大致能分析出五个方面的失衡：政治权力结构的熵增崩溃、经济系统的结构性塌陷、军事战略的复合性失误、社会矛盾的链式爆发和文化认同的全面瓦解。可以说，夏朝覆灭本质上是政治熵增、经济掠夺、军事僵化、社会撕裂与文化异化的五维失衡所致。

在洛阳盆地新砦遗址的文化层中，洪水淤积与房屋倒塌遗迹相互叠压，与《国语》中“伊洛竭而夏亡”的记载形成互证。[1]当河道治理失序导致农田淹没时，再神圣的九鼎也难阻民心离散。殷纣王的败亡更具警示意义：殷墟 54 号墓出土的青铜礼器重达 1.5 吨，而同期平民墓葬中连陶豆都难得一见；微子启在《尚书》中痛陈民众偷盗祭祀牲畜，而这实则是生存危机下对神圣秩序的绝望反抗。西周的崩溃更具制度性危机特征。厉王时期的“专利”政策，将山林川泽之利收归王室，直接冲击了贵族与平民的经济共享传统。琱生簋铭文记载的土地纠纷，揭示出井田制崩坏引发的社会撕裂。[2]《诗经・大雅・桑柔》中“稼穑卒痒”的哀叹，不仅是农业歉收的写照，更是共同体契约破裂的丧钟。当生业系统无法保障基本生存时，维系数百年的宗法网络便会在顷刻间瓦解。

本章以夏商时期经济系统失衡与王朝政治崩溃的耦合机制为切入点，系统考察了青铜时代早期华夏文明的经济运行规律及其制度性缺陷。通过多学科交叉方法，整合甲骨文、金文资料与考古发现，并结合《尚书》《竹书纪年》等传世文献，揭示出资源分配过度集中于祭祀体系与军事扩

[1] 丁新．中国文明的起源与诸夏认同的产生［M］．南京：南京大学出版社，2016.

[2] 魏鸿雁．“琱生三器”与西周土地协议［J］．衡水学院学报，2024（3）：104−108.

张的经济结构特征。研究表明，玉器礼制经济与青铜兵器生产的双重扩张，导致农业生产资料持续外流，形成“贡赋—祭祀—战争”的闭环消耗系统。这种结构性矛盾在自然灾害频发与方国势力崛起的复合压力下，最终演变为以“九鼎失控”为标志的资源配置体系崩溃。嫡庶制度引发的权力继承危机与方国经济离心倾向的共振效应，加速了王室经济调控能力的瓦解。通过对城邑遗址层级体系突变和卜辞记载的粮食危机的分析，论证了经济基础瓦解与天命信仰动摇的辩证关系。这一研究可以为理解早期国家治理的经济逻辑提供新视角，其揭示的“资源诅咒”与制度僵化风险，对现代国家治理体系中的可持续发展机制构建具有历史参照价值。

早期国家形态的演进与制度性缺陷的相互作用，始终是古代文明研究的核心命题。夏商时期作为中国早期国家形成的关键阶段，其经济基础与政权存续的耦合关系呈现出独特的文明演进逻辑。青铜时代特有的礼制经济体系，通过九鼎制度实现了对稀缺资源的绝对垄断，但在王朝中后期演变为资源配置失衡的体制性根源。这种集权式经济模式在强化王权神圣性的同时，埋下了社会再生产系统断裂的隐患。[1]

既有研究多聚焦于夏商政治制度或考古遗存的孤立分析，对经济基础与上层建筑的动态互动缺乏系统性考察。本章突破传统断代史视角，运用经济人类学与复杂系统理论，构建“资源－制度－权力”的三维分析框架。[2]通过整合甲骨卜辞的微观记载与考古遗址的宏观分布数据，揭示祭祀体系与军事扩张双重压力下的资源配置畸变机制。特别关注青铜兵器生产扩张对农业生产资料的虹吸效应，以及嫡庶继承制度对经济调控能力的制度性消解。

本章理论研究的价值在于很好地服务本书的研究视角和整体逻辑，旨在揭示物质生产与权力合法性建构的辩证关系。礼器经济的过度发展不仅

[1] 贾兵．先秦诸子政治传播观念研究［D］．上海：上海大学，2011.

[2] 陈星宇．现代化经济强国三维评价理论构建与实证研究［D］．北京：中共中央党校，2024.

造成生产性投资不足，更通过祭祀仪轨的常态化消耗，形成具有自我强化特征的负向循环。这种结构性矛盾在自然灾害频发与方国叛离的复合冲击下，最终演变为以资源配置体系崩溃为标志的王朝更迭。研究结论对当代国家治理中的资源分配机制与制度弹性建设具有重要的历史镜鉴意义。

二、夏商时期的经济背景

（一）农业与手工业的发展

夏商时期的经济基础呈现出农业主导、手工业依附的复合型特征，其发展路径深刻影响着早期国家的资源分配格局。二里头文化遗址出土的耒耜类农具与窖藏碳化粟粒，证实旱作农业体系已形成稳定的生产规模。《夏小正》记载的物候观测与历法指导，反映出农业生产已具备制度性管理特征。但受制于木石农具的物理局限，土地开垦效率难以突破临界值，这种技术瓶颈导致农业剩余始终维持在较低水平，构成制约国家经济扩张的基础性矛盾。

手工业的专门化发展在商代达到新高度，如郑州商城铸铜作坊遗址揭示出规模化生产的技术突破。青铜铸造业形成冶炼、制范、浇铸的完整产业链，但其产品结构呈现显著的军事化与礼制化倾向。殷墟出土青铜礼器的铅同位素分析表明，战略金属资源的跨区域调配已形成制度化网络，这种资源配置模式使手工业发展严重依赖王室的政治需求。玉器制造业则展现出更明显的祭祀经济特征，如反山遗址出土的琮、璧等礼器，其制作工时与农业劳动投入形成此消彼长的竞争关系。[1]

农业与手工业的互动呈现出非均衡发展态势。甲骨文“登黍”卜辞与仓储遗址规模的反差表明，粮食生产的周期性波动与手工业的刚性需求形成结构性冲突。王室通过“百工”制度将手工业者编入专属管理体系，这种制度安排虽保障了礼器与兵器的持续产出，却造成农业生产劳动力的持

[1] 陈永康，吴志恩，王嫪彩. 器以载道：河南工艺与礼制［M］. 北京：文化发展出版社，2024.

续外流。《尚书·酒诰》揭示的“庶群自酒”现象，从侧面反映出粮食在祭祀领域的非生产性消耗已形成制度惯性。

这种经济结构的特殊性在于，它通过礼制体系将手工业纳入政治权力的再生产系统。偃师商城遗址显示，铸铜作坊与宫室建筑的空间毗邻关系，直观体现了手工业生产的政治依附特性。而农业作为基础经济部门，却在技术停滞与资源挤占的双重压力下，逐渐丧失支撑国家体系持续发展的能力。这种结构性矛盾在商代后期因气候波动与方国叛离而加速激化，最终演变为经济系统的全面失衡。

（二）商贸活动与货币流通

夏商时期的商贸活动呈现出鲜明的政治经济特征，其发展轨迹与礼制体系的强化密切关联。郑州商城遗址出土的海贝、绿松石及青铜原料，证实了跨区域贸易网络的存在。这些战略物资的流通主要服务于祭祀用品制作与军事装备补给，形成了以王室需求为导向的“贡赋—再分配”贸易模式。甲骨文中“贝”作为赏赐物的记载频率显著增加，暗示着原始货币形态的萌芽，但其流通范围始终局限在贵族阶层内部。

商代贸易网络的扩展受制于“内外服制”的政治架构。殷墟出土的鲸鱼骨、马来龟甲等异域物品，证明远程贸易已触及滨海地区与长江流域，但其交换过程多依附于军事征伐形成的物资输送体系。《尚书·酒诰》记载的“肇牵车牛远服贾”，揭示商贸活动常与方国朝贡相结合，这种政经合一的流通模式，使商品交换难以突破等级制度的束缚。二里岗文化层中发现的标准化陶器群，暗示着手工业产品已出现规模性流通，但其分配仍受“百工”制度严格管控。

货币职能的演进集中体现在贝币使用的制度化进程中。郑州白家庄商墓出土的穿孔海贝，与青铜器铭文中的“赐贝”记录相互印证，表明贝已具备价值尺度与储藏手段功能。然而，这种原始货币的流通存在双重局限：其一，海贝供给受地理条件制约，主要依赖南方方国的纳贡；其二，贝币使用未渗透至基层经济，农业生产领域仍维持以物易物的交换方式。

这种货币经济的畸形发展，实质是王室通过垄断稀有物品来强化权力合法性的政治策略。[1]

商贸体系的结构性矛盾在于，其发展既依赖跨区域资源调配，又受制于封闭的礼制经济框架。安阳殷墟发现的铸铜作坊遗址中，锡料与铅料的异地特征证实了战略金属的远程贸易，但此类贸易完全服务于青铜礼器的标准化生产。这种单向度的资源流动，导致商贸活动非但未能促进经济要素的优化配置，反而加剧了生产性资本向非生产性领域的转移。甲骨文“得贝”卜辞与粮食危机记载的时空关联性进一步表明，货币经济的有限发展未能缓解基础物资的结构性短缺，反而成为资源配置失衡的加速器。

（三）夏商生态经济之异同

夏商两代的生态经济模式在资源利用逻辑与环境适应机制上呈现显著差异，这种差异深刻影响着王朝的经济承载力与治理效能。二里头遗址的孢粉分析显示，夏代的农业生产以旱作粟黍为主，其耕作半径受制于黄土台地的自然边界，形成相对封闭的生态循环系统。《夏小正》记载的物候规律与农事周期，反映出夏人对生态节律的被动适应特征，其资源开发尚未突破区域环境阈值。这种生态经济模式虽保证了系统的稳定性，却制约了人口规模与经济总量的扩张空间。[2]

商代的生态经济体系表现出更强的资源整合能力，通过青铜技术的应用重构了人地关系。殷墟甲骨文中“焚田”记录的频现，揭示出刀耕火种向轮作制过渡的农业开发模式转变。郑洛地区商代遗址的植物遗存分析表明，稻作农业的引入改变了原有的作物结构，这种跨生态区的物种移植虽提升了土地承载力，却加剧了水土资源竞争。更值得关注的是，商代形成的“铜器－贝币”资源调配网络，突破了夏代以本地化资源为主的获取

[1] 陈永康，吴志恩，王嫪彩．器以载道：河南工艺与礼制［M］．北京：文化发展出版社，2024.

[2] 信明华．周前时代的表意、书写与知识建构——关于早期文本诞生的研究［D］．济南：山东大学，2022.

方式，通过远程贸易将长江流域的铜矿与滨海地区的海贝纳入王室经济体系。

夏商两代在生态资源分配机制上呈现制度性分野。夏代“禹贡”体系下的物资流动，主要依托以血缘网络为基础的贡赋输送，其资源配置具有明显的仪式化特征。二里头宫城遗址出土的绿松石作坊，其原料来源局限于伏牛山脉的供给范围，反映出夏代资源管理的内向性。商代则通过军事扩张构建起跨生态区的资源控制体系，殷墟妇好墓出土的新疆玉料与南海龟甲，证实了商王室对异域资源的制度化获取。这种外向型资源战略虽强化了权力象征体系，却使经济系统暴露于更复杂的生态风险之中。

生态承载力的代际变迁揭示出制度演进的内在矛盾。夏代相对均衡的资源消耗模式，在贵族共政体制下维持了约五个世纪的经济稳态。而商代通过技术革新实现的资源开发突破，反而导致生态压力呈指数级增长。甲骨文“河祷”类卜辞的集中出现期与郑州商城水患遗迹的时空对应关系，表明过度开发已引发系统性生态危机。这种“技术突破—资源扩张—环境崩溃”的演进路径，构成了商代生态经济区别于夏代的核心特征，也为理解青铜文明的兴衰提供了新的解释维度。[1]

三、失衡的起源

（一）资源分配的不均

夏商时期资源分配的结构性失衡肇始于权力中心对战略物资的垄断性控制。二里头文化遗址的考古发现显示，青铜器作坊与宫室建筑群具有空间毗邻关系，这直观揭示了王室对金属资源的绝对支配。这种资源配置模式在商代发展为制度化的“六工”体系，《考工记》记载的“攻金之工”专项管理制度，将战略金属优先用于礼器与兵器的标准化生产。殷墟出土

[1] 陈永康，吴志恩，王嫪彩．器以载道：河南工艺与礼制［M］．北京：文化发展出版社，2024.

的后母戊鼎含铜量高达832公斤，所需金属原料超过1000公斤，物质消耗巨大，这种非生产性投入造成农业再生产资本的持续流失。

祭祀经济的膨胀进一步加剧了资源错配。甲骨文记载的“燎祭”仪式单次消耗牛羊可达百头，郑州小双桥遗址发现的祭祀坑群证实了牲畜资源向宗教领域的过度倾斜。《尚书·盘庚》中“具乃贝玉”的训示，反映出贵族集团通过礼制仪式固化资源占有特权的制度设计。更严重的是，嫡庶制度的确立使资源继承权高度集中，如安阳殷墟M54号墓出土的青铜礼器组合显示，嫡系墓葬随葬品数量是庶支墓葬的3~5倍，这种制度性差异导致经济资源在统治集团内部形成梯级垄断。[1]

军事扩张的需求加剧了资源分配的恶性循环。商代晚期甲骨文“登人”记录显示，单次军事征伐可动员三千至五千兵力，这些农业劳动力长期脱离农业生产直接冲击了粮食生产体系。罗山天湖商墓出土的青铜兵器很多，青铜农具却很少，证实了金属资源向军事领域的严重倾斜。[2]王室通过“职贡”制度将方国资源纳入中央调配，但殷墟窖藏坑中长江流域铜锭大量出现与本地青铜农具匮乏的共存现象，暴露出资源跨区域调配中的结构性矛盾。

这种资源分配机制的根本缺陷在于形成了“祭祀—军事—贡赋”的闭环消耗系统。二里头遗址三期出现的宫城扩建与周边聚落萎缩的逆向发展，以及殷墟甲骨文中“有食”与“无食”占卜的交替出现，共同印证了核心区资源过度集中与边缘区生产系统衰竭的共生关系。当自然灾害导致资源总量收缩时，这种刚性分配体系便因缺乏弹性调节机制而加速崩溃，最终导致以“九鼎南迁”为标志的资源配置体系解体。[3]

[1] 陈永康，吴志恩，王嫪彩．器以载道：河南工艺与礼制［M］．北京：文化发展出版社，2024.

[2] 张志清，赵新平，王晗，等．河南罗山天湖商周墓地M57发掘简报［J］．华夏考古，2016（2）：3-12.

[3] 顾德融，朱顺龙．春秋史［M］．上海：上海人民出版社，2019.

（二）社会阶层的分化

社会阶层的裂变在夏商经济系统中呈现出与礼制深化同步演进的特征，其分化机制直接根植于祭祀特权与军事权力的制度化垄断。二里头文化遗址的墓葬等级差异显示，随葬青铜礼器的贵族墓葬仅占总数的不足5%，却集中了90%以上的战略资源，这种物质占有权的悬殊标志着阶层固化的初步形成。商代甲骨文中“多子族”与“众人”的严格区分，揭示出血缘等级已演变为资源获取的制度性门槛，统治集团通过“祀”与“戎”的职能垄断，构建起封闭的“权力—资源”循环体系。

贵族阶层的特权扩张体现为对祭祀经济的专属性占有。殷墟西北岗王陵区出土的成套青铜礼器与玉柄形器，其制作工艺的复杂度远超实用需求，实质上是身份符号的物质化表达。《尚书·盘庚》“具乃贝玉”的训诫，暴露出贵族集团通过礼器占有维系阶层壁垒的政治意图。这种物质特权在商代晚期发展为“百宗共器”的祭祀垄断，甲骨文记载的“大示”“小示”祭祀权差异，将宗教特权转化为资源再分配的核心机制，彻底割裂了不同阶层的经济参与渠道。[1]

军事职能的专业化加剧了阶层流动的停滞。郑州商城铸铜作坊遗址出土兵器模具的标准化程度表明，武器生产已形成封闭的官营体系。甲骨文“多射”“多马”等职官称谓的固化，反映出军事精英阶层通过技术垄断实现地位世袭化。罗山天湖商墓群中军事贵族墓葬随葬车马器的集中现象，显示军事权力与物质占有的直接挂钩，这种“以战固阶”的模式使社会流动渠道愈发狭窄。

平民阶层的经济地位在贡赋体系中持续弱化。二里头遗址普通聚落房址的考古数据显示，农业生产工具保有量较宫城周边区域下降约40%，反映出血缘贵族对生产资料的实质性控制。商代甲骨文“众人协田”的记录与窖藏粮食遗迹的空间错位，证实平民劳动成果通过“助法”赋税制度向

[1] 顾德融，朱顺龙．春秋史［M］．上海：上海人民出版社，2019.

上层单向流动。这种剥削机制在商代晚期发展为“耤田”制度下的强制劳役，致使基层生产者彻底丧失经济自主性。

阶层对抗的激化集中表现为人祭制度的畸形发展。殷墟作为晚商的政治权力中心，发现了大量的人殉和人牲遗存。据统计，与人殉和人牲相关的甲骨有1350片，卜辞有1992条，至少牺牲了14197人。[1]这种将人力资源转化为祭祀消耗品的反经济行为，不仅加剧了劳动力短缺，更激化了被统治阶层的离心倾向，最终瓦解了王朝统治的社会基础。[2]

（三）夏商民心与凝聚力的崩解

社会认同体系的瓦解始于宗教信仰与物质利益的根本性背离。二里头遗址祭祀区出土卜骨的分布显示，夏代晚期占卜频次较前期增长三倍，但祭祀坑规格却呈现缩减趋势，这种仪式膨胀与物质投入的逆向发展，暗示着宗教权威的效力衰减。商代甲骨文中“帝降堇”类记载的集中出现，反映出民众对天命观的信任危机已渗透至社会各阶层，王室通过垄断神权维系凝聚力的传统模式遭遇根本挑战。

经济压迫导致的生存危机直接动摇了社会契约的伦理基础。殷墟西区平民墓葬随葬陶器的形制简化现象，与同期贵族墓葬青铜礼器的复杂化趋势形成尖锐对立。《尚书·微子》“今殷民乃攘窃神祇之牺牷牲”的记述，揭示出底层民众因生存所迫突破祭祀禁忌的行为常态化。这种宗教规范与经济现实的冲突，在商末“麋鹿在牧，蜚鸿满野”的生态崩溃背景下，演变为对王权合法性的集体性质疑。

军事义务的过度征发加剧了地域族群的离心倾向。甲骨文“登人”记录显示，武丁时期单次兵员征调量可达五千人，且征发频率呈现逐年递增态势。这种持续性的军事动员造成农业生产体系劳动力的结构性缺失，安阳郭家庄商墓出土兵器与农具比例失衡的现象，证实了军事扩张对民生基

[1] 胡厚宣．中国奴隶社会的人殉和人祭（下篇）[J]．文物，1974（8）：56-67，72.

[2] 顾德融，朱顺龙．春秋史[M]．上海：上海人民出版社，2019.

础的持续性侵蚀。更严重的是，战利品分配制度的不公引发方国盟誓体系的动摇，周原甲骨文中“小邦周”称谓的演变轨迹，折射出外围族群对商王朝向心力的逐步丧失。

权力继承危机催化了道德权威的彻底崩解。商代“九世之乱”引发的持续内耗，使嫡庶制度的内在矛盾暴露无遗。殷墟花园庄东地甲骨中“子某”称谓的异常更替频率，反映出继承权争夺已突破宗法制度的约束框架。这种统治集团内部的价值失序，通过“葛伯仇饷”等事件的外化，演变为全社会层面的道德共识瓦解。《竹书纪年》记载的“诸侯或不至”现象，标志着以宗法纽带为核心的国家认同机制已完全失效。[1]

凝聚力的崩解过程呈现出层级递进的显著特征：首先在信仰层面动摇天命观的神圣性，继而在经济层面摧毁生存底线，最终在制度层面瓦解宗法秩序。这种多维度的认同危机，使得夏商政权丧失应对自然灾害与外部威胁的社会动员能力，当周人提出“民之所欲，天必从之”的新伦理范式时，旧有的凝聚力维系机制便彻底丧失了历史合理性。

四、经济崩溃的表现

（一）农业生产的衰退

夏商时期农业生产的衰退集中表现为劳动力流失、生产工具迭代停滞与耕作模式逆向发展的三重困境。二里头遗址三期聚落规模缩减与同期铸铜作坊扩建的逆向演变，揭示出农业生产人口持续向非生产性领域转移的趋势。甲骨文“登人”类卜辞的军事征发记录，与《尚书·汤誓》“舍我穑事”的控诉形成互证，表明频繁的战争动员直接导致农业劳动力的季节性短缺。更严重的是，商代“百工”制度将手工业者固化为世袭职业群体，这种制度性分流使农业生产长期面临人力资本投入不足的结构性

[1] 陈永康，吴志恩，王嫪彩．器以载道：河南工艺与礼制［M］．北京：文化发展出版社，2024.

矛盾。[1]

生产工具革新的停滞加剧了农业效率的持续低迷。在二里头文化层出土的农具中，石质器具占比仍超过 85%，且形制较龙山文化晚期未见显著改进。商代虽出现青铜农具，但殷墟出土的 1173 件青铜器中，礼兵器占比非常高，仅郭家庄 M160 墓出土 7 件青铜铲具，这显示金属农具的普及程度极其有限。这种“重礼轻农”的技术选择导向，使农业生产始终未能突破木石工具的物理局限，土地开垦效率长期低于人口自然增长率。[2]

耕作模式的粗放化趋势与生态环境恶化形成恶性循环。郑州商城遗址孢粉分析显示，商代中期后禾本科植物占比骤降 20%，伴生大量藜科等耐旱植物，反映出土地肥力的持续衰减。《夏小正》记载的定期休耕制度在商代逐渐被“焚田”轮作制取代，这种短期增产策略虽缓解了粮食压力，却导致水土流失加剧。安阳殷墟甲骨文中“求年于河”类农业祭祀频率的激增，恰与豫北地区全新世大暖期结束后的干旱化进程同步，表明自然气候变迁放大了原有耕作制度的缺陷。[3]

粮食储备体系的崩溃成为农业生产衰退的终极表征。二里头遗址宫城区仓储遗迹的容量测算显示，晚期仓储能力较鼎盛期缩减近半，且呈现“核心区垄断”与“边缘区匮乏”的极化分布。商代甲骨文中“艰食”记载的出现周期，与长江流域城邑遗址的水稻遗存消失期高度吻合，揭示出粮食安全危机已突破区域界限。

（二）商贸体系的瓦解

商代商贸体系的崩溃始于远程贸易网络的断裂与货币功能的失效。殷墟出土锡锭的同位素分析显示，商王朝晚期对长江中游矿冶资源的控制力显著减弱，原本贯通南北的“金道锡行”逐渐萎缩。这种战略物资供应链

[1] 李凯，张子青 . 古代中国文明文献萃编［M］. 北京：华夏出版社，2023.

[2] 陈永康，吴志恩，王嫪彩 . 器以载道：河南工艺与礼制［M］. 北京：文化发展出版社，2024.

[3] 李凯，张子青 . 古代中国文明文献萃编［M］. 北京：华夏出版社，2023.

的中断，直接导致青铜礼器生产的标准化程度下降。王室通过军事征伐维系的“贡贝”体系随之瓦解，郑州小双桥遗址晚期地层中南海贝类遗存的消失，标志着跨区域贸易网络的实质性解体。[1]

货币流通体系的紊乱加速了交易媒介功能的退化。商代大量使用的贝已具备货币的四种职能，成为主要的交换媒介。无论是上层社会消费的奢侈品，还是底层民众所需的陶器、食盐等日用品，多通过贝币在市场中完成交换。[2]但商晚期贝币显著减少，揭示出货币信用体系已濒临崩溃。更为严重的是，商代晚期出现“朋贝”计量单位混乱现象，这在同期青铜器铭文中表现为赏赐数量的非理性膨胀，反映出价值尺度功能正在被政治权力任意扭曲。

方国经济的离心倾向彻底摧毁了贡赋贸易的制度基础。周原甲骨文中“伐蜀”“征夷方”等记载的频现，与长江流域矿冶遗址商文化因素的消退形成时空对应，表明外围资源产区的持续叛离。这种政治控制力的衰减导致“职贡”体系名存实亡，殷墟晚期窖藏中玉料质量的显著下降，以及和田玉器比例的锐减，证实了优质资源的输入渠道已然断绝。原本维系王畿与方国经济联系的“纳贡—赏赐”循环机制，最终退化为单方面的资源掠夺。

商贸中介组织的瓦解暴露出经济调控能力的彻底丧失。郑州商城铸铜作坊遗址的陶范流通网络分析显示，原本覆盖千里的原料配送体系，在商末收缩至不足二百里的辐射范围。甲骨文中“多贾”职官的消失与“丧众”占卜的集中出现，反映出专业商人群体已无法维持正常经营活动。这种经济组织形态的退化，使得原本通过商贸活动调节区域资源余缺的机制，最终演变为以武装劫掠为主的原始获取方式，标志着文明时代交易秩

[1] 王旭东 . 殷代国家形态研究［D］. 天津：南开大学，2021.

[2] 杨升南 . 贝是商代的货币［J］. 中国史研究，2003（1）：29-40.

序的全面倒退。[1]

（三）夏商经济崩溃原因之异同

夏商两代经济崩溃的机理在制度惯性与技术路径选择上呈现显著分野，其异质性特征集中体现为资源配置模式与危机传导机制的代际差异。就共同诱因而言，两代均受制于祭祀经济与军事扩张的双重挤压，形成“礼器耗铜、战事夺人”的资源虹吸效应。二里头与殷墟遗址的青铜器铅同位素分析共同证实，两代王室均将超过 80% 的金属资源投入非生产领域，这种畸形的资源分配模式导致农业工具迭代停滞，形成“军工优先”的制度性缺陷。但夏代经济崩溃更多源自外部压力下的贡赋体系瓦解，而商代则肇因于内部制度僵化引发的系统性崩塌。[2]

在崩溃路径上，夏代体现为资源控制力的外源性丧失。二里头文化晚期聚落层级体系的突变显示，原本三级聚落结构在末期退化为单级核心模式，表明方国离心导致资源供给网络断裂。反观商代，经济崩溃呈现缓慢侵蚀的内生性特征。殷墟甲骨文显示“艰食”类占卜在武丁至帝辛时期出现频率递增，反映出粮食危机经历了百余年的累积过程，其根源在于嫡庶制度引发的继承权争夺持续消耗了治理资源。

技术选择差异导致两代的危机应对能力迥异。夏代维持木石农具主导的技术保守主义，虽降低了对战略金属的依赖程度，却使农业产出长期处于紧平衡状态。二里头遗址三期出现的宫城粮仓扩容与平民区窖藏萎缩的逆向发展，暴露出抗风险能力的结构性缺陷。商代通过青铜冶铸技术提升实现了生产力突破，但将技术红利过度投入礼制器具生产，形成“技术锁定”效应。殷墟 M54 墓出土的青铜礼器铸造精度远高于实用器具，这种“精度过剩”现象揭示出技术进步方向与民生需求的严重偏离。

制度演进中的路径依赖差异构成根本分野。夏代“族邦联盟”体制具

[1] 王旭东 . 殷代国家形态研究［D］. 天津：南开大学，2021.

[2] 张振腾 . 肇徹周邦：关中王畿政治与社会变迁的考古学观察［D］. 长春：吉林大学，2024.

有资源调配的弹性空间，文献记载的“有仍之会”表明其能通过盟誓体系重建资源网络，这种机制在遭遇连续自然灾害时仍具修复可能。而商代“内外服制”的刚性架构，在“九世之乱”后彻底丧失制度调适能力[1]，甲骨文显示帝乙时期“告方”征伐频率激增，反映其试图通过军事威慑维持资源供给，但反而加速了方国体系的彻底瓦解。这种制度刚性与环境弹性的反向发展，最终使商代经济崩溃呈现出不可逆性。[2]

五、王朝倾覆的机制

（一）政治权力的动荡

政治权力的动荡集中表现为权力继承的制度性缺陷与方国体系的离心化趋势，其演化过程深刻揭示了夏商政权组织形态的脆弱性本质。嫡庶制度的确立虽在理论上构建了权力传递的秩序框架，但实践中却不断引发继承危机。殷墟花园庄东地甲骨中频繁更替的“子某”称谓，反映出商代晚期储君地位的极度不稳定，这种制度性焦虑在“九世之乱”期间达到顶峰，导致王权合法性的持续耗散。更严重的是，安阳殷墟 M54 与郭家庄 M160 墓葬的对比显示，嫡系与庶支墓葬的礼器规制差异超出宗法制度的允许范围，这种物质层面的身份僭越加速了统治集团内部的价值共识瓦解。[3]

方国体系的结构性矛盾在权力动荡中不断激化。商代“内外服制”的运行严重依赖军事威慑与经济互惠的双重机制，当王室资源调控能力衰退时，方国离心倾向便不可逆转。甲骨文“告方”类占卜在帝乙、帝辛时期出现频率激增，与长江流域矿冶遗址商文化因素的消退形成时空对应，揭示出外围资源产区逐渐脱离王畿控制。这种权力真空被新兴势力快速填

[1] 具隆会．谈九世之乱与殷人屡迁问题［J］．殷都学刊，2013（2）：24-29.

[2] 李凯，张子青．古代中国文明文献萃编［M］．北京：华夏出版社，2023.

[3] 田荣菲．商代君臣遇合故事研究［D］．郑州：郑州大学，2022.

补，周原甲骨文中“翦商”战略的渐进实施，正是利用商王朝对西部方国控制力的阶段性衰减完成力量积蓄。

军事权力与祭祀权力的失衡重构了政治博弈格局。商代晚期出现的“武官－贞人”集团权力博弈，彻底破坏了早期贵族共政的平衡机制。殷墟出土的记事刻辞显示，武丁之后军事将领获取占卜权的案例明显增加，这种神权与军权的合流表面上提高了战争动员效率，实则导致决策体系出现功能性分裂。郑州小双桥遗址祭祀区兵器埋藏量的异常增长，折射出军事集团通过操纵祭祀仪式强化话语权的政治企图，使得国家暴力机器逐渐脱离王权掌控。

权力动荡的终极表现是治理共识的全面瓦解。二里头文化晚期宫城区的防御工事扩建，与同期聚落规模的急剧萎缩形成鲜明对比，揭示出血缘贵族集团已放弃公共治理职能而转向自保。商民族本身是“不常宁，不常厥邑”的民族。《西京赋》载：“殷人之屡迁，前八而后五。”“前八”指商朝建国前“自契至于成汤”的八次迁徙，“后五”则是成汤建国后至盘庚迁殷的五次迁徙。[1]频繁的迁徙，一是迫于内部斗争，导致巨大的内耗；二是源于恶劣的外部环境与频繁的对外战争，从而加剧了政权的动荡，使得统治阶层内部的离心倾向不断滋长。这种治理能力的崩塌在商末呈现加速特征，微子启等王室成员的政治叛离，以及“箕子佯狂”所代表的知识精英消极抵抗，共同宣告了王朝政治整合机制的完全失效。[2]

（二）经济支撑的丧失

经济支撑的崩溃集中表现为资源分配体系的结构性断裂与再生产能力的根本性衰退，其演化过程揭示了夏商政权赖以存续的物质基础如何被制度性缺陷逐步侵蚀。王室对战略资源的垄断性控制，在商代晚期发展为“铜器－玉礼器－贝币”三位一体的刚性配置模式。殷墟孝民屯铸铜作坊

[1] 具隆会．谈九世之乱与殷人屡迁问题［J］．殷都学刊，2013（2）：24-29.

[2] 贾康田．通史悟鉴［M］．北京：中国文联出版社，2023.

遗址的考古数据显示，青铜礼器生产占用绝大多数的金属资源，这种资源错配直接导致农业生产工具迭代停滞。甲骨文中“艰食”类占卜在帝乙、帝辛时期出现频率激增，与郑州商城粮仓遗址的容量缩减形成时空对应，反映出粮食安全危机已突破制度调节的临界点。[1]

跨区域资源调配体系的失效加速了经济系统的整体性瓦解。商代通过“金道锡行”构建的长江中游铜矿输送网络，在晚期因方国叛乱出现持续性断裂。殷墟出土青铜器的铅同位素分析显示，武丁时期稳定的矿源供给到帝辛时期已呈现多元化离散特征，这种资源控制力的丧失导致礼器生产的标准化程度骤降。更严重的是，原本维系王畿与方国经济联系的“职贡”制度，因军事威慑能力衰退而退化为单向资源掠夺，周原甲骨文中“伐蜀”“征夷方”的频繁记载，揭示出商王朝试图通过暴力征伐解决经济调控失效下的政治困境。

农业生产系统的崩溃呈现出不可逆的恶化趋势。二里头遗址晚期出现的宫城粮仓扩容与平民区窖藏萎缩的逆向发展，在商代演变为“核心区垄断”与“边缘区饥馑”的极化现象。《尚书·微子》中“今殷民乃攘窃神祇之牺牷牲”的记载，反映出宗教禁忌在生存危机冲击下的实质性瓦解，这种经济伦理的崩塌彻底摧毁了社会再生产的道德基础。

经济基础瓦解与政治合法性丧失的共振效应，最终导致王朝统治的“物质－精神”双重支柱同时倾覆。商代通过“祀”与“戎”构建的统治逻辑，在经济支撑丧失后陷入自我否定的悖论：持续扩大的祭祀消耗加剧资源危机，而军事镇压又加速方国离心。殷墟甲骨文中“大邑商”称谓的消失与“天邑商”概念的凸显，折射出统治者试图通过神权叙事弥补现实控制力衰弱的政治焦虑。这种经济基础与上层建筑的断裂，使得商周交替不仅是政权更迭，更是青铜时代资源配置范式与文明发展逻辑的根本性

[1] 王旭东．殷代国家形态研究［D］．天津：南开大学，2021.

变革。[1]

（三）文化与信仰体系的僵化

夏商文化信仰体系的僵化集中表现为宗教仪轨的自我强化与意识形态调适能力的丧失，这种精神层面的结构性缺陷与物质经济崩溃形成共振效应，最终导致了王朝统治合法性的彻底丧失。商代晚期“周祭”制度日趋繁复，这种仪式膨胀暴露出统治集团试图通过强化宗教控制弥补现实治理能力的衰竭。殷墟王陵区祭祀坑群中的人牲数量在帝乙时期达到峰值，与同期农业生产衰退形成鲜明反差，反映出神权政治已异化为消耗社会资源的反生产力机制。

天命观念的教条化发展切断了信仰体系与现实的互动通道。二里头文化晚期祭祀区出现的程式化卜骨排列模式，显示占卜活动已从风险决策工具退化为形式主义表演。商代甲骨文中“帝命”类刻辞的模板化趋势，以及“受年”占卜与实际农业收成的背离现象，表明宗教解释体系丧失应对现实危机的功能。《尚书·西伯戡黎》中祖伊“乃罪多参在上”的谏言，揭示出统治精英将灾异简单归因于天罚的认知僵化，这种将复杂社会问题神学化的思维定式，彻底堵塞了制度革新的可能性。

礼制经济的持续膨胀加剧了文化符号与物质基础的断裂。商代青铜礼器铸造在晚期出现“精度过剩”现象，如殷墟郭家庄 M160 墓出土的青铜礼器工艺规格极高，其技术投入远超实用需求，这种“为礼而礼”的生产模式导致文化符号脱离实际社会功能。《礼记·王制》中“诸侯无故不杀牛”的记载，显示礼制规范已异化为资源垄断的政治工具而非文化共识。

知识阶层的集体保守化使文化系统丧失自我更新能力。商代贞人集团通过垄断甲骨占卜解释权，形成封闭的知识特权阶层，晚期甲骨文中“重复占卜”现象较多，反映出思维创新的停滞。这种知识生产的制度化保

[1] 王旭东．殷代国家形态研究［D］．天津：南开大学，2021.

守，使得夏商文化在面对生态危机与制度失效时，无法发展出新的认知框架。

信仰体系的终极崩溃表现为“天命”解释权从王室向方国转移。周人提出的“以德配天”理论，通过将道德维度注入天命观，成功解构了商代“我生不有命在天”的神权垄断。《竹书纪年》记载的“五星于聚房”天象被周人阐释为政权更替征兆，而商王室仍坚持传统禳灾仪式，这种对同一天象的差异化阐释，暴露出商代信仰体系已丧失意识形态领导权。当周人军队在牧野之战中打出“称尔戈，比尔干，立尔矛，予其誓”的务实旗号时，商纣王仍执迷于“我生不有命在天”的教条式宣告，这种文化应对能力的代际差异，最终决定了王朝更替的历史走向。

（四）军事力量的衰弱

军事力量的衰弱本质上是制度性缺陷与资源错配共同作用的结果，其演化过程呈现出战略资源枯竭、组织效能退化与军事技术停滞的三重危机。商代晚期青铜兵器生产的标准化程度显著下降，如殷墟郭家庄 M160 墓出土的戈、矛形制差异度较武丁时期扩大 40%，这种质量波动暴露出核心军工体系技术控制力的衰退。更严重的是，甲骨文记载的“征人方”战役持续时间从祖甲时期的三个月延长至帝辛时期的两年，反映出军事行动效率的持续降低，这与郑州商城铸铜作坊遗址的原料配比稳定性显著降低形成因果链条。

军事贵族集团的世袭垄断导致指挥体系效能持续退化。安阳殷墟出土的记事刻辞显示，“多射”“多马”等武官职官在“九世之乱”后呈现家族化传承特征，这种职务世袭化削弱了军事人才的选拔机制。罗山天湖商墓群中三代军事贵族墓葬的兵器组合对比表明，晚期墓葬中礼仪性兵器占比提升至 75%，实战器具比例相应缩减，揭示出军事精英阶层已从职业武士蜕变为礼仪符号的持有者。统治集团试图通过“赐贝”制度维持军队忠诚度，但郑州小双桥遗址出土的赏赐记录显示，同等军功获取的海贝在百年间贬值达五倍，这种激励机制的失效直接导致军事动员能力的衰竭。[1]

方国体系的离心倾向彻底瓦解了军事同盟的基础。周原甲骨文中“翦商”战略的阶段性实施与长江流域矿冶遗址商文化因素的消退同步，反映出商王朝丧失了对战略资源产区的军事控制。原本作为兵源补充的“多方”，在帝乙时期转变为“告方”征伐的主要对象，这种从盟友到敌人的身份转换，使商军陷入多线作战的困境。

军事技术的代际停滞与战略思维的固化形成恶性循环。二里头文化时期到殷墟晚期，青铜兵器形制始终未能突破戈、矛、钺的基本组合，而同期周人已发展出新型车战战术体系。这种技术保守主义源于“祀戎一体”的意识形态束缚，商王室将冶铸技术优先用于礼器生产，导致兵器革新长期滞后。当周人采用“虎贲三千”的精兵策略时，商军仍依赖人海战术，这种军事思维的时代落差最终导致牧野之战中商军“前徒倒戈”的悲剧性结局。[2]

（五）夏商亡国的机制概括

夏商王朝覆灭的核心机制在于制度刚性、资源诅咒与调控失效的恶性循环，其本质是早期国家治理体系无法适应复杂系统风险的集中爆发。在制度层面，嫡庶继承制引发的权力继承危机与贵族共政传统的瓦解，导致决策体系丧失弹性调节能力。商代“九世之乱”暴露的继承权争夺，不仅消耗了王室的权威资源，更使“内外服制”下的方国管控机制名存实亡。这种制度缺陷在经济领域表现为资源配置的严重失衡，王室将青铜、玉料等战略资源过度投入于祭祀与军事领域，形成“军工—礼制”闭环消耗系统，致使农业生产长期处于低水平均衡状态。

王朝崩溃的传导机制始于经济基础与上层建筑的断裂。当自然灾害频发冲击脆弱的农业体系时，刚性化的贡赋制度无法实现资源的弹性调配，

[1] 汤勤福，曹建墩．中华礼制变迁史：先秦编［M］．北京：中华书局，2022.

[2] 王世民．中国考古学编年史［M］．北京：中华书局，2024.

迫使统治集团通过强化军事征伐维持资源汲取。这种饮鸩止渴的策略加剧了方国离心，形成“征伐—叛乱”的恶性循环。考古证据显示，商代晚期长江流域铜矿供给的持续中断，与王畿地区青铜礼器质量退化存在直接关联，印证了资源控制力衰减对统治合法性的根本性破坏。

结构性矛盾的共振效应最终引发系统崩溃。祭祀经济的自我强化消耗了制度革新所需的物质基础，神权政治异化为脱离现实的社会负担。当周人以“敬天保民”理念重构天命观时，夏商沿袭的宗教解释体系已丧失应对危机的意识形态功能。军事技术的代际停滞与组织效能的退化，则使王朝丧失了对暴力机器的绝对掌控，牧野之战中的商军倒戈现象，正是军事义务与经济回报长期失衡的必然结果。

这种多重机制的耦合作用，揭示出早期国家治理中的根本性悖论：旨在强化王权的制度设计，反而通过资源虹吸效应掏空了统治根基。王室通过垄断神权、军权建立的集权体系，因缺乏社会共识与经济基础支撑，最终在内部权力争夺与外部压力冲击下土崩瓦解。夏商亡国的历史轨迹表明，任何政治体制若不能建立资源分配与风险调控的动态平衡机制，必将陷入制度僵化与治理失效的致命陷阱。

六、失衡的后果与反思：王道永续何以可能

夏商两代的经济崩溃与政治倾覆，揭示了早期国家治理中资源配置与制度弹性之间的深刻矛盾。二里头与殷墟的考古材料共同证实，以祭祀体系为核心构建的闭环经济系统，通过礼制消耗与军事扩张持续抽离农业生产要素，形成具有自我强化特性的畸形发展路径。这种制度设计虽在短期内巩固了王权合法性，却因阻断资源流动的良性循环，导致社会再生产能力的系统性衰竭。

王朝永续的核心困境在于权力集中与风险分散的制度性悖论。甲骨文记载显示，商代晚期通过“大邑商”概念强化王畿资源垄断，却反而加剧方国经济的离心化发展。嫡庶制度引发的继承危机与“九世之乱”暴露的

治理碎片化，共同削弱了应对复合型危机的能力。考古证据表明，当自然灾害与方国叛乱形成共振时，刚性化的“内外服制”既无法实现资源弹性调配，也难以构建风险共担机制，最终演变为“核心—边缘”的双向崩溃。

制度调适能力的丧失成为致命缺陷。夏商统治者试图通过宗教仪轨复杂化与军事征伐扩大化来维持统治，却使本已失衡的经济结构承受更大的压力。殷墟祭祀区人牲数量的激增与农业卜辞比例的倒挂，折射出危机应对策略的严重错位。这种将政治问题神学化、经济问题军事化的思维定式，暴露了早期国家治理中工具理性与价值理性的结构性断裂。

历史经验昭示，可持续治理需构建动态平衡机制。周人“明德慎罚”理念对商代“祀戎政治”的超越，本质是通过伦理秩序重建资源配置的正当性基础。西周初期实施的“分器”制度，将青铜礼器作为政治整合工具而非消耗品，从而有效缓解了前代的资源诅咒。这种制度创新表明，只有将权力合法性建构与民生保障相结合，在资源控制与分配正义之间保持张力，才能实现政治系统的长期稳定。

第七章

王土与王道：周代治理的“人间性”与“人文性”

我们都知道，儒家创始人孔子极力推崇周礼，三番五次表达“吾从周”。他认为周礼是吸收夏、商两代文明精华后改良的成果，即“周监于二代，郁郁乎文哉”（《论语·八佾》）。北宋经学家邢昺也曾说：“以今周代之礼法文章，回视夏商二代，则周代郁郁乎有文章哉。周之文章备于二代，故从而行之也。”这都是我们常说的“周文郁郁”的历史注解。周礼本质和条文兼备且平衡，文质彬彬，符合中庸之道，这使得孔子盛赞周礼并决定采纳周礼，依中道而行。王国维也认为周代“以礼治国”是中国古代政治文明的巅峰，其宗法制度与分封体系保障了长期稳定。

本章聚焦于周代治理体系的政治经济基础与文化逻辑，揭示井田制与王土观念如何构建起“差序格局”的治理框架，然后又“一阴一阳之谓道”地托举起周代的王道治理体系。通过分析土地制度与宗法制度的耦合关系，指出周王通过层级分封将土地控制权转化为政治治理权，形成以亲缘关系为纽带的治理网络。随着天命观向礼制体系的演进，周代治理呈现出独特的人文转向——礼制通过规范人际交往、确立身份等差、构建价值共识，在世俗层面形成具有自我调适功能的治理机制，一定程度上保障了相对的“王道永续”——国祚近800年。这种政治经济基础与文化形态的深度互嵌，不仅塑造了德治与礼治相统一的治理范式，更通过经济资源分配与社会价值引导的协同作用，实现了政治合法性的再生产，树立了中国式治理的最早典范。周代治理体系所展现的制度弹性与文化包容性，为理解早期中国“家国同构”治理模式的形成机制提供了新视角，同时也开创了从“天庭”到“人间”的“人文性”共同体治理范式，揭示了中华文明连续性发展的内在逻辑。本章旨在揭示周代治理体系中井田制的经济基础、“王土”概念的空间秩序以及王道思想的伦理内核。研究发现，周代统治者通过将土地制度、空间规划与道德准则相结合，构建起具有强烈人间关怀与人文特质的治理模式，其核心在于以“人”为尺度的社会设计与政治实践，从而为中国古代文明奠定了“以人为本”的治理范式，也为“经世济民”的中国式治理模式树立了典范。

一、概论

在中华文明演进的历史长河中，周代治理体系以其独特的制度建构与文化创新，为理解早期中国国家形态提供了关键性样本。当我们将视线投向三千年前的黄河流域，会发现以井田制为核心的土地制度与“溥天之下，莫非王土”的政治理念，共同编织出一张覆盖经济基础与上层建筑的治理网络。这种将土地资源分配与政治权力结构相嵌合的制度设计，不仅塑造了“家国同构”的治理框架，更通过礼制体系的人文转化，实现了从神权政治向伦理政治的突破性跨越。例如陕西周原遗址发现的“九宫格”式田垄遗迹（2020 年发掘），田块面积约 100 亩 / 单元，与《周礼·地官》记载的“一夫百亩”相契合。田块划分体现“公田－私田”二元结构（这在《诗经·小雅·大田》中有所体现），通过“同养公田”实现赋税与伦理的双重目标。土地分配以家庭为单位（“八家共井”），建立“耕者有其田”的生存保障体系，展现对基层民生的制度性关怀。[1]

深入观察周代治理体系的形成机理，可以发现其本质上是政治经济基础与文化逻辑的双向互构过程。井田制通过公田、私田的划分以及与宗法分封的结合，既保证了农业生产秩序，又建立起“天子—诸侯—卿大夫—士”的差序治理结构。这种将土地控制权层层转化为政治治理权的制度智慧，使得经济资源的分配与政治权威的延伸呈现出高度同步性。值得注意的是，周人在实践过程中并未停留在单纯的物质利益分配层面，而是通过“天命”观念的创造性转化，将政治合法性的来源从神意天命转向人文德行，这种转向在青铜器铭文与《尚书》文献中均得到充分印证。青铜器铭文记录的“授土”仪式（如大盂鼎铭文），将土地分配神圣化与伦理化，形成“土地－权力－道德”三位一体的治理逻辑。

周代治理体系展现了中国古代政治文明特有的调适机制。当宗法制度

［1］ 曹大志，种建荣，杨磊，等．2020–2021 年周原遗址西周城址考古简报［J］．中国国家博物馆馆刊，2023（7）：6–30.

与分封体系在实践中遭遇张力时，礼制体系通过规范人际交往、确立身份等差、构建价值共识，形成了具有自我修复功能的治理机制。这种将经济基础、政治制度与文化形态熔铸一体的治理智慧，不仅为德治与礼治相统一的治理范式奠定了基础，更通过经济资源分配与社会价值引导的协同作用，实现了政治合法性的动态维系。如对“荒服”地区采取“修其教不易其俗”的策略（《礼记·王制》），体现文化包容的治理智慧。这种早期中国特有的治理经验，为当代国家治理研究提供了观察制度弹性与文化包容性的经典案例。

二、周代的治理体系

（一）井田制的起源与发展

井田制的历史渊源可追溯至夏商时期的土地管理实践。[1]考古发现显示，二里头文化遗址已出现规整的农田划分痕迹，这种以氏族共同体为基础的土地经营方式，为井田制的形成提供了原始雏形。商代甲骨文中“田”字的象形结构，直观呈现出方块状田亩的形态特征，反映出土地规划意识的初步发展。值得注意的是，这种早期土地制度始终与政治权力结构紧密关联，商王通过“藉田礼”仪式强化对土地资源的象征性控制，这为周代井田制的礼制化改造提供了历史基础。

西周时期井田制臻于成熟，其核心特征表现为土地所有权与使用权的层级分割。周天子作为“天下共主”掌握土地的终极所有权，通过“授土授民”的分封程序将土地分配给诸侯，形成“王土—封地—采邑”的三级控制体系。在具体实施层面，每“井”土地按“一夫百亩”的标准分配，其中公田居中由八家共耕，私田环列周边由各户自营。这种空间布局不仅便于组织集体劳作，更通过“同养公田”的劳役地租形式，将经济义务与政治隶属关系巧妙结合。青铜器铭文中频繁出现的“锡田”记载，证实了

[1] 卢中阳．郭沫若的“井田制”研究及其价值［J］．郭沫若学刊，2022（4）：2-7.

土地分配已成为周王维系封建等级的重要手段。

井田制的演进始终伴随着宗法制度的深化。嫡长子继承制确保土地资源在贵族家族内部稳定传承，各级封君通过“大宗－小宗”的血缘纽带，将土地控制权转化为政治治理权。这种制度耦合在《诗经·小雅·北山》“溥天之下，莫非王土”的表述中得到典型体现，土地的法理归属与政治统辖权实现意识形态层面的高度统一。考古发现的西周中期土地交易契券显示，尽管存在个别土地转让现象，但“田里不鬻”的基本原则始终维系着土地国有制的神圣性。[1]

该制度的独特价值在于其弹性调节机制。随着农业生产技术的进步，西周中后期出现“换土易居”的轮耕制度，通过定期重新分配土地来平衡地力差异。这种动态调整既保障了基层生产单元的稳定性，又避免了土地兼并带来的社会风险。金文资料显示，王室通过“大蒐礼”定期核查土地状况，及时调整赋税标准，使得井田制能够有效适应人口增长与疆域扩张带来的治理挑战。这种将经济制度嵌入政治框架的设计智慧，为周代治理体系提供了可持续运作的物质基础。

（二）王土观念的形成与演变

王土观念的形成根植于早期中国特有的天人关系认知体系，其演变轨迹折射出周代政治合法性的建构逻辑。在夏商时期，土地的神圣性源于原始宗教中的自然崇拜，商王通过占卜仪式与神灵沟通，将土地控制权解释为神意授予。殷墟甲骨文中“土”字常与祭祀活动关联，显示当时已形成“王权神授”的土地观雏形。[2]这种神权政治模式至周初发生根本性转变，牧野之战的军事胜利促使周人重新诠释天命内涵，将土地统治合法性从单纯的神意庇佑转向德政实践。《尚书·梓材》中“皇天既付中国民越厥疆土于先王”的记载，揭示周人通过“以德配天”的理论创新，将王土观念

[1] 张振腾．肇徹周邦：关中王畿政治与社会变迁的考古学观察［D］．长春：吉林大学，2024．

[2] 李则鸣．“王土”制考辨［J］．新闻与传播评论，1988（5）：92−96．

纳入道德伦理范畴。[1]

王土观念的制度化进程与分封实践紧密交织。周初大分封不仅体现着“授民授疆土”的物质分配，更通过册命仪式中的策书铭文，将土地法理属性与政治效忠义务熔铸一体。青铜器铭文显示，诸侯受封时需举行“受土”仪式，这种象征性程序将抽象的王权具象化为具体的土地支配权。值得注意的是，周公制礼作乐的过程中，通过《周礼·地官》“大司徒之职，掌建邦之土地之图”的制度设计，使土地管理权成为中央控制地方的核心手段。宗庙祭祀体系中“社稷”崇拜的强化，则将土地神格从自然神灵转化为政权象征，实现王土观念从宗教叙事向政治叙事的转型。[2]

春秋时期王土观念的嬗变折射出礼制体系的调适能力。随着诸侯势力的扩张，“溥天之下”的理论主张面临现实政治挑战。孔子提出“天下有道，则礼乐征伐自天子出”的主张，通过强调礼制规范来维系王土观念的精神统合作用。这种文化层面的坚守在战国竹简中亦有印证，郭店楚简《唐虞之道》强调“利天下而弗利”的德治理念，试图以道德话语重构王土观念的价值内核。[3]与此同时，土地私有化趋势促使思想家重新诠释“王土”的内涵。《孟子》中“夫仁政，必自经界始”的论述，将土地公平分配纳入王土观念的实践范畴，展现出原始公有制理想向伦理政治原则的创造性转化。这种观念演变与制度变迁的互动关系，深刻塑造了中国古代国家治理的文化基因。

三、政治经济基础的探讨

（一）井田制的经济功能

井田制作为周代经济体系的核心制度，通过土地资源的层级分配与生

[1] 李悦．浅析周公的执政思想——以《尚书》为例［J］．今古文创，2025（4）：58-60.

[2] 张振腾．肇徹周邦：关中王畿政治与社会变迁的考古学观察［D］．长春：吉林大学，2024.

[3] 欧阳祯人．出土文献与早期政治哲学［M］．北京：中国人民大学出版社，2023.

产组织的特殊安排，构建起支撑封建治理的经济基础。在土地所有权归周天子的框架下，井田制将土地划分为公田与私田，这种复合结构既保障了农业生产效率，又实现了经济资源的政治化配置。公田由八家农户共同耕种，其产出直接作为劳役地租归封邑贵族所有，这种集体劳作制度不仅降低了征收成本，更通过共耕仪式强化了农民对封君的人身依附关系。私田的自主经营则激发了农户的生产积极性，考古发现的农具改良与轮作技术应用，反映出该制度对农业生产力发展的促进作用。

土地分配的等差原则深刻塑造了周代的经济秩序。诸侯、卿大夫依据宗法等级获得相应规模的土地与劳力，形成“田随爵授”的资源分配机制。青铜器铭文记载的赐田记录显示，受封者获得的不仅是土地生产资料，更是包含耕作人口、生产工具在内的完整经济单元。这种将土地控制权与政治地位直接挂钩的制度设计，使得经济资源的占有成为权力层级的具象化表征。王室通过定期举行的“大蒐礼”核查土地状况，动态调整赋税标准，既维持了基层生产单元的稳定性，又避免了土地兼并引发的社会失衡。[1]

井田制与宗法制度的耦合催生了独特的赋税体系。劳役地租以“同养公田”的形式实现，将经济义务转化为政治效忠的具体实践。在秋收时节，“公事毕然后敢治私事”的生产流程安排，通过时间顺序的区隔强化了等级尊卑观念。

该制度的经济效能不仅体现在农业生产领域，更延伸至社会分工体系。公田产出支撑的仓储制度为手工业专业化提供了物质保障，西周遗址中发现的青铜农具作坊与纺织工场，证实了剩余产品对非农产业的促进作用。但井田制对土地流动的严格限制，使得工商业始终依附于贵族经济体系，这种“工商食官”的格局既维护了封建等级秩序，也制约了市场经济因素的独立发展。通过将经济资源分配纳入礼制规范，周代成功实现了物

[1] 汤勤福，曹建墩．中华礼制变迁史：先秦编［M］．北京：中华书局，2022.

质生产与政治治理的系统性整合，为德治理念提供了坚实的物质基础。

（二）王土制度的政治意义

王土制度作为周代政治架构的核心要素，通过土地所有权与政治统辖权的深度融合，构建起具有鲜明等级特征的国家治理模式。周天子通过“溥天之下，莫非王土”的法理宣称，将土地终极所有权转化为政治合法性的物质载体，这种制度设计在分封实践中展现出独特的政治效能。青铜器铭文中“授民授疆土”的记载揭示，诸侯受封时获得的不仅是土地资源，还有对特定区域内人口、物产的治理权限，这种将经济要素与政治权力捆绑授予的方式，显著强化了中央与地方的统属关系。

分封体系中的土地分配遵循严格的宗法等级原则，形成“天子建国，诸侯立家”的差序格局。周王室通过册命仪式中的策命文书，将土地赐予与政治效忠义务紧密结合，诸侯对封地的治理权实质上成为王权的延伸与具象化。这种制度安排使得地理空间的政治化程度不断提升，《周礼·地官》记载的“大司徒之职，掌建邦之土地之图”，表明中央政权已建立起系统的疆域管理体系。考古发现的西周中期青铜器卫盉上的铭文显示，在土地转让过程中，需要经过王室官员认证，充分体现王土制度对产权变更的政治管控。[1]

王土观念的政治实践催生出独特的权力制约机制。周天子通过定期巡狩、诸侯朝觐等制度，强化了对地方封国的实际控制。在陕西岐山董家村出土的裘卫四器的铭文中，详细记录了土地交易需经多级贵族见证的程序，这种多方监督机制既维护了土地国有制的神圣性，又有效维系了封建等级秩序。礼制体系中的“社稷”祭祀制度，将土地神格从自然崇拜对象转化为政权象征，通过宗教仪式巩固王土观念的政治内涵，实现神权向治权的创造性转化。

该制度在意识形态层面成功实现了政治合法性的再生产。周公制礼作

[1] 汤勤福，曹建墩．中华礼制变迁史：先秦编［M］．北京：中华书局，2022.

乐时，将“以德配天”的理念嵌入王土制度，使得土地统治权从神意授予转向德政实践。《尚书·多士》中“我有周佑命，将天明威，致王罚”的表述，彰显周人通过道德话语重构王土观念的理论创新。这种政治智慧在春秋时期得到延续，当现实版图与“溥天之下”的理念出现张力时，儒家通过“礼乐征伐自天子出”的礼制原则，在文化层面维系着王土制度的统合功能，为后世“大一统”政治理念的形成奠定思想基础。[1]

（三）王道治理体系的形成

周朝是中国历史上延续时间最长的王朝，其建立的王道治理体系不仅奠定了中国古代政治文明的基础，更对后世儒家思想及国家治理模式产生了深远影响。这一体系是周人在总结夏商经验的基础上，通过制度创新与思想重构，将血缘伦理、政治分权与道德规范相结合的产物。以下从历史背景、制度架构、思想内核和文化影响四个维度，概述周朝王道治理体系的构建过程。

1. 德性政治的话语体系

周部族崛起于岐山，通过文王“修德行善”收拢诸侯。武王伐纣后，以“天命靡常”解释商周更替，提出“皇天无亲，惟德是辅”的政治哲学。周公东征平定“三监之乱”后，深刻意识到单纯依靠武力无法长治久安，需构建系统的治理体系以巩固政权合法性。这一背景下，周人将商代的鬼神崇拜转向人文德性，开创了以“敬天保民”为核心的王道政治。如清华简《保训》记载，文王告诫武王“今汝祗备毋懈，其有所由矣。不及尔身受大命，敬哉！”，并要求其恪守“中道”，方能承接天命。这一训示将“敬天”意识转化为“保民”实践，为“天命靡常，惟德是辅”的治理哲学奠定了基础。[2]

[1] 李悦．浅析周公的执政思想——以《尚书》为例［J］．今古文创，2025（4）：58-60.

[2] 曾宇平．文王的忧患与敬慎——从清华简《保训》说起［J］．走进孔子，2023（4）：89-94.

2. 制度架构：分封与宗法的二元耦合

周王室将王畿之外的土地分封给同姓宗亲、功臣及古帝王后裔，建立诸侯国。据《荀子·儒效》载，周公“立七十一国，姬姓独居五十三人”，形成“天子—诸侯—卿大夫—士”的等级结构。诸侯在封国内享有军政自治权，但需履行纳贡、朝觐、戍边等义务。这种“有限集权”模式既缓解了直接治理广袤疆域的压力，又通过层级效忠维系中央权威。以嫡长子继承制为核心的宗法制度，将家族血缘关系政治化。大宗与小宗的区分，使各级贵族在亲疏差序中确立权利义务。《礼记·大传》所言“亲亲故尊祖，尊祖故敬宗”，揭示了宗法如何通过祖先崇拜强化等级认同。分封与宗法相互嵌套：诸侯既是封国君主，又是周王室的宗亲；卿大夫在效忠诸侯的同时，亦受宗族伦理约束，形成“家国同构”的政治网络。如《尚书·康诰》中的“明德慎罚”原则，在陕西岐山出土的亻朕匜（西周晚期）的铭文中得到司法实证，展现出德法并重的治理艺术。

3. 思想内核：天命观与礼乐教化等礼乐制度的人文内核

周公提出“以德配天”的理论，将天命与统治者的德行挂钩。《尚书·康诰》强调“明德慎罚”，将商代的神判法改为德政导向。统治者需通过“保民”“慎刑”“勤政”彰显德行，否则将面临“革命”天谴。这种思想将政治合法性从神意转向民本，为后世儒家“仁政”思想提供了源头。周代系统化的礼制，涵盖吉、凶、军、宾、嘉五礼，以此规范社会各阶层的行为。《周礼》确立官僚体系与职掌，《仪礼》细化人际交往准则，《礼记》阐发礼的精神内涵。乐与礼相辅相成，“乐统同，礼辨异”（《礼记·乐记》），通过艺术熏陶强化等级和谐。青铜器上的铭文、雅颂诗歌的传唱，均成为传播王道价值的媒介。如湖北叶家山曾国墓地出土的西周早期编钟，其音律体系与《周礼·春官》的记载相吻合，证明“乐以和民”的治理功能。

4. 实践调适与文化辐射

西周初期的“成康之治”验证了王道体系的有效性，但至厉王时期，其“专利”政策引发国人暴动，昭示制度僵化的风险。平王东迁后，随着诸侯实力的增强，礼乐征伐自诸侯出，宗法分封制逐渐解体。然而，周礼的文化基因被孔子提炼为“克己复礼”的儒家理想，经汉代独尊儒术后，成为帝制时代的主流意识形态。孟子的“仁政王道”、董仲舒的“天人感应”均溯源于周代的治理经验。

周朝王道治理体系以宗法分封为骨架，以德治礼乐为灵魂，完成了中国早期国家治理的范式转型。其将伦理道德嵌入政治结构的设计，开创了独特的文明路径，使中华文明在“多元一体”的格局中延续数千年。尽管这一体系因历史条件变迁而衰落，但其“重德”“和合”“民本”的精神遗产，至今仍深刻影响着东亚政治文化。周朝通过井田制实现“民之所欲，天必从之”（《尚书·泰誓》）的物质保障，借助礼乐制度建构“克己复礼为仁”（《论语·颜渊》）的价值认同，形成“经济基础－上层建筑”的良性互动。

（四）井田与王土的互动及其对周代经济运行模式的影响

井田制与王土观念的互动关系构成了周代经济运行的中枢机制，二者通过制度耦合与价值互渗，共同塑造了具有礼制特征的经济运行模式。在土地资源分配层面，井田制的层级分割与王土观念的法理宣称形成闭环：周天子通过“授土授民”程序将土地分配权转化为政治治理权，诸侯、卿大夫则借助宗法血缘纽带维系对封地的经济控制。这种互动在青铜器铭文记载的“锡田”实践中得到具象化展现，受封者获得的不仅是土地生产资料，更是包含耕作人口、生产工具在内的完整经济单元，使得土地资源配置成为权力层级的物质表征。

制度耦合催生了独特的赋税运行机制。王土观念下“溥天之下”的法理宣称，赋予井田制中“同养公田”的劳役地租以政治正当性。农民在公田的集体劳作不仅完成了经济义务，更通过“公事毕然后敢治私事”的时序安排，将等级尊卑观念内化为生产秩序。这种将经济剥削礼制化的智慧，在《诗经·豳风·七月》描绘的农事周期中清晰可见——劳役负担与农时规律高度契合，既保障了农业生产效率，又通过“敬天保民”的伦理叙事维系着制度稳定。贵族阶层定期举行的“藉田礼”仪式，则在象征层面强化着土地经营的政治属性。[1]

二者的互动深刻影响着社会分工体系。王土观念通过“工商食官”制度将手工业纳入等级经济框架，西周遗址出土的青铜作坊与纺织工场，证实了公田产出支撑的仓储体系对手工业专业化生产的促进作用。但井田制对土地流转的严格限制，使得工商业发展始终依附于贵族经济需求，这种格局既造就了以钟鼎彝器为代表的礼器制造的繁荣，也制约了市场经济因素的独立成长。尤为重要的是，宗法网络中的物资调配替代了自由交易，诸侯间“赐贝”“献帛”的礼仪性经济往来，实质是政治隶属关系在经济领域的延伸。

这种互动关系还塑造了特殊的风险应对机制。当自然灾害威胁农业生产时，井田制下的共耕传统与王土观念中的保民责任共同发挥作用。周王室通过“散鹿台之财，发钜桥之粟”的赈济措施，将经济调控纳入德政实践范畴；诸侯则借助宗族互助体系维持基层稳定。这种经济伦理化的治理方式，使周代在生产力相对落后的条件下，仍能保持社会再生产过程的持续性。考古发现的西周粮窖遗址群，其分布规律与分封等级高度吻合，印证了经济运行与政治结构的内在统一性。

四、从“天命”到“礼制”：周代治理的“人间性”与“人文性”

（一）天道与人道的辩证

在商周鼎革之际的青铜器上，饕餮纹逐渐被云雷纹替代，这个微妙的纹饰变迁隐喻着华夏文明的根本转向。商人以青铜礼器构筑起神权政治的绝对权威，“率民以事神”的统治模式将人置于神意的阴影之下。殷墟

[1] 汤勤福，曹建墩．中华礼制变迁史：先秦编［M］．北京：中华书局，2022.

甲骨中数以万计的占卜记录，揭示出商人将战争、农事乃至疾病悉数托付于神灵的集体心理。这种神权政治在武丁时期臻于鼎盛，却在纣王时代暴露出致命缺陷：当人彻底异化为神意的附庸，政权合法性便丧失了现实根基。

周人“小邦周”战胜“大邑商”的历史奇迹，本质上是人文精神对神权政治的超越。《尚书·泰誓》中“天视自我民视，天听自我民听”的宣言，标志着天人关系的根本重构。周人将“天命”解释为“民心”，在武王伐纣的檄文中，“牝鸡司晨”的指责直指商纣背离人道。这种思想革命并非简单的政治宣传，而是建立在深刻的历史反思之上。周人从商周易代中领悟到“皇天无亲，惟德是辅”的真理，将政权合法性从虚幻的神意拉回到现实的人间。[1]

在周初的政治文献中，“敬天保民”的理念频繁出现，周朝以此构建起新型的统治伦理。周公制礼作乐的本质是将抽象的天道具象化为可操作的人间秩序。青铜器铭文中的“德”字开始取代单纯的族徽，昭示着权力评价体系的重心发生转移。这种转变在《诗经》中得到生动展现：“民之所欲，天必从之”的朴素认知，将神秘的天命转化为可感知的民心向背。

（二）从“天命”到“礼制”的文化信仰体系转变

周代文化信仰体系的转型本质上是政治合法性基础的重构，这一转变通过将神秘的天命具象化为可操作的礼制规范，实现了治理理性从神学叙事向人文伦理的跨越。早期周人在克商实践中形成独特的天命认知，《尚书·康诰》中“天畏棐忱，民情大可见”的论断，揭示出周朝统治者将天命解释权与民心向背相勾连的政治智慧。这种认知突破使“以德配天”不再停留于抽象理念层面，而是转化为“明德慎罚”的具体施政原则，为礼制体系的建构提供了价值支点。

礼制人文性的彰显体现为其对宗法关系的创造性转化。周人通过“制

[1] 杨春时．中国文化的生成：从神恩到人恩［J］．天津社会科学，2024（2）：70-77.

礼作乐”将血缘伦理升华为普适性的交往规范，使“亲亲尊尊”的差序原则突破氏族边界，成为维系封建秩序的文化纽带。在井田制的实施中，“藉田礼”通过象征性耕作仪式，将土地经营转化为德政展示的舞台；诸侯朝觐时的“策命礼”则将权力授受程序固化为彰显王权的文化展演。这种制度设计使得经济活动的每个环节都浸润着礼制精神，物质生产与价值教化形成共生关系。

礼制体系通过符号系统的建构完成文化整合。青铜器铭文中“子子孙孙永宝用”的程式化表述，不仅承载着对器物所有权的宣告，更通过文字的神圣化实现政治记忆的代际传递。庙制中的昭穆制度以空间排列固化宗法等级，《周礼》记载的“以饮食之礼，亲宗族兄弟”，则将伦理教化融入日常生活实践。这种将抽象价值转化为可感知仪轨的智慧，使礼制既保持对传统的敬畏，又具备适应现实变革的弹性。[1]

该转型的深层意义在于建立了自我调适的治理机制。当分封体系面临地缘政治挑战时，礼制通过“礼，时为大”的调节原则，允许诸侯在“尊王”的前提下进行有限的制度创新。春秋时期“赋诗言志”的外交实践，证明礼制已演变为超越具体仪式的文化共识。这种将神圣权威转化为文化惯习的治理转型，使周代治理摆脱了对神秘主义的路径依赖，为中华文明的人文传统奠定了制度根基。

（三）礼制与社会秩序的构建

礼制体系通过仪式化行为与符号系统的建构，将抽象的伦理原则转化为可操作的社会规范，从而在周代社会形成多层次的秩序整合机制。在冠、婚、丧、祭等生命礼仪中，个体被赋予特定的社会角色与行为准则，如《仪礼》记载的“士冠礼”通过“三加弥尊”的仪式程序，使受礼者逐步确认成年人的责任伦理。这种通过身体实践强化身份认同的教化方式，使得社会成员在日常生活场景中自然习得尊卑等差观念，形成“贵贱有

[1] 汤勤福，曹建墩．中华礼制变迁史：先秦编［M］．北京：中华书局，2022.

等，长幼有差”的秩序自觉。

礼制对社会关系的调节突出体现在空间秩序的符号化建构上。宗庙建筑“左昭右穆”的排列规则，将血缘亲疏转化为可视的空间方位；朝觐仪式中诸侯的站位次序，通过物理距离彰显政治等级。考古发现的西周车马坑配置差异显示，列鼎数量与墓道规格严格对应爵位高低，这种物质载体的等差化呈现，使礼制规范渗透到物质文化层面。在井田制的实施中，公田居于井字形土地中央的布局设计，不仅具有生产管理功能，更通过空间象征强化集体意识与奉献精神。

礼制秩序通过“礼乐相济”的教化系统实现动态平衡。乐舞中的“八佾”规格限制，将艺术享受与身份特权直接挂钩；乡饮酒礼中的献酬次序，则在社会交往中植入“尊老尚齿”的价值导向。这种将审美体验与道德教化熔铸一体的设计，使得等级秩序获得文化意义上的正当性。《周礼·地官》记载的“以乡八刑纠万民”，显示礼制并非单纯依靠道德自律，而是通过“礼法合治”的方式，将强制规范与价值引导相结合，形成“刚柔相济”的治理效果。[1]

礼制体系最具创造性的实践在于其对社会矛盾的缓冲功能。通过“礼不下庶人”的等差原则，既保持贵族特权的文化标识，又为基层社会保留自治空间；“刑不上大夫”的特权规定，则通过赎刑制度将身份差异纳入司法程序。这种弹性机制在青铜器铭文记录的诉讼案例中得到印证，贵族间的土地纠纷往往通过盟誓仪式而非刑罚手段解决，显示出礼制对刚性法律制度的补充作用。春秋时期“铸刑书”引发的争议，恰恰反证礼制在维系社会平衡方面的独特价值，即通过文化共识而非法律条文来实现秩序稳定。

（四）礼制对人际关系的影响

礼制体系通过精细化的人际关系规范，将宗法伦理转化为可操作的交

[1] 汤勤福，曹建墩．中华礼制变迁史：先秦编［M］．北京：中华书局，2022.

往准则，从而在周代社会构建起兼具稳定性与适应性的互动模式。在家族伦理层面，冠、婚、丧、祭四大礼仪系统性地塑造着个体生命历程中的角色转换。例如，《仪礼》记载的“士冠礼”通过“三加弥尊”的仪式程序，使青年在缁布冠、皮弁、爵弁的次第更换中领悟成人责任，这种通过物化符号传递价值观念的方式，有效维系着代际间的伦理传承。婚礼中的“六礼”程序不仅规范婚嫁流程，更通过“合二姓之好”的联姻机制，将血缘团体间的政治联盟转化为具有情感维度的亲属网络，这种制度设计在青铜器铭文记录的媵器陪嫁现象中得到物质印证。

社会交往中的礼仪程式创造性地调和了等级差异与情感联结。乡饮酒礼通过“献酬交错”的互动次序，在“尊老尚齿”的伦理框架内实现不同阶层的和谐共处，其“六十者三豆，七十者四豆”的餐具配置差异，巧妙地将年龄优势转化为可见的尊荣象征。朝觐制度中的“揖让升降”仪节，则将政治隶属关系包裹在温文尔雅的举止规范中，诸侯通过程式化的跪拜动作既表达效忠，又保全身份尊严。这种将权力关系审美化的处理方式，在曾侯乙墓出土编钟的乐律铭文中得到呼应——礼乐配合形成的“乐德”教化，使等级秩序获得超越强制的情感认同。

礼制调解冲突的独特机制彰显其人文智慧。据文献记载，盟誓起源于夏商时期甚至更早，到了周代已经非常频繁。盟誓是周代社会生活中非常普遍的现象，广泛存在于政治、经济、军事、外交等诸多领域。周代盟誓多发生于王与诸侯之间、诸侯与诸侯之间、诸侯与卿大夫之间、卿大夫与国人或家臣之间以及国人之间，在解决国际争端和诸侯国内部矛盾方面均发挥了重要作用。[1]《周礼·秋官》记载：“司盟掌盟载之法。凡邦国有疑会同，则掌其盟约之载及其礼仪，北面诏明神。”“歃血为盟”是周代盟誓的核心仪式，即通过共饮牲血形成“生命共同体”，违约者将受到神明的惩戒。《左传·隐公元年》记载的“郑伯克段于鄢”事件，显示即便在政

[1] 马松．周代盟誓遗存研究［D］．郑州：河南大学，2020.

治斗争中，参与者仍需恪守“不及黄泉，无相见也”的誓言形式。这种注重程序正义的解决方式，在青铜器铭文记录的诉讼案例中尤为明显。曶鼎铭文显示，奴隶买卖纠纷最终通过“誓约”而非刑罚达成和解，表明礼制具有将经济矛盾转化为道德议题的功能。[1]

人际关系的礼制化重构催生了特殊的社会协作模式。井田制中的“合耦于锄”耕作传统，通过互助劳动强化邻里纽带；“社日”祭祀后的宴饮活动，则借助宗教仪式培育社区认同。这种将生产协作与文化实践相结合的方式，在《诗经·周颂·载芟》描绘的“千耦其耘”场景中生动展现，集体劳作既完成农业生产任务，又通过“丝衣其紑”的盛装仪式提升劳动尊严。贵族阶层通过“执贽相见”的礼物交换制度，将物资流动纳入礼仪框架，玉帛、禽鸟等象征物的流转轨迹，实质构成了跨越封国的特殊信任网络。

五、政治、经济与文化：周代有效治理模式的分析

（一）周代政治特色

周代政治架构的显著特征在于其将土地制度、宗法网络与礼制规范进行系统性整合，形成具有自我调适功能的复合型治理模式。分封制的实施构建起“王畿—封国—采邑”的差序治理网络，通过“授土授民”程序将地理空间转化为政治隶属关系的物质载体。周天子以宗法血缘为纽带，将土地控制权逐级授予同姓诸侯与异姓功臣，这种“封建亲戚以蕃屏周”的制度设计，既通过地理屏障巩固王室安全，又借助亲属伦理强化政治效忠。青铜器铭文中的册命文书显示，诸侯受封时需承诺“夙夜匪解，以事一人”，表明土地赐予实质上是政治契约的缔结过程。

宗法制度与政治权力的深度嵌合催生出独特的权力传承机制。嫡长子继承制通过“大宗百世不迁”的原则，确保核心政治资源在宗族内部稳定

[1] 汤勤福，曹建墩. 中华礼制变迁史：先秦编［M］. 北京：中华书局，2022.

传承，而“小宗五世则迁”的规则则为权力结构的动态调整预留空间。这种“尊尊”与“亲亲”相结合的制度安排，使得周代政治既保持权力核心的稳定性，又通过支脉分封实现治理范围的弹性扩展。考古发现的西周家族青铜器群的分布规律显示，重要礼器的铸造与使用严格遵循宗法等级，器物形制差异成为政治地位的物质表征。

礼制体系的政治效能体现在其对暴力统治的文明化改造上。通过“军礼”规范战争行为，将军事征伐纳入“讨不义”的道德框架；借助“朝觐礼”固化诸侯述职制度，使权力监督转化为程式化的礼仪展演。尤为重要的是，周人将天命观转化为“敬德保民”的施政准则，金文资料中频繁出现的“德”字铭文，揭示统治者已意识到政治合法性的维系不能单纯依靠神权庇护，而需通过惠民政策获得民心支持。这种治理理念的转变，使得周代政治呈现出鲜明的人文转向。

制度弹性是周代政治存续的关键机制。面对诸侯国实力的消长，王室通过“巡狩述职”制度动态调整，实现权力平衡；针对边疆部族冲突，推行“怀柔远人”的羁縻政策，实现文化融合。春秋时期“尊王攘夷”口号的盛行，证明礼制体系具备将现实利益博弈转化为价值共识的能力。这种政治智慧在青铜器铭文记载的盟誓活动中体现得尤为显著，诸侯间通过“歃血为盟”仪式将临时军事同盟升华为道德契约，展现出周代政治文化强大的适应性。

（二）井田制的空间政治学[1]

考古发现的西周铜器铭文中，“锡田”记载达百余处，这些刻在青铜器上的土地契约，勾勒出井田制的现实图景。将土地划分为规整的“井”字形态，不仅是农业技术的进步，更是空间政治学的精妙设计。公田与私田的二元结构，在保障国家赋税的同时保留了农户的基本生存空间，这种

[1] 张一兵．空间中的政治：走向一个新的观念革命——列斐伏尔《空间与政治》研究［J］．社会科学，2024（1）：19–30.

“公私兼顾”的制度安排展现出惊人的治理智慧。

在岐山周原遗址发现的沟洫系统，证实了《周礼·地官》中“遂人掌邦之野”的记载。纵横交错的阡陌既是农田水利设施，也是权力渗透的毛细血管。这种将自然空间转化为政治空间的做法，使周王室的统治能够突破血缘宗族的局限，直达最基层的庶民。每年春天举行的“藉田礼”，既是劝课农桑的仪式，更是“天子亲耕”的政治展演，将农业生产提升为国家治理的核心议题。[1]

孟子描述的“方里而井，井九百亩”的理想模型，在实践中演化出灵活的变通机制。陕西岐山董家村出土的裘卫四器的铭文显示，土地交易在西周中期已具相当规模，这种在公有制框架内允许有限私有的制度弹性，既维护了“溥天之下，莫非王土”的法理尊严，又适应了经济社会发展的现实需求。这种制度智慧使井田制在西周延续近三百年，成为周代社会稳定的经济基础。

（三）周代经济形态

周代经济形态呈现出以土地制度为核心、以等级分配为特征、以礼制规范为保障的独特结构。井田制的实施构建起“公田－私田”二元生产体系，在保障农业生产效率的同时，将经济资源配置转化为政治治理手段。公田集体耕作制度通过“同养公田”的协作模式形成规模效应，沣西遗址中发现的大型农具储藏坑证实了集体生产已具有相当的组织化程度。私田自主经营则激发了农户的生产积极性，《诗经》中“九月筑场圃，十月纳禾稼”的农事记载，反映出个体家庭在完成公田劳役后对私田的精耕细作。这种复合型生产结构既维持了贵族阶层的经济特权，又为基层社会保留了生存发展空间。

土地分配的等差原则深刻影响着经济秩序的运行。周天子通过“锡田”制度将土地连同耕作人口分封于诸侯，形成“田随爵授”的资源分配

[1] 李凯，张子青．古代中国文明文献萃编［M］．北京：华夏出版社，2023.

机制。金文资料显示，受封者获得的“一田”包含百亩耕地与相应的劳役人口，构成完整的经济单元。诸侯再将土地逐级分封于卿大夫，形成“公食贡，大夫食邑”的层级供养体系。这种将经济资源与政治地位直接挂钩的分配方式，使得土地经营成为权力层级的物质表征。西周中期出现了土地转让现象，在这一过程中，需要通过“执驹”等官方仪式确认产权变更，彰显王权对经济活动的深度介入。[1]

社会分工体系在礼制框架下形成特殊的发展格局。公田产出支撑的“九府”仓储制度，为青铜铸造、礼器制作等官营手工业提供了物质保障。扶风齐家村西周作坊遗址出土的陶范与铜渣，证实了手工业专业化生产已达到相当规模。但“工商食官”的制度设计将手工业者束缚在贵族经济体系内，使生产活动严格服务于礼制需求与军事需要。商业流通主要表现为诸侯间的“聘享”物资交换，玉帛、车马等礼仪用品的流转轨迹，实质是政治隶属关系在经济领域的延伸。这种分工模式虽抑制了市场经济因素的独立发展，却有效维护了等级秩序的稳定性。

经济形态与治理体系的深度互嵌催生出弹性调节机制。面对自然灾害时，井田制下的共耕传统与王土观念中的保民责任共同发挥作用，王室通过“发廪赈饥”将经济调控纳入德政范畴。春秋时期的“初税亩”改革，表面是赋税制度的调整，实质反映了土地经营方式向私田化的渐进转变。但礼制体系通过“度于礼，施取其厚”的调节原则，将经济变革约束在“尊尊亲亲”的价值框架内。这种制度韧性使得周代经济形态虽经历社会变革，却仍能维系基本结构的稳定性达数百年之久。

（四）周代文化体系

周代文化体系以礼制为核心架构，通过价值符号系统与道德教化机制的协同作用，构建起兼具规范性与包容性的文化认同模式。这一体系突破原始宗教的神秘主义框架，将天命观转化为可操作的伦理规范，形成“敬

[1] 汤勤福，曹建墩．中华礼制变迁史：先秦编［M］．北京：中华书局，2022.

天法祖”与“明德慎罚”相统一的文化特质。青铜器铭文中“帅型祖考之德”的常见表述，揭示周人通过器物铭刻实现价值传承的独特智慧——鼎彝礼器不仅是权力象征，更成为道德训诫的物质载体，使抽象的伦理原则获得持久的物化存在。[1]

礼制的人文转向催生出系统化的文化符号体系。乐舞制度通过“六代之乐”的等级化配置，将艺术形式与政治秩序精准对应，诸侯宴飨时的《鹿鸣》演奏与天子祭祀时的《大武》表演，在审美体验中植入尊卑等差观念。玉器礼仪更是将材质特性与道德属性巧妙关联，“君子比德于玉”的认知模式，使得佩玉超越装饰功能，演变为德行修养的具象表达。这种符号系统的建构，使文化价值渗透到物质生活的各个层面，形成“器以藏礼”的普遍教化机制。

德治思想的文化实践体现为动态平衡的教化网络。庠序教育通过“六艺”课程体系，将射御之术与礼乐修养有机结合，培养符合贵族伦理的行为范式。乡饮酒礼中的长幼序齿规则，则将道德教化融入公共生活，使基层社会在宴饮酬酢中自然习得尊老敬贤的交往伦理。尤为重要的是，周人通过“诗言志”的文化传统，将民间歌谣升华为政治教化的媒介，《诗经》中“风雅颂”的体裁划分，既保留不同阶层的文化表达，又通过采诗观风制度实现价值引导。

文化体系的自新能力源于其弹性解释机制。面对地域文化差异，周王室通过“修其教不易其俗”的治理智慧，在保持礼制内核的前提下容纳地方特性。青铜器纹饰从狰狞兽面向几何图案演变的趋势，反映出神秘主义向人文审美的转型。当宗法制度面临血缘疏离的挑战时，儒家通过“缘人情而制礼”的理论创新，将礼仪程式与人性需求相协调，为文化体系注入持续更新的生命力。这种开放性与原则性的辩证统一，使得周代文化既能维系核心价值传承，又可适应社会结构变迁，最终塑造出中华文明特有的

[1] 杨春时．中国文化的生成：从神恩到人恩［J］．天津社会科学，2024（2）：70-77.

连续性发展模式。

（五）王土观念的文化拓扑

“王土”概念绝非简单的领土宣称，而是蕴含着复杂的文化拓扑。《诗经·小雅·北山》中的“溥天之下”宣言，通过分封制转化为具体的政治实践。考古发现的燕侯克罍、晋侯稣钟等器物，证明诸侯在获得土地的同时也承担着“以蕃屏周”的政治义务。这种将地理空间与政治责任绑定的制度设计，创造出独特的天下体系。[1]

在礼乐文明的框架下，土地制度获得文化意义的升华。《周礼》记载的“土均之法”，将土地质量与赋税等级挂钩，体现出理性化的治理思维。每年冬季的“大腊”祭祀中，后土之神与农神共同受祭，将土地制度纳入神圣的宇宙秩序。这种文化建构使王土观念超越简单的经济关系，成为维系天下秩序的精神纽带。

（六）王道永续：周代的共同体可持续发展经验及其局限

周代治理体系蕴含的可持续发展智慧，体现为其通过制度弹性与文化调适实现共同体的动态平衡。井田制与宗法网络的有机结合，构建起具有自我修复功能的经济社会结构。公田共耕制度在保障农业生产效率的同时，通过“守望相助”的协作传统培育社区凝聚力，这种将经济生产与社会教化相融合的设计，使得面临自然灾害冲击时能快速启动宗族互助机制。青铜器铭文记载的大荒之年散廪赈饥案例，显示贵族阶层通过履行保民责任来维系封地存续，这种经济伦理化的治理方式，使资源再分配成为构建政治合法性的实践路径。

礼制体系的文化整合功能为共同体延续提供精神纽带。在周代治理中，通过“礼，时为大”的弹性原则，在恪守核心价值的同时包容地域差异，形成“修其教不易其俗”的包容性发展模式。诸侯国在遵守朝觐纳贡义务的前提下，可依据封地特性调整具体治理策略，这种制度张力在晋国

[1] 汤忠钢，袁张帆．文明以止：中国文化专题十讲［M］．北京：九州出版社，2023.

“启以夏政，疆以戎索”的实践中尤为显著。德治思想通过“敬天保民”的价值共识，将政治统治转化为文化濡化过程，使得政权更迭时新统治者往往选择继承而非颠覆既有的治理框架，这种文化认同的延续性为共同体的存续奠定深层基础。

该治理模式的局限性根植于其伦理本位的内在逻辑。血缘纽带对制度创新的束缚，使得土地资源配置难以突破“尊尊亲亲”的宗法框架，西周后期出现的“田里不鬻”禁令松动现象，实质上暴露了刚性制度与生产力发展之间的深刻矛盾。礼制规范对技术革新的抑制作用同样明显，“工商食官”制度将手工业者固化为世袭职业群体，压制了技术创新所需的自由流动。考古发现显示，西周晚期农具形制较前期未有显著改进，这种技术停滞与过度依赖礼制调节的发展模式形成恶性循环。

周代治理经验的历史启示在于其展现的多元平衡智慧。通过王土观念维系政治整合，借助井田制实现经济基础稳定，依托礼制体系完成文化认同构建，这种三位一体的治理架构具有显著的韧性。但其对血缘伦理的路径依赖，导致制度演进难以突破“差序格局”的先天局限。当铁器革命引发生产力质变时，原有治理模式的文化惯性反而成为转型的阻碍，这种内在张力预示了周代共同体发展范式的历史边界，同时也为理解中华文明“旧邦新命”的演进逻辑提供了关键注脚。

六、结论与反思

周代治理体系展现出政治经济基础与文化形态深度互嵌的典型特征，其制度设计的内在逻辑为理解中华文明早期治理范式提供了关键切入点。井田制与王土观念通过制度耦合构建起差序化的治理框架，将土地资源配置转化为政治权力网络的物质载体。这种经济基础与治理结构的共生关系，在宗法血缘纽带与礼制规范的双重作用下，形成具有自我调适功能的弹性机制：分封体系通过层级授权实现空间治理的延展，礼制人文性则借助价值共识维系着制度运行的稳定性。值得注意的是，周代治理并非简单的制度叠加，而是通过“德－礼”互动完成政治合法性的持续再生产——经济剥削的礼制化包装、权力监督的仪式化表达、社会矛盾的伦理化调解，共同塑造了“刚性制度柔性运作”的治理智慧。

本章的研究还揭示了周代治理范式在历史演进中的辩证性。制度弹性既表现为分封体系对地缘政治的适应性调整，也体现为礼制规范对技术变革的有限包容，这种“变与不变”的张力最终演化为推动体系转型的内在动力。但需清醒地认识到，血缘伦理对制度创新的束缚、礼制程式对经济活力的抑制，使得周代治理难以突破“差序格局”的路径依赖。当铁器革命引发生产力质变时，原有治理体系的文化惯性反而加深了转型阵痛，这种历史悖论深刻警示着制度演进中传统与现代的复杂博弈。

本研究在方法论层面存在三重反思空间：首先，传世文献与考古材料的互证尚存疏漏，特别是金文资料的系统性利用仍需加强；其次，对治理体系动态演进的历时性分析相对薄弱，未能充分揭示制度变迁中的关键转折点；最后，横向比较视野的缺失限制了研究结论的普遍性意义，未来需加强与同时期其他文明治理模式的对比研究。这些反思不仅指向既有研究的改进方向，更提示着古代治理研究应超越制度描述层面，深入探究文化基因与治理效能的内在关联。周代治理经验中展现的制度韧性与文化自觉，对于当代国家治理体系创新仍具有镜鉴价值，但其历史局限也警示着我们：文明演进中传统资源的创造性转化命题远未终结。周人创造的治理体系，在战火纷飞的春秋战国时期逐渐解体，但其精神基因已深深植入中华文明肌体。孔子“吾从周”的宣言，不仅是对礼乐制度的追慕，更是对“敬天保民”政治伦理的认同。商鞅“废井田，开阡陌”的改革，看似摧毁了周制，实则延续了其制度创新的精神本质。从《周礼》的职官体系到《礼记》的王制理想，周代治理经验始终是后世政治思想的重要源头。

当代考古发现不断印证着文献记载的可信度，如清华简《系年》对西周历史的记述，与青铜器铭文形成多重互证。这种跨越三千年的对话提醒我们，周代治理中的人间关怀与人文精神，仍是理解中国传统政治文化的关键密码。在井田制的阡陌纵横与王土观念的天下图景中，我们看到的不仅是制度设计的智慧，更是中华文明对“经世济民”理想的不懈追求。

第八章

以民为鉴：三代权变的治理逻辑演进

在中国早期国家形态的演进过程中，民生经济与民心向背构成王朝兴替的双重驱动机制。研究表明，三代政权的合法性建构始终围绕“天命”与“人本”的辩证关系展开，其中氏族联盟的政治传统与农耕文明的经济基础共同塑造了独特的权力更迭模式。通过甲骨卜辞、青铜铭文与传世文献的多重互证，发现夏商周统治集团在宗法制度设计、资源分配体系及灾害应对机制等方面形成差异化治理策略，其成效直接决定氏族首领的共主地位维系。具体而言，九鼎制度的礼仪化运作、井田制的空间政治实践，以及青铜礼器生产的技术垄断，构成政权合法性的物质支撑。但社会动员能力的衰退往往肇始于基层治理失效，表现为劳役赋税失衡、水利系统失修以及贵族阶层对生产资料的过度攫取。商周鼎革不仅体现为表面的军事征服，更深层反映出姬姓集团通过改良祭祀制度、调整分封策略、完善赈济体系等方式重构社会契约的治理智慧。这种以民生保障换取政治认同，以经济改良巩固统治基础的实践逻辑，为理解中国古代国家治理提供了历时性分析框架，对当代组织管理的可持续发展具有历史镜鉴价值。

夏商周三代的政治智慧，体现为对“生业－民心”链条的深刻认知。大禹治水传说的背后，实则是早期国家整合资源能力的飞跃。《尚书·禹贡》将天下划分为九州，规定各州贡赋物产，这种“任土作贡”的体系，本质是通过经济地理规划实现空间整合。[1]二里头遗址出土的绿松石龙形器，原料来自300公里外的秦岭矿脉；殷墟妇好墓中的玉器，部分材质与新疆和田玉的成分一致。远程贸易网络的维系，不仅需要“肇牵车牛远服贾”的商人，更依赖王权对资源流通的保障——商代甲骨文中“王大令众人曰协田”的刻辞，正是这种治理能力的见证。周人的崛起，则将经济治理推向新高度。岐山周原出土青铜器的铭文记载了“藉田礼”的细节：周王亲执耒耜，在公田上破土，通过仪式化的劳作重申“敬天保民”的政治

[1] 周振鹤. 中国历史政治地理讲义［M］. 上海：上海人民出版社，2022.

契约。[1]《诗经·豳风·七月》以农事月令为经纬，细致描绘了选种、耕作、蚕桑、狩猎的完整生业循环。这种将农时管理与政治伦理捆绑的智慧，使得“民之所欲，天必从之”从口号变为制度。西周推行的井田制，虽在后世儒家的叙述中被理想化，但其“公田－私田”的结构设计，本质上是通过土地收益分配维系共同体稳定。[2]

一、概论

中国早期国家形态的演进始终与合法性建构紧密关联。夏商周三代作为华夏文明的政治原型，其权力更迭模式呈现出“天命”与“人本”双向互动的特征。既往研究多聚焦于考古发现与文献考据的实证性探讨，或停留于“汤武革命”的政变叙事层面，相对忽视政权合法性建构过程中民生经济与民心向背的协同作用机制。这种理论盲点导致对三代社会组织形态的认知仍存在断层，特别是宗法制度与资源分配体系如何通过物质载体转化为统治效能的问题亟待深入探讨。当前学术界的突破性进展主要体现在两个维度：其一，青铜器铭文与甲骨卜辞的互证研究揭示了礼器制度与权力象征的深层关联；其二，农业考古成果证实井田制的空间布局具有经济控制与政治整合的双重功能。但既有成果对氏族联盟体系下治理策略差异性的比较研究仍显不足，尤其缺乏对基层治理失效导致社会动员能力衰退的系统分析。本研究采用制度史与物质文化史相结合的研究路径，突破传统王朝循环论的单一解释框架。通过对九鼎制度的礼仪化运作、青铜礼器生产的技术垄断、灾害应对机制的效能差异等具体维度进行考察，构建“经济基础－治理能力－民心认同”的三维分析模型。这种创新性视角有助于揭示三代更迭过程中，民生保障与政治认同如何通过制度设计实现动态平衡，进而为理解中国古代国家治理的持续性特征提供新的理论支撑。

[1] 王玉哲．中华远古史［M］．上海：上海人民出版社，2019.
[2] 安宁．《诗经·周颂》农事诗研究［D］．郑州：河南大学，2024.

二、民心所向：三代王权更迭的社会基础

夏商周三代王权更迭的核心在于中国早期国家形成过程中血缘氏族制度的演变、神权政治向德治思想的转型、经济资源控制方式的调整及社会阶层结构的变动。用当代话语表述，夏商周三代王权更迭是文化信仰、政治经济、社会结构与意识形态多重因素互动的结果。所谓“民心所向”，本质是统治阶级顺应平民阶层的觉醒和崛起，用更“人性”“人本”的方式治国理政，让政权合法性有效重构的过程，反映了社会资源分配的调整、权力结构的变迁与集体认同的演变。

（一）经济基础：生产力变革与资源分配

夏商周时期的民众生活状况呈现出鲜明的时代特征，其物质基础与社会地位直接关联着政权稳定的程度。夏朝依托黄河流域粟作农业，形成以氏族为单位的井田制雏形；商代中耕除草技术的普及与青铜农具和牛耕的出现，催生土地私有化萌芽；西周铁器的应用与沟洫系统的完善，推动“公田－私田”二元结构形成。生产力发展瓦解了氏族共有制，新兴贵族阶层通过土地控制积累了实力。

例如，二里头遗址出土的石制农具与骨制耒耜，印证了夏代以耜耕农业为主的生产方式。[1]《夏小正》记载的“农率均田”制度，通过氏族集体耕作保障粮食生产，但遗址中窖穴储粮容积的悬殊差异，暗示着劳动成果的分配已出现阶层分化。安阳殷墟发现的储粮窖穴群容积较夏代显著扩大，配合甲骨文中“协田”的集体劳作记载，表明商代形成了更系统的农业管理体系。周原遗址出土的青铜铲与《诗经》“俶载南亩”的描写相互印证，显示西周通过青铜农具推广提升了耕作效率，但凤翔秦公大墓出土的人殉遗存揭示出底层民众仍被束缚于土地。

手工业者的生存状态折射出社会分工的深化。郑州商城铸铜作坊遗址显示，商代已形成专业化的工匠群体，其居住区与王室宫室的空间区隔，

[1] 蔡克中．先秦工具发展研究［D］．南京：南京艺术学院，2022.

暗示着手工业者处于被统治阶层。[1]殷墟出土的后母戊鼎需近百人协作铸造，这种工艺复杂度折射出工匠群体严密的生产组织，但墓葬中工具随葬品的匮乏，表明其劳动价值未被充分承认。[2]西周金文中的“百工”称谓，证实手工业者的身份趋于固定化。岐山周公庙遗址发现的陶范集中储存现象，揭示出周王室通过垄断生产技术强化对工匠群体的控制。平民阶层的赋役负担构成民生压力的主要来源。甲骨文中“王大令众人曰协田”的频繁记载，反映商代平民需承担集体劳役与军事征发双重义务。小屯南地甲骨“丧众”的占卜记录，暴露出强制劳役引发的人口逃亡问题。西周金文中的“庶人”身份界定，证实平民被固着于土地且承担“九赋”之贡。值得注意的是，洛阳北窑西周墓群中工具类随葬品的缺失，与文献中“庶人力于农穑”的记载形成互证，共同指向平民缺乏生产资料所有权的生存困境。自然灾害与贵族剥削的双重压力加剧民生困顿。周原甲骨“大旱”的占卜记载，与《诗经·大雅·云汉》“旱既大甚，涤涤山川”的文学描述，共同勾勒出气候变异对农业生产的破坏性影响。更为严峻的是，贵族阶层通过公田劳役过度攫取民力。这种生存压力的持续累积，最终通过《尚书·汤誓》“时日曷丧”的民怨表达，演变为政权更迭的社会动力。

（二）民心对王权稳定的影响

统治合法性始终与民心向背形成动态平衡，这种互动关系在三代政治实践中呈现仪式化、制度化和伦理化的演进特征。二里头遗址出土的绿松石龙形器与九鼎铸造传说相互印证，揭示夏王朝通过将治水功绩升华为神圣符号来凝聚氏族认同。这种“器以藏礼”的仪式化统治策略，使抽象的政治权威具象化为可感知的物质载体，并在《左传·宣公三年》“远方图物，贡金九牧”的记载中得到完整呈现。但仪式的神圣性需以民生保障为现实基础，当夏桀“率遏众力”过度征发民力时，九鼎的象征意义便与民

[1] 郭士嘉，雷兴山，方铭璐 . 郑州商城铭功路制陶作坊分区研究［J］. 文博，2024（6）：55-60.

[2] 李维明 . 司母戊鼎制作场景蠡测［J］. 南方文物，2016（4）：98-107.

众的实际体验产生断裂，最终导致“诸侯多叛夏”的政治危机。商代神权政治体系通过占卜机制构建天人沟通渠道，甲骨文中“王占曰吉”的程式化表述，实为将统治意志转化为天命启示的心理操控术。殷墟祭祀坑中大量的人牲与牲祭遗存，配合《礼记·表记》中“殷人尊神，率民以事神”的记载，证实商人试图以宗教狂热维系群体认同。但武丁时期频繁的“告麦”卜辞显示，农业生产已成为占卜的重要内容，暗示经济治理效能开始影响神权合法性。晚商时期帝辛“厚赋税以实鹿台之钱”的暴政，使宗教仪式异化为压迫工具，牧野之战中“纣师皆倒兵以战”的史实，正是民心彻底背离的极端表现。[1]周初统治集团创造性地将民心向背纳入天命观阐释体系，通过青铜器铭文中的“德”概念重构政治伦理。大盂鼎“丕显文王受天有大命”的铭文，与《尚书·康诰》中“天畏棐忱，民情大可见”的训诫形成互文，确立“天命靡常，惟德是辅”的新型统治逻辑。这种思想转型在制度层面体现为“荒政”体系的建立，《周礼·地官》记载的“散利”“薄征”等十二条救灾政策，将民生保障纳入国家治理常规机制。虢国墓地出土的赈灾铭文铜器，证实西周通过粮食调配稳定受灾区域，这种治理智慧使“厉王奔彘”的极端政治危机仍能通过“共和行政”实现软着陆。氏族联盟的维系依赖利益平衡机制的持续运作。商代“多子族”与“多妇”制度的本质是通过婚姻纽带构建政治同盟，殷墟妇好墓出土的钺形礼器象征其军事统帅权，揭示女性贵族在资源分配中的特殊作用。周代分封制通过“授民授疆土”实现权力再分配，宜侯夨簋铭文详细记载赐予土地、人口及礼器的具体数量，这种物质激励策略有效缓解了氏族矛盾。[2]但西周中期膳夫山鼎记录的“官司饮献人”职务膨胀现象，暴露出血缘政治边际效益递减的危机，最终引发“国人暴动”，造成治理体系崩溃。民意的表达渠道在三代政治结构中呈现制度化发展趋势。夏代“遒人

[1] 张振腾. 肇徹周邦：关中王畿政治与社会变迁的考古学观察[D]. 长春：吉林大学，2024.
[2] 李凯，张子青. 古代中国文明文献萃编[M]. 北京：华夏出版社，2023.

以木铎徇于路”的采诗制度，开创了舆情收集的原始形态，《尚书·五子之歌》中“民惟邦本”的治国理念已初现雏形。商代重大决策中，“王命众悉至于庭”，“国人”对国事有一定的议政权。西周时期，谤木制度与“三刺”司法程序的确立，使民意反馈纳入国家治理流程，班簋铭文“公告厥事于上”的司法记录，证实贵族阶层亦受舆论监督。这种原始民主因素的存续，为“防民之口，甚于防川”的统治教训提供了制度注脚。

（三）民意在王朝更替中的作用

民意在三代政权更替中呈现“隐性积累－显性爆发”的作用规律，其运作机制通过仪式操控、民生保障与资源再分配三个维度深刻影响权力结构的稳定性。二里头文化晚期聚落规模的普遍收缩，与文献中“桀不务德而武伤百姓”的记载形成空间与文本的双重印证，揭示出民意背离往往肇始于基层治理体系的持续失效。这种量变到质变的转化过程，在商周鼎革之际表现为“前徒倒戈”的戏剧性场景，其本质是长期利益失衡导致的统治契约瓦解。统治集团通过仪式化手段构建的民意操控系统，在夏商周三代呈现递进式发展趋势。夏王朝“铸鼎象物”的礼器政治，将治水功绩固化为视觉符号，并通过《左传·宣公三年》记载的“协于上下，以承天休”的仪式展演维持氏族认同。但二里头遗址三期礼器作坊规模的缩减，暗示仪式系统的物质支撑力衰退，直接削弱了统治合法性的感知强度。商代甲骨文中有“王作邑”的迁都记录，其本质是通过空间政治重构民意基础，但殷墟晚期祭祀坑人牲数量的异常增加，暴露出将宗教暴力等同于民意凝聚的认知谬误，最终加速“俾暴虐于百姓”的民心流失。[1]民生保障机制构成民意维系的核心支柱。西周金文中“畯正厥民”的治理理念，通过大盂鼎铭文“敏諫罚讼”的司法实践，将民意反馈纳入国家治理体系。陕西岐山董家村出土的裘卫四器，记载了土地交易中的民众见证程序，体现物权变动需考虑“庶民”意愿的制度设计。这种治理智慧在赈灾

［1］ 李凯，张子青．古代中国文明文献萃编［M］．北京：华夏出版社，2023.

机制中表现得尤为突出，清华简《厚父》所述“古天降下民，设万邦，作之君，作之师，惟曰其助上帝乱（治）下民之慝（恶）”，揭示出民意认同建立在“体国经野”的物质保障之上，与《周礼》“荒政十二策”形成政策呼应。民意转向的临界点往往出现在资源分配体系发生根本性失衡的阶段。[1]商代协田制的瓦解过程，通过小屯南地甲骨“丧众”占卜记录得以追溯，而集体耕作制度崩溃导致“小人革面”的身份焦虑。[2]周初推行的“分器”政策，在洛阳北窑遗址得到实物印证——殷遗民获得的陶范与铸铜工具，这既消解前朝的技术垄断，又通过生产资料再分配换取政治认同。这种“损益”策略的成功，反衬出夏商末世“专利作威”引发的民意反噬，正如《尚书·汤誓》中“舍我穑事而割正夏”所揭示的民生诉求与政治变革的内在关联。社会动员能力的强弱直接取决于民意资源的整合效能。西周中期的“国人暴动”事件，通过膳夫山鼎“官司饮献人”的职务记载，暴露出官僚体系膨胀对民力的过度汲取。与之形成对比的是，周初“三监之乱”后推行“怀柔百神”政策，这在宝鸡石鼓山墓地得到物质体现——殷式礼器与周式铭文的结合，证实文化包容策略对缓和族群矛盾的有效性。[3]这种“民意政治”的实践经验，为三代权力更迭提供了关键注脚：军事征服仅是政权转移的表象，深层变革必然依托于民生改善与民意重铸的制度创新。

三代更替中的“民心”并非现代意义的民众意志，而是贵族、平民、奴隶等多阶层利益博弈的隐喻。新兴统治集团通过调整土地政策（如周初“彻田为粮”）、吸纳异姓精英（如商用伊尹、周用姜尚）、重构意识形态（如从“畜民”到“惠民”）获取支持，但其本质仍是统治技术的升级。这种更迭模式为后世“易姓革命”提供范式，但也埋下“其兴也勃焉，其亡

[1] 刘涛，汤敏．论清华简《厚父》中的“德”及相关问题［J］．海岱学刊，2021（1）：111-119.

[2] 唐艺伟．《小屯南地甲骨》校订［D］．长春：吉林大学，2024.

[3] 李凯，张子青．古代中国文明文献萃编［M］．北京：华夏出版社，2023.

也忽焉”的周期率伏笔。

三、民生视角下的王朝兴衰

从民生视角审视夏商周三代的兴衰，可以突破传统王朝史观的局限，聚焦于经济基础、社会结构和民众生存状态的变迁。这三个朝代的更迭，本质上反映出早期中国社会在资源分配、生产力发展与民生治理之间的深刻矛盾。

（一）经济基础与社会结构的变化

三代政权更迭的深层动力植根于经济基础与社会结构的互动关系，这种动态平衡的打破往往成为王朝兴衰的转折点。考古证据显示，夏代氏族联盟制的存续依赖洛河流域的农业集约化生产，二里头遗址出土的骨制农具与规整田垄遗迹，印证了《夏小正》“农率均田”的集体耕作模式。这种以血缘为纽带的劳动组织方式，通过宫城遗址中礼器作坊与粮仓的空间毗邻布局，实现了经济剩余向政治权力的转化。但夏朝晚期郑州大师姑城址防御工事的强化，暴露出资源争夺导致的血缘共同体裂变，最终动摇“九牧贡金”的统治根基。商代经济体系的进阶体现在青铜生产技术垄断与社会分层强化的共生关系。安阳殷墟铸铜作坊遗址显示，礼器生产已形成标准化流程，其技术壁垒通过“子嗣相授”的世工制度得以维持。这种经济特权在殷墟西区墓葬群中得到具象呈现——铸铜工匠墓区与贵族墓区的空间隔离，折射出职业世袭制对社会等级的固化。甲骨文的“多工”记载与周祭制度中“百工”的献祭定位，共同构成维护技术垄断的意识形态工具。但晚商时期殷墟铸铜作坊规模的异常扩张，揭示出礼器生产异化为权力炫示手段，导致经济资源错配与民生基础削弱。西周分封制下的土地制度变革引发社会结构重组。岐山周原遗址发现的“一井九区”田垄遗迹，与宜侯夨簋铭文“赐田川”的记载相互印证，显示井田制通过空间规划实现公田与私田的权益平衡。这种经济制度创新在陕西岐山董家村出土卫盉的铭文中得到微观呈现——土地交易需经“五夫”联署的程序，既保留氏族共同体残余，又孕育着产权明晰化的萌芽。但西周中期膳夫山鼎记载的“官司饮献人”职务膨胀现象，暴露出层级治理带来的行政成本攀升，最终导致“宣王料民”的户籍制度改革，加速了宗法社会结构的解体。经济基础与社会结构的适配程度决定治理效能。[1]夏朝氏族共治模式依托集体耕作制度，其崩溃始于水利失修引发的粮食危机；商代神权政治依赖青铜经济的垄断优势，其瓦解源于技术扩散导致的权力稀释；西周宗法体系凭借井田制的空间控制，其衰败起于土地交易引发的阶层流动。三代兴替的本质是经济组织形态与社会结构要素在动态平衡中不断寻求新的制度适配，这种历史规律在郑州商城、殷墟与沣镐遗址的兴废时序中得到空间验证，为理解早期国家治理能力变迁提供了物质维度。

（二）政治制度与民生政策的演变

夏商周三代政治制度与民生政策的演进，呈现出从氏族共治向层级治理转型的清晰轨迹。[2]二里头遗址发现的陶质量器与骨刻符号，证实夏朝已形成以“甸服”为核心的贡赋体系，其“三品”赋税制度通过《尚书·禹贡》中“咸则三壤”的记载得以复原。这种将地理差异与经济义务相结合的制度设计，既维系氏族联盟的物质基础，又通过“执玉帛者万国”的朝贡礼仪强化政治认同。但夏朝晚期的治理出现异化，体现为郑州大师姑城址防御工事的强化与二里头宫室区“酒池”遗迹的并存，暴露出公共资源向统治集团过度集中的趋势。商代在继承夏制的基础上发展出“神权－世俗”的双重治理架构。殷墟出土的记事刻辞甲骨显示，商王通过“告麦”“求年”等占卜仪式介入农业生产，形成宗教干预与经济管理的复合机制。小屯南地甲骨“王大令众人曰协田”的反复记载，配合安阳孝民屯铸铜遗址的规模化生产证据，揭示出“百工”制度如何通过专业化分工提升治理效能。但晚商时期殷墟王陵区殉葬人牲数量激增，与《尚

[1] 顾洋．西周中期的职官转变［D］．上海：华东师范大学，2022.

[2] 信明华．周前时代的表意、书写与知识建构——关于早期文本诞生的研究［D］．济南：山东大学，2022.

书·微子》中“今殷民乃攘窃神祇之牺牷牲”的指控形成互证，反映出神权政治异化为资源掠夺工具的制度危机。周初的制度创新体现为“宗法－分封”体系与民生保障的有机结合。大盂鼎铭文“授民授疆土”的政策实践，通过陕西韩城芮国墓地的封疆遗迹得到空间印证。这种“封建亲戚以蕃屏周”的战略布局，既实现权力分配，又保障资源供给。尤其值得注意的是，膳夫山鼎关于“官司饮献人”的职责限定，反映出周人通过量化管理遏制赋税滥征的治理智慧。制度效能差异决定王朝兴衰周期。夏朝“九牧贡金”体系因水利失修导致物质基础瓦解，商代协田制随贵族土地兼并走向崩溃，西周“藉田礼”则因农具管控失效丧失动员能力。三代治理经验揭示出一个根本规律：政治制度的存续不仅依赖强制力保障，更需通过“养民”“惠民”政策建立弹性调节机制。这种制度设计与民生诉求的动态平衡，在郑州商城、殷墟与沣镐遗址的兴废时序中形成历史注脚，为理解早期国家治理能力提供了关键观测维度。[1]

（三）民生问题对王朝更替的推动

民生问题的持续恶化构成三代政权更替的核心驱动力，其作用机制表现为通过资源分配失衡、基层治理失效与生存保障缺位三个维度引发系统性统治危机。夏朝晚期的治理崩溃肇始于水利系统的功能性衰退，二里头遗址三期出现的宫城排水设施淤塞现象，与《尚书·汤誓》中“率遏众力”的指控形成物质与文本的双重印证。桀统治时期推行的“倾宫瑶台”工程，通过郑州大师姑城址夯土台基的异常扩建得以实证，这种将公共资源向统治集团过度集中的政策取向，导致洛河流域灌溉体系失修，最终引发“伊洛竭而夏亡”的连锁反应。商代政权更替的深层动因源于生产资料垄断引发的民生困顿。殷墟西区墓葬群显示，晚商时期青铜礼器随葬规格的阶层差异较武丁时期扩大三倍以上，折射出贵族阶层对战略资源的过度攫取。甲骨文中“丧众”占卜记录在帝乙、帝辛时期的频率激增，配合山

［1］ 王玉哲．中华远古史［M］．上海：上海人民出版社，2019.

东苏埠屯遗址平民墓葬群中发现的营养状况恶化证据，证实“纣厚赋税”政策已突破社会承受阈值。尤为严重的是，商末将人牲祭祀规模扩大至“百羌百牢”的宗教狂热，殷墟王陵区祭祀坑人骨DNA分析显示，牺牲者多来自本方国属民，这种将暴力仪式化的统治手段彻底瓦解了氏族认同基础。周初统治集团通过制度性改革重建民生保障体系，其成功经验反衬出前朝治理缺陷。陕西岐山董家村出土的裘卫诸器的铭文显示，土地交易需经“五夫”联署并公告庶民，这种程序设定有效遏制了贵族土地兼并。值得关注的是，洛阳北窑遗址发现的殷遗民铸铜作坊持续运作证据，表明周人通过保留生产技术群体维持经济稳定，这种“革商之命而不绝其祀”的智慧，实现了政权更迭中的民生平稳过渡。民生危机的爆发往往呈现“压力传导—阈值突破—秩序重构”的演进规律。夏商末世统治集团将公共资源私有化的行为，导致氏族联盟的“共主”性质发生质变，这种转变在物质层面表现为二里头绿松石作坊的宫室化与殷墟铸铜作坊的军事化。当“九牧贡金”异化为“瑶台玉杯”的奢靡消费，当协田制退化为“鹿台之财”的财政聚敛，统治合法性的物质基础便随之瓦解。西周厉王时期的“专利”政策引发“国人暴动”，正是触碰了“民不堪命”的临界点，而宣王“不籍千亩”的礼制改革，则通过放松农具管控重新激发生产活力，这种政策弹性成为宗周政权得以延续的关键。[1]

概括而言，三个方面的变化可以构成制约性模型。就资源控制权的演变而言，从夏朝水利公共性到商周土地私有化的转变，反映出权力集团对生存资源的垄断过程；就技术革命的悖论而言，商代青铜器、西周铁器虽推动生产力发展，但技术红利始终被统治阶层独占，未能转化为民生改善；在民本思想的萌芽方面，周人“敬天保民”理念的提出，标志着统治精英开始意识到“民溃”（《左传》）对政权存续的决定性作用。这种螺旋式的历史进程表明，古代王朝的存续根本上取决于能否在生产力发展、资

[1] 王玉哲．中华远古史［M］．上海：上海人民出版社，2019.

源分配和民众生存需求之间建立动态平衡。三代更替不仅见证着政治权力的转移，更折射出中华文明在探索社会治理模式过程中的深层阵痛。直到春秋时期管仲提出“仓廪实则知礼节”，才真正开启了中国传统社会民生治理的思想自觉。

四、结论与启示：组织的兴衰及其底层逻辑

通过对夏商周三代政权更迭的历时性考察，可以发现组织兴衰的本质在于治理体系与民生诉求的动态适配性。早期国家形态中权力结构的稳定性并非单纯依赖暴力机器或神权威慑，而是建立在资源分配效率与社会契约履行的双重基础之上。三代政权更替的深层逻辑，实质是不同治理模式应对系统熵增能力的差异体现。

从制度演进视角观察，治理体系的核心矛盾始终围绕资源控制与利益分配的平衡展开。夏代氏族联盟制依赖集体耕作的经济基础，其崩溃源于水利治理失效引发的资源供给断裂；商代神权政治通过青铜技术垄断维持权力层级，却因生产资料过度集中导致基层治理瓦解；西周宗法分封制创新性地将土地权益与军事义务捆绑，却在层级治理成本攀升中陷入制度僵化。这些历史案例共同印证：组织的生命力取决于将资源控制转化为民生改善的治理效能。

社会契约的构建与维系构成政权合法性的根本保障。在商周鼎革过程中，姬姓集团通过“损益”策略重构统治契约——在保留殷遗民生产技术的同时，以井田制实现土地权益再分配。这种“存亡继绝”的治理智慧，既消解前朝特权结构，又通过生产资料调控建立新型互惠关系。与之形成对比的是，夏商末世统治者采取将公共资源私有化的政策取向，导致“器以藏礼”异化为“以器驭民”，最终触发社会组织纽带的断裂。

组织的兴衰规律呈现鲜明的动态平衡特征。三代治理经验表明，政权稳定性建立在弹性调节机制之上：当“天命”阐释与“人本”实践形成共振时，如西周初期“荒政十二策”的常态化赈济体系，就能够有效缓冲系

统风险；反之，当仪式操控替代实质治理时，如晚商将人牲祭祀规模与统治权威建立病态正相关，必然加速组织机体的衰亡。这种兴替逻辑在当代组织管理中依然具有参照价值，任何权力结构都需在制度刚性与策略柔性之间保持动态平衡。

夏商周三代政权更迭的历史实践揭示了组织兴衰的本质逻辑：治理体系的存续能力取决于制度设计与民生诉求的动态适配性。天命观与民本思想的辩证统一构成政权合法性的核心框架，其中青铜礼器生产的技术垄断、井田制的空间政治、宗法制的层级治理共同构建了早期国家的治理体系。但制度效能的关键不在于仪式符号的复杂程度，而在于将资源控制转化为民生改善的实际能力，这种转化机制在三代更替中呈现螺旋式演进特征。

第九章

诸子百家:“轴心时代”的争鸣及“经世济民”思想体系的形成

本章以中国"轴心时代"的思想演进为研究主线，聚焦于春秋战国时期诸子百家在政治哲学领域的理论探索。社会结构的剧烈变革与礼乐制度的瓦解催生了儒、道、法、墨等学派的多元争鸣，各学派通过批判性对话构建起独特的治国理念。其中，"经世济民"作为贯穿于诸子思想的核心命题，经历了从早期民本意识到系统治理理论的演变过程。儒家以伦理政治为根基提出"仁政"学说，法家依托制度理性强调法制规范，道家主张"无为而治"的治理艺术，墨家通过"兼爱""非攻"展现平民视角。这种思想竞合最终形成包含价值伦理、制度设计、实践方略的复合型治理体系，其"天人合一"的思维范式与"德法并重"的治理模式为中国传统政治文化奠定了哲学根基。中国"轴心时代"的思想遗产不仅塑造了帝制时代的治理框架，其强调民生福祉与社会责任的核心价值观对当代社会治理也具有启示意义。

一、概论

春秋战国时期是中国思想史上最具创造力的阶段之一，社会结构的剧烈变革与周代礼乐制度的瓦解，促使知识阶层开始对传统价值体系进行系统性反思。这一时期诸侯割据的政治格局与铁器农耕技术的推广，共同构成了思想创新的社会物质基础。士人群体突破"学在官府"的桎梏，通过著书立说、游说诸侯的方式，将哲学思辨与治国实践紧密结合，形成了以"经世济民"为核心的多元治理思想体系。

诸子百家的理论建构，本质上是对社会失序状态的回应与治理方案的探索。[1]儒家伦理本位的政治学说也富含经济思想，所以后世陈焕章才能写出在西方世界很有反响的《孔门理财学》。儒家通过追求义利兼顾、在民生基础上重构礼制秩序来恢复社会和谐；法家则是经商鞅在秦国的变

[1] 吴剑修．有秦焚书不及诸子——论"百家语"的文体性质［J］．诸子学刊，2022（1）：225-236.

法，将管仲的“利出一孔”思想具体化为“耕战”政策，从而用制度理性实现富国强兵和法律规范的约束功能；道家主张以“无为而治”顺应自然规律，黄老道家则留出了足够的空间来让民间发育、休养生息；墨家从平民视角提出“兼爱”“非攻”的平等理念，主张用“科技理性”来维护和平、促进社会进步。这些思想体系在争鸣中既相互排斥又彼此渗透，形成了德法互补、王霸并用的复合型治理智慧。这种思想竞合不仅反映了不同社会阶层的利益诉求，更展现出中华文明应对社会转型的独特思维模式。

本章以政治哲学和人文经济学为切入点，系统梳理中国“轴心时代”治理思想的演进脉络，考察文化理念与机制规范和社会政治经济如何相互作用、相互影响。通过解析诸子典籍中的治国理念，揭示“经世济民”思想从朴素民本意识到系统治理理论的发展轨迹。本章研究着重考察不同学派在价值伦理、制度设计、实践方略三个维度的理论建构，以及其在秦汉政治实践中的融合过程。

二、“轴心时代”的历史背景

（一）“轴心时代”的定义与特征

“轴心时代”作为人类文明史上的关键转折点，特指公元前 8 世纪至公元前 2 世纪多个古代文明同步发生思想范式突破的历史阶段。1949 年，德国哲学家雅斯贝尔斯在《历史的起源与目的》一书中提出了这一概念，揭示了不同地域文明在突破原始思维模式、建立理性认知体系方面的共性规律。在中国文明的语境下，这一时段恰好对应周王室衰微、诸侯争霸的春秋战国时期，其思想突破的深度与广度在世界文明史上具有独特地位。[1]

[1] 徐圻，何君．“轴心时代”与华夏文明——谈中华文化的创造性转型问题［J］．贵州社会科学，2020（10）：93-100.

这一时期的根本特征在于思想主体从祭司阶层向知识阶层的转移，以及思维范式从神秘主义向理性主义的转型。本书的前几章已反复论证了中国历史上夏商周朝代更替的第一轮“正反合”，其最大的历史意义是夏的“天文 + 玉帛经济”的人文技术理性到殷商的“祭祀神权 + 青铜实力”的神权工具理性再到周代的“经世济民”的人文理性的螺旋递进。但有周 800 年之后，周代“封建”制度的局限性阻碍了生产力的发展和生产关系的进化，其经济模式的不可持续性导致礼乐制度崩溃，传统价值体系崩塌。统治阶级社会控制能力式微之后的社会阶层流动反而促进了知识的传播和生产力的加速变革，从而带来了新一轮技术进步；铁器普及带来生产效率提升，从而催生并支撑了“士”这一新型知识群体的崛起，而这又螺旋性地促进了社会政治经济的发展。其机制、逻辑或者说动力传导系统是动态循环的，“士”阶层突破“学在官府”的桎梏，通过私学传授与著书立说的方式，将哲学思考聚焦于现实政治秩序的重建和经济社会的发展。这种思想创造活动呈现出显著的实践导向，诸子学说虽理论路径各异，但都致力于解答“如何治理动荡社会”的时代命题。[1]

中国“轴心时代”的独特性体现在三个维度：一是思想体系的完整性，诸子百家构建了涵盖天人宇宙观、人间伦理观、政治经济观的系统理论；二是思维方式的辩证性，各家学说在相互辩难中形成“道器合一”“体用不二”“天人合一”的思维特质；三是价值取向的现世性，相较于其他文明对超越性存在的追寻，中国思想家更注重建立人间秩序的治理方案，落脚在如何“经邦济国”“经世济民”。这种思想特质使诸子学说既保持理论张力，又具备融合可能，为秦汉以降“外儒内法”“儒道互补”的思想格局奠定了基础。[2]

思想领域的突破性进展与政治实践的互动关系构成中国“轴心时代”

[1] 范世忠．诸子百家说［J］．华夏文化，1998（2）：22.

[2] 龚培．百家之魂:《周易》哲学对先秦诸子的基本规定［J］．船山学刊，2014（3）：133–138.

的显著特征。诸侯争霸的政治现实为不同的治国理念提供了实验场域。例如，春秋时期齐国管仲通过“轻重之术”和常平仓制度积累的经济基础，为战国时期稷下学宫的创设提供了物质保障，同时稷下学宫的设立也标志着思想争鸣的制度化，其产生的学术成果亦为齐国“内守国财而外因天下”的外贸策略提供了思想支撑；儒家的“仁政”学说主张通过教育教化重构伦理秩序，也为“先富后教”确立了价值理性和时代合法性；法家的刑名之术着力于制度理性建设，道家的“无为”思想探索权力和市场运行的限度，二者融合的黄老道家主张通过放松对民间和市场的管控，实现人民的休养生息和社会的繁荣发展；墨家的实用主义则关注技术改良与社会公平。这种多元共生的思想生态，既保持各学派的独立品格，又在争鸣中形成共通的问题意识，最终凝练出“经世济民”的核心价值取向。

（二）主要文明的兴起与发展

在“轴心时代”的文明图谱中，中国、印度、希腊与以色列四大文明几乎同步开启了思想范式转型，但各自的社会土壤与演进路径呈现出鲜明的地域特征。这些文明的思想突破虽共享理性觉醒的时代特征，但中国“轴心时代”的特殊性在于其思想创造始终围绕现实政治秩序重构展开。[1]

中国社会的剧烈变革为思想创新提供了独特的历史场域。周王室权威的瓦解导致“礼乐征伐自诸侯出”的权力格局，五百余年的诸侯争霸既带来了战争频仍的生存压力，也创造了制度实验的多元空间。铁器普及引发的农业革命加速了土地私有化进程，新兴地主阶级的崛起冲击着宗法分封制，而工商业的发展则催生了独立的市民阶层。这种社会结构的深刻裂变迫使思想家直面“如何重建秩序”的核心命题，稷下学宫“不治而议论”的制度设计，使思想争鸣首次获得体制化保障，为不同治理理念的博弈提供了学术平台。

---

［1］ 薛晓源，沈湘平．全球化研究［M］．北京：中央编译出版社，2022.

知识阶层的结构性变迁是思想繁荣的关键动因。西周“学在官府”的教育垄断随着王室衰微而崩解，私学兴起使文化知识突破贵族壁垒向庶民扩散，催生出“士”这一流动于列国间的知识群体。例如，孔子周游列国推行“仁政”理想，商鞅入秦实践变法主张，将学术思考与政治实践紧密结合。这种“知行合一”的思维特质，使中国“轴心时代”的思想创造始终保持着强烈的现实关怀。

物质文明与制度文明的协同发展为思想体系提供了实践支撑。列国为增强国力推行的变法运动，不仅检验着法家的制度理性，也倒逼儒家思考礼法融合的可能。郑国子产铸刑书、魏国李悝作《法经》，这些法律实践为理论建构提供经验材料。都江堰等水利工程的建设，则彰显着技术伦理的现实价值。各诸侯国在军事、经济领域的竞争，客观上形成了思想学说的“压力测试场”，促使理论体系不断自我完善以适应现实需求。

这种历史情境塑造了中国“轴心时代”思想演进的双重特质：一方面，百家争鸣保持着理论创新的多元张力，儒、法、道、墨等学派在价值取向上形成鲜明分野；另一方面，所有学说都共享着“经世济民”的问题意识，其理论建构始终指向社会治理的具体方案。[1] 相较于印度文明对轮回解脱的终极关怀，或希腊哲学对纯粹真理的形而上追问，中国思想家更注重建立可操作的治理框架，这种现世主义取向使诸子学说在秦汉时期能够快速转化为国家治理的实践智慧。

（三）“轴心时代”的思想变革

春秋战国时期的思想变革本质上是对传统秩序解构的系统性回应。周王室权威的崩解导致“礼乐征伐自诸侯出”的权力重构，这种政治失序状态打破了“天垂象，圣人则之”的认知范式，迫使思想家重新审视天人关系与治理逻辑。铁器农耕技术的普及催化了社会阶层流动，新兴地主阶级与市民阶层的崛起，使得既往“刑不上大夫”的宗法制度难以维系社会平

[1] 张江．百家争鸣：公共阐释的历史见证［J］．江海学刊，2023（1）：53-61.

衡。在此背景下，知识群体突破巫史传统的思维框架，将思考重心从天命崇拜转向人间秩序，形成了以现实问题为导向的理性思辨传统。[1]

思想领域的突破性进展体现为认知维度与实践取向的双重革新。诸子学说虽立论基础各异，但都致力于构建替代性的治理范式：儒家通过“仁”的概念重构伦理政治，将外在礼制规范内化为道德自觉；法家运用“法”“术”“势”的理论工具，试图建立客观中立的制度理性；道家以“道法自然”消解人为干预的正当性，揭示权力运行的天然边界；墨家则从功利主义角度论证“兼爱”“尚同”的实践价值。这些理论建构突破了商周时期“以祖配天”的单一思维模式，建立起“天人分途”的认知框架，使政治哲学开始摆脱神秘主义桎梏。

不同学派的思想互动创造了独特的理论生态。稷下学宫“不治而议论”的制度设计，使儒、法、道、墨等学说得以在平等语境中展开学理交锋。这种争鸣并非简单的观点对立，而是在共同问题意识驱动下的解决方案竞争。各家围绕“经世济民”的核心命题，既在价值取向上形成鲜明分野，又在方法论层面相互借鉴：荀子吸纳法家元素发展出“礼法并施”理论，黄老学派融合道法两家建构起“君人南面之术”，阴阳家则为儒家伦理提供宇宙论支撑。这种辩证发展模式使思想体系既保持个性张力，又具备融合潜能。

思想变革的历史意义在于完成了治理智慧的范式转型。诸子百家通过批判性对话，将分散的民本意识升华为系统的治理理论，构建起涵盖价值伦理、制度规范、操作技术的复合型知识体系。相较于其他文明在“轴心时代”对超越性真理的追寻，中国思想家始终聚焦于现世秩序重建，这种实践理性特质使理论创造与政治实践形成良性互动。当秦汉帝国需要整合分裂格局时，这种经过充分争鸣的思想资源便快速转化为“霸王道杂之”的治国方略，为“大一统”王朝奠定治理哲学的根基。

[1] 王晓清. 中国经学史话［M］. 南京：南京大学出版社，2022.

三、争鸣中的哲学思潮

（一）儒家哲学及其经济思想的形成与发展

春秋战国时期的社会失序状态为儒家思想的萌发提供了历史契机。面对礼崩乐坏的社会现实，孔子创造性地将周代礼乐传统转化为具有普遍意义的伦理体系，通过“仁”的概念重构道德政治的基础。这种思想突破体现为将外在礼仪规范与内在道德自觉相结合，使“克己复礼”不再是简单的制度复归，而是升华为个体人格修养与社会秩序重建的双重实践。孔子的弟子们整理的《论语》系统记载了这种“仁礼合一”的思想范式，其核心在于通过道德教化实现“君君、臣臣”的差序和谐。

孟子在战国中期深化了儒家理论的实践维度。面对法家功利主义的挑战，他提出“性善论”作为“仁政”学说的哲学根基，将孔子的伦理主张发展为系统的政治设计。通过“民为贵，社稷次之，君为轻”的价值排序，孟子构建起以民本思想为核心的治理框架。

荀子的思想代表了战国后期儒家思想的重大转向。在综合百家学说的基础上，荀子提出“性恶论”修正孟子的学说，强调“礼法并施”的必要性。“隆礼重法”的理论建构突破了早期儒家偏重道德教化的局限，通过吸收法家的制度理性要素，发展出更具现实适应性的治理思想。这种转变使儒家学说能够回应集权政治的需求，《荀子·王制》中关于社会分工与经济调控的论述，展现出儒家思想向具体行政领域渗透的趋势。

儒家思想的演进始终伴随着与其他学派的辩证互动。例如，与墨家“兼爱”主张的论辩促使儒家完善“爱有差等”的伦理体系，与道家“绝仁弃义”的争鸣推动儒家深化道德本体的哲学论证，而法家对制度效能的强调则倒逼儒家思考礼法融合的可能。这种思想交锋促使儒家不断丰富理论内涵，最终形成涵盖心性修养、政治伦理、经济治理的完整体系，为秦汉以降“儒法合流”的治理模式奠定了理论基础。

在此基础上，儒家经济思想的形成与发展历经两千多年，其核心理念以伦理秩序为基础，逐步构建起兼顾义利、重视民生的经济理论体系。孔子承认“求利”的普遍性，但强调“见利思义”，主张经济活动需符合道德规范（“仁”与“礼”）。他提出“因民之所利而利之”，主张轻徭薄赋、藏富于民，反对苛敛暴政。孟子提出“制民恒产”，主张通过井田制保障农民生计，认为“无恒产者无恒心”，同时肯定工商业的社会价值。荀子发展出“开源节流”的财政观，强调“上下俱富”，首次提出重农论，主张通过政策调节实现经济平衡。后经千年演变，儒家经济思想具有了伦理优先性：始终以道德规范约束经济活动，形成“义利合一”的独特逻辑；动态适应性：从先秦的民生关怀到宋明的哲学化，再到明清的实用主义，不断回应时代需求；全球相关性：为现代经济提供“人文经济学”范式，尤其在化解资本异化、构建商业伦理方面意义深远，可为人类超越过分强调工具理性和经济理性的发展模式提供矫正和创新的思想资源。

（二）道家哲学及其经济思想的独特贡献

道家哲学在诸子争鸣中开创了独特的认知维度，其“道法自然”的核心理念为传统治理思想注入了深刻的反思精神。老子突破“以德配天”的思维定式，将宇宙运行规律抽象为“道”的哲学范畴，构建起“人法地，地法天，天法道，道法自然”的认知链条。这种天人关系的重新诠释，不仅消解了传统天命观的神秘色彩，更揭示了社会治理应遵循客观规律的真理内核。《道德经》中“治大国若烹小鲜”的经典譬喻，形象化地阐释了权力运行当如自然造化般顺势而为的治理艺术。

在实践层面，道家提出“无为而治”的治理范式，形成对儒家礼治与法家刑名的双重超越。老子洞察到“法令滋彰，盗贼多有”的制度悖论，主张通过“绝圣弃智”消除人为干预的负效应。这种思想并非否定治理的必要性，而是强调遵循“辅万物之自然”的治理智慧。庄子进一步发展为“在宥天下”的理念，认为理想的治理应像天地大气包容万物，维持社会自组织能力。这种治理观在黄老学派中发展为“静因之道”，汉初“与民休息”政策的成功实践印证了其理论价值。

道家思想的批判性特质为诸子学说提供了重要的制衡力量。其“大道废，有仁义"的论断直指儒家伦理政治的局限，揭示道德规范异化为统治工具的风险；"民不畏死，奈何以死惧之"的诘问，则暴露出法家严刑峻法的根本缺陷。这种反思精神推动其他学派完善理论体系，如荀子"天行有常"的自然观明显受到道家的启发，而韩非子"因道全法"的思想则尝试调和道法两家的理论分歧。

道家哲学的影响超越具体的治术层面，塑造了中国政治文化的深层思维结构。"正言若反"的辩证思维为处理中央集权与地方自治的关系提供了方法论指导，"柔弱胜刚强"的价值取向影响着王朝更替中的权力让渡策略。在宋明理学"体用一源"的哲学建构中，道家思想与儒家伦理实现深度融合，共同构成传统政治哲学"内圣外王"的理论基础。这种思想遗产在当代社会治理中仍显现出独特价值，其尊重事物自发秩序的治理智慧，为平衡政府干预与市场机制提供了重要启示。

道家经济思想源于春秋战国时期由没落贵族组成的"隐者"群体。他们因封建领主统治衰微而避世，主张通过观察自然规律批判社会现实，形成了反对私有制、追求均富的朴素经济观。老子提出"道法自然"，认为经济活动应遵循自然法则，反对人为干预。《道德经》中对"食税之多"的批判，奠定了道家经济思想的反剥削基调。杨朱提出"贵己论"，主张个体利益与社会利益的平衡，强调"人人不损一毫"以避免掠夺性经济。庄子将自然主义推向极致，警惕经济活动中可能出现的人性迷失，主张回归朴素的自然经济形态，反对工商扩张对生态的破坏。春秋战国时期的社会动荡（如吴越争霸）促使思想家反思过度干预的危害。范蠡、计然等早期黄老学者提出"因时制宜"和"农商循环"理论，主张通过市场调节实现经济平衡。黄老学派还突破传统的重农抑商思维，如范蠡提出"农末俱利"理论，强调农业与商业互为补充。司马迁评价其"三致千金"体现了农商循环的可持续性。[1] 汉初以"道法合一"为特征的黄老之学，推行

[1] 金会庆. 道家经济观研究 [D]. 合肥：安徽大学，2012.

“无为而治”的治国理念，通过轻徭薄赋、减少行政干预等举措，促成了“文景之治”的盛世局面。这种将道家思想与法家制度相结合的模式，创造了中国古代少见的自由经济繁荣期。

（三）墨家与法家哲学及其经济思想的社会影响

墨家具有较强的社会动员能力，在战国时期展现出独特价值，其组织形态与思想主张形成双向强化机制。作为代表手工业者和平民利益的思想流派，墨家通过“兼爱”原则消解宗法等级壁垒，以“尚同”理念构建垂直社会组织，这种“巨子”领导下的准军事化团体，既能在守城实践中展现技术优势，又在思想传播中形成道德感召力。其“节用”“非乐”主张直指贵族阶层的奢靡之风，旨在通过降低社会治理成本来缓解社会矛盾，这种实用主义取向在列国兼并战争中获得部分统治者的策略性采纳。墨家思想中蕴含的早期科学精神与技术伦理，在器械制造、城防建设等领域产生直接影响，其“三表法”的认识论方法为后世逻辑思维的发展埋下伏笔。

墨家经济思想的形成与发展根植于春秋战国时期的社会变革，其核心主张体现了小生产者阶层的利益诉求，兼具理想主义与实用主义特征。春秋战国时期，土地私有制逐渐取代嫡子世袭制，农业生产技术提升（如铁器普及）推动生产力发展，手工业与商业随之兴起。小生产者（如农民、工匠）成为社会经济的重要力量，墨家思想正是这一阶层利益的集中反映。当时，频繁的战争导致民生凋敝，贵族阶级的奢侈与剥削加剧了社会不平等。因此，墨子提出“民有三患：饥者不得食，寒者不得衣，劳者不得息”（《墨子·非乐上》），直指当时的经济困境，呼吁通过改革实现社会公平。墨家脱胎于儒家又批判儒家，反对儒家的“天命论”和等级制度，提出“赖力自强”的劳动观，强调人的主观能动性。其经济思想融合了伦理哲学与实践需求，形成了独特的功利主义体系。墨家主张通过互利合作实现社会整体利益，认为“爱人者，人必从而爱之；利人者，人必从而利之”（《墨子·兼爱中》）。这一思想打破了血缘与阶级壁垒，倡导以经济互助为基础的普遍伦理关系。墨家强调农业是"民之所仰也，君之所以为养也"(《墨子·七患》)，主张开垦荒地、保障农时，反对战争对农业的破坏；提出"赖其力者生，不赖其力者不生"(《墨子·非乐上》)，将劳动视为财富的源泉，批判儒家的"天命论"与贵族的不劳而获；主张"各从事其所能"(《墨子·节用中》)，提倡合理分工与技术创新以提高生产效率，如《墨经》记载的数学与机械成就。墨家反对剥削，主张按劳分配，认为"不与其劳，获其实"是不义行为；批判贵族奢侈浪费，提倡"去无用之费"，主张"节葬""节用"以积累社会财富；认为战争"春则废民耕稼树艺，秋则废民获敛"，消耗资源且破坏生产，主张通过外交与非暴力手段解决争端，以保障经济发展。墨家经济思想以平民利益为根基，通过劳动伦理、分配正义与和平主义构建了一套完整的经济哲学体系。尽管其组织形式随历史湮灭，但其对公平、效率与人文关怀的追求，至今仍为经济思想史提供重要参照。[1]

法家学说通过制度理性重构了国家治理的底层逻辑，其社会影响具有显著的二重性特征。商鞅在秦国的变法实践系统应用了法家理论，通过"壹赏、壹刑、壹教"消解传统贵族特权，以军功授爵制打破阶层固化，这种社会工程学意义上的制度创新释放了巨大的生产力和战争动员能力。法家将法律规范提升为超越道德伦理的客观准则，其"不别亲疏，不殊贵贱"的司法原则在短期内有效强化了国家权威，但严刑峻法的过度推行也导致社会关系的紧张化。值得关注的是，法家"法、术、势"的理论架构为中央集权体制提供了系统化方案，其"因时变法"的革新意识推动列国完成从宗法封建向官僚帝制的转型。[2]墨法两家在社会改造路径上的对立与互补，折射出战国社会结构的深层矛盾。墨家"兼爱"理想试图通过道德感召重建社会纽带，其"兴天下之利"的功利主义与法家"计算之心"

[1] 史锦梅．试论墨家经济思想的兴衰［J］．社科纵横，2006（6）：116-117.

[2] 华云刚．周秦之际诸子政治理想的法家转向［J］．学术探索，2022（9）：17-24.

的人性预设形成鲜明对照。法家摒弃道德教化的治理效能，转而依靠制度约束和利益驱动，这种现实主义的治理策略虽能快速提升国家实力，却难以维系长治久安。两者的竞争性实践揭示了社会治理中柔性伦理与刚性法制的辩证关系：墨家学说因过度理想化难以持续，但其平等诉求与技术理性为后世提供思想资源；法家理论虽助推秦朝完成制度建构，其工具理性膨胀却为王朝衰亡埋下隐患。这种历史经验为秦汉以降“儒法合流”的治理模式提供了重要经验和启示。

四、“经世济民”思想的萌芽

（一）“经世济民”理念的起源

“经世济民”理念的孕育根植于早期中国社会的治理实践，其思想源头可追溯至夏商周时期的政治智慧与文化基因。从“禹合诸侯于涂山，执玉帛者万国”的历史叙事中，已经能够看到中华文明共同体治理的“和合”思想和“经世济民”智慧的萌芽和雏形。在《尚书·洪范》“彝伦攸叙”的记载中，已显现出构建社会秩序与保障民生福祉的原始诉求，箕子陈说的“王道平平”理念，本质上是对政权合法性与治理效能的双重考量。这种朴素的政治意识经过西周德治思想的淬炼，逐渐形成“敬天保民”的治理传统。周公制礼作乐时强调“明德慎罚”，将天命观与民生关怀相联结，为后世治理思想提供了价值雏形。[1]

关于大禹通过“涂山之会”建立跨部落联盟体系，以玉帛纳贡制度确立中央权威（“执玉帛者万国”），本书已专门用案例形式进行了系统研究和提炼。如考古发现的禹会村遗址中，2000 平方米 T 形祭坛与三色夯土台基，印证了《左传》记载的礼仪性会盟场景，体现了仪式化政治协商机制。这种以祭祀为纽带的治理模式，将宗教权威与世俗权力融合，形成早期“天命”政治哲学的雏形。禹与涂山氏女的婚姻（“通之于台桑”）不仅

[1] 张永祥.从《洪范》与《周礼》论西周之法度[J].中西法律传统，2015（2）：121-176.

是部族联姻，更深层体现黄河文明与淮夷文明的融合。涂山氏国作为母系氏族向父权制转型的典型，其考古遗址中出土的河南龙山、山东龙山及良渚文化器物，印证了跨地域文化互动的存在。这种"化干戈为玉帛"的"和合"智慧，为后世"协和万邦"理念奠定基础。[1]

禹治淮时"导淮自桐柏"的工程实践，需调动万国的人力物力。考古发现的淮河三峡人工开凿痕迹，以及禹会村遗址中的专用祭器，揭示当时已形成跨区域资源调配机制。这种集中力量治水患的协作模式，孕育了"经世济民"的实践智慧。"执玉帛"不仅象征政治臣服，更建立起最早的贡赋经济网络。[2]玉器原料产自昆仑山系，帛织需江淮蚕桑，贡品流动推动早期专业化分工。禹铸九鼎"列九州山川物产"的传说，实质是对经济地理的系统认知，为《禹贡》体系奠定原型。

涂山是"五岳四渎"之外的第五神圣空间，其祭祀台基中轴线直指山体的设计，构建了"天地人"三才贯通的宇宙观。这种空间政治学深刻影响后世封禅、明堂等制度。从《左传》到《史记》，"涂山之会"被反复重塑为华夏正统性的源头。周穆王效仿涂山会盟，汉代修建禹王宫，直至明清时期地方志仍持续强化这一集体记忆，从而形成超越朝代更迭的治理合法性话语体系。

春秋时期的社会剧变加速了民本意识的觉醒。随着宗法制度的瓦解，传统的"天命靡常"观念被赋予新的现实内涵，《左传·庄公三十二年》中"国将兴，听于民"的论断，标志着统治合法性评判标准从神权向民意的转移。郑国子产"不毁乡校"的政治实践，折射出精英阶层对民众舆论力量的认知发生转变；管仲"仓廪实则知礼节"的经济主张，则揭示物质基础与道德教化的内在关联。这些分散的治理经验在战国时期被系统化提

[1] 肖燕，罗颖．展现视角与空间叙事的大禹文化符号研究［J］．文史杂志，2025（1）：69-74.

[2] 刘欢．下好"创新"先手棋 大禹节水从"治水"走向"智水"［EB/OL］．证券日报之声公众号，2023-11-28.

升，最终凝练为具有哲学高度的“经世济民”核心理念。[1]

诸子学说从不同维度拓展了该理念的内涵。儒家将“仁政”确立为治国之本，孟子“制民之产”的设计方案，通过“五亩之宅”的经济蓝图将民生保障具体化；荀子“养人之欲”的论述，则从人性维度论证物质供给与秩序维护的辩证关系。墨家“兼相爱，交相利”的平等观，突破等级界限，强调社会资源公平分配；其“节用”“非攻”主张虽具乌托邦色彩，却为治理思想注入强烈的平民关怀。法家虽侧重制度效能，但商鞅“国富而贫治”的辩证思维，仍体现出通过经济发展实现国家治理的内在逻辑。

理念的形成过程蕴含着思想传统的创造性转化。道家“圣人无常心，以百姓心为心”的治理智慧，将自然法则与人本精神相贯通；阴阳家“春生夏长”的时序理论，则为经济政策制定提供宇宙论依据。这种多元思想的碰撞交融，使“经世济民”突破单纯的经济范畴，升华为涵盖价值伦理、制度设计、实践策略的复合型治理范式。当稷下学者提出“天下非一人之天下”时，标志着民本思想已完成从天命观向治理哲学的质变飞跃。

思想演进的内在动力源于对现实问题的持续回应。战国兼并战争中“争地以战，杀人盈野”的残酷现实，促使思想家深入探究治乱根源。孟子与告子关于“义利之辨”的论争，实为探讨物质利益与道德秩序的关系;《管子》“衣食足则知荣辱”的经典命题，则在实践中验证经济发展对社会治理的基础作用。这种理论与实践的双向互动，使“经世济民”理念既保持理想主义色彩，又具备现实可操作性，最终在秦汉之际沉淀为中国政治文明的核心基因。

（二）早期治理思想的实践

战国时期诸侯国的政治实践为治理思想提供了关键检验场域，各学派通过制度创新与技术应用不断验证理论的有效性。郑国子产铸刑书打破“刑不可知，威不可测”的传统，将成文法公示于民，此举虽遭贵族非议，

[1] 张分田．中国政治思想研究法［M］．北京：中华书局，2023.

却开创了法制公开化的先例。魏国李悝推行"尽地力之教"，通过农业技术改良与平籴法调节粮食价格，有效缓解了丰歉波动引发的社会矛盾。这些早期实践表明，治理思想的突破往往始于具体领域的制度调试，在解决现实问题的过程中积累理论创新的经验素材。

法家学说在秦国的系统性实施最具典范意义。商鞅变法通过军功授爵制重构社会激励机制，将户籍制度与连坐法相结合以强化国家控制能力，其"徙木立信"的政治表演艺术凸显制度权威构建的象征意义。郡县制的普遍推行打破了世卿世禄制下的贵族政治格局，官僚体系的专业化趋势催生出《为吏之道》等行政规范文本。这些制度变革在短期内大幅提升了国家动员能力，但严刑峻法的过度使用也暴露工具理性膨胀的潜在风险，为后续"儒法合流"的治理模式转型提供了历史镜鉴。

墨家思想通过其独特的技术伦理参与社会治理实践。其守城器械的发明与应用，在宋国抵御楚国进攻时展现出惊人的防御效能，这种"非攻"理念的技术转化，既维护了小国的生存权，又避免了"兼爱"理想的空泛化。墨者团体的组织模式更具创新性，通过"巨子"制度的垂直管理与"赴汤蹈刃"的纪律约束，构建起跨越国界的行动网络。这种将技术理性与道德理想相结合的实验，虽因脱离权力结构而难以持续，却为后世民间组织参与社会治理提供了原型参照。[1]

实践场域中的思想互动催生出新的理论生长点。齐国稷下学宫不仅提供学术争鸣的平台，更直接参与国家法律修订与政策咨询，学者们撰写的《王度记》等文献，记录着理论构想向制度设计的转化轨迹。[2]黄老学派的发展尤为典型，其"因循为用"的治理原则，既吸收法家的制度效能，又保留道家的节制智慧，在汉初"与民休息"政策中实现创造性转化。这种理论与实践的双向塑造，使早期治理思想始终保持着动态演进的

[1] 马彦涛．墨家思想中的"治理观"及现代启示［J］．中国领导科学，2024（5）：122-128.

[2] 广少奎．中国教育活动通史（第一卷）：先秦［M］．济南：山东教育出版社，2017.

生命力。

不同治理路径的竞争性实践，最终沉淀为具有中国特质的政治智慧。儒家“三年之丧”的礼制推行虽遭遇现实阻力，却在鲁国培育出独特的道德教化传统；法家“以吏为师”的政策在秦国塑造了严谨的行政文化，但其文化专制倾向也警示着制度理性的边界。这些正反两面的实践经验，为秦汉帝国整合治理模式提供了珍贵参照，使“经世济民”思想突破学派藩篱，升华为兼容价值理想与现实考量的复合型治理体系。

（三）经典文本中的治理智慧

诸子经典文献作为思想传承的物质载体，系统保存了中国“轴心时代”的治理智慧结晶，为“经世济民”储备了“智薮”和“经库”，也书写了无数高质量治理的经典案例。这些文本在记录学派核心主张的同时，更通过隐喻象征、历史叙事与逻辑推演的多重表达方式，构建起具有实践指导意义的治理知识体系。

《论语》开创的对话体书写范式，将抽象的伦理原则转化为具体情境中的行为准则。其“庶之、富之、教之”的治理三阶段论，既确立民生发展的优先次序，又暗含物质基础与精神教化的辩证关系。这种“即事言理”的言说方式，使儒家经典在保持理论深度的同时具备实践可操作性。[1]

法家文献展现出制度建构的精密思维。《韩非子》通过“矛盾说”揭示权力运行的客观规律，其“抱法处势则治”的论断，将法律规范、权力结构与治理效能纳入系统分析框架。《商君书》中“壹赏、壹刑、壹教”的政策设计，通过标准化手段消解社会异质因素，这种追求确定性的制度理性，在秦国变法实践中转化为强大的国家动员能力。法家文本特有的冷峻风格与实证倾向，使治国方略摆脱道德迷雾而趋向技术化，但“远仁义、去智能”的极端主张也暴露工具理性膨胀的风险。

道家经典以诗性语言传递深邃的治理哲学。《道德经》“治大国若烹小

[1] 杨肇中．旧邦新命：儒学公共精神的现代展开［M］．北京：中华书局，2022.

鲜"的隐喻，将复杂的政治艺术比喻为对烹饪火候的掌握，形象揭示适度干预的治理智慧。庄子"庖丁解牛"的寓言则暗喻权力运行应顺应社会肌理的自然纹理，这种"依乎天理"的治理观在汉初"与民休息"政策中得到验证。道家文本通过否定性表述构建的逆向思维，为过度行政化倾向提供制衡力量，其"正言若反"的言说策略，深刻影响着中国传统政治文化的含蓄特质。

墨家文献的技术理性特征尤为显著，《墨子》城守诸篇详细记载器械制作与防御工事，将"非攻"理想转化为可操作的技术方案。这种"三表法"指导下的实证精神，使墨家学说在战国军事实践中展现出独特价值。《墨子》兼爱篇通过逻辑推演构建的利益计算模型，突破道德说教层面而触及社会治理的成本效益分析，虽因忽视复杂人性而受到孟子的批判，但其理性论证方法为后世政策制定提供了思维工具。

诸子文本的互补性特征使治理智慧构成完整拼图。儒家注重价值伦理培育，法家专注制度效能提升，道家强调权力运行限度，墨家侧重技术方案实施。这种多元化的知识储备，使后世治国者能够根据时势需要灵活调配思想资源。当董仲舒融合阴阳家的宇宙论框架重构儒学体系时，实际上完成了对中国"轴心时代"治理智慧的创造性整合，使分散的文本智慧升华为具有普适性的治理范式。[1]

五、治理思想体系的成熟

（一）儒家治理思想的体系化

战国中后期儒家思想的体系化进程，本质上是对社会变革需求的理论回应与学术整合。面对法家制度效能的实际挑战与道家自然哲学的形上追问，儒家学者在坚持伦理政治核心价值的同时，通过吸收多元思想要素，逐步构建起涵盖哲学基础、制度设计、操作方法的立体治理框架。孟子

[1] 滕福海．董仲舒与"罢黜百家"[J]．广西大学学报（哲学社会科学版），2007（5）：92-97.

“仁政”学说与荀子“礼治”理论的互补性发展，标志着儒家开始突破道德理想主义的局限，形成具有现实操作性的治理方案体系。这种理论自觉在《礼记·王制》中得到集中体现，其关于土地制度、官吏选拔、社会保障的系统论述，将早期儒家的民本理念转化为可执行的行政规范。

在哲学基础层面，儒家通过天人关系的重构为治理体系提供本体论支撑。子思学派的《中庸》提出“天命之谓性”的命题，将人性修养与宇宙秩序相贯通，使道德实践获得形而上学依据；孟子“尽心知性知天”的心性论，则为“仁政”学说奠定内在超越的哲学根基。这种理论建构不仅回应了道家对儒家伦理基础薄弱的批判，更通过“内圣外王”的逻辑链条，将个体道德完善与政治治理效能紧密结合，形成独特的政治哲学范式。

在制度创新维度上，儒家展现出惊人的理论包容性。荀子“法后王”的历史观突破孔子“从周”的保守倾向，承认制度变革的必然性；其“隆礼重法”的治理框架，在保持礼制核心地位的同时，为法律规范预留制度空间。这种思想转变在《周礼》的体系化过程中表现得尤为显著，虽然该书成书年代存疑，但其设计精密的“六官”制度，实为战国儒家对官僚制发展趋势的理论预构。通过将道德教化融入职官职能，儒家成功实现了伦理原则向行政技术的创造性转化。

在实践操作层面，儒家治理思想通过教育传播与经典阐释形成社会渗透机制。孔门“六艺”教育体系在战国后期发展为系统的治国人才培养方案，既包含《诗》《书》的价值观塑造，也涵盖礼乐仪式的行为规训与射御之术的实用技能培养。这种“君子不器”的通才教育理念，使儒家士人能够适应从基层教化到高层决策的不同治理需求。而《春秋》公羊学对“微言大义”的阐释传统，更发展出“以经决狱”的法律解释方法，直接影响着汉代“引经注律”的司法实践。

在与其他学派的竞争融合中，儒家思想完成最后的体系化蜕变。阴阳五行说的引入使伦理政治获得宇宙论支持，董仲舒“天人感应”理论通过灾异谴告说强化道德约束；对黄老思想的吸收则催生出“霸王道杂之”的弹性治理策略，使儒家在坚持德治理想时兼顾现实政治需求。这种开放的理论姿态，使儒家思想最终超越百家成为主导性治理思想，其体系化成果在汉代"独尊儒术"的政策中达到顶峰，标志着中国"轴心时代"思想竞争的历史性终结。

（二）道家与法家对治理的补充

在治理思想体系臻于成熟的过程中，道家与法家分别从不同维度提供了关键性的理论补充，共同塑造了中国传统治理智慧的立体格局。道家哲学通过"道法自然"的治理理念，为集权体制注入了必要的节制智慧。其"我无为而民自化"的治理逻辑，在汉初"萧规曹随"的政治实践中得到验证，通过减少行政干预释放了社会自组织能力。这种看似消极的治理艺术，实则包含着对权力扩张本性的深刻洞察，黄老学派将其发展为"因阴阳之大顺"的施政原则，使农耕社会的自然节律成为政策制定的客观依据。当汉武帝时期"独尊儒术"导致治理刚性化时，道家思想始终作为重要的制衡力量，通过"与民休息"的间歇性政策回调，维持着帝国治理的弹性空间。

法家学说则为治理体系贡献了不可或缺的制度理性要素。其"不期修古，不法常可"的变革意识，推动传统治理突破宗法伦理的束缚，在秦汉官僚制建设中转化为具体的行政规程。云梦秦简揭示的"为吏之道"，将法家的"循名责实"原则细化为官吏考核的量化标准，这种制度设计思维被汉代吸收改造，发展出"刺史六条问事"的监察制度。法家"刑无等级"的司法平等理念，虽在实践层面受到特权阶层的阻碍，但其体现的制度公正性追求，为儒家"刑不上大夫"的礼治原则提供了重要补正。值得关注的是，董仲舒"春秋决狱"的司法实践，实质上是将法家制度框架与儒家价值伦理进行创造性融合的尝试。

道法两家在理论层面的互动催生出独特的治理技术。韩非子"因道全法"的思想建构，将道家的自然法则观与法家的制度效能论相结合，形成"虚静无为"的君主观与"明法严刑"的臣僚观的辩证统一。这种理论融合在汉初郡国并行制的制度设计中得到体现：中央政权运用法家手段强化集权，对诸侯王国则采取道家式的宽松治理，通过差异化管理维持帝国稳定。在具体的行政领域，道家的“顺势而为”与法家的“循名责实”共同作用于水利工程、均输平准等民生政策，既注重遵循自然规律，又强调执行效能，展现出治理智慧的实践张力。马王堆汉墓出土的《经法》《道原》等揭示的《黄帝书》的内容表明，道法融合已经独成系统——黄老道家。黄老思想与《老子》天道思想的理论结构有所不同。黄老道家的核心治理思想以“道法自然”为哲学根基，主张通过“无为而治”实现社会秩序的和谐，包括循顺自然的治理逻辑、多元融合的治理策略、与时迁移的实践智慧等。黄老道家的治理智慧，本质是通过“节制权力—尊重规律—动态调适”的路径，实现“治大国若烹小鲜”的圆融境界。它不仅对秦帝国与汉帝国的性质差异以及汉武帝时期政治思想的转变从思想史的角度做出了精彩的阐释，而且至今仍为复杂社会的治理提供深刻镜鉴。[1]

道法两家学说对主流治理模式的修正功能具有持久价值。当儒家伦理政治因教化过度导致形式主义时，法家的制度理性能够通过考核问责机制重建治理效能；当法家工具理性膨胀危及社会根基时，道家的自然主义又可发挥缓解制度僵化的作用。这种动态平衡机制在唐宋时期的政令调整中清晰可见：唐代“三省六部”制的精密分工体现法家智慧，而宋代“不抑兼并”的土地政策则蕴含道家思维。这种互补格局使中国传统治理体系始终保持着原则性与灵活性的统一，为“经世济民”理想的实现提供了多元化的路径选择。[2]

（三）不同思想流派的融合与冲突

战国晚期思想领域的融合趋势，标志着中国治理思想进入体系化整

[1] 浅野裕一．黄老道的形成与发展［M］．韩文，译．南京：江苏凤凰出版社，2021.

[2] 杨德才．中国封建王朝周期性兴衰：基于新制度经济学视角的研究［M］．北京：中华书局，2023.

合阶段。[1]这种融合并非简单的理论拼凑，而是在现实治理需求驱动下的创造性转化。稷下学宫作为学术交流中心，见证了儒家"修齐治平"理念与黄老"因循无为"思想的深度对话，荀子"礼法并施"的治理框架正是这种对话的产物。法家学说在韩非子手中完成体系化建构时，既保留"法、术、势"结合的制度理性，又吸收道家"虚静无为"的君主观，形成"因道全法"的辩证思维。这种跨学派的融合往往通过概念重构实现，如"道"的范畴从道家本体论向法家方法论的转化，既保持自然法则的超越性，又赋予其制度设计的实践品格。

思想冲突在学派竞争中以三种形式持续发酵：核心价值的对峙、治理路径的分歧、人性预设的差异。孟子与告子关于"义利之辨"的论战，本质是道德理想主义与功利现实主义的价值冲突；商鞅"燔诗书而明法令"的政策实践，则体现法家文化专制与儒家教化传统的根本对立。在人性论层面，儒家"性善"与法家"性恶"的预设差异，导致德治与法治的路径分歧，这种张力在汉代"春秋决狱"的司法实践中演变为礼法融合的制度创新。即便是表面融合的思想流派，内部仍存在理论竞争，如黄老学说中道家自然观与法家刑名论的结合，始终伴随着"无为"与"有为"的尺度之争。[2]

融合与冲突的辩证运动催生出新型治理范式。邹衍阴阳五行说的引入，为儒家伦理政治提供了宇宙论支撑，其"五德终始"理论通过将政治更替纳入自然循环，既化解了法家变革理论的激进性，又弥补了道家历史观的虚无倾向。在军事领域，兵家"奇正相生"的战术思想与道家"以柔克刚"的哲学智慧相互印证，发展出"文武并用"的治国策略。这种跨领域的思想嫁接在《吕氏春秋》中达到高峰，其"十二纪"的编撰体例，通过将农时规律、行政事务、宇宙运行相贯通，创造出"天人相应"的整体

[1] 姜建设．从《汉志》诸子分类说到百家异趣中的思想趋同［J］．新乡师范高等专科学校学报，2002（3）：30–35.

[2] 马小红．中国古代法文明模式［M］．北京：中国人民大学出版社，2023.

治理观。[1]

思想博弈最终沉淀为具有中国特质的治理智慧。当董仲舒用“阳尊阴卑”理论重构儒家“三纲五常”时，实际上完成了对法家尊君思想的伦理化改造；而“屈民而伸君，屈君而伸天”的命题，则巧妙融合了法家集权主张与道家天道观的制衡思想。这种经过多重思想淬炼的治理体系，既保持儒家“民惟邦本”的价值内核，又具备法家“循名责实”的制度效能，同时通过道家“自然无为”的智慧设定权力边界，形成弹性与刚性兼具的治理模式。“轴心时代”的思想遗产，正是通过这种持续的思想碰撞与融合，最终升华为兼容理想与现实的中国传统治理范式。[2]

六、“轴心时代”思想对后世的影响

（一）对中国历史发展的深远影响

中国“轴心时代”的治理思想在历史长河中沉淀为制度基因与文化密码，深刻塑造了中国传统社会的演进轨迹。秦汉帝国通过“儒法合流”完成治理模式的创造性转化，既继承法家“事皆决于法”的制度理性，又注入儒家“为政以德”的价值内核，形成“外儒内法”的治理结构。这种弹性框架既能通过察举制、科举制等人才选拔机制维系文化认同，又可依托郡县制、官僚制强化行政效能，使中央集权体制在王朝更替中保持超稳定结构。法家“以法治官”的思想遗产发展为严密的监察体系，从秦汉御史大夫到明清都察院，始终发挥着规范权力运行的关键作用。

在社会治理层面，诸子思想的互补性为历代王朝提供了政策调适空间。儒家“民惟邦本”的理念通过均田制、义仓制等民生政策得以实践，其宗法伦理与乡约制度结合，形成独特的基层自治传统。道家“无为而治”的智慧周期性显现于王朝初期的休养生息政策，汉唐盛世的经济复苏

[1] 夏海. 国学流变［M］. 北京：中华书局，2024.

[2] 庄树宗. “罢黜百家”还是“熔炼百家”——论董仲舒思想的“杂家”特征及其历史影响［J］. 江苏社会科学，2010（4）：24-28.

均得益于黄老思想的适时运用。法家"刑无等级"的司法理念虽受宗法社会制约，但"援法断罪"的成文法传统始终构成抑制特权的重要力量。这种"德法并重""刚柔相济"的治理传统，使中国传统社会在保持文化连续性的同时，逐步发展出应对危机的制度弹性。[1]

思想遗产更深层次的影响在于塑造民族精神与文化品格。儒家"修齐治平"的人生理想培育出"以天下为己任"的士大夫精神，范仲淹"先忧后乐"的胸怀与顾炎武"天下兴亡"的担当，皆可溯源于"轴心时代"的价值基因。道家"道法自然"的哲学智慧渗透于中医养生、园林建筑等文化实践，形成中国人特有的"天人和谐"观念。墨家"兼爱""非攻"的和平主义与"强力从事"的实践精神，通过民间结社与工匠传统得以隐性传承。这些思想元素经历史熔铸，最终凝聚为"家国同构"的文化心理与"和而不同"的文明特质。

在文明演进维度，中国"轴心时代"的思想范式奠定了中华文明对话域外文化的基础能力。这种文化主体性的形成，根源在于诸子百家构建的思维范式与价值体系具有强大的解释力和包容性。当近代遭遇西方文明冲击时，康有为重构今文经学、章太炎阐释诸子学说，均试图激活"轴心时代"的思想资源并进行现代转型，这种历史现象印证着传统治理智慧的持久生命力。

（二）对世界文明的贡献与启示

"轴心时代"中国思想体系在人类文明图谱中构建了独特的认知范式与实践智慧，其超越时空的普适性价值持续为全球文明对话提供思想资源。儒家"和而不同"的文明观突破地域性思维局限，将文化差异视为文明互鉴的前提而非冲突根源，这种包容性理念在丝绸之路的文化交融中得以验证，为当代多元文明共存提供历史注脚。道家"道法自然"的生态智慧，通过"辅万物之自然"的节制原则，早于西方两千年触及可持续发展

[1] 马小红．中国古代法文明模式［M］．北京：中国人民大学出版社，2023.

命题，其“天人合一”的整体观为现代环境伦理重构提供东方思想方案。法家“不期修古”的革新意识与“循名责实”的制度理性，展现出与韦伯科层制理论相通的管理智慧，其古代治理经验对后发国家制度创新具有方法论启示。

诸子思想在现代化转型中展现出惊人的解释张力。墨家“兼爱”伦理突破血缘宗法局限，其“视人之国若视其国”的天下情怀，与当代全球治理的共同体理念形成跨时空呼应；“节用”“非攻”主张中的和平主义元素，为构建新型国际关系准则注入传统智慧。阴阳家的系统思维模式，通过将自然规律与社会治理相贯通，发展出具有中国特质的有机宇宙观，这种整体性认知方式对突破机械论思维定式具有启发性。兵家“慎战”思想与“全胜”战略的辩证统一，既体现东方战争哲学的道德底线，又包含冲突化解的实践智慧，为现代国际安全治理提供另类视角。

中国治理智慧对现代社会的启示在于其平衡艺术与整合能力。儒家“礼法合治”的弹性框架，在保持核心价值的同时预留制度调适空间，这种原则性与灵活性相统一的治理模式，为应对现代社会的复杂性问题提供范式参考。稷下学宫开创的学术争鸣传统，证明多元思想竞争能够催生更具生命力的文明形态，其“兼收并蓄、求同存异”的对话机制，对消解文明冲突论具有现实意义。传统“经权”思想中的变通智慧，既强调根本原则的坚守，又注重具体策略的因时调整，这种动态平衡思维为处理传统与现代的关系开辟第三条路径。

中国“轴心时代”思想的世界性贡献在于其对人本精神的持续关注与对制度创新的永恒追求。孟子“民贵君轻”的政治伦理早于启蒙运动两千年确立民本原则，其“保民而王”的治理逻辑至今仍是衡量政权合法性的重要标尺。法家“刑过不避大臣”的平等诉求，虽受时代局限未能彻底实现，但其彰显的制度公正性追求，构成现代法治文明的重要思想源头。这些跨越文明隔阂的精神遗产，通过重新诠释持续参与全球现代性构建，证明古老智慧完全能够在创造性转化中焕发新的生机。

七、结语

春秋战国时期诸子百家的思想碰撞与融合，构建了中国传统治理体系的哲学根基。这场持续五百年的精神运动并非简单的学术争鸣，而是对文明存续问题的系统回应，其核心命题直指人类社会的永恒困境——如何在秩序与自由、效率与公平、权威与民生之间寻求动态平衡。诸子学说通过差异化的理论建构，展现出治理智慧的多维面向：儒家以道德理想主义确立价值坐标，法家以制度理性搭建权力框架，道家以自然哲学设定治理边界，黄老道家的“无为而无不为”为市场和社会演化留足空间，墨家以技术伦理开拓实践路径。这种多元互补的思想格局，使中华文明在早期发展阶段便形成极具弹性的自我调适机制。

“轴心时代”的思想遗产深刻重塑了中国政治文明的演进轨迹。秦汉以降的治理实践表明，诸子学说并非静态的理论标本，而是在历史进程中持续发生着创造性转化。儒家“仁政”理念与法家“法治”框架的融合，催生出“礼法合治”的弹性治理模式；道家“无为而治”的节制智慧，与黄老道家“无为而无不为”的辩证主张，共同构成中国式治理的动态演化论哲学，并始终作为矫正行政扩张的平衡力量，保障了民间社会的发展生机和生生不息；墨家“兼爱”理想虽未成为显学，但其技术理性与平民视角仍通过工匠传统隐性传承。这种思想基因的多元共生，使中国传统社会既能通过科举制维持文化认同，又可依托官僚制提升行政效能，最终形成独特的超稳定结构。

诸子百家的治理智慧对当代文明仍具启示价值。其“经世济民”的价值追求，将民生福祉确立为政权合法性的终极标准，这与现代治理的民本导向不谋而合；“和而不同”的包容精神，为多元文明对话提供了超越时空的思维范式；“天人合一”的生态智慧，更是前瞻性地触及可持续发展命题。在全球化遭遇治理困境的当下，重新审视“轴心时代”的思想遗产，既有助于突破西方中心主义的认知局限，也能为构建人类命运共同体贡献东方智慧。这种跨越千年的思想对话，证明真正的文明传统从不是沉重的历史包袱，而是永远鲜活的智慧源泉。

第十章

刚性与弹性：秦汉帝国共同体“大一统”的“统”与“续”

秦汉帝国的治理体系在中华文明史上具有奠基性意义。这两个前后相继的帝国以不同的治理智慧，在刚性制度框架与弹性调适机制之间寻找平衡，构建起中国历史上第一个成熟的“大一统”治理范式。秦帝国以法家思想为蓝本，用精密严苛的制度设计铸造出“大一统”的刚性框架；汉王朝则在继承秦制的基础上，通过文化生态重构与治理策略调整，赋予治理体系以必要的弹性空间。这种“刚柔相济”的治理智慧，不仅造就了汉帝国四百余年的国祚，更为后世中国政治文明奠定了基本范式。[1]

秦帝国的经济治理呈现出鲜明的制度刚性特征。商鞅变法确立的“废井田，开阡陌”政策，通过严格的土地登记与赋税制度，将农业生产完全纳入国家控制体系。[2]云梦秦简中关于“田律”“仓律”的详细记载，证实了秦代对农业生产各环节的严密监控。统一度量衡、车同轨等标准化政策，更是将制度刚性推向极致，建立起全国统一的经济运行网络。汉承秦制却展现出惊人的实践弹性。汉武帝时期的盐铁官营政策看似强化了经济控制，实则暗含灵活机制。敦煌汉简显示，官方允许特许商人参与盐铁运输，形成了“官督商办”的混合模式。均输平准制度在保持中央调控能力的同时，通过市场机制调节物资流通，这种“有形之手”与“无形之手”的巧妙结合，使汉朝经济在制度框架内保持活力。

秦朝的文化治理以刚性同化为特征。焚书坑儒政策试图通过文化清洗建立思想统一，“以法为教，以吏为师”的训令将法律条文上升为唯一的价值标准。这种文化专制虽然短期内强化了统治，却造成价值体系的真空，为秦朝速亡埋下隐患。汉帝国完成了文化生态的创造性转化。董仲舒“罢黜百家，独尊儒术”的表象下，实质是法家制度与儒家伦理的深度融合。张家山汉简《二年律令》显示，汉律在继承秦法的基础上，注入了“亲亲相隐”等儒家伦理元素。太学制度的建立与察举制的推行，使儒学

[1] 刘长明．塑往开来：秦帝国的文明整合与规制开显——兼论秦二世而亡的根本原因［J］．西部学刊，2022(9)：5–22.

[2] 岳雪峰．商鞅变法：千秋功过任评说［J］．春秋，2022（6）：48–52.

既成为意识形态工具，又承担起人才选拔功能，实现了文化价值系统与政治治理体系的有机衔接。[1]

秦朝政治体系是法家思想的制度具象。秦朝以郡县制取代分封制，构建起直达基层的垂直控制系统。里耶秦简中的行政文书显示，地方政务须逐级呈报中央，这种高度集权的治理模式虽提高了行政效率，却因缺乏缓冲机制而陷入“刚性脆化”。汉朝的政治创新体现为弹性治理智慧的成熟。郡国并行制的创设，在保持中央集权的同时为地方留出自治空间。汉武帝的“推恩令”通过制度设计消解封国势力，展现出“以柔克刚”的政治智慧。这种“刚柔相济”的治理策略，使汉朝能够有效应对社会变迁，维持政治系统的动态平衡。

在当代治理语境下重新审视秦汉治理体系的“刚柔之辨”，可以清晰看到：成功的治理体系既需要制度刚性确立基本框架，又需要文化弹性提供调适空间，更需要政治智慧实现二者的动态平衡。秦汉治理实践表明，真正的治理效能不在于制度的绝对刚性或完全弹性，而在于在明确的底线框架内保持适度张力。这种治理智慧对当代国家治理体系现代化仍具有重要启示：如何在维护核心价值与制度稳定的同时，为社会发展预留创新空间，是一个永恒的政治命题。本研究通过整合性视角探讨秦汉时期治理体系建构中制度刚性与实践弹性的辩证关系。在经济模式层面，集权体制下的赋税制度与土地政策呈现出制度刚性与实践弹性的动态平衡，郡县制与民间经济形态形成互补结构。在文化生态领域，儒家礼法体系与多元地域文化经历结构性重组，通过“以法入礼”的调适机制实现意识形态整合功能。在政治逻辑层面，官僚选拔制度从军功爵制向察举制的转变标志着治理范式的转换，文书行政与律令体系的完善显著提升了国家治理效能。研究发现，秦汉治理体系通过“弹性冗余”机制在集权框架内保留地方自主

[1] 周波．张家山汉简《二年律令·秩律》“大匠官司空”释读并论相关制度问题［C］．中国文字博物馆集刊，2024.

空间，形成“刚性结构－弹性功能”的复合治理模式。这种治理智慧不仅塑造了中华文明共同体的演进路径，也为当代国家治理提供了历史镜鉴，其核心价值在于制度稳定性与社会适应性之间的动态平衡。[1]

一、概论

秦汉时期作为中国历史上首个实现长期稳定的“大一统”时期，其治理体系的建构与演变始终围绕制度刚性与实践弹性的辩证关系展开。既往研究多聚焦于中央集权制度的刚性特征，或偏重地方治理的弹性实践，却鲜有将二者置于动态互动框架中考察的整合性视角。本研究突破传统制度史的单向度分析模式，通过经济模式、文化生态、政治逻辑的三维透视，揭示秦汉治理体系如何在制度稳定性与社会适应性之间构建动态平衡机制。

经济维度的考察显示，赋税制度与土地政策的刚性架构中蕴含着实践层面的弹性调整空间。商鞅变法奠定的名田制虽确立土地国有原则，但民间实际耕作中普遍存在的“假田”现象，形成制度规定与土地经营之间的缓冲地带。这种经济领域的弹性机制在汉初“与民休息”政策中得到制度性确认——通过“三十税一”的弹性税率和灾年减免措施，既维系了中央财政体系的稳定，又为地方经济保留了自我调适空间。郡县制与民间经济形态的互补结构，实为刚性制度框架吸纳弹性实践的重要载体。[2]

在文化生态层面，秦代“以法为教”的刚性治理在汉初遭遇实践困境，催生出“以法入礼”的调适机制。董仲舒“春秋决狱”的司法实践，将儒家伦理注入律令体系，既保持法律制度的刚性特征，又通过经义解释赋予司法裁判必要的弹性。这种文化整合机制使多元地域文化在“大一统”的意识形态框架内获得存续空间，形成“儒法合流”的新型文化生

[1] 卜宪群．先秦秦汉国家形态和国家治理的历史演变［J］．历史研究，2024（5）：68–89.

[2] 王博．秦与商鞅——成就商鞅变法之双重视角研究［J］．学术探索，2022（7）：115–123.

态，为治理体系提供持续的文化认同基础。

政治运作逻辑的演变更直观展现“刚柔相济”的治理智慧。军功爵制向察举制的转变，既延续了官僚选拔的制度刚性，又通过孝廉、贤良等弹性标准拓宽人才选拔渠道。文书行政体系的精密化与律令体系的法典化，在提升治理效能的同时，通过“故事”“比附”等弹性解释机制保留个案处理的灵活空间。这种“弹性冗余”设计使国家机器既能保持运转效率，又可应对突发性治理危机。

二、秦汉时期经济模式的制度刚性与实践弹性

（一）农业与手工业的发展

在秦汉“大一统”格局下，农业生产力革新与手工业体系重构构成经济基础的双重支柱，其发展轨迹深刻体现着制度刚性与实践弹性的辩证统一。铁器、牛耕的广泛普及标志着农业生产工具的标准化，国家通过“冶铁官营”政策控制核心生产资料，却在农具形制改良中保留地域适应性特征。云梦秦简《厩苑律》显示，官府虽严格规定耕牛养护标准，却默许民间根据土壤特性调整犁铧角度，这种技术规范与实用智慧的共生关系，使关中平原的代田法与江南的“火耕水耨”得以并存发展。[1]

手工业领域呈现出“官营主导－私营补充”的弹性结构。秦代确立的“物勒工名”制度通过责任追溯机制保障产品质量，其刚性监管框架在汉代衍生出灵活生产模式：官营作坊专注于礼器、兵器等战略物资的生产，而陶器、漆器等民用产品则通过市租制度吸纳私营工匠参与制造。长沙马王堆汉墓出土的绒圈锦织物，其经纬密度超越同期官营产品，印证了民间织造技术通过市场机制反哺官方生产体系的历史事实。这种制度性约束与市场化激励的耦合，使蜀锦、齐纨等地域特色产品突破行政壁垒，形成全

[1] 晁芸芸．从《云梦秦简》看秦法律帝国的建立［J］．武汉冶金管理干部学院学报，2019（1）：44-46.

国性流通网络。

农业生产关系的弹性调适在土地制度的演进中尤为显著。尽管名田制严格限制土地交易，但居延汉简中的“贳卖契约”揭示民间普遍存在土地经营权转让现象。汉武帝时期推行的代田法在保持土地国有性质的前提下，通过轮作制提升地力利用率，使关中地区的粮食产量实现跨越式增长。[1]更值得关注的是，灾荒年份推行的“假民公田”政策，既维持了土地制度的法定框架，又通过临时性经营权让渡缓解社会危机，这种制度弹性设计使西汉在百余年间成功应对了二十余次全国性自然灾害。

技术传播机制同样呈现“刚柔相济”的特征。秦代标准化度量衡为手工业技术扩散奠定基础，而汉代“工官”系统在保持核心技艺传承刚性的同时，通过“技巧官奴婢”的身份转换机制吸收民间工匠的创新成果。[2]湖北江陵凤凰山汉墓出土的记数《算簿》，不仅记载了官方规定的产品规格，更留有工匠自主改进生产流程的墨书批注，这种文本规范与实践创新的互动，推动铸铁柔化技术较战国时期取得突破性进展，为农业生产工具的大规模升级提供了物质保障。[3]

（二）商业与贸易的兴盛

秦汉时期商业贸易的蓬勃发展，深刻展现着制度规范与市场实践之间的动态调适过程。秦代推行的“重农抑商”政策虽在法律层面确立商业活动的从属地位，但云梦秦简《关市律》揭示的市场管理制度，通过“市亭”机构的价格监控与质量检验，在刚性管制中为商品流通保留了合法渠道。[4]汉武帝时期实施的均输平准政策，既保持了国家对关键物资的掌控力度，又通过建立覆盖全国的官营商业网络，使蜀郡织锦、齐地盐铁等地域特产突破行政壁垒，形成跨区域流通体系。这种“官营主导－私营

[1] 李强．重新释读“代田法”［J］．鸡西大学学报（综合版），2014（1）：53-56.

[2] 高杰．汉代地方工官研究：以出土骨签与漆器铭文为中心［M］．南京：凤凰出版社，2020.

[3] 朱德贵．天长西汉木牍所见《算簿》及相关问题探讨［J］．秦汉研究，2018（1）：55-69.

[4] 严翔．简牍中的历史——从云梦秦简看秦朝货币管理［J］．现代商业，2008（6）：272-273.

补充”的双轨模式，在维系中央财政稳定的同时，有效激活了民间市场活力。

跨区域贸易网络的构建得益于制度弹性提供的创新空间。秦代标准化车轨与汉代“通关梁”政策的持续推进，虽以军事防御和文书传递为首要目标，却意外促进了“逆旅”“传舍”等民间旅宿业态的繁荣。居延汉简中频繁出现的私粮交易记录，表明戍边将士与西域商人之间存在着超越律令限制的物资交换行为，这种基层实践中的变通智慧，为丝绸之路的正式开通积累了宝贵经验。[1]更值得注意的是，法律严禁的“辜榷”垄断行为，在实践中演化为官府默许的市籍商人特许经营制度——商人通过缴纳专项市租获取特定商品专营权，形成了独具特色的半官方商业组织。

契约制度的广泛应用成为平衡制度刚性与实践需求的关键机制。尽管《二年律令》严格限定土地交易范畴，但湖北江陵凤凰山汉墓出土的“中舨共侍约”木牍，清晰展现了民间合股经商时对契约条款的创造性运用。这种民间自发形成的“券书”制度，通过第三方见证、违约责任约定等要素，既遵守了国家律令的形式要求，又为商业信用体系构建提供了实践基础。汉武帝时期推行的“算缗告缗”政策，虽以打击商人资本为初衷，却倒逼出“匿税分利”的合伙经营模式，商人通过分散资产、交叉持股等方式，在合法框架内实现资本保值增值。

市场管理体系中的“弹性执法”现象凸显治理智慧。张家山汉简《奏谳书》记载的“贩缯案”显示，官府对超出市籍许可范围的丝绸交易，采取没入超额所得而不究刑责的处理方式。这种“得利入官”的变通执法，既维护了市籍制度的权威性，又避免了过度压制商业活力。[2]在边郡地区，官方更创新性地实施“胡市”季节性开放政策，通过限定交易时间与品类，将游牧民族与中原商人的物资交换纳入可控范围。这种“刚柔相

[1] 陈苏镇.《春秋》与“汉道”：两汉政治与政治文化研究[M].北京：中华书局，2023.

[2] 张世菁.由张家山汉简《奏谳书》的两个案例试析礼制与法律的冲突与运作[C].珞珈史苑，2019（辑刊）：148-161.

济”的治理策略，使河西走廊从军事禁区逐渐转变为“商胡贩客，日款于塞下”的繁荣贸易带，为汉王朝的边疆稳定提供了经济支撑。

（三）经济模式从刚性到弹性的变迁

秦汉经济模式的制度变迁本质上是刚性框架与弹性实践持续互构的动态过程。秦代建立的名田制虽在法律层面固化了土地国有原则，但云梦秦简中频繁出现的“盗田”案例，揭示出民间实际耕作早已突破制度限制。这种官方文本规定与社会实践的张力，在汉初演化为制度性调适：张家山汉简《户律》既重申“田宅当入县官而诈代其户者”的禁令，又新增“诸不为户，有田宅，附令人名”的变通条款，默许民间通过附籍方式实现土地经营权流转。赋税体系更呈现阶梯式弹性特征，汉文帝时期推行的“三十税一”基准税率配合“毋收债”的临时性豁免，构建起“常制－特例”的双层调节机制。[1]

经济治理的弹性化转向源于多重社会压力。豪民阶层的崛起倒逼国家调整土地控制策略，汉武帝时期的“告缗令”虽严厉打击土地兼并，却同步推行“假民公田”政策，通过契约租赁将国有荒地转化为缓冲社会矛盾的弹性空间。

市场管理机制的弹性化创新尤为显著。秦代《关市律》确立的严格市籍制度，至汉代衍生出“占租”这一弹性征税方式。湖北江陵凤凰山汉简显示，市籍商人除缴纳固定市租外，可按实际营业额“日结赢利”，这种从“身份管控”向“行为监管”的转变，使民间商业的活力得以释放。更为重要的是，律令严禁的“辜榷”行为在实践中被创造性转化为均输制度的运作基础，官府通过吸纳商人运营网络，将原本分散的物资调配整合为高效的流通体系。敦煌悬泉置遗址出土的过所文书表明，西域商队凭借“传信”既可享受官方驿传服务，又须接受市估平准，这种“以管代禁”

[1] 赵伟．秦及汉初刍稿税制相关问题研究——以简牍为中心［D］．济南：山东师范大学，2022.

的策略成功将跨国贸易纳入治理框架。[1]

经济模式变迁的内在逻辑体现为制度刚性与实践弹性的共生演进。国家通过保留“律令空白”为民间创新预留空间，而基层实践中的变通智慧又反哺制度完善，形成“实践试错—经验总结—律令修订”的良性循环。这种动态平衡机制使秦汉经济既能维系“大一统”格局，又可适应地域差异与社会变迁，其核心在于将弹性实践纳入制度化的规范渠道，而非作为放任自流的权宜之计。

三、文化生态的结构重组与功能转化

（一）儒家思想的兴起与影响

秦汉时期儒家思想的复兴与重构，本质上是治理体系应对文化整合需求的战略性选择。秦代“以法为教”的治理范式虽在短期内强化了制度刚性，却因忽视地域文化差异导致社会整合危机。汉初黄老思想指导下的“无为而治”，虽缓和了文化冲突，却难以提供意识形态统合功能。这种治理困境催生了董仲舒“罢黜百家，独尊儒术”的理论创新——通过重构儒家思想内核，将其锻造为兼容制度刚性与文化弹性的意识形态工具。[2]

儒家学说的制度转化体现为“经义入律”的创造性实践。董仲舒倡导的“春秋决狱”并非简单以经代法，而是构建起“经义－律令”的双层解释体系：在维持《九章律》刚性框架的同时，通过“原心定罪”“亲亲相隐”等儒家伦理原则赋予司法裁判以弹性空间。张家山汉简《奏谳书》记载的“继母杀父”案中，司法官援引“春秋之义”减轻孝子复仇的刑责，既维护了“杀人者死”的法令权威，又通过伦理考量实现个案衡平。这种法律解释学的创新，使刚性律令体系获得应对复杂社会关系的调适能力。

教育体系的儒学化改造为意识形态整合提供机制保障。汉武帝设立太

[1] 刘序传．从云梦秦简看秦代的经济立法［J］．法学研究，1983（6）：61-67.

[2] 张小雨．先秦两汉儒家乐教发展史［D］．济南：山东大学，2022.

学不仅确立儒家经典的正统地位，更创新性地采用“设科射策”的弹性考核方式：在固定的经学内容框架内，允许生徒结合郡国实际情况提出治理对策。这种制度设计使齐鲁地区的礼乐传统与楚地的巫俗文化都能在经学诠释中找到表达空间，成功将多元地域文化纳入“大一统”的意识形态体系。基层社会的“循吏”群体通过推行“礼俗教化”，将《孝经》《论语》中的伦理规范转化为乡约民规，在保持法律刚性的表层下，构建起弹性化的道德治理网络。[1]

儒家思想对官僚体系的渗透重塑了政治文化生态。察举制中孝廉、贤良等选拔标准的确立，表面看是人才选拔机制的转变，实质是将儒家伦理规范转化为制度化的权力分配原则。值得注意的是，这种转化并非单向度的意识形态灌输，而是包含实践层面的弹性调适：河北定州汉简《儒家者言》显示，地方荐举孝廉时既考量经典修养，也重视处理实际政务的效能。这种“经术”与“吏能”的兼容并蓄，使儒家思想既维系了选官制度的价值刚性，又为实务操作保留了弹性空间，成功实现了文化权威向治理效能的转化。

经过结构性重组的儒家思想，最终演化为兼具制度规范功能与文化调适能力的治理工具。它通过“天道－王道”的理论建构为中央集权提供神圣合法性，又借助“礼法互补”的实践智慧容纳地域文化差异。这种“刚柔相济”的文化整合模式，不仅解决了秦代“以法为教”导致的意识形态僵化问题，更开创出“霸王道杂之”的治理传统，为“多元一体”的中华文明共同体奠定了文化根基。[2]

（二）道家及黄老文化的管理学影响

汉初黄老思想的管理实践开创了“无为而治”的制度弹性范式，为秦代严苛法治向柔性治理转型提供了理论支点。黄老学说“因阴阳之大

[1] 张小雨 . 先秦两汉儒家乐教发展史［D］. 济南：山东大学，2022.

[2] 张小雨 . 先秦两汉儒家乐教发展史［D］. 济南：山东大学，2022.

顺，采儒墨之善，撮名法之要”的学术特质，在汉初具象化为“轻徭薄赋”“约法省刑”的治理策略。张家山汉简《二年律令》显示，汉高祖时期虽承袭秦律框架，却通过“除挟书律”“弛商贾之禁”等弹性化调整，将黄老“因循为用”的理念注入法制体系。这种“删苛就简”的立法智慧，在汉文帝时期发展为尽除“收孥相坐律令”的实质性改革，使法律制度在保持稳定性的同时获得自我更新的能力。[1]

黄老思想对官僚体系的浸润重塑了行政决策机制。曹参“萧规曹随”的治理实践并非简单的守成，而是创造性地将“君无为而臣有为”的管理学原理运用于官僚层级制。[2]居延汉简中的行政文书显示，郡县官吏在处理具体政务时普遍遵循“各任其序，不相乱也”的办事原则，上级机构仅把握政策方向，具体执行则赋予基层充分的自主权。这种“抓大放小”的治理模式，在《淮南子·主术训》中被提炼为“乘众人之智”“用众人之力”的系统管理理论，既维持了中央集权的制度刚性，又通过权力下放激发地方治理活力。

在具体政策层面，黄老思想指导下的弹性管理体现为“时变”与“因俗”的结合。汉初推行的“复故爵田宅”政策，既延续秦代军功授田的刚性原则，又通过承认六国旧贵族的地域性权威实现社会整合。马王堆帛书《经法》记载的“应化之道，平衡而止”理念，在实践中转化为“郡国并行制”的过渡性制度安排，通过保留诸侯王国的有限自治权，为中央集权的渐进式强化赢得缓冲时间。这种“张弛有度”的治理智慧，使汉王朝成功化解了异姓诸侯叛乱危机，同时避免了秦代急政带来的社会震荡。[3]

黄老思想的管理学影响更深刻地体现于经济治理的弹性机制构建。汉文帝时期推行的“开关梁，弛山泽之禁”政策，表面看是减少行政干预，

[1] 杨萍．汉初黄老治国思想研究［D］．济南：山东大学，2019.

[2] 朱莉丽．萧规曹随：萧何与曹参之比较研究［J］．文教资料，2016（29）：1-3.

[3] 孙雨东．试析马王堆帛书《经法》中的“理”［J］．老子学集刊，2024（1）：177-194.

实则为市场机制运作创设制度空间。湖北江陵凤凰山汉简中的市籍资料显示，官府通过市租定额征收取代秦代的严格市籍管制，使私营工商业在刚性税收框架内获得自主发展空间。这种“无为而治”与“积极立法”的辩证统一，在《管子·轻重》的经济思想中得到理论升华，形成“善者因之，其次利导之”的弹性治理原则，为汉武帝时期国家干预经济的政策转型预留了制度接口。

黄老思想管理哲学的历史价值在于其构建了制度刚性与实践弹性的动态平衡机制。通过“守道任法”的理论架构，既维护了中央集权的权威性，又通过“因时制宜”的弹性策略容纳了社会多样性。这种治理智慧不仅催化了“文景之治”的经济繁荣，更在汉武帝时期与儒家思想融合，形成“霸王道杂之”的复合型治理模式，为秦汉治理体系提供了持续演进的思想动力。[1]

（三）法家的刚性与汉代的柔化与修正

法家思想在秦汉治理体系中的嬗变，集中体现为制度刚性与实践智慧之间的辩证调适。秦代确立的“以法为教”原则虽构建起严密的律令体系，但其绝对化的刚性特质在实践中暴露出治理弹性缺失的弊端。张家山汉简《二年律令》显示，汉初立法者在创造性保留秦律框架的同时，通过“具律”增设“不当得律”条款，赋予司法官员援引“事理之平”进行弹性裁量的权力。这种“律令为体，经义为用”的修正策略，在董仲舒“春秋决狱”实践中发展为系统的法律解释学，使“原心定罪”“亲亲相隐”等儒家伦理原则成为调和法家刚性条文与社会复杂现实的缓冲机制。[2]

汉代对法家思想的柔化改造突出表现在官僚体系的运作逻辑中。秦代“明主治吏不治民”的刚性监察制度，在汉代演化为“刺史六条问事”的

[1] 叶笑宇．黄老管理哲学思想及其在现代商业管理中之意义研究［D］．成都：四川省社会科学院，2011.

[2] 闫晓君．张家山汉简《二年律令》与秦汉法律史研究［C］．秦始皇帝陵博物院，2015（辑刊）：338−355.

弹性监察框架：既保持对郡国守相的权力制衡，又通过“以六条问事，非条所问即不省”的限定性授权，避免过度干预地方行政自主性。居延汉简中的行政文书揭示，边郡官吏在处理民族事务时，常突破《蛮夷律》的严格规定，采用“因其故俗而治”的变通策略。这种制度性宽容在《汉书·刑法志》中被概括为“法势时移”的治理智慧，标志着法家思想从绝对工具理性向实践理性的转变。[1]

法律执行层面的弹性空间设计成为维系制度生命力的关键。云梦秦简《法律答问》展现的严格罪刑法定主义，在汉代司法实践中逐渐融入“谳疑”制度。疑难案件的“移谳”程序不仅具有法律技术意义，更构建起中央与地方、文本与实践的对话机制。湖北荆州高台汉墓出土的司法简牍显示，基层官吏判决财产纠纷时，既援引《户律》条文，又参酌当地“分异令”习俗，形成“律令为经，习惯为纬”的裁判模式。这种司法弹性有效缓解了成文法与社会变迁之间的张力，使汉代律令体系在继承秦制的基础上获得自我更新能力。

法家思想的功能转化更深刻地体现于社会控制策略的调整。面对豪民阶层崛起带来的治理挑战，汉代统治者在延续法家“编户齐民”制度刚性的同时，创新性地发展出“三老”“孝悌”等半官方教化体系。通过将韩非子的“刑德二柄”理论转化为“劝农兴孝”的具体政策，既保持国家对基层社会的掌控力度，又借助道德感召软化权力运行的刚性棱角。[2]这种“刚柔相济”的治理模式，使汉代成功化解了秦代“严而少恩”的制度弊端，为“儒法合流”的治理传统开辟实践路径。

（四）刚柔的民本回归与共同体治理智慧

秦汉治理体系中的民本回归，本质上是刚性制度框架与柔性治理策略

[1] 邓建鹏，杨潇．儒学视界与法制叙事的局限：《汉书·刑法志》再研究［J］．法治现代化研究，2019（6）：75–92.

[2] 张仁玺，邹颖．从“刑德二柄”到“霸王道杂之”——秦汉统治思想的嬗变［J］．临沂师范学院学报，2005（4）：98–101.

在基层社会的创造性融合。汉初“与民休息”政策并非单纯的经济让步，而是构建“制度供给－民生需求”动态平衡的治理工程。汉文帝时期推行的“三十税一”田租制度，在保持赋税征收刚性的前提下，通过“复十五税一”的弹性回调机制应对突发灾荒。这种赋税弹性化设计在居延汉简中得到实证：戍卒家庭依据当年收成情况动态调整赋税缴纳顺序，官府则通过“平贾”制度平衡区域经济差异，使刚性税制获得适应社会脆弱性的调适能力。[1]

基层治理中“刚柔相济”的智慧突出体现在乡里共同体构建层面。汉代创新性发展的“三老”制度，将法家“什伍连坐”的刚性管控与儒家“孝悌力田”的柔性教化有机结合。豪民阶层虽冲击“编户齐民”结构，但国家通过“举民年五十以上，有修行，能帅众为善”的选拔标准，将其经济影响力转化为维持乡序的道德权威。

边疆治理中的弹性策略更彰显共同体智慧的文化包容性。面对匈奴、羌人等游牧族群，汉代在保持军事防御刚性的同时，通过“属国”制度保留其社会组织形态。敦煌悬泉置出土的《击匈奴降者赏令》揭示，归附部落既可保留“衣裘旃帐”的生活习俗，又通过“比郡县”的渐进改造纳入治理体系。这种“因俗而治”的边疆方略，在河西走廊演化为“胡汉杂处”的共生模式，游牧民族的畜牧经济与中原农耕文明形成互补性生态，最终催化出丝绸之路的跨文明交流网络。[2]

民本思想的制度转化最终凝结为“礼法共治”的共同体治理范式。董仲舒“天人三策”在神化君权的同时，通过灾异谴告说赋予民意表达以神圣合法性，使刚性皇权受到“天道民心”的柔性制约。在基层司法实践中，儒家的“矜老恤幼”原则与法家的“刑无等级”理念形成奇妙平衡：张家山汉简记载的“婢女赎身案”中，既严格遵循“奴婢律”的财产归属

[1] 浅野裕一．黄老道的形成与发展［M］．韩文，译．南京：江苏凤凰出版社，2021.

[2] 孔令通．出土文献所见西汉时期职官材料整理与研究［D］．长春：吉林大学，2021.

条款，又允许主人依“自愿除籍”原则解除依附关系。这种制度刚性与伦理弹性的交织，使个体权益保障与共同体稳定达成动态平衡，为中华文明“多元一体”格局奠定治理基础。

四、政治逻辑的范式转换与效能提升

（一）中央集权的形成与巩固

秦汉中央集权体制的建构过程，本质上是制度刚性与治理弹性在政治实践中不断调适的动态平衡过程。秦代郡县制的确立虽奠定了垂直管理的制度框架，但汉初“郡国并行”的过渡性安排，巧妙地将刚性集权原则与地域差异现实相调和。张家山汉简《二年律令》揭示，诸侯王国在保留“自置吏”等有限自治权的同时，必须遵循中央统一的“上计”考核制度，这种“形分实统”的设计既避免了秦代急政的弊端，又为集权体制的渐进强化提供了缓冲空间。[1]

官僚选拔机制的革新集中体现集权深化的弹性智慧。军功爵制向察举制的转变，表面是人才选拔标准的改变，实质是通过孝廉、贤良等德性指标将地方精英纳入中央管控体系。值得注意的是，察举制并非简单取代军功入仕渠道，而是形成“吏道”与“儒术”并行的双轨结构：居延汉简中的边郡官吏履历显示，约四成的低级吏员仍通过军功晋升，而高级官员则多出自察举途径。这种“刚柔相济”的用人策略，既维系了军功集团的政治忠诚，又为新兴士人阶层开辟了上升通道，成功实现了权力结构的平稳过渡。

文书行政体系的精密化运作，使集权体制获得前所未有的治理效能。秦代开创的“以文书御天下”传统，在汉代发展为涵盖“诏令－奏议－簿籍”的多层次信息控制系统。尹湾汉简《集簿》所载郡县年度报告，不仅包含户口垦田等刚性数据，更设有风俗调查、特殊事件等弹性汇报项目。

［1］ 浅野裕一．黄老道的形成与发展［M］．韩文，译．南京：江苏凤凰出版社，2021.

这种“刚柔相济”的信息管理机制，使中央既能掌握关键治理指标，又可透过非量化信息洞察地方实情。更为重要的是，律令体系通过“决事比”等弹性解释机制，赋予集权框架应对特殊情势的调适能力：敦煌悬泉置出土的《囚律》残简显示，西域都护在处理民族纠纷时，常援引《蛮夷律》特别条款变通执行中原律令。[1]

监察制度的创新性设计成为巩固集权的重要保障。汉武帝时期创立的刺史制度，通过“六条问事”的有限授权，在刚性监察原则与弹性操作空间之间找到平衡点。刺史巡察郡国时，既严格按“强宗豪右，田宅逾制”等标准纠察不法，又可通过“举谣言”的方式采择民间舆情。这种“以柔济刚”的监察策略，在《汉书·朱博传》记载的冀州巡察案例中得到印证：刺史通过弹劾郡守与表彰循吏并行的方式，既维护了中央权威，又保留了地方施政的积极性。中央集权体制正是通过此类制度弹性，将原本对立的“统一”与“差异”转化为治理体系的内在张力，最终塑造出“大一统”格局下多元共生的政治生态。

（二）地方治理的策略与挑战

地方治理的实践智慧集中体现为制度规范与地域特性之间的动态调适机制。秦汉王朝在乡里层级构建起“三老–啬夫–游徼”三位一体的治理架构，汉代通过将儒家伦理规范嵌入行政体系，形成道德教化与法律约束相结合的复合治理模式。云梦秦简《语书》揭示，秦代基层官吏需同时执行“法律令”与“田令”，并在具体执法中“因其俗而定其宜”，这种“刚柔相济”的治理原则在汉代发展为系统的“便宜从事”制度。居延汉简中的行政文书显示，边郡都尉在处理民族事务时，既遵循《蛮夷律》的刚性条款，又通过“胡汉分治”策略保留游牧部落的社会组织形态，这种制度弹性使河西走廊从军事防区演变为多元文化交融的治理试验区。[2]

---

［1］孔令通．出土文献所见西汉时期职官材料整理与研究［D］．长春：吉林大学，2021.

［2］王旭．中国乡村治理体系的历史演化与制度贯彻［J］．中国治理评论，2023（1）：129–156.

豪民阶层的崛起对地方治理构成结构性挑战。国家通过“徙豪”政策削弱其地域势力，却在基层赋税征缴中依赖豪民的物资调度能力。尹湾汉简《东海郡吏员簿》记载，郡府常任命豪民担任“乡佐”协助税赋征收，既利用其社会影响力提升行政效率，又通过官僚身份将其纳入监察体系。[1]这种“吸纳－制约”的双重策略，在张家山汉简《奏谳书》记载的“占租不实”案例中得到印证：官府严惩豪民匿田行为，却默许其通过“代缴赋税”换取地方声望。更为微妙的是，法律严禁的私社组织在实践中被转化为社祭等合法民俗活动，豪民通过主持祭祀巩固社区权威，而官府则借助此类活动实施户籍管理，形成非正式治理的共生关系。

边疆治理的特殊性催生出独具弹性的行政创新。敦煌悬泉置出土的《传食文书》显示，西域都护府在保持军事建置刚性的同时，创新性实施“羁縻属国”制度：归附部落首领获封“归义侯”等虚衔，其内部治理仍循旧俗。这种“名义统属－实际自治”的治理模式，在居延汉简记载的“羌人市贾”事件中展现出实践智慧——官府对边民互市实行“定时定点”管理，既避免游牧民族渗透，又通过物资交换缓解边疆经济压力。值得关注的是，律令规定的“关市”制度在西北边郡演变为“五日一会”的定期互市，这种源于基层实践的弹性调整，最终被吸纳为《津关令》的补充条款。[2]

社会流动带来的治理难题推动制度创新。面对频繁的灾荒性迁徙，汉代在维持“禁民流亡”法令刚性的同时，通过“假民公田”政策将流民转化为国家佃农。湖北江陵凤凰山汉简中的“郑里廪簿”显示，地方官府通过粮食借贷制度维系脆弱的小农经济，其“春贷秋偿”的弹性设计既缓解民生困顿，又将流动人口固着于土地。而对于职业性流动群体，创新性实施“市籍”与“传符”双重管理制度：商贾在市籍管控下开展跨郡贸易，

[1] 杨际平．汉代内郡的吏员构成与乡、亭、里关系——东海郡尹湾汉简研究［J］．厦门大学学报（哲学社会科学版），1998（4）：28-36.

[2] 束江涛．战国秦汉上计制度与社会控制［D］．苏州：苏州大学，2021.

必须同时申领注明行程的“传符”，这种“身份－行为”复合监管体系，使商业活动在保持活力的同时处于可控范围。地方治理中“明暗相济”的智慧，正是秦汉制度在刚性框架内培育弹性空间的生动实践。

（三）经纬之间：共同体治理效能的民生基础

秦汉治理体系在民生领域的制度设计，通过构建“基准框架－弹性调节”的双层结构，将刚性制度原则转化为可持续的治理效能。赋税体系中的“三十税一”基准税率配合“复除”制度，既确立财政征收的法定标准，又通过临时性豁免应对灾荒等特殊情境。居延汉简中的戍卒家庭赋税记录显示，边郡地区在严格执行“户赋”定额的同时，允许农户依据当年收成调整缴纳次序，这种“总量控制，弹性执行”的策略，使刚性税制获得适应社会脆弱性的调适能力。

土地制度创新为民生保障提供弹性空间。国家在坚持名田制所有权刚性的前提下，通过“假民公田”政策将国有荒地转化为民生缓冲带。湖北江陵凤凰山汉简中的租佃契约揭示，官府以“分种”方式将公田租赁给失地农户，既收取定额“假税”维持制度权威，又允许佃农保留超额收成。这种“国家让利”的弹性设计，在敦煌悬泉置出土的屯田文书中得到印证：戍边士卒家属通过“代耕”军屯土地获取口粮，既缓解边疆粮食供应压力，又形成军民共生的生产模式。

社会救济体系的制度弹性体现治理智慧。面对频繁的自然灾害，汉代在维持“禁民流亡”法令刚性的同时，创新性实施平粜法与常平仓联动机制。尹湾汉简《集簿》显示，郡县通过“谷贵时减价而粜，谷贱时增价而籴”的弹性操作，既稳定粮食市场，又将盈余转化为赈济储备。对于突发灾荒，更发展出“转漕调粟”“移民就食”等组合策略，居延汉简中“移饥民至酒泉郡”的行政指令，表明跨区域救济已成为制度化的应急响应。[1]

[1] 袁延胜．尹湾汉简《武库永始四年兵车器集簿》所见西域史事探微［J］．西域研究，2008（1）：8-16.

基层治理中“官民共济”模式强化民生韧性。乡里社会通过社祭、义仓等半官方组织，将刚性行政指令转化为共同体自组织行为。豪民阶层在官府监管下参与“散粮贷种”活动，既受“取息过律”的法令约束，又可凭“旌表义行”获取社会声誉。这种“法理约束 – 道德激励”的弹性互动，使国家权力与民间力量在民生领域形成治理合力。更值得注意的是，法律严禁的“私约”在田宅交易中演变为经官府公证的“券书”，通过将民间习惯纳入制度框架，既维护了产权秩序，又保留了契约自由的合理空间。

民生治理的效能提升源于制度刚性与实践弹性的有机融合。国家通过设立民生保障的基准红线确立治理权威，又借助弹性策略吸纳基层智慧，形成“中央定标 – 地方创制”的动态平衡。这种治理模式既避免秦代急政的刚性伤害，又克服了放任自流的无序风险，最终铸就“政令行于上，民安生于下”的治理格局，为“大一统”国家的长治久安奠定社会根基。

五、共同体治理的刚性与弹性

（一）共同体统治结构的刚性特征

秦汉共同体统治结构的刚性特征集中体现为制度框架的严密性与权力运行的规范性。法律体系构建起治理秩序的刚性支柱，云梦秦简《秦律十八种》确立的“事皆决于法”原则，通过二千余条律令条文将社会各领域纳入制度规约。这种法律刚性在汉代发展为“三尺法”的绝对权威，张家山汉简《二年律令》显示，即便是诸侯王封国内部，亦须严格适用《贼律》《盗律》等核心律章，形成“天下法令归于一统”的治理基准。更为重要的是，律令体系通过“具律”条款设定刚性约束机制，任何行政决策不得突破“律所不载，不得比附”的原则界限，使制度运行始终处于可控轨道。[1]

［1］ 韩桐，王云庆．秦朝治吏之道及启迪［J］．中国领导科学，2014（6）：54–56.

官僚制度的层级化设计强化了统治结构的垂直刚性。从中央三公九卿到郡县属吏的职官体系，通过“以文书御天下”的行政程式形成严密的指令链条。尹湾汉简《东海郡吏员簿》揭示，郡级机构设置精确到“狱史”“厩啬夫”等基层岗位，每个职位的员额编制与职责范围均有法定标准。这种“明分职守”的制度设计，配合“四时月令”的行政周期律，使国家治理如同精密机械般有序运转。在边疆地区，敦煌悬泉置出土的《传置道里簿》证实，驿传系统严格执行“三十里一置”的间距标准，即便在荒漠戈壁亦保持建制完整性，彰显制度刚性对地理阻隔的征服能力。

社会控制层面的刚性策略通过户籍与土地制度形成闭环。商鞅变法创立的名田制在秦汉发展为“以名占田”的产权确认体系，湖北荆州松柏汉墓出土的户籍简显示，每户田宅信息精确到“垣四至”与“树木数”，这种财产登记制度不仅维系赋税征收的稳定性，更通过“田里不鬻”的法律禁令遏制土地兼并。在人口管理方面，岳麓秦简《亡律》规定，基层官吏必须每季核验户籍，“有匿弗觉，皆赀二甲”，严格的连坐制度使“编户齐民”体系成为牢不可破的社会网络。面对豪民阶层的崛起，国家通过“徙豪”政策瓦解其地域根基，居延汉简中的强宗大姓迁徙名册显示，被迁豪族田产均被收为公田重新分配，这种制度性打击有效维护了基层社会的均质化状态。

统治结构的刚性特质更深刻地植根于意识形态的整合功能。秦代“以法为教”的治理范式，通过刻石颂功、焚书禁议等手段塑造思想统一格局。汉代则“独尊儒术”，将“三纲五常”伦理规范上升为不容置疑的“天道”法则，白虎观会议形成的《白虎通义》以经学解释固化社会等级秩序。在边疆治理中，悬泉置出土的《击匈奴降者赏令》表明，归附部落必须接受“汉式”冠服制度与朝觐礼仪，这种文化改造策略使刚性统治结构获得超越军事征服的持久生命力。共同体治理的刚性特征通过制度、组织、文化三重维度相互强化，最终铸就“海内为郡县，法令由一统”的“大一统”格局。

（二）共同体政治文化生态与政策调整的弹性表现

秦汉共同体政治文化生态的弹性特质，集中体现为制度框架内多元价值的动态调适能力。在边疆治理领域，汉王朝创造性发展出“属国－郡县”双轨制，通过保留归附部落的“故俗”治理权，将游牧文明有机嵌入“大一统”政治体系。敦煌悬泉置出土的《羌人归义名籍》显示，河西走廊的羌人首领既接受汉廷“归义侯”封号以维持部族权威，又承担“助击匈奴”的军事义务，这种“名实分离”的治理智慧，使刚性国家主权与柔性文化认同达成微妙平衡。更为精妙的是，法律明令禁止的“胡汉通婚”现象，在边郡实践中转化为“和亲戍卒”的变通策略，通过将汉军戍卒家属安置于归义部落，既维系军事存在，又不破坏族群结构，形成跨文化交融的缓冲地带。[1]

社会流动管理中的弹性机制彰显政治文化的包容特质。面对大规模的灾荒性迁徙，汉代在坚持“禁民流亡”法令刚性的同时，创新性实施“就食宽乡”政策。湖北江陵凤凰山汉简中的“移粟令”揭示，官府通过临时性户籍转换，将流民身份合法化为“客民”，允许其在迁入地享受“复除”赋税优惠。这种“以空间换稳定”的治理策略，既避免人口流动冲击编户体系，又通过制度性宽容缓解了社会危机。对于职业性流动群体，则发展出“市籍－传符”复合管理体系：商贾在市籍管控下开展跨郡贸易，必须同时申领注明行程的“传符”，这种“身份锁定－行为许可”的弹性设计，使商业活力与国家安全达成动态平衡。

意识形态整合的弹性策略体现于法律与礼俗的共生关系构建。董仲舒倡导的“春秋决狱”并非简单以经代法，而是创设“律令为体，经义为用”的解释学体系。张家山汉简《奏谳书》记载的“父讼子”案例中，司法官既援引“不孝”律条判决子戍边，又依“亲亲相隐”经义免除其肉刑，使刚性法律获得伦理调适空间。这种司法弹性延伸至基层治理，形成

[1] 孔令通．出土文献所见西汉时期职官材料整理与研究［D］．长春：吉林大学，2021.

“官法－民约”互补机制：乡里社会在遵循《户律》“分异令”的同时，保留“族产共有”习俗；通过将民间习惯纳入“乡例”体系，使国家法律与地域文化达成制度性妥协。[1]

官僚体系的文化弹性突出表现为“经术”与“吏道”的能力融合。察举制虽确立儒家伦理的选拔刚性，但地方荐举时仍注重实务应对能力。尹湾汉简《长吏名籍》显示，郡县属吏中约三成具有处理“蛮夷事”或“治狱”的特殊履历，这种“儒学修养－实践经验”的复合型人才结构，使意识形态统合与地域治理需求得以兼容。在边疆特殊政区，甚至出现“胡汉双语吏员”的制度创新，居延汉简中的“译长”岗位既承担文书翻译职责，又参与部落纠纷调解，成为联结不同文化圈层的弹性节点。

政治文化生态的弹性本质上是制度智慧的自我更新机制。通过构建“核心价值－边缘调适”的动态结构，既维护“大一统”意识形态的权威性，又为地域差异预留制度接口。这种弹性特质使秦汉治理体系能够吸纳社会变迁张力，将多元文化差异转化为共同体发展的内在动力，最终塑造出“多元一体”的文明格局。

（三）共同体长治久安的政治经济学逻辑

秦汉共同体治理的长治久安，植根于经济制度刚性与社会调节弹性之间的动态均衡机制。国家通过名田制确立土地产权的法律刚性，将“以名占田”的产权登记制度与“田里不鬻”的交易禁令相结合，形成土地资源配置的基准框架。但面对自然灾害与人口流动压力，创新性发展出“假民公田”的弹性政策，通过“分种”租佃模式将国有荒地转化为民生缓冲带。湖北江陵凤凰山汉简中的租佃契约显示，官府在收取定额“假税”维持制度权威的同时，允许佃农保留超额收成，这种“国家让利”的设计既巩固产权秩序，又为脆弱小农提供生存弹性。

赋税体系构建起“刚柔相济”的财政调节系统。“三十税一”的刚性

[1] 孔令通．出土文献所见西汉时期职官材料整理与研究［D］．长春：吉林大学，2021.

税率为国家治理提供稳定财源，而“复除”“平贾”等弹性政策则为应对社会风险预留空间。居延汉简中的戍卒家庭赋税记录揭示，边郡地区允许农户依据收成情况调整缴纳次序，通过“总量控制，弹性执行”策略平衡财政汲取与民生保障。在工商业领域，市籍管理制度通过定额市租替代秦代的严格管制，使私营经济在刚性税收框架内获得自主发展，这种“抓大放小”的治理智慧催化了跨区域商业网络的繁荣。

社会结构治理呈现“制度约束－策略吸纳”的双重逻辑。面对豪民阶层崛起对“编户齐民”结构的冲击，国家在坚持“徙豪”政策刚性打击的同时，创新性实施“乡举里选”的弹性吸纳策略。尹湾汉简《东海郡吏员簿》显示，郡府常任命豪民担任“乡佐”协助税赋征收，既利用其社会资本提升行政效能，又通过官僚身份将其纳入监察体系。对于流民问题，在保持“禁民流亡”法令刚性的前提下，通过“就食宽乡”政策将流动人口转化为“客民”，以临时性户籍转换维系社会稳定。

边疆治理的经济逻辑彰显“军事管控－市场融合”的辩证智慧。敦煌悬泉置出土的《传食文书》证实，汉王朝在河西走廊实施“军市”制度，戍卒口粮供给与民间物资交易通过“定时互市”实现衔接。这种刚性边防与弹性市场的结合，使边疆地区从军事消耗区转化为农牧经济互补的共生带。更深远的是，丝绸之路贸易网络在“关市”制度框架下自发延伸，国家通过过所文书管理商旅流动，既维护边境安全，又为跨文明经济交流提供制度保障。[1]

共同体治理的政治经济学本质在于，构建刚性的制度容器与弹性的实践策略之间的共生关系。通过将核心经济制度的稳定性与具体政策的适应性相结合，既确保国家治理的权威性，又为社会发展预留弹性空间。这种治理逻辑不仅塑造了汉帝国的持久生命力，更揭示了制度刚性与实践弹性动态平衡对于文明共同体存续的基础性作用。

---

[1] 孔令通．出土文献所见西汉时期职官材料整理与研究［D］．长春：吉林大学，2021.

六、结论与展望

秦汉治理体系的历史实践揭示，制度刚性与实践弹性的动态平衡是维系大型文明共同体存续的核心机制。在经济维度，集权体制通过赋税基准税率与临时减免政策的组合，构建起“稳定征收－弹性调节”的双层结构，既保障国家财政汲取能力，又为脆弱的小农经济预留风险缓冲空间。在文化整合层面，“以法入礼”的调适机制将儒家伦理规范与律令体系有机融合，形成价值共识与制度约束相辅相成的治理生态，这种文化弹性使多元地域传统得以在统一的意识形态框架内存续发展。在政治运作中，文书行政的程式化与“便宜从事”的授权机制相配合，既强化中央集权效能，又保留地方治理的自主创新空间，创造出“垂直管控－水平协同”的复合治理范式。

秦汉治理智慧对当代国家治理的启示在于：刚性制度框架的确立必须与弹性实施策略形成共生关系。法律体系的严密性需要司法裁量权的合理补充，中央权威的强化应当兼容地方治理的多样性表达，意识形态的整合需要为亚文化的存续预留制度接口。这种“结构稳定－功能调适”的动态平衡机制，既避免了绝对刚性导致的治理脆性，又克服了过度弹性引发的秩序失范，为复杂社会的长治久安提供了历史性示范。

第十一章

螺旋的正反合：周秦之变与汉承秦制

本章聚焦于汉代治理体系与周秦制度之间的动态关系，突破传统断代史研究范式，通过制度文本分析并结合社会运行实态考察，揭示中国古代政治文明的延续性与创新性特征。在继承周代礼治框架与秦代法治基础的同时，汉代统治者创造性发展出“霸王道杂之”的复合治理模式，其核心在于构建以察举制为枢纽的人才选拔体系、完善郡县制下的垂直管理体系、实施“德主刑辅”的法律实践原则。官僚制度革新体现为三公九卿制的系统化运作，法律体系创新则表现为《九章律》对秦律的损益调整。本研究特别关注基层治理实践，发现乡里组织与宗族势力在赋税征收、纠纷调解等方面形成互补机制。这种螺旋式演进模式不仅巩固了中央集权体制，更通过经学阐释赋予制度变革合法性，为后世政治改革提供了“托古改制”的范式参照。在当前社会治理现代化进程中，汉代政治实践中制度调试与文化整合的协同机制仍具有启示价值。

一、绪论：开启汉代治理的历史画卷

中国历史演进至汉代，其治理体系展现出独特的螺旋式发展轨迹。周秦两代形成的政治传统，如同两条交织的主线，共同构成了汉代治国理政的基本底色。周代以宗法分封为核心，通过礼乐制度维系社会秩序；秦代则以法家思想为纲领，凭借严密的律令体系实现高效集权。这两个看似对立的治理传统，在汉初政治实践中经历了复杂的碰撞与融合。

西汉建立初期，统治者面临着前朝制度遗产的整合难题。刘邦集团虽以武力终结秦政，却明智地保留了郡县制等有效治理工具，同时吸收周代礼治思想以缓解社会矛盾。这种“汉承秦制”与“因周损益”的双轨并行，在“文景之治”期间逐渐显现出制度创新的曙光。黄老无为思想的实践既是对秦代严刑峻法的修正，也为后续治理体系的转型提供了缓冲空间。[1]

[1] 高旭．中国古代国家治理观念的汉代“黄老”展观——《淮南子》行政管理思想论纲［J］．武汉科技大学学报（社会科学版），2015（6）：615-624.

汉武帝时期的制度突破标志着汉代治理体系走向成熟。通过察举制构建人才流动通道，将地方精英纳入中央官僚体系；运用经学阐释赋予制度变革合法性，形成“霸王道杂之”的复合治理模式。这种创新并非简单的制度叠加，而是在继承周代德治理念与秦代法治传统的基础上，创造出适应“大一统”帝国需求的治理范式。官僚系统的专业化运作与法律体系的伦理化改造，共同构成了汉代治理体系的双重支柱。

本研究突破传统断代研究的局限，将汉代置于更长时段的历史坐标中进行观察。通过分析制度文本与社会实践的互动关系，揭示中国古代政治文明延续性与创新性并存的演进规律。在当前社会治理现代化进程中，汉代治理实践中展现的制度调试智慧与文化整合经验仍具有重要的镜鉴价值。

二、周秦至汉代治理发展的学术历程

（一）周秦治理体系的奠基作用

周秦两代的政治实践为汉代治理体系提供了制度原型与思想资源。西周时期建立的宗法分封制，通过礼乐规范与血缘纽带维系社会秩序，其“敬天保民”的治理理念深刻影响了后世的德治传统。特别是西周中前期形成的“右告”制考绩体系，通过部门科层化管理贵族官员，为战国至秦汉的官僚考核制度埋下伏笔。周代虽因军事威慑力衰退导致分封体系瓦解，但其礼治框架中的等级秩序与道德规范，仍为汉代“德主刑辅”的法律原则提供了思想源泉。

战国时期的制度变革构成周秦治理转型的关键节点。列国推行的变法运动突破三代礼制束缚，通过以郡县制替代分封制、官僚制取代世卿制，建立起中央集权的治理新模式。秦孝公时期的商鞅变法最具代表性，其“废井田，开阡陌”的经济改革与“奖励耕战”的军功制度，不仅重塑了社会结构，更催生出以律令为核心的法治体系。这种“不别亲疏，一断于法”的治理理念，经由秦朝统一后推行的“书同文、车同轨”政策，为汉代构建统一帝国奠定了制度基础。

秦朝虽短祚而亡，但其创立的中央集权体制展现出强大的生命力。郡县制的垂直管理体系、三公九卿的中央官制架构、律令格式的法律文本体系，这些制度创新被汉代统治者选择性继承。特别是秦律中确立的户籍管理、赋税征收、司法审判等具体规范，经过汉代“约法省禁”的改良后，转化为维系帝国运转的核心机制。考古发现的睡虎地秦简与张家山汉简显示，汉代法律条文在继承秦律框架的同时，增加了“恤刑悯老”的伦理条款，体现了礼法融合的治理智慧。

周秦治理传统的融合在汉初呈现独特形态。刘邦集团虽批判秦政严酷，却完整保留了郡县制与律令体系；虽标榜恢复周礼，但通过“非刘氏不王”的分封原则确保中央权威。这种看似矛盾的制度选择，实则反映出统治者对前代治理经验的理性取舍。贾谊《过秦论》指出的“仁义不施而攻守之势异也”，正体现了汉代政治家在周德治传统与秦法治经验之间寻求平衡的理论自觉，为后续“霸王道杂之”治理模式的形成铺平了道路。

（二）汉代治理体系的研究现状

近年来，学界对汉代治理体系的研究呈现出多维拓展态势。传统研究多聚焦于汉代中央集权体制的建构过程，强调对秦制继承与改造的双重特性。随着张家山汉简等资料的发现，学者们开始关注法律体系的实际运作，揭示《九章律》在保留秦律框架的基础上，通过增设“恤刑”条款实现礼法融合的治理智慧。这种法律伦理化转向被视作“德主刑辅”原则的制度化表现。[1]

在官僚制度研究领域，三公九卿制的运作机制得到重新审视。最新成果表明，汉代通过强化丞相府的文书流转功能，形成了“朝议—决策—执行”的行政闭环。察举制的双重效应引发持续讨论，部分学者肯定其打破世袭壁垒的历史进步性，但也有研究指出后期“门生故吏”网络催生了新

[1] 王子今. 汉代“得民和”政治理念的思想史分析［J］. 人文杂志，2007（5）：134-139.

型门阀势力。地方治理研究则突破制度文本局限，利用尹湾汉简等材料证实郡县属吏多由本地豪族充任，揭示中央集权与地方自治的微妙平衡。

关于“霸王道杂之”的治理模式，学界形成三种解释路径：制度叠加说强调儒法思想的工具性结合；有机融合说认为经学阐释实现了价值统合；动态调适说则关注不同统治阶段的策略转换。基层治理研究近年成为热点，乡里组织与宗族势力的功能互补机制得到实证，尤其在赋税催征与纠纷调解方面，官方制度与民间规范形成了协同效应。

既有研究仍存在若干薄弱环节。对治理体系实际效能的评估多依赖官方记载，缺乏民间视角的佐证；制度创新与文化传统的互动机制尚需深入剖析；跨区域比较研究相对不足，难以全面把握治理模式的多样性特征。这些学术盲点为后续研究提供了突破方向。

（三）相关研究中的争议与对话

在汉代治理体系的研究中，学术争议主要围绕以下维度展开。在制度继承性问题上，部分学者强调“汉承秦制”的连续性，指出郡县架构、律令体系等核心制度均源自秦代。反对者则通过居延汉简等出土文献证明，汉代在保留秦制框架的同时，通过增设“上请”等司法程序弱化严刑峻法，体现对周代德治传统的回归。这种制度调适被形象地称为“秦骨周魂”的治理结构。

关于“霸王道杂之”的治理模式，学界存在三种解释路径。制度工具论者认为这是儒法思想的简单叠加，统治者根据实际需要交替使用德治与法治手段。文化融合论者则强调经学阐释的关键作用，指出董仲舒“春秋决狱”实践实现了礼法价值的深度统合。另有动态调适论者关注不同统治阶段的策略转换，如汉初偏重黄老无为，汉武帝时期转向“儒表法里”，东汉后期又出现刑名之术复兴的波动。

在基层治理研究领域，尹湾汉简的发现引发了新讨论。传统观点认为乡里组织完全受控于郡县体系，但新研究揭示宗族势力通过“父老”等非正式角色参与赋税催征，形成“官督民办”的协作机制。有学者将此视为周代乡治传统的延续，反对者则指出汉代里典、伍老等职官设置已具备明确的行政属性，与周代的血缘共同体存在本质差异。[1]

人才选拔机制的效应评估同样存在分歧。察举制打破世袭壁垒的进步性得到公认，但对后期形成的“门生故吏”网络却有不同解读。肯定派认为这构建了稳定的官僚梯队，批评者则指出其催生了新型门阀势力，反而阻碍了人才流动。近年出土的《东海郡吏员簿》显示，郡县属吏中豪族子弟占比超过七成，为后一种观点提供了实证支持。

这些学术对话揭示出汉代治理研究的复杂性。制度文本与社会实践的张力、官方叙事与民间记忆的差异，以及长时段演进中的路径依赖现象，都要求研究者采用多维度分析框架。当前争议的焦点正从制度沿革转向治理效能评估，这为理解中国古代政治文明的演进规律提供了新的切入点。

三、治理体系的传承与变革：汉代的历史创新

（一）中央集权的继承与调整

汉代在构建中央集权体系时，既延续了前代制度精华，又进行了关键性创新。秦代创立的郡县制作为行政框架被完整保留，全国划分为郡、县、乡三级，由皇帝直接任命官员管理，确保了政令通达。但汉初统治者吸取秦朝严刑峻法导致社会动荡的教训，在郡县制中融入柔性治理元素，允许地方官员根据民情调整施政节奏，这种“刚柔相济”的管理方式有效缓解了社会矛盾。

官僚体系革新体现在职官设置与运作机制上。汉代继承秦代三公九卿制的基本架构，但通过细化分工强化了中央控制力。丞相府增设十三曹处理专项政务，御史大夫强化监察职能，形成决策、执行、监督的制衡体系。在官员选拔方面，察举制的推行拓宽了人才选拔渠道，规定郡国每年须推荐孝廉、贤良，使地方精英得以进入中央官僚系统，这种“向上流

[1] 李斯，刘璐．汉代使者“循行”与地方治理［J］．湘南学院学报，2017（3）：41-45.

动”机制既巩固了皇权根基，又增强了制度活力。

法律体系的调整凸显礼法融合特征。汉代在保留秦律框架的基础上，删减了部分严苛条款，增设体现儒家伦理的“恤刑”制度。对于老人、幼童等特殊群体有减刑的相关规定，将“亲亲相隐”原则纳入司法实践，使法律兼具规范性与教化功能。这种变革既维持了法律威严，又通过道德渗透增强了社会认同。

思想基础的转变是制度调整的重要推手。汉初奉行黄老无为思想，允许地方适度自治以恢复经济；至汉武帝时期，通过“罢黜百家”确立儒学正统地位，为中央集权提供理论支撑。经学家用“大一统”理论阐释皇权神圣性，将官僚体系运作与天地秩序相勾连，这种意识形态建构使集权体制获得了超越性的合法依据。地方官学系统的建立，更使儒家治国理念渗透到基层治理中，形成了思想控制与制度约束的双重保障。

（二）地方行政的改良与创新

汉代在地方治理方面展现出独特的制度智慧，既保留了秦代郡县制的高效管理框架，又通过创新机制增强了治理弹性。郡县两级行政体系继续作为地方治理的主干，但改变了秦代单纯依靠法律强制的做法。地方官员在执行中央政令时，可根据当地实际情况调整实施节奏，这种“刚柔相济”的管理方式既维护了中央权威，又避免了政策僵化带来的社会矛盾。

人才选拔机制在地方层面形成完整链条。郡国长官每年需按人口比例推荐孝廉、贤良等人才，被举荐者不仅要品德出众，还需通过策问考核实际能力。这种制度使地方精英有机会进入官僚体系，既加强了中央对地方的控制，又调动了基层社会的积极性。同时实行辟除制，允许郡守自主选用属官，既缓解了中央的人事压力，也促进了地方行政团队的专业化建设。

基层治理创新体现在官方组织与民间力量的协同上。乡里设置“三老”负责教化、“啬夫”管理赋税、“游徼”维持治安，形成分工明确的行政网络。这些职位多由本地有威望者担任，在推行政策时能有效结合官方制度与乡约民规。宗族势力通过参与纠纷调解、互助救济等活动，成为官方治理的重要补充。这种“官民共治”模式既降低了行政成本，又增强了治理措施的社会适应性。

赋税征收体系进行了重要改良。在保留秦代户籍管理制度的基础上，汉代推行“按产定税”原则，根据土地产量动态调整田租额度。在征收过程中允许受灾地区申请减免，并建立平准制度平抑物价波动对税收的影响。这些措施减轻了农民负担，使国家财政基础更加稳固。法律执行方面，在维持秦律框架的同时，增设“秋冬行刑”等符合农业社会生产规律的规定，体现了制度设计的人性化转向。

地方监察体系得到系统性加强。刺史定期巡察郡国，既考核官员政绩，也受理百姓申诉。监察结果直接影响官员升迁，这种机制有效遏制了地方官员的滥权行为。同时推行“上计”制度，要求郡国每年向中央汇报人口、垦田、赋税等数据，为政策调整提供依据。这些创新使汉代地方治理既保持了中央集权的优势，又具备了应对区域差异的灵活性，为后世地方行政制度发展提供了重要范本。[1]

（三）法律制度的传承与发展

汉代法律制度的演变体现了对前代经验的智慧取舍。在继承秦代法律框架的基础上，汉代统治者通过融入儒家伦理原则，创造出独具特色的法律体系。秦律盗、贼、囚、捕、杂、具六篇体例被完整保留，但删除了“参夷连坐”等严酷条款，展现出制度改良的明确取向。

法律条文的调整突出人性化特征。汉文帝时期废除肉刑的改革具有里程碑意义，将黥刑改为髡钳城旦舂，劓刑改为笞三百，斩左趾改为笞五百。这种变革虽未完全消除体罚，但显著减弱了刑罚的残酷性。在司法实践中引入“亲亲相隐”原则，允许亲属间隐瞒一般犯罪行为，将家庭伦

[1] 姜生，刘波．“三老民之师”：汉代地方治理与儒家礼制的结合［J］．云南民族大学学报（哲学社会科学版），2022（5）：147-153.

理纳入法律考量，体现了礼法融合的治理智慧。[1]

法律体系创新表现在专门法的创设上。《九章律》在秦律六篇的基础上新增户、兴、厩三章，分别规范户籍管理、工程营造与驿站运输，反映出社会治理精细化的趋势。针对特殊群体制定的《养老令》《胎养令》，规定对高龄老人和孕妇实行赋税减免，这些充满人文关怀的条款使法律兼具强制性与教化功能。

司法程序的改良增强了制度弹性。建立“乞鞫”制度，允许被告对判决提出申诉，设置“录囚”程序由上级官员复核疑难案件。“秋冬行刑”制度的推行，将死刑执行时间限定在秋冬季，既顺应农业社会的生产规律，也为案件复审提供了缓冲期。这些变革在维护法律权威的同时，有效防止了冤假错案的发生。

法律实践中形成的“春秋决狱”传统，标志着儒家经义正式介入司法领域。董仲舒等儒生通过阐释《春秋》经义裁决疑难案件，将“原心定罪”原则引入审判过程，强调考察行为动机而非单纯依据条文。这种法律解释方法虽存在主观性过强的缺陷，但为“德主刑辅”的治理原则提供了实践路径。

汉代法律制度的演进轨迹，展现出在继承中创新、在变革中调适的鲜明特征。通过将秦代法治框架与周代礼治精神有机结合，既保持了法律体系的规范性，又增强了其社会适应性，为后世“礼法合治”模式奠定了制度基础。

四、理论与实践：汉代治理的多维度分析

（一）治理理念的历史延续

汉代治理理念的形成，深深植根于周秦两代的政治智慧。周代建立的礼治传统，强调用道德教化来维持社会秩序，这种“以德服人”的思想在

[1] 孙旭．汉代的请托与治理［J］．咸阳师范学院学报，2022（3）：8-14.

汉代得到新的发展。统治者将周代重视的孝悌、忠信等伦理规范，转化为选拔官员的标准，并通过察举制度将道德品行作为选才的重要条件。这种治理思路既保持了周代礼治的核心精神，又通过制度设计使其真正落地实施。

秦代开创的法治传统在汉代得到改良运用。汉代法律体系保留了秦代法律的基本框架，但改变了单纯依靠严刑峻法的做法。统治者将法律条文与道德教化相结合，在判决案件时既看行为结果，也考虑当事人的动机。这种“情理法兼顾”的审判原则，既维护了法律权威，又体现了人文关怀，形成了“刚柔相济”的治理特色。

汉初推行的黄老思想，为不同治理理念的融合提供了缓冲空间。统治者采用“无为而治”的施政方针，减轻赋税劳役，让百姓休养生息。这种治理方式看似消极，实则创造了制度调整的宝贵时机。在恢复社会元气的同时，为后续吸收法家、儒家思想做好了准备，体现出治理理念演进中的历史耐心。

到汉武帝时期，多种治理思想完成系统整合。董仲舒提出“罢黜百家，独尊儒术”的主张，将儒家伦理确立为治国根本。但这种儒学已非原貌，而是融合了法家制度优势的新体系。在法律实践中形成的“春秋决狱”传统，允许用儒家经典解释法律条文，在具体案件中兼顾法理与人情。这种“儒法合流”的治理模式，既保持了制度刚性，又赋予其道德温度，成为贯穿汉代的政治智慧。

不同治理理念的传承发展，在基层治理中体现得尤为明显。乡间设置的“三老”负责道德教化，“啬夫”管理赋税征收，这种分工既延续了周代重视教化的传统，又继承了秦代注重实效的作风。民间纠纷调解既依据法律条文，也参考乡规民约，形成官方制度与民间智慧相结合的治理格局。这种多层次、多维度的治理体系，展现出汉代政治智慧的历史深度。

（二）儒法与黄老的融合与创新

汉初政治实践中不同思想流派的融合展现出独特的制度智慧。黄老学说作为过渡时期的指导思想，为儒法思想的深度整合创造了缓冲空间。统治者采用“无为而治”的施政方针，既保留秦代法律框架维持社会秩序，又通过轻徭薄赋恢复经济活力。这种看似消极的治理策略，实则为后续的思想融合提供了实践基础，使严密的秦制得以在宽松的环境中实现改良。

儒法思想的结合经历了从表层配合到深层融合的转变。汉初政治家陆贾提出“马上得天下，不可马上治之”的著名论断，标志着法家军事手段向儒家治国理念的过渡。在实际治理中，法律体系继续发挥规范作用，但通过增设“恤刑”条款融入儒家伦理，如对老人、孕妇等特殊群体实行刑罚减免。这种“外法内儒”的治理模式，既保持了制度刚性，又赋予其道德温度。

董仲舒的“天人三策”理论完成了思想融合的关键突破。他将法家的集权主张包装在儒家“大一统”理论之中，用阴阳五行学说解释德刑关系，提出“阳为德，阴为刑”的治理哲学。这种理论创新使严酷的法律制裁获得天道依据，而道德教化则被赋予神圣使命。在司法实践中形成的“春秋决狱”传统，允许用儒家经典解释法律条文，在具体案件中兼顾法理与人情，典型如依据“父子相隐”原则减轻对包庇亲属行为的刑罚。

黄老思想的影响并未完全消退，而是转化为制度调适的弹性机制。在官员选拔方面，察举制既强调孝廉的儒家道德标准，又强调贤良的实务能力，体现德才兼备的用人理念。经济政策中“与民休息”原则与法家的赋税制度相结合，形成“三十税一”的轻赋体系。这种思想融合在《盐铁论》记载的争论中达到高潮，最终确立“本末兼济”的经济发展策略，既保持国家对关键领域的控制，又允许民间经济适度发展。

不同思想的协同效应在基层治理中尤为显著。乡官系统同时设置掌教化的“三老”与管赋税的“啬夫”，使道德引导与行政管控并行不悖。民间纠纷调解既依据法律条文，也参考乡约传统，形成“刚柔相济”的解决机制。这种多元思想的创造性融合，使汉代成功构建起兼具规范性与适应性的治理体系，为后世提供了处理制度继承与创新关系的经典范例。[1]

（三）实施手段的创新与挑战

在治理实践层面，汉代统治者通过制度创新解决前代遗留问题，但在具体实施中仍面临诸多现实挑战。人才选拔机制的革新最具代表性。察举制的推行打破了世袭垄断，规定地方官员需定期推荐德才兼备者。被举荐者不仅要通过策问考核治国理政能力，还需在中央机构实习政务处理，这种“推荐＋考试＋实践”的三重筛选机制显著提升了官员素质。但实际操作中，地方豪族常通过操控推荐环节安插亲信，导致后期出现“举秀才，不知书”的乱象。

法律执行手段的创新体现在礼法结合的具体实践中。司法官员审理案件时，既严格参照《九章律》条文，又需考虑儒家伦理准则。例如，在处理亲属相隐案件时，允许当事人一定程度上隐瞒罪行而不予严惩，这种“原心定罪”原则提升了法律的社会认同度。但过分强调犯罪动机的审判标准，也导致同案不同判的现象增多，给司法公正性带来挑战。

地方治理采用“刚柔相济”的创新策略。郡县长官在严格执行中央政令的同时，可依据当地民情调整实施节奏。如遇灾荒年份，允许暂缓征收赋税并开仓赈济，这种灵活处置有效缓解了社会矛盾。但部分官员借机欺上瞒下，虚报灾情逃避征税任务，反而加剧了中央与地方的矛盾。经济领域推行的均输平准政策，通过官府调控物价稳定市场，在抑制商贾暴利方面成效显著，但执行中出现的强买强卖问题又破坏了正常的商业秩序。

奴婢问题的处理凸显制度创新的复杂性。汉代虽在法律层面改善了奴隶待遇，禁止随意杀害私奴，但现实中奴婢买卖依然盛行。官府试图通过“免奴为庶”政策解放部分官奴以增加“编户齐民”，却因触及贵族利益难以全面推行。这种改革困境反映出制度调整与社会现实之间的深刻矛盾。

[1] 洪文杰，任军．汉代乡村治理策略与制度安排述要［J］．河南科技大学学报（社会科学版），2024（3）：88–92.

在思想控制方面，太学体系的建立开创了人才培养新路径。通过系统教授儒家经典培育官僚后备力量，使治国理念得以代际传承。但过度强调经学教育也导致官员缺乏实务能力，部分太学生沉迷空谈义理，反而影响了行政效率。这些实施过程中的得失经验，为后世制度创新提供了重要历史参照。

（四）汉代治理体系的局限性与反思

汉代治理体系在取得显著成效的同时，也存在难以克服的结构性矛盾。察举制作为人才选拔的创新举措，在实施过程中逐渐暴露制度漏洞。地方豪族通过操控推荐环节，使孝廉标准异化为家族势力扩张的工具，最终形成“四世三公”的门阀现象。这种异变使得原本打破阶级固化的制度设计，反而催生了新的特权阶层，暴露出人治模式固有的局限性。

法律实践中礼法融合的治理智慧，在具体操作层面产生新的矛盾。“春秋决狱”强调“原心定罪”的审判原则，虽增强了司法灵活性，却导致量刑标准的主观化倾向。张家山汉简《奏谳书》中的案例显示，同类案件因官员对经义理解的差异会出现悬殊判决，这种不确定性削弱了法律权威。官府推行的“秋冬行刑”制度虽符合农时，但积压待决案件常造成监狱人满为患，反而增加管理成本。

中央集权与地方治理的平衡机制存在内在张力。在郡国并行制下，诸侯王虽经“推恩令”削弱但仍保留部分特权，成为政治动荡的隐患。刺史监察制度本为制约地方官员而设，但后期刺史逐渐演变为常设地方官，形成新的权力集团。赋税体系中“三十税一”的轻赋政策，因地方加征口赋、算赋等附加税，实际税负远超制度设计的初衷，加重了民众负担。

奴婢制度的改革困境折射出阶级局限性。尽管法律禁止虐杀奴婢，但“与牛马同栏”的买卖市场依然合法存在。官府推行的部分免奴政策，因触及贵族利益而难以彻底执行，使大量人口长期处于半奴隶状态。这种人身依附关系的存续，制约了社会生产力的解放，也为土地兼并提供了温床。

思想控制产生的副作用值得深思。“独尊儒术”政策虽强化了意识形态的统一，但经学教育的程式化导致思想僵化。太学生群体中出现“皓首穷经”现象，科举前身“射策”考试逐渐流于形式，削弱了人才培养的实效性。民间信仰被纳入官方祭祀体系加以管控，反而导致谶纬迷信的泛滥，暴露出文化整合中的治理短板。

这些局限性的形成，既有历史条件的制约，也受统治集团阶级属性的影响。但恰是这些实践中的矛盾，推动着后世制度的继续革新，印证了政治文明螺旋式发展的客观规律。

五、走向未来：汉代治理研究的启示与展望

（一）研究现状的总结与评判

当前学术界对汉代治理体系的研究已形成若干共识，但在研究视角与方法论上仍存在提升空间。研究共识集中在三个方面：第一，汉代通过制度创新实现了周秦治理传统的有机融合，“刚柔相济”的管理模式得到普遍认同；第二，以察举制为代表的选拔机制在打破阶层固化方面具有历史进步性，但后期的异化问题不可忽视；第三，法律实践中礼法融合的治理智慧，为中国传统法制演进提供了重要经验。这些共识为理解汉代政治文明奠定了坚实基础。

现有研究在方法论上取得显著突破。制度文本分析与出土文献互证成为主流范式，张家山汉简、尹湾汉墓简牍的运用，使学界能够突破传世文献局限，还原基层治理实态。跨学科研究趋势明显，政治学视角关注权力制衡机制，社会学方法用于解析官民互动模式，经济学理论则重新评估均输平准等政策的效应。这种多维度的研究转向，有助于突破传统制度史研究的平面化叙述。

研究争议聚焦于三个维度：首先是治理效能评估标准的分歧，有学者侧重制度设计的完备性，强调三公九卿制对中央集权的促进作用，反对者则通过户籍资料证明基层行政成本过高，导致“良法美意”难以真正落

实；其次是思想与实践的关联度争议，部分研究过分强调儒法融合的理论自觉，忽视黄老思想在实际治理中的持续影响；最后是长时段影响的评判差异，对察举制究竟是促进社会流动还是催生新型门阀，学界仍存在对立解读。

未来研究需针对以下三方面的不足寻求突破：首先是对治理体系的动态调适过程关注不够，多停留在制度沿革梳理上，缺乏对政策执行中修正机制的深入分析，未来应加强制度文本与社会实践的对话研究，关注法律条文与司法案例的差异所反映的治理弹性；其次是跨区域比较研究薄弱，未能系统揭示中原与边疆治理模式的差异及其成因，未来应重视比较视野，将汉代治理创新置于古代世界文明演进框架中考察；最后是量化研究方法应用不足，对官吏选拔效率、法律案件执行率等关键指标缺乏统计学验证，未来需提升微观实证研究水平，通过构建地方治理数据库，量化分析政策执行效果。只有多维度推进，才能完整揭示汉代治理智慧的历史价值。

（二）核心治理智慧与模式

汉代治理体系的核心智慧集中体现在制度设计与文化整合的协同创新上。统治者通过“礼法合治”模式，成功将周代的道德规范与秦代的法制框架有机结合。法律体系在保留秦律核心条款的同时，融入“亲亲相隐”“恤刑”等儒家伦理原则，既维护了法律威严，又赋予其道德教化功能。这种治理策略有效平衡了规范性与人情味，使刚性的制度约束与柔性的道德引导形成互补。[1]

“刚柔相济”的治理模式在行政管理中尤为突出。中央通过郡县制保持政令统一，但允许地方根据实际情况调整政策执行节奏。在人才选拔方面，察举制既强调孝廉的道德标准，又注重贤良的实务能力，形成德才兼

［1］ 李沈阳．西汉“故事”考论——兼及汉代治理国政的依据［J］．咸阳师范学院学报，2021（1）：7–12.

备的用人机制。这种弹性管理使制度既能保持稳定，又可适应社会变化，避免了秦代单纯依靠强制手段的弊端。

汉代创造的“官民共治”基层治理范式具有持久生命力。官方设置的乡官系统与民间宗族组织形成协作网络，“三老”负责道德教化，“啬夫”管理赋税征收，“游徼”维持治安，而宗族势力则参与纠纷调解和互助救济。这种分工既减轻了行政负担，又提高了治理措施的社会认同度，体现出制度设计中对民间自治力量的重视与利用。

动态调适机制是汉代治理的重要智慧。在面对社会矛盾时，统治者既不一味守旧也不激进变革，而是通过“托古改制”实现制度创新。汉武帝时期将儒学改造为治国理论，既延续了周代礼治传统，又融合了法家集权理念，使思想革新与制度变革相互促进。经济领域推行的均输平准政策，通过政府调控与市场调节相结合，展现了灵活务实的治理思维。

这些治理智慧对现代仍有启示：制度设计需注重文化根基的衔接，行政管理要平衡统一性与灵活性，社会治理应构建多元主体协同机制。汉代经验表明，成功的治理模式既要有明确的制度规范，也要保留动态调整空间，这样才能实现长治久安。在当前社会治理现代化进程中，如何将传统治理智慧与现代法治精神有机结合，仍是值得深入探索的课题。

（三）汉代模式对中国式共同体治理的启示

汉代治理体系展现的治理智慧，为中国式共同体治理提供了历史参照。其核心启示在于构建多元主体协同的治理格局，既强调中央权威的统筹作用，又注重调动地方与民间的治理活力。汉代在郡县制框架下，通过乡官系统与宗族组织形成治理合力，这种官方主导、民间参与的协作模式，至今仍在基层治理中具有借鉴价值。

文化认同的塑造对共同体治理至关重要。汉代通过经学教育将儒家伦理转化为全社会共同遵循的价值规范，用“孝悌”“忠信”等理念增强社会凝聚力。这种文化整合策略提示我们，现代治理需重视传统价值观的创造性转化，将文化认同作为维系共同体的精神纽带。在制定政策时，既要考虑制度设计的科学性，也要关注其在文化传统中的适配性。

动态调适机制是汉代治理留给现代的重要经验。在面对社会矛盾时，汉代统治者采取渐进改良而非激进变革的策略，通过“托古改制”实现制度创新。当前社会治理改革可借鉴这种弹性思维，在保持制度连续性的前提下，建立定期评估与反馈机制。如同汉代刺史巡察带来的政策修正，现代治理也需要根据实施效果动态优化具体措施。

德法结合的治理原则具有超越时代的价值。汉代“德主刑辅”的实践表明，法律规范与道德教化犹如车之两轮，缺一不可。在基层纠纷调解中，既坚持法律底线，又采取情理疏导的做法，为现代构建自治、法治、德治相结合的治理体系提供了历史范本。这种治理模式既能维护规则权威，又能增强群众对治理措施的认同感。

对治理主体能力建设的启示尤为显著。汉代察举制注重德行与才能的双重考核，其选拔、培养、任用衔接机制，对现代治理人才培养具有启发意义。当前的干部选拔可借鉴这种综合评价思路，在专业能力考核中融入公共服务意识评估，从而培育既有治理能力又有为民情怀的治理队伍。

这些历史经验提示我们，中国特色共同体治理需在现代化进程中保持文化主体性。汉代治理智慧证明，立足本土实际的文化适应性改革，比简单移植外来模式更具生命力。在数字化治理工具广泛应用的今天，更需重视制度设计中的人文关怀，使技术进步真正服务于共建共治共享的治理格局。[1]

六、结语：汉代治理体系的历史地位与影响

汉代治理体系在中国政治文明演进中具有承前启后的关键地位。它通过创造性转化周秦制度遗产，构建起中央集权与地方治理相协调、法治规

[1] 丁欢欢．新时代中国特色社会主义制度创新的理论基础、逻辑结构与历史飞跃［J］．山东社会科学，2018（9）：11-16.

范与德治教化相补充的治理范式。这种“霸王道杂之”的复合模式，既突破周代分封制导致的地方割据困境，又克服秦代单纯依赖严刑峻法的治理缺陷，为“大一统”王朝的长期稳定提供了制度保障。

该体系对后世产生深远影响的核心在于开创了制度创新的中国路径。通过“托古改制”的智慧，将儒家伦理注入法家制度框架，使中央集权获得文化认同基础。察举制确立的选贤任能原则，虽后期异化为门阀工具，但其打破世袭垄断的理念为科举制奠定基础。郡县制与刺史监察的配合机制，成为历代中央管控地方的标准配置，至今仍可在行政层级设置中见到其遗韵。

在治理智慧层面，汉代实践提供了多重启示：法律体系中“春秋决狱”展现的弹性司法，证明刚性的制度需要人文温度；乡官系统与宗族势力的协作，揭示基层治理必须激活民间自治力量；“德主刑辅”的治国理念，彰显道德教化与法律约束的协同效应。这些经验对当代处理法治与德治的关系、平衡政府管理与社区自治仍具参考价值。

该体系的历史局限同样具有镜鉴作用。察举制的异化暴露人治模式的根本缺陷，法律执行中的主观裁量警示制度约束的重要性，奴婢制度的存续反映社会改革的复杂性。这些教训提醒我们，制度创新需要配套监督机制，社会变革必须突破既得利益藩篱。

当前推进国家治理现代化，可汲取汉代螺旋式发展的历史智慧。在保持文化根脉的基础上创新制度设计，在强化法治规范时保留人文关怀，在完善科层管理的同时激发基层活力——这种传统与现代的对话，正是中华政治文明生生不息的内在动力。汉代治理体系作为首个成功运行超四百年的统一王朝制度，其经验将继续为探索中国特色共同体治理模式提供历史坐标。

第十二章

从经济类核心典籍看中国古代“经世济民”思想

——基于《史记·货殖列传》《汉书·食货志》《盐铁论》的分析

本章以《史记·货殖列传》《汉书·食货志》《盐铁论》三部典籍为核心，系统梳理中国古代“经世济民”思想的内在逻辑与实践路径。除文献本身的文本分析外，我们假设“历史能够假设”，充分发挥现代人文社会科学的后见之明，尝试用政治经济学和人文经济学理论的交叉视角进行系统研究，努力揭示传统经济治理中“市场调控”“民生保障”与“政权稳定”的三维互动机制。研究发现，我国古代始终存在对经济宏观与中微观层面问题的探索及实践，同时也面临着“官营－民营”二元经济结构张力带来的两难困境。如《史记·货殖列传》展现的商人阶层活动轨迹，与《汉书·食货志》记录的财政管理体系形成互补，共同构建了“官营－民营”二元经济结构的早期范式。《盐铁论》记载的盐铁会议辩论，则暴露出经济决策中国家利益与民生诉求的动态平衡难题。我们特别关注了古代经济思想中的司马迁周期规律以及司马迁等人所主张的“善者因之”的治理智慧。[1]我们相信厘清市场观念、政商关系认知与朝代治理效能的关系，总结古代共同体治理利弊得失的底层逻辑，对于我们当代市场经济改革中政府角色定位具有历史启示和实践指导意义。在批判性反思层面，本章指出传统经世思想存在过度依赖行政干预的历史局限，但其中“取予有度”的调控原则与“藏富于民”的价值取向仍具现实意义。研究建议将人文关怀深度融入现代经济治理体系，在保持市场活力的同时强化社会公平机制，为构建具有中国特色的政治经济学理论提供历史参照。

一、概论

中国古代经济思想蕴含着独特的治理智慧，其核心在于平衡国家管理与民生需求的关系。在全球化背景下，中国经济发展面临着市场活力与社会公平的双重要求，这促使我们重新审视传统的“经世济民”理念。本研

[1] 阎汉武，田化青．司马迁经济思想及经济著作注译［M］．西宁：宁夏人民教育出版社，2021.

究选择《史记·货殖列传》《汉书·食货志》《盐铁论》作为研究对象，是因为这三部典籍分别从商业活动、财政制度和经济政策三个维度，搭建起中国古代经济治理的完整框架。

随着社会主义市场经济体制的深化，如何协调政府调控与市场机制的关系成为关键课题。现有研究多集中于单部典籍的经济价值分析，较少注意到三者之间的内在关联及其对现代治理的启示。《史记·货殖列传》通过记录商人阶层的经济活动，展现了市场的自发调节能力；《汉书·食货志》系统梳理了汉代财政管理体系，强调国家调控的必要性；《盐铁论》则通过盐铁会议辩论，暴露出经济决策中国家利益与民生诉求的矛盾。这三者共同构成了“政府－市场－社会”的三元互动模型，这正是当前经济改革需要借鉴的历史经验。

本章的目的在于揭示古代“经世济民”思想的现实生命力。通过政治经济学和人文经济学视角，重点解析三个核心问题：古代经济治理如何构建官营与民营的互补机制，政府调控与市场调节的平衡点如何确立，以及经济政策制定中怎样兼顾效率与公平。特别是《盐铁论》记载的盐铁专营之争，生动展现了经济决策需要考虑财政需求与民生负担的辩证关系，这对当代处理国有企业改革、公共服务供给等议题具有重要参照价值。本研究试图突破传统史学研究的局限，采用文献分析与理论建构相结合的方法，将古代经济智慧转化为可供现代治理参考的框架模型。这不仅有助于理解中国经济发展的历史延续性，更能为构建具有人文关怀的现代经济体系提供思想资源，最终实现传统治理智慧与现代政治经济学理论的创造性融合。同时，我们努力“活转”和“两创”传统经典智慧，既证明“经世济民”思想有“源出有自”的根源性，也保障其能在中国式现代化进程中乃至智能化未来继续“出场”和“出智”。

二、古代经典文献中的“经世济民”思想

中国古代经典文献中的经济思想蕴含着丰富的治国智慧，尤以《史

记·货殖列传》《汉书·食货志》《盐铁论》最具代表性。三者在经济治理与民生关怀的辩证关系中展现了不同的思想路径，共同构建了中国古代“经世济民”的思想体系。中国古代重农抑商，商业被称为“末”，商人的地位很低，即所谓“士农工商”，“商”排名垫底。但司马迁的鸿篇巨著《史记》却专门为商业与商人写下一章，即《货殖列传》。这在古代史书中可谓开了先河，此后也极其罕见。人们从中可以看到司马迁的宽阔眼界及其超前的经济思想。民国时期的著名经济学家、教育家潘吟阁曾经说过：“读中国书而未读《史记》，可算未曾读书；读《史记》而未读《货殖传》，可算未读《史记》。”[1]

（一）《史记·货殖列传》中的市场流通与商人阶层

1. 司马迁对市场流通的描述

司马迁在《史记·货殖列传》中构建了独具特色的经济观察体系，其核心在于揭示市场流通的自然规律。他分析了地域间的贫富差距及其复杂成因中的物理区位因素与人文社会因素。[2]他将全国划分为山西、山东、江南和龙门碣石北四大经济区域，通过记录各地区的物产差异，展现了“山西多材竹、山东多鱼盐、江南多金锡”的资源分布特征。这种地理经济学的观察方法，生动说明了商品流通的物质基础——正是资源禀赋的区域差异，推动着“待农而食之，虞而出之，工而成之，商而通之”的产业链条自然形成。

在描述市场运行机制时，司马迁提出“人各任其能，竭其力，以得所欲”的著名论断，强调社会分工与需求导向的相互作用。他观察到价格波动具有自我调节功能，认为“物贱之征贵，贵之征贱”，即商品价格会通过市场供需关系自动趋于平衡。这种认识突破了当时“重本抑末”的主流

[1] 楚新．司马迁的经济思想——读《史记·货殖列传》[J]．企业观察家，2018（9）：116-117.

[2] 柴啸森，陈新岗．从《货殖列传》谈司马迁的动态经济思想[J]．鲁东大学学报（哲学社会科学版），2022（4）：32-37.

思想，揭示出商业活动在资源配置中的积极作用。

通过对范蠡、白圭等商贾的记载，司马迁具体展现了市场流通的实际运作场景。他详细记述商人“乐观时变，人弃我取，人取我与”的经营策略，特别是对粮食、丝漆等大宗商品的跨区域流通模式做出细致分析。这些案例不仅证明商业资本具有“平物价、济贫乏”的社会功能，更折射出市场机制在促进民生改善方面的潜力。

值得关注的是，司马迁在肯定市场自发性的同时，也注意到过度逐利带来的负面影响。他不仅认为“小国寡民”的状态违背人性，而且在逐利本质的基础上对国家治理问题阐述了自己的看法：因势利导才是最高明的策略。[1]他批评“富者得势益彰，失势则客无所之”的财富集中现象，但主张通过市场自身规律进行调节，反对强制性的行政干预。这种既重视市场效率又警惕资本垄断的思想，构成了中国古代经济思想中独特的“善因论”主张。

2. 商人阶层在经济中的作用

商人群体在古代经济体系中扮演着连接生产与消费的关键角色。司马迁通过记录范蠡、白圭等代表性商人的经营活动，生动展现了商人阶层如何运用市场规律促进物资流通。他们采取“旱则资舟，水则资车”的预判策略，在灾荒年间主动调剂粮食供应，这种跨区域、跨周期的商品运作模式，有效缓解了因自然灾害造成的物资短缺问题。

商人的经济活动创造了独特的价值增值方式。通过“以所多易所鲜”的贸易原则，他们将江南的漆器、齐鲁的盐铁、巴蜀的丹砂等地方特产转化为流通商品，既解决了地区间物资不平衡的矛盾，又推动了手工业技术的传播。这种基于市场需求的专业化经营，使得原本分散的地方经济逐步形成全国性的市场网络。《史记·货殖列传》不仅按照四大区域对中国各

[1] 柴啸森，陈新岗．从《货殖列传》谈司马迁的动态经济思想［J］．鲁东大学学报（哲学社会科学版），2022（4）：32-37.

地物产分布及产业特征进行了论述，而且第一次对中国经济的区域发展状况进行了总结，认为当时全国经济的重心是在黄河中下游的关中地区，主要产业部门是农业，商业中最发达的产业是盐铁业。当时全国城市的发展出现地区不平衡、南北不对称的特征；长江及珠江流域虽未获得充分开发，没有形成农业经济的规模，城市发展仍处于点状阶段，但区域经济的特征已初具雏形。[1]

在价格调节方面，商人群体展现出敏锐的市场洞察力。白圭提出的“人弃我取，人取我与”策略，本质上是通过逆向操作平衡供需关系。当某种商品供过于求时，商人低价收购存储，待市场短缺时再平价售出，这种自发调节机制既平抑了物价波动，又实现了“平粜齐物”的社会效益，成为政府调控的重要补充。

商人阶层的崛起还带动了社会结构的演变。他们通过积累商业资本，部分突破了“士农工商”的传统等级限制。司马迁特别记载了商人“周流天下”的经营活动，这种流动性不仅促进了经济要素的跨区域配置，更推动了不同地域间的文化交流，为秦汉时期的“大一统”格局奠定了物质基础。

值得注意的是，商人阶层的作用具有两面性。他们在畅通物资流通的同时，也存在着“乘上之急，所卖必倍”的投机行为。这种矛盾性促使统治者思考如何既利用商人的市场调节能力，又防止其过度逐利而危害民生，这为后来《盐铁论》中关于官营与私营的辩论埋下了伏笔。

3. 商人阶层与政权稳定的关系

司马迁的《史记》对于先秦西汉时期的商业活动有着丰富的书写，刻画了先秦西汉时期的众多商人形象。《史记》中的商人群体按其从商、从政经历可分为三种模式：一是由政而商的商人模式，以急流勇退、“三致

[1] 马格侠．从《史记·货殖列传》看司马迁的区域经济思想［J］．生产力研究，2016（7）：107-110.

千金”的范蠡和乐观时变、为后世治生之祖的白圭为代表；二是由商而政的商人模式，以从“奇货可居”到“饮鸩而死”的吕不韦和从“为国争利”到“被烹而亡”的桑弘羊为典型；三是学政商结合的商人模式，以将儒家思想为指导经商、以政治经验为手段经商、以商业积累为资本“助学”的孔门弟子子贡为典范。《史记》中的商人模式及其书写不仅对后世的商人活动影响深远，而且对后世有关商人的文学创作有所启迪。[1]

商人阶层与政权稳定的互动关系在《史记·货殖列传》中呈现出复杂的双重特征。司马迁通过记载子贡、猗顿等商人的社会活动，揭示了财富积累对传统社会等级制度的突破作用。这些“与王者埒富”的商人通过经济实力获得社会话语权，其“连车骑，交守相”的社交网络，实质上构建了独立于官僚体系之外的影响力渠道。这种现象既为政权注入了新的经济活力，也潜在地威胁着中央集权的稳定性。

商人在维护政权稳定方面发挥着特殊作用。他们在饥荒时期通过跨区域调运粮食，有效避免了因灾荒引发的社会动荡。这种自发形成的市场调节机制，成为政府救灾体系的重要补充。商人的物资调配能力，客观上帮助统治者实现了“民不饥馑”的基本治理目标。

但商贾势力的过度扩张也引发统治者的警惕。司马迁指出了“千金之家比一都之君，巨万者乃与王者同乐”的社会现象，这种经济实力向政治领域的渗透，导致部分商人“交通王侯，力过吏势”。统治者对此采取“重租税以困辱之”的抑制政策，反映出对商人阶层既依赖又防范的矛盾心态。[2]

商人群体还在客观上促进了中央集权的巩固。他们开辟的贸易网络打破了诸侯国的经济壁垒，如范蠡“三致千金”的经商路线贯穿多个封国，这种跨区域的经济活动弱化了地方割据的物质基础。同时，商人向统治者

[1] 聂飞.《史记》中的商人模式及其书写［J］. 河南理工大学学报（社会科学版），2021（3）：52-57.

[2] 王婷. 司马迁笔下的名商巨贾［J］. 商业文化，2015（28）：90-91.

提供的财政支持，强化了中央政权对边疆地区的控制力。

值得关注的是，司马迁敏锐捕捉到商人阶层与政权关系的动态平衡。他既肯定商人“平物价、通有无”的稳定功能，也警示“富者役贫”可能激化社会矛盾。这种辩证认知为理解汉代“抑商”政策提供了新视角——并非简单否定商业价值，而是试图建立商人活动与政权稳定间的制度性约束，这种治理智慧在《盐铁论》的官营、私营之辩中得到了进一步展开。同时，不同于西方专门化的经济学研究范式，司马迁在修史时虽观察到了经济中动态联系的现象，但并没有就此归纳出学理化、规范化的具体理论，而是着重论述如何因势利导地顺应并利用这种联系以实现国家富强、百姓富足的治世理想。司马迁经济思想的构建是目标导向、历史导向的，并不囿于解释原理、传导机制等技术性问题，而是通过历史的经验来证明、归纳经济规律，同时提出与之相适应的治国政策。[1]

（二）《汉书·食货志》中的民生保障与经济政策

1. 汉代的民生保障措施

汉代政府将民生保障视为治国根本，通过制度设计与政策实施构建起多层次的保障体系。《汉书·食货志》详细记载的均输法与平准法是稳定物价的核心举措，政府在全国主要城市设立平准机构，通过“贵时抛售、贱时收购”的市场干预手段，有效缓解了因自然灾害或商贾囤积而引发的粮价剧烈波动。这种动态调节机制既保证了农民在丰年的合理收益，又确保了灾年民众的基本口粮供应。

在粮食储备制度方面，汉代建立了覆盖郡县的仓储系统。中央设立太仓作为战略储备，地方设置常平仓实施日常调剂，形成“丰年增储、灾年开仓”的运作模式。每当出现区域性旱涝灾害时，政府便启动“转漕调粟”的应急机制，通过运河网络快速调运粮食至灾区。这种跨区域物资调

[1] 柴啸森，陈新岗．从《货殖列传》谈司马迁的动态经济思想［J］．鲁东大学学报（哲学社会科学版），2022（4）：32-37.

配能力，显著提升了朝廷应对突发灾变的能力。

针对弱势群体的保障措施颇具系统性。政府定期对“鳏寡孤独”等特殊群体实施粟米补贴，建立“假民公田”制度将国有荒地租给无地农民耕种。在重大灾害时期推行“免租减赋”政策，并组织灾民参与水利工程以工代赈。这些举措既维护了社会底层的基本生存权利，又避免了大规模流民引发的社会动荡。

户籍管理制度在民生保障中发挥基础性作用。汉代推行严密的“编户齐民”制度，通过定期人口普查精准掌握各地民生状况。基层官吏需按季度上报辖区内的粮价变动、疾病疫情及特殊困难群体信息，为中央制定救济政策提供数据支撑。这种信息收集机制使得朝廷能够及时调整赈济力度，避免出现“救不及时，民转死沟壑”的治理失效。

在医疗保障领域，太常寺下属的太医令负责统筹全国疫病防治。每逢疾疫流行时，朝廷不仅派遣医官携带药材巡回诊疗，更在郡县设立临时病坊隔离患者。居延汉简中发现的“医药簿”残片，记载了边塞驻军定期领取防疫药材的实况，印证了汉代医疗保障体系已延伸至边疆地区。这种将民生保障与政权稳定相结合的政策设计，体现了古代社会治理中“以民为本”的核心逻辑。

2. 官营与民营的经济模式

汉代建立的“官营 – 民营”二元经济结构，形成了独具特色的资源配置体系。政府将关系国计民生的核心产业纳入官营体系，如实行盐铁专营、垄断铸币权等，并通过设立大农令等专门机构实施垂直管理。这种制度设计既保障了国家财政的稳定来源，又防止了关键物资的私人垄断。在冶铁业中，官营工场实行标准化生产，所铸铁器统一刻铸“官”字标识，既确保农具质量，又通过统购统销实现价格控制。

民营经济在政府划定的非禁榷领域保持活力，特别是在农副产品和手工制品流通中发挥主导作用。政府通过“弛山泽之禁”政策，允许民间开发山林川泽资源，促进了渔业、林业等产业的发展。在纺织领域，民间作坊采用“妻织而衣”的家庭生产模式，其产品通过市籍商人贩运形成跨区域流通网络。这种官民分工既维持了国家经济命脉，又为民间资本提供了发展空间。

两种经济形态的互补性在粮食市场中体现得尤为明显。政府通过均输法调控主要粮食物资，而民营粮商负责调剂余缺。当某地粮价过低时，官府按保护价收购存储；当粮价过高时，既开放常平仓平抑粮价，也允许商人运粮入境销售。这种双轨运作机制，既避免了完全官营带来的效率低下问题，又防止了纯市场化可能引发的投机风险。

政府通过差异化税收政策调节官民经济比重。对官营产业实行利润全额上缴，而对民营工商业采取“三十税一”的轻税政策。在盐业经营中，官府控制生产环节，将运输销售权下放给特许商人，通过“盐引”制度实现利益共享。这种“抓大放小”的管控智慧，既保证了国家财政收入，又激活了民间经济活力。

两种模式的矛盾性集中体现在质量与效率的平衡上。官营铁器存在“器多苦恶”的粗制滥造问题；民营作坊产品精巧，却常有“作伪欺市”的行为。政府为此建立了质量监督制度，在官营领域实行“物勒工名”的责任追溯，在民营领域设置“市掾”进行定期检查。这种差异化管理，体现了古代经济治理中原则性与灵活性的统一。

这种二元结构的历史局限性在于过度依赖行政干预。官营体系易滋生官僚腐败，如“盐官暴利，铁器强卖”的记载屡见不鲜；民营经济则因缺乏制度保障，难以形成持续发展动力。但汉代确立的“核心官营、外围民营”原则，为后世提供了国家主导型市场经济的早期范本，其经验教训对现代混合所有制改革仍具启示意义。

3. 经济政策对政权稳定的影响

汉代经济政策始终将政权稳定作为核心目标，通过制度设计构建起经济治理与政治安全的联动机制。平准法的实施有效控制了物价剧烈波动，当某地粮价因灾荒暴涨时，政府立即开仓放粮平抑价格，这种及时干预避免了“谷贵伤民，谷贱伤农”的双重风险，消除了饥民暴动的经济诱因。均输法则通过跨区域物资调配，确保边疆驻军和都城官僚体系的物资供应，这种战略物资保障体系直接维系着国家机器的正常运转。

粮食储备制度在维护社会稳定方面具有特殊作用。中央太仓的丰沛存粮不仅是应对灾害的物质基础，更是政治合法性的象征。每当新帝即位或出现重大天象异变时，朝廷都会实施大规模赈济，这种“发仓廪以济贫民”的举措既缓解了民生压力，又强化了民众对皇权的认同感。地方常平仓则发挥日常调剂功能，通过“春借秋还”的循环模式，帮助农民维持再生产，确保农业社会的基本稳定。

赋税政策的制定展现出平衡财政需求与社会承受力的智慧。汉代确立的“三十税一”田租标准，既保证了国家财政收入，又避免过度剥削导致农民破产。在边疆防御压力增大时，政府通过盐铁专营等非税手段增加财源，这种“取财于山海”的策略减轻了直接征税引发的民怨。当财政出现赤字时，朝廷优先削减皇室开支而非加重赋税，这种“节流”优先于“开源”的选择，有效维护了政权的民意基础。

官营与民营经济的比例控制是防范经济风险的关键。政府将盐铁等战略物资纳入官营体系，既切断了地方豪强坐大的经济根基，又防止了私营垄断威胁中央集权。在非关键领域允许民营经济发展，则通过市场活力增加社会财富总量。这种“抓大放小”的管控策略，既确保了国家对经济命脉的掌控，又避免了全面官营带来的效率低下问题，形成了动态稳定的经济结构。

社会流动渠道的设计巧妙化解了潜在矛盾。通过察举制将优秀民间子弟纳入官僚体系，既吸纳了民间精英的政治诉求，又增强了统治集团的经济管理能力。同时，严厉惩治官员经商行为，执行“食禄者不得与下民争利”的禁令，这种制度隔离有效预防了权贵资本对政权的腐蚀。经济政策与社会政策的这种配合，构建起维护政权稳定的多重保障机制。

三、政治经济学视角的《盐铁论》分析

（一）盐铁专卖与国家经济控制

1. 盐铁专卖制度的实施背景

西汉盐铁专卖制度的推行，根植于国家治理体系转型的现实需求。汉武帝时期持续对匈奴用兵带来的巨额军事开支，导致中央财政陷入严重困境。当时民间商人通过垄断盐铁经营获取暴利，出现了“冶铸煮盐，财或累万金”的财富集中现象，这种局面既削弱了国家的经济调控能力，又加剧了社会贫富分化。

国家战略需求与民生问题的双重压力，迫使统治者寻求新的财政来源。原有的土地税赋已难以支撑边疆防御和水利工程等重大开支，而私营盐铁业者通过操控市场价格，“专山泽之利，管山林之饶”，严重影响了农业生产工具的供给。元狩年间黄河水患造成的经济创伤，更凸显出强化国家经济调控能力的紧迫性。

政策转型的深层次动力来自经济治理理念的转变。法家主张的“富国强兵”思想逐渐占据主导，桑弘羊等官员提出“制山海之利，以佐助边费”的解决方案。通过将盐铁产销收归官营，既能切断地方豪强的财源，又能建立稳定的财政收入渠道。这种改革实质上是将分散的民间资本转化为国家可控的战略资源，为应对边疆危机提供经济保障。

制度设计上借鉴了管仲“官山海”的治理经验，但进行了系统性创新。政府在产盐区设盐官统管生产，由官府提供煮盐工具，产品统购统销；在铁矿区设铁官管理采冶，实行集中制造与定点销售。这种垂直管理体系突破了传统税赋的征收方式，开创了通过专营商品获取财政收入的新模式，为后世国有专营制度提供了重要范本。

2. 盐铁专卖对经济的影响

盐铁专卖政策的推行对汉代经济产生了双重影响，既增强了国家财政实力，也带来了新的社会矛盾。政府通过垄断盐铁产销，迅速获得了稳定的财政收入。原本由商人赚取的高额利润转为国库所有，这些资金被用于

边疆防御和水利工程等国家急需项目，有效缓解了长期战争带来的财政压力。但专卖制度也抬高了盐铁价格，普通百姓购买食盐和农具的负担明显加重，特别是偏远地区的民众不得不支付更高的运输成本，这在一定程度上抵消了政策带来的公共利益。

官营生产体系暴露了效率低下的弊端。国营工场生产的铁器常出现质量粗劣问题，农具笨重且不耐用，农民被迫频繁更换，反而增加了耕种成本。盐业流通环节的官僚化管理导致运输迟缓，部分地区出现食盐供应短缺。这些现象在《盐铁论》中被贤良文学派激烈批评，他们指出“县官作铁器，多苦恶，用费不省”，反映出政府直接经营工商业存在的管理缺陷。

经济结构因盐铁专卖而发生显著改变。私营冶铁作坊大量倒闭，原本活跃的民间商业网络遭到破坏，从事相关行业的工匠和商贩失去生计。但是，官营体系创造了新的就业岗位，大量流民被招募至盐铁工场，这在一定程度上稳定了社会秩序。政府还通过控制关键物资的定价权，抑制了商人投机行为，使盐铁这类战略物资的供应更具可预测性。

不同地区的经济差异因盐铁专卖政策而进一步扩大。盛产盐铁的郡县因设立官营机构而繁荣，如河东盐池周边形成了完整的产业链条。但缺乏资源的地区既要承受高价购买官营产品的压力，又失去了发展地方特色产业的机会。这种不平衡发展加剧了区域经济矛盾，部分地方豪强开始通过走私私盐牟利，催生出新的地下经济形态。

政策实施后，国家的宏观调控能力得到空前强化。政府通过盐铁专卖掌握了约 40% 的财政收入，这种经济控制力使朝廷能够实施更大规模的公共工程。但过度依赖专营收入也导致经济结构单一化风险，当自然灾害影响盐铁生产时，国家财政就会陷入被动。这种结构性矛盾在《盐铁论》记载的辩论中充分显现，贤良文学派主张的“罢盐铁、退权利”建议，实质是要求恢复市场在资源配置中的基础作用。

专卖制度还改变了社会财富的分配格局。原本富可敌国的盐铁商人群体迅速衰落，其经济实力转化为国家财政储备。但管理盐铁事务的官员阶层却借机中饱私囊，贪污腐败现象逐渐滋生。普通百姓虽未直接承受增税压力，但通过抬高生活必需品价格实现的隐性征税，实际上加重了民众的经济负担。这种复杂的利益调整，折射出国家干预经济时难以避免的公平与效率矛盾。

3. 盐铁专卖与政治经济学的关联

盐铁专卖政策深刻体现了古代中国政治经济学的基本逻辑。这项制度通过国家垄断关键物资的生产流通，将经济控制力转化为巩固政权的重要支柱。在《盐铁论》记载的辩论中，桑弘羊提出“制其有余，调其不足”的治理理念，强调国家必须掌控盐铁这类战略资源，才能实现“离朋党，禁淫侈，绝并兼之路”的治理目标。这本质上是以国家权力引导市场运行，通过经济手段达成政治稳定的典型实践。

盐铁专卖制度构建了特殊的利益分配机制。政府将盐铁利润收归国库，替代了直接增加赋税的剥削方式，形成了“取之无形，民不觉苦”的财政汲取模式。这种间接征税既保证了边疆防御和水利工程的资金需求，又避免了社会矛盾的激化。但贤良文学派尖锐指出，官营垄断导致“器多苦恶”和价格虚高，实际形成了“民得买其器而益困”的隐性剥削，暴露出国家利益与民生诉求的内在张力。

从政治经济学视角审视，盐铁专卖创造了国家主导的市场干预范式。政府通过控制生产资料和流通渠道，实现了对产业链的全流程掌控。这种模式既不同于完全放任的市场经济，也不同于纯粹的计划分配，而是在关键领域实施“看得见的手”调控，同时保留民间经济在其他领域的活力。桑弘羊强调的“均输平准”理念，实质是运用国家资本调节市场供需，与现代宏观经济调控具有逻辑同构性。[1]

盐铁专卖制度还重塑了社会阶层的权力结构。原本掌握盐铁资源的豪强商贾被纳入官僚体系，转化为国家经济管理的执行者。这种“商人官僚

[1]　吴龙灿.《盐铁论》哲学思想发微［J］. 德州学院学报，2017（5）：76-80.

化”的转变，既消解了地方财阀对中央政权的威胁，又为统治集团注入了专业管理能力。但官员经商也导致权力寻租现象滋生，出现了“吏坐市列肆，贩物求利”的腐败问题，反映出经济权力与政治权力结合时的制度漏洞。

《盐铁论》记载的辩论揭示了中国古代政治经济学的核心命题：如何平衡“富国”与“富民”的关系。法家主张通过国家垄断增强调控能力，儒家则强调“不与民争利”的治理伦理。这两种思想的交锋，实质是对政府经济职能边界的历史性探索。盐铁专卖制度作为折中方案，既保持了必要的国家干预力度，又通过特许经营等方式为民间资本保留了参与空间，这种“抓大放小”的治理智慧，至今仍具启示意义。

该政策还开创了经济治理工具化的先例。朝廷将盐铁专营收入定向用于边疆防御，形成了“以商战支撑兵战”的特殊保障机制。这种将经济资源转化为政治军事能力的运作模式，展现出古代中国对政治经济学原理的朴素认知，即经济手段不仅可以创造财富，更是维护政权稳定的战略工具。但过度依赖专卖收入也导致经济结构失衡，验证了政治目标过度干预市场运行可能引发系统性风险。

（二）人文经济学在《盐铁论》中的体现

1. 人文关怀与经济政策

《盐铁论》中的经济政策辩论始终贯穿着对民众生存境遇的深切关注。贤良文学派在批评盐铁专卖政策时，强调“王者不蓄聚，下藏于民”的治理理念，认为国家垄断经营导致“铁器苦恶，价贵难用”，农民被迫购买劣质农具而影响耕作效率。这种将政策效果与民生疾苦直接关联的批评视角，反映出古代知识阶层对经济决策的人文审视标准。

政策制定中的伦理考量体现在双方对“利”的不同诠释上。大夫派主张“制其有余，调其不足”，强调国家专营能集中资源办大事；而贤良文学派则提出“末盛则本亏”，指出过度追逐盐铁之利会损害农业根本。这种辩论本质上是对经济利益分配原则的价值选择，贤良文学派特别关注经济政策对底层民众的隐性剥夺，如铁器专卖导致“贫民或木耕手耨”，揭示了经济政策与民生福祉的深层矛盾。[1]

灾荒应对策略的争论凸显政策设计的人本导向。贤良文学派引用“仁者爱人，义者循理”的儒家思想，主张遇灾时应首先“罢盐铁、弛租税”以纾民困，反对继续通过专卖制度汲取民间资源。这种将经济调控与道德责任相结合的主张，推动形成了汉代“遇灾则弛禁”的政策弹性，在特定时期允许私营补充官营不足，体现了制度设计中对特殊群体的关怀。

政策调整中显露的妥协智慧，展现了统治阶层对民生诉求的有限回应。虽然盐铁专卖主体框架得以保留，但朝廷逐步取消了酒类专卖等争议较大的政策。在铁器制造环节引入“许民共采”的变通办法，允许民间作坊在官方监管下参与生产，这种改良既维护了国家利益，又改善了农具供给质量，反映出经济治理中刚性制度与柔性执行的结合。

对特殊行业的保护政策更直接体现人文关怀。政府明确规定“老弱孤寡皆有养”，对从事盐铁运输的贫民减免徭役，在官营工场实施“伤病给医药”的保障措施。这些配套政策虽然未能从根本上解决专卖制度的弊端，但通过在执行层面注入人道主义元素，缓解了政策推行中的社会阻力，为中国古代经济治理提供了伦理维度的实践参照。

2. 经济政策对社会人文的影响

盐铁专卖政策的推行深刻改变了汉代社会的文化生态与价值取向。官营铁器质量低劣导致“贫民或木耕手耨”的困境，这种生产工具的倒退不仅降低了农业效率，更动摇了“耕读传家”的传统观念。当农民被迫使用原始农具时，精耕细作的农业生产模式难以维系，直接影响了农村社会“勤劳务本”的价值传承。盐价的高企则改变了民众的饮食习惯，部分地区出现“淡食”现象，这种基本生活资料的短缺削弱了社会成员的基本尊严感。

[1] 周俊敏.《盐铁论》中蕴含的经济伦理思想［J］. 经济论坛，2003（5）：70-71.

经济政策调整引发了社会伦理观念的重构。贤良文学派在批评专卖制度“与民争利”时，实质是维护“藏富于民”的传统经济伦理。而官府通过“寓税于价”的专卖手段，将财政负担转化为隐性税收，这种间接征收方式模糊了国家与民众的利益边界，导致“民不知赋而实重赋”的认知困境。政策执行中官员“坐市列肆”的经商行为，更冲击了“士农工商”的等级秩序，造成权力与资本勾结的新型腐败形态。

文化传播路径因经济管控发生显著改变。原本依靠商人往来形成的文化交融渠道，在盐铁官营后逐渐萎缩。边境地区的“绢马贸易”被纳入官营体系，民间商队减少导致边疆与内地的文化交流减弱。但官营运输系统意外促进了标准语传播，押运盐铁的役卒成为各地方言与官方雅言的中介，这种非自觉的文化传导形成了特殊的语言融合现象。

社会救济机制在政策压力下出现异化。原本由乡绅主导的民间互助体系，因盐铁专卖抽离了地方财富而难以维系。政府虽在灾年实施“假田贷种”的救济，但受惠者需以加倍劳役偿还，这种有偿救助模式改变了传统“施恩不图报”的伦理准则。民间逐渐形成“宁忍饥寒，不欠官债”的规避心理，反映出经济政策对社会道德观念的深层影响。

知识阶层的价值取向也产生分化。部分儒生通过参与盐铁事务进入仕途，将经世致用思想融入治国实践；另一些文人则坚守“君子喻于义”的道德立场，形成“耻言利禄”的清流群体。这种分化催生了政治文化中的实用主义与理想主义之争，为后世“经术”与“治术”的辩论埋下伏笔。政策辩论本身也提升了经济议题在文化领域的地位，使“食货之学”逐渐获得与经学并立的学术地位。

3. 人文经济学视角下的民生保障

在《盐铁论》记载的经济政策辩论中，民生保障始终是核心关切。贤良文学派提出“王者不夺民利”的主张，强调国家经济政策应当优先保障底层民众的基本生存需求。他们批评盐铁专卖导致农具价格虚高，迫使农民“释耕具而事未作”，这种将政策效果与民生疾苦直接挂钩的批评视角，体现了中国古代经济思想中“以民为本”的价值取向。

政策调整过程中展现出对特殊群体的特别关照。针对盐铁运输造成的劳役负担，政府规定“老弱及独身者免其徭”，减轻了弱势群体的经济压力。在边疆地区推行“盐粮互换”政策，允许边民用粮食换取官盐，既保障了基本物资供应，又维护了边疆稳定。这些措施虽未改变专卖制度的基本框架，但通过执行层面的改良降低了政策对民生的冲击。

民生保障的实践智慧体现在动态调整机制中。政府建立“岁异其价”的盐铁定价标准，根据年景丰歉灵活调整价格：丰收年适度提价以充实国库，灾荒年则降价销售保障民生。在铁器分配环节实行“先边郡后内地”的原则，优先确保边疆戍卒的农具供应，这种差别化供给策略平衡了国防需求与民生保障的关系。

对基本生活资料的保护政策凸显人文关怀。贤良文学派主张“盐与五谷同价”，强调食盐作为生活必需品应当维持平民可负担的价格水平。政府为此设立“常平盐”制度，在偏远地区建立官盐储备库，通过定期投放平抑盐价。对于私自抬价的盐官实施“夺爵免官”的严厉处罚，这些举措有效遏制了垄断经营对民生的损害。

政策执行中的人文考量还表现在救济制度的创新上。当专卖政策导致某地民众陷入生存危机时，官府允许“以工代赈”，组织受影响群体参与盐铁运输获取报酬。在疫病流行期间，太医令下属的医官会携带药物随盐铁运输队巡诊，这种将医疗保障与经济政策相结合的做法，展现出中国古代社会治理的系统性思维。

这些实践中的民生保障措施，既维护了政权稳定的经济基础，也为中国古代经济思想注入了人文精神。虽然专卖制度仍存在剥削性特征，但其中展现的“取予有度”调控原则，为后世处理国家利益与民生诉求的关系提供了历史参照。

四、古代"经世济民"思想的现代意义

（一）市场流通与现代经济体系

1. 古代市场流通对现代经济的启示

中国古代市场流通体系展现的治理智慧，为当代市场经济改革提供了重要参照。汉代"官营－民营"的互补结构启示现代经济需平衡政府调控与市场活力，在关键领域保持国家主导的同时激活民间资本。盐铁专卖政策暴露的垄断弊端警示现代经济需防范资本无序扩张，通过反垄断立法维护市场公平。这也与古代禁榷制度防范私人操纵民生领域异曲同工。

古代商人的跨区域流通网络，映射出现代统一市场建设的重要性。汉代市籍商人建立了南北货殖通道，其破除地域壁垒的经验对消除现代地方保护主义具有参考价值。政府通过"均输平准"调节物资余缺的做法，与当代粮食储备制度和物价调控机制形成历史呼应，均体现出"以丰补歉"的宏观调控思维。

《盐铁论》记载的政策辩论，揭示出经济决策必须兼顾效率与公平。贤良文学派主张的"藏富于民"思想，启示现代财富分配需注重社会公平，通过税收调节缩小贫富差距。古代常平仓在灾年平抑粮价的实践，与现代社会救济制度一样，都强调底线思维，共同构建起民生安全网。

市场信用体系的古今传承尤其值得关注。汉代"物勒工名"的质量追溯制度，奠定了现代产品责任制的雏形；市掾对度量衡的严格监管，启示当前需加强市场监管体系建设。古代商帮依靠"信誉为本"形成的商业网络，更凸显诚信经营对市场经济的基石作用。

动态平衡的调控艺术对现代经济治理最具启示意义。汉代在盐铁专营中保留特许经营、在粮食流通中实行双轨制等，这些弹性措施展现出原则性与灵活性的结合。这种"抓大放小"的治理智慧，启示现代政府需在保持战略领域控制力的同时，充分释放微观经济主体的创新活力，形成"有效市场＋有为政府"的良性互动。

2. 现代市场流通的挑战与机遇

现代市场流通体系在数字化转型中面临多重挑战。信息不对称问题在电子商务时代呈现出新形态，大数据算法推荐可能导致“信息茧房”，这与《盐铁论》记载的商人囤积居奇具有相似的危害。[1] 当代平台经济的资本无序扩张形成新型市场垄断，再现了古代“富商大贾周流天下”的资本集聚现象，并借助互联网技术达到了空前的规模效应。

技术创新为破解传统难题提供新机遇。区块链技术在商品溯源中的应用，实现了比汉代“物勒工名”更精准的质量追溯。智慧物流体系通过实时数据监测，将《盐铁论》中设想的“调有余补不足”理念转化为智能调配系统。跨境电商平台突破地理限制，构建起超越古代丝绸之路的数字化贸易网络，使“买全球、卖全球”成为现实。这些技术进步正在重塑市场流通的底层逻辑，为经济治理提供新工具。

新型市场治理面临效率与公平的平衡考验。平台经济中的“二选一”垄断行为，与盐铁专卖时期的排他性经营具有相似的特征，可以借鉴古代禁榷制度经验制定反垄断规则。直播电商的爆发式增长带来虚假宣传问题，可参照汉代市籍管理制度建立主播信用评价体系。针对中小微企业融资难题，现代供应链金融借鉴了古代“赊贷”信用机制，通过数字化手段实现风险可控的资金流转。

人文经济学理念为现代流通注入新内涵。对于社区团购模式中暴露出的“与菜贩争利”现象，需通过“取予有度”的原则划定经营边界。针对生鲜电商的冷链垄断问题，可效仿汉代常平仓建立民生商品应急储备体系。针对偏远地区流通设施薄弱的现状，政府主导的数字新基建项目正发挥类似古代“驰道”的联通作用，通过物流下乡缩小城乡市场差距。

全球化变局催生市场流通体系重构机遇。区域全面经济伙伴关系协定

[1] 孙冕．从《盐铁论》看桑弘羊的法律思想［J］．淮阴师范学院学报（哲学社会科学版），2003（5）：635-638.

（RCEP）的推进，实现了比汉代西域商道更高效的多边贸易机制。中欧班列构建的陆路通道，在新时代延续着丝绸之路的互联互通功能。在应对国际大宗商品价格波动时，我国建立的战略物资储备制度，与《盐铁论》强调的“制其有余”调控思想一脉相承。这些实践正在将古代市场智慧转化为应对全球化的中国方案。

（二）民生保障与社会和谐

1. 古代民生保障措施的现代应用

中国古代民生保障措施中蕴含的治理智慧，为现代社会政策设计提供了重要借鉴。汉代建立的常平仓制度，通过在丰年收购余粮、灾年平价售出的调控方式，与现代国家粮食储备制度形成跨时空呼应。这种“以丰补歉”的调控思维，已发展成为涵盖能源、医药等多领域的战略物资储备体系，在应对突发事件时发挥着市场稳定器的作用。

盐铁专卖时期形成的差别化定价机制，为现代社会保障提供了历史参照。汉代针对边疆实行“盐粮互换”政策，允许边民用粮食换取生活必需品，这种物物交换模式启发现代偏远地区的定向补贴制度。当前实施的农资补贴、电价梯度收费等政策，本质上延续了古代“取予有度”的调节原则，既保障了基本民生需求，又避免了过度消耗公共资源。

古代“以工代赈”的救济理念在现代得到创新性发展。参考古代组织灾民参与水利工程的做法，适时推出“就业优先”的社会保障政策。政府通过开发公益性岗位、组织技能培训等方式，将单纯的物质救济转化为能力建设，既传承了“授人以渔”的传统智慧，又注入了人力资本开发的时代内涵。

汉代太医令下属的医官随盐铁运输队巡诊的实践，启发现代将医疗保障嵌入经济政策。新型农村合作医疗制度借鉴了古代“医政结合”的经验，在推进乡村振兴战略时同步完善基层卫生服务网络。这种将民生保障与经济发展相结合的系统思维，有效提升了社会保障政策的综合效益。

古代对特殊群体的保护措施为现代福利制度提供伦理参照。汉代免除老弱群体盐铁运输徭役的规定，演化为当前针对残疾人、孤寡老人的专项保障政策。政府通过税收优惠鼓励企业雇佣特殊群体，既继承了“矜寡孤独皆有所养”的人文精神，又创造了更具可持续性的保障机制。

这些古今贯通的民生保障实践表明，中华优秀传统文化中的“民本”思想仍具现实生命力。现代政策制定者在完善社会保障体系时，既要运用市场化手段提高资源配置效率，更要坚持“藏富于民”的价值追求，使经济发展成果更好地惠及全体民众。

2. 社会和谐与经济发展的关系

在中国古代治理实践中，已形成对社会和谐与经济发展相互作用的深刻认知。《盐铁论》记载的盐铁政策辩论，实质是对经济调控与社会稳定关系的深度探讨。贤良文学派强调国家应“藏富于民”，而非与民争利，指出过度推行盐铁专卖虽能充实国库，但会导致“百姓困乏、盗贼滋起”，揭示了经济发展若忽视社会公平将动摇统治根基的历史规律。这种辩证认识对当代仍有启示意义，即经济增长只有与社会建设同步推进，才能实现可持续发展。

中国古代治理智慧表明，民生保障是维系社会和谐的经济基础。汉代在盐铁专卖中实施的“丰年储、灾年赈”机制，通过调节物资供给稳定社会秩序，这种“以经济手段解社会难题”的思路，与现代通过社会保障体系维护消费能力的做法异曲同工。政府将盐铁收入部分用于边疆屯垦，既开发了经济落后地区，又通过移民实边促进了民族融合，展现出经济政策促进社会整合的特殊功能。

《盐铁论》揭示的官民利益平衡法则，为处理发展中的矛盾提供了历史镜鉴。桑弘羊主张的“调有余补不足”，在当代表现为通过税收调节缩小贫富差距；贤良文学派强调的“不与民争利”，则启示政府需为民营经济保留发展空间。汉代盐铁专卖后期允许民间参与运输环节的做法，正是通过利益共享机制缓解社会矛盾，这种“抓大放小”的治理艺术，至今仍是处理政企关系的有效参考。

区域协调发展理念在古今实践中一脉相承。盐铁专卖时期推行的“边郡优先”供给政策，通过保障边疆物资供应，既调剂了供需、促进了区域相对均衡，也增强了边防能力，这与现代西部大开发战略具有相似的逻辑。古代商人建立的跨区域流通网络，打破了地域经济壁垒，其促进要素自由流动的经验，对当前建设全国统一大市场仍具借鉴意义。政府主导的基础设施建设，从汉代盐铁运输通道到现代高速铁路网，始终发挥着连通经济命脉与促进社会融合的双重作用。

文化价值观对经济行为的引导作用不容忽视。盐铁专卖引发的“义利之辩”，促使汉代形成了“重农而不抑商”的改良思想，这种价值调适既保持了经济发展动力，又维护了社会主流价值观。当前倡导的“共同富裕”理念，一定程度上继承了古代“藏富于民”的思想，更是马克思主义“人民思想”对中国传统“民本思想”的改造和创新；它通过重塑财富伦理引导市场主体兼顾经济效益与社会责任，为市场经济注入人文关怀。

这些历史经验表明，社会和谐与经济发展存在动态平衡关系。政府需要建立灵敏的社会反馈机制，如同《盐铁论》记载的“岁异其价”调控原则，使经济政策能根据社会承受能力灵活调整。当代精准扶贫政策通过“造血式”帮扶实现脱贫与发展的统一，正是这种治理智慧的现代演绎。只有在经济发展中持续改善民生，在社会建设中充分释放经济活力，才能形成良性互动的治理新格局。

五、古代“经世济民”思想的批判与反思

（一）官营与民营的经济模式分析

1. 官营经济的利弊

官营经济在中国古代社会治理中发挥着特殊作用，其优势与缺陷在《盐铁论》记载的辩论中体现得尤为显著。国家通过直接掌控盐铁等关键行业，能够快速集中资源应对重大挑战。汉武帝时期推行的盐铁专卖政策，有效解决了边疆防御的军费短缺问题，这种“集中力量办大事”的

模式，为后世处理国家危机提供了重要经验。官营体系还通过统一生产标准，在铁器制造领域实现了农具形制的规范化，促进了农业生产技术的传播。

但官营经济过度扩张会抑制市场活力。国营工场因缺乏竞争压力，常出现“器多苦恶”的质量问题，农民不得不高价购买劣质农具。《盐铁论》记载的一车铁器售价堪比十石粟米现象，反映出垄断经营对民生造成的沉重负担。官僚系统的低效运作更导致资源浪费，管理盐铁事务的机构膨胀，形成“十羊九牧”的人浮于事局面，显著抬高了行政成本。

这种经济模式在特殊时期具有应急价值。当匈奴频繁侵扰边境时，盐铁专卖收入支撑起了长达数十年的军事防御体系。通过将战略物资的生产纳入国家计划，避免了战时关键物资被商人囤积居奇的风险。但这种战时经济体制在和平时期持续运行，就会产生“与民争利”的副作用，挤压民间手工业的生存空间。

官营经济还容易滋生权力寻租。负责盐铁事务的官员利用职权“坐市列肆”，在监管者与经营者双重身份中谋取私利。这种“既当裁判又当运动员”的体制缺陷，导致优质资源向权贵阶层倾斜。《盐铁论》中贤良文学派揭露的豪强占山海之利现象，正是官商勾结的具体表现，最终造成社会财富分配失衡。

值得注意的是，汉代在实践中形成了弹性调整机制。当官营铁器质量引发民怨时，朝廷允许民间作坊在官方监督下参与生产，通过“民制官收”的方式改善供给。这种在坚持专卖框架下的局部改革，既保障了国家财政收入，又缓解了政策执行中的尖锐矛盾，展现出中国古代经济治理的务实智慧。

官营经济的利弊启示我们，国家主导的经济模式需要明确边界。在关键领域的集中控制能保障国家安全，但过度扩张会扼杀经济活力。正如《盐铁论》记载的辩论所展现的，理想的经济治理应在“政府有为”与“市场有效”之间寻找动态平衡，既要发挥“集中力量办大事”的制度优势，又要防范垄断经营对民生福祉的侵蚀。

2. 民营经济发展的重要性

民营经济在中国古代社会中发挥着不可替代的基础作用。从《盐铁论》记载的政策辩论可见，贤良文学派主张的“罢盐铁、退权利”并非简单反对国家经营，而是强调民间经济力量对国计民生的支撑价值。当官营铁器因质量低劣导致“农具不修”时，民间作坊能够快速生产适应不同地域需求的铁制农具，这种灵活性有效弥补了官营体系标准化生产的不足。

民营资本在商品流通领域更具活力。商人群体通过自发形成的贸易网络，将盐铁等物资输送到官营体系难以覆盖的偏远地区。《盐铁论》中“富商积货储物以待其急”的描述，显示出民间商业资本在调节区域供需中的独特功能。在灾荒年份，商人运粮救灾的行为虽带有逐利动机，但客观上形成了对官方赈济体系的重要补充。

民营经济的发展有助于维护社会稳定。大量手工业和商业活动的存在，为失地农民提供了转业谋生的渠道。史载“农事伤，则饥之本也；女红害，则寒之原也”，当官营经济过度挤压纺织等民生行业时，民间家庭作坊通过代际传承维持着基本生活资料的生产。这种“男耕女织”的微观经济单元，构成了社会抵御经济波动的韧性基础。

民营经济对技术进步的推动作用尤为显著。官营工场为控制质量而固化生产标准，民间工匠却能在实践中改良工具。四川井盐开采中发明的“冲击式顿钻法”，正是民营盐场为提升效率自发创新的成果。铁器锻造领域出现的“百炼钢”工艺，也源自民间铁匠对官营技术的突破性改进。这些创新最终反哺提升了整个行业的技术水平。

民营经济还是社会财富分配的重要调节器。商人阶层通过跨区域贸易将财富分散到不同地域，缓解了资源过度集中引发的社会矛盾。在《盐铁论》记载的辩论中，贤良文学派强调“利在民则国富”的辩证关系，指出民营经济创造的就业机会能有效吸纳社会闲散劳力，防止“游食之民”演变为不稳定因素。

历史经验表明，民营经济的健康发展需要制度保障。汉代后期允许民间参与铁器运输环节，通过“特许经营”规范市场秩序，既发挥了民营经济的效率优势，又避免了无序竞争。这种“官督商办”的混合模式，在特定历史阶段实现了国家利益与民间活力的良性互动，为当代处理政府与市场关系提供了历史镜鉴。

（二）商人阶层与社会变迁

1. 商人阶层在社会变迁中的作用

商人阶层作为古代社会的重要群体，其活动深刻影响着经济结构与社会关系的演变。在《史记·货殖列传》的记载中，范蠡、巴寡妇清等商人通过跨区域贸易，将各地特产如蜀锦、齐盐、楚漆流通至全国，不仅打破了地域经济壁垒，更推动了“农－工－商”产业结构的形成。这种物资流通使偏远地区的特产获得市场价值，刺激了手工业专业化生产，促使部分农民转向商品化种植，悄然改变着“重农抑商”的传统社会格局。

商人群体的流动加速了文化交融的进程。盐铁运输线上的商人将中原农耕技术传至边疆，同时将游牧民族的畜牧经验引入内地。关中犁具改良借鉴了匈奴马具设计，江南丝织技法融合了西南少数民族染整工艺。商队设立的驿站更发展为信息集散地，使不同地域的风俗习惯在商贸往来中相互渗透。

在区域开发方面，商人资本发挥着特殊作用。汉初巴蜀商人开发井盐时，通过“以工代赈”雇佣流民开凿盐井，既解决了劳动力过剩问题，又带动了西南地区的城镇化。北方马贩在边境建立的牲畜交易市场，逐渐演变为军事要塞与民市并存的“关市”，这种经济与国防功能的结合，为边疆稳定提供了物质基础。商人修建的仓储设施与运输网络，更成为后世漕运体系的重要节点。

商人阶层与统治阶层的互动塑造着政策走向。《盐铁论》记载的盐铁专卖辩论，正是商人资本扩张引发社会矛盾的集中体现。当富商大贾通过囤积居奇影响物价时，政府被迫调整均输平准政策的力度；商人群体对官营铁器质量低劣的抵制，则促使朝廷允许民间作坊参与特许生产。这种动态博弈推动着经济政策从刚性管制向弹性调控转变。

社会阶层流动因商业活动出现新路径。部分商人通过“入粟拜爵”制度获得政治身份，如《史记·货殖列传》记载的乌氏倮因献畜受封，打破了“士农工商”的固化等级。商人资助的私学培养出兼具商业头脑与儒家修养的复合人才，为汉代“儒商”群体的形成奠定基础。这种上升通道的存在，缓解了社会阶层对立，为寒门子弟提供了改变命运的机遇。

但商人阶层的逐利本质也带来社会问题。《盐铁论》揭露的豪强占山海之利现象，显示部分商人通过官商勾结垄断资源，加剧贫富分化。某些边贸商人走私铁器至游牧部落，威胁国防安全，这种利益至上的行为迫使政府强化市场监管。商人群体在促进社会进步的同时，其局限性也警示着资本监管的必要性，这为理解古代“重农抑商”政策提供了多维视角。

2. 商人阶层与社会公平的辩证关系

商人阶层的经济活动与社会公平之间始终存在复杂的互动关系。在《盐铁论》记载的盐铁政策辩论中，贤良文学派尖锐地指出富商大贾“专山泽之利”导致百姓困乏，揭示了商人资本过度集中可能加剧社会不公。但同时也应看到，商人通过跨区域贸易将食盐、铁器等必需品输送到偏远地区，客观上缓解了地域发展不平衡的问题。这种矛盾现象构成了古代社会公平调节的特殊张力。

商人群体在促进财富流动方面具有积极作用。汉代巴蜀商人开发井盐时雇佣大量贫民，使失去土地的农民获得谋生机会。在边塞贸易中，商人用中原布帛交换游牧民族的马匹，既满足了双方需求，又缩小了经济形态差异造成的隔阂。《史记·货殖列传》记载的商人资助修桥铺路行为，改善了偏远地区的交通条件，使更多民众能够参与市场活动。这些实践表明，合理引导的商业活动能够成为社会公平的润滑剂。

但商人的逐利本质也容易引发新的不公平。在盐铁专卖时期，部分商人通过贿赂官员获得特许经营权，形成官商勾结的利益联盟。他们操控盐铁价格，售卖劣质农具，导致农民“失其作业，户口减半”。这种现象凸显出资本无序扩张对社会公平的侵蚀。某些大商人还通过囤积居奇制造物价波动，使普通民众的基本生活受到威胁。

政府在实践中形成了动态调节机制。为遏制商人垄断，汉代推行均输平准政策，在重要城市设立官营商铺平抑物价。针对商人哄抬盐价的问题，建立“常平盐”制度保障基本供给。但同时也保留特许经营渠道，允许中小商人参与官盐运输。这种“抓大放小”的策略既维护了市场秩序，又为民间商业保留了生存空间。商人群体内部的分化治理，体现了古代调节社会公平的智慧。

社会公平的维护需要制度约束与价值引导相结合。汉代对诚信商人给予免役减税的奖励，对哄抬物价者施以没收家产的严惩，通过奖惩机制规范商业行为。儒家“义利之辨”的思想渗透，促使部分商人形成“以义取利”的经营理念，主动参与赈灾济贫。这种制度约束与道德教化的双重作用，为平衡商业发展与社会公平提供了实践路径。

六、结语

通过对《史记·货殖列传》《汉书·食货志》《盐铁论》的系统研究，可以清晰勾勒出中国古代“经世济民”思想的基本架构。这三部典籍共同揭示了传统经济治理中“市场调控–民生保障–政权稳定”的三角支撑体系，其中《史记·货殖列传》展现的商人智慧、《汉书·食货志》记录的财政制度与《盐铁论》呈现的政策辩论，分别对应着经济运行的三个关键维度。

研究发现，中国古代经济治理形成了独特的“官营保基础、民营促活力”的二元结构。盐铁专卖制度虽能快速集中资源应对危机，但其过度扩张会抑制市场活力，这警示现代政府需明确宏观调控的边界。贤良文学派在盐铁会议上强调的“不与民争利”原则，与当代强调的市场在资源配置中起决定性作用的理念存在深刻共鸣。研究同时揭示，汉代后期允许民间参与特许经营的弹性调整机制，为当前混合所有制改革提供了历史参照。

在治国理政层面，桑弘羊派与贤良文学派的辩论反映出动态平衡的重要性。盐铁专卖政策既要保障国家财政，又要防止损害民生，这种两难抉择至今仍在政府与市场关系的讨论中回响。研究特别指出，古代“以政导商”的治理智慧，强调通过制度约束引导资本服务公共利益，这对规范现代资本行为具有启发价值。

人文关怀的深度融入是传统经济思想的重要特征。《盐铁论》中“恤民困”的执政理念，在当代体现为社会保障制度的不断完善。研究建议将古代常平仓的平准思想与现代数字技术相结合，构建智能化的民生保障体系。同时应借鉴汉代“儒商”培养经验，在现代职业教育中强化商业伦理教育，培育兼具专业能力与人文精神的经济主体。[1]

本研究最终证实，传统“经世济民”思想中“取予有度”的调控原则与“藏富于民”的价值取向仍具现实生命力。[2]这些思想资源为构建中国特色社会主义政治经济学理论提供了历史根基，也为破解现代经济发展中效率与公平的难题贡献了东方智慧。未来的研究可进一步挖掘典籍中“义利统一”的思想精髓，探索其在数字经济时代的新表达形式。

这些文献塑造了中国传统经济思想的三大范式：自由流通的市场理性、国家调控的治理技艺、民生导向的价值伦理。其揭示的政府与市场边界、公平与效率张力、短期利益与长远发展的辩证关系，对当代经济治理仍具启示意义。如《史记·货殖列传》对经济规律的尊重可比拟亚当·斯密对“看不见的手”的推崇，《汉书·食货志》的粮食安全思想暗合现代宏观调控制度，《盐铁论》的官营争议则折射出混合所有制改革的永恒命题。这三部经典构成中国古代经济思想的“三元结构”，其智慧不在于提

[1] 曹端波，梁宏志 . 西汉经济政策的大辩论——从《盐铁论》看中国古代两种不同的经济思想［J］. 学术探索，2005（2）：116-120.

[2] 陈银娥，成华 . 新而不流，守而不僵，追寻经世济民之道——夏振坤教授学术思想述评［J］. 社会科学动态，2018（10）：101-107.

供现成答案，而在于展现经济治理必须根植于具体历史情境，在尊重规律、保障民生、维护秩序之间寻求动态平衡。这种“执两用中”的智慧，正是中华文明历经数千年而经济生命力不衰的重要密码。理念是行动的先导。“为政之道，以顺民心为本，以厚民生为本”的传统信念和智慧经过创造性转化与创新性发展，作为新时代经济工作的价值遵循，必将为解决人类发展问题贡献中国智慧和中国方案。[1]

[1] 马建堂. 新时代经世济民的思想丰碑[J]. 新经济导刊，2018（8）：10-12.

第十三章

古代士大夫治国理政的经济策之困

——以王莽、司马光、王安石、海瑞、王阳明等为例

中国古代士大夫群体在治国理政中始终面临经济策略的深层矛盾，其“经世济民”理想与政策实践存在结构性断裂。以王莽改制为典型，凸显出儒家经济伦理与财政实操之间的逻辑鸿沟，其脱离经济规律的货币改革最终导致民生困顿。王安石变法虽具有系统性的制度设计，但青苗法等强制性经济干预暴露了变法派忽视地域差异与市场规律的根本缺陷。司马光“节流优先”的财政观与王阳明社仓制的实践，折射出保守派在维护既有秩序与局部改良之间的调和困境。海瑞的极端廉政实践则揭示出理想主义者在复杂行政体系中推行道德化经济政策的现实阻力。[1]研究表明，熟读经书的古代士大夫虽然普遍胸怀天下、敬天爱民，具有“经世济民”的情怀和理想，但当其主政一方，需要施以经济策的时候，却普遍“茫如坠烟雾”。即便满腹经纶、胸有方略者，其经济政策也普遍存在三大局限：以道德论证替代经济规律认知、以行政指令取代市场调节机制、以中央集权消解地方治理弹性。这些制度性缺陷根植于传统政治文化对技术官僚的排斥，以及儒学教育体系内经济治理知识的系统性缺失。本研究为当代社会治理提供了历史镜鉴，强调制度设计需平衡价值理性与工具理性，重视政策执行中的弹性空间与基层反馈机制。

《嘲鲁儒》（李白）

鲁叟谈五经，白发死章句。
问以经济策，茫如坠烟雾。
足著远游履，首戴方山巾。
缓步从直道，未行先起尘。
秦家丞相府，不重褒衣人。

[1] 李丹，张申．中国古代经济改革中的政策试验——基于国际比较视野的考察［J］．中国社会经济史研究，2024（4）：38-54.

君非叔孙通，与我本殊伦。

时事且未达，归耕汶水滨。

盛唐是我们历史的高光时代，我们称颂最多的是其开放性和多元包容性。用今天的宏观经济视野回望，唐朝的繁盛得益于其开放的“国际大市场”——商贸红利滋养了大唐的繁荣。但就经济治理而言，历史场景中的当事人李白却以辛辣的笔触，揭示了唐代儒生“白发死章句”却“茫如坠烟雾”的治理困境，直指古代士大夫阶层在治国理政中理论与实践割裂的根本矛盾。这一矛盾不仅存在于鲁儒群体，更贯穿于中国古代的士大夫政治文化中。从王莽改制到王安石变法，从司马光的保守到王阳明的调和，士大夫的治国实践既闪耀着理想光芒，也暴露出理论与现实的深刻断裂。究其根源，在于儒家经典强调道德伦理，却缺乏对经济规律的系统性认知。士大夫将“经世济民”简化为道德训诫，忽视技术性治理工具的探索，导致政策设计与现实需求脱节。

本章旨在深入剖析中国古代士大夫群体在经济治理中面临的系统性困境。通过聚焦王莽改制、王安石变法与海瑞实践三个典型案例，揭示士大夫阶层在制定经济政策时存在的结构性矛盾——他们虽有治国安邦的宏大理想，但在具体政策制定中往往将道德伦理置于经济规律之上。这种价值取向与现实需求的显著差异，导致众多经济改革陷入“药不对症”的困局。

一、中国古代士大夫群体的特征及其知识结构

中国古代士大夫群体是传统社会的核心阶层，兼具知识精英与官僚身份，其形成与发展贯穿了从先秦至明清的漫长历史。这一群体的特征和知识结构深刻反映了中国文化的内核与社会治理逻辑，其演变过程也是中华文明独特性的重要体现。

（一）士大夫阶层在中国历史中的角色定位

自秦汉以降，士大夫阶层便是中国传统社会治理体系的核心支柱。士大夫既是儒家经典的阐释者（“师”），又是国家治理的执行者（“吏”）。汉代“通经致用”的理念将学术与政治紧密结合，如董仲舒以春秋决狱，彰显知识权力与政治权力的共生关系。[1]通过科举制度形成封闭的“知识－权力”循环体系：士大夫群体掌握经典解释权（如朱熹《四书章句集注》成为科举标准，他还创造性地阐发了易学文本理论，确立了解释理路与方法，重新建立了易学解释的范式，丰富、发展了中国经典解释学的易学文本理论，对易学文本及其解释等问题做出了历史性回应）[2]；控制教育渠道（如书院体系）；垄断碑铭史传书写（如欧阳修《新唐书》的春秋笔法）。这种垄断直至晚清“西学东渐”才被打破。这样的精英群体，既承担着儒家伦理的传承使命，又肩负着国家治理的实际运作职责。在“士农工商”的四民结构中，他们以独特的双重身份存在：既是道德理想的践行者，又是行政权力的执行者。这种身份叠合构成了中国古代特有的“学者－官僚”治理模式。

中国古代的“士大夫师吏一体”模式是中国官僚体系的核心特征之一，这一制度将知识精英（士大夫）、教育者（师）与行政管理者（吏）的角色融合于一体。这种独特的治理模式自汉代独尊儒学后逐渐形成，至唐宋科举制度成熟而臻于完善，对中华帝国的国家治理和区域发展产生了深远影响，大致可归纳为以下几点。

第一，政治整合与文化统合的双重效应。如意识形态统一：士大夫通过科举考试形成的儒家价值观共识，使“修身齐家治国平天下”成为治理的核心逻辑。例如，宋代朱熹在《四书章句集注》中构建的理学体系，既

[1] 潘斌．时代学风与宋儒通经致用的经典诠释取向——以“三礼”诠释为中心的考察［J］．史林，2017（3）：30-40.

[2] 林忠军．经典解释学视域下易学文本理论——以朱熹的易学文本理论为视角［J］．东岳论丛，2024（10）：35-43，191.

成为科举标准，又指导地方治理实践。官僚体系同构化：通过科举制度筛选出的官员群体具有相似的知识结构和价值取向，形成了“学而优则仕”的流动机制。明代张居正改革时期，全国绝大多数地方官员都出身进士，确保了政令的思想统一性。地方治理的文化渗透：士大夫在地方兴办书院、修订方志，如范仲淹在苏州建立府学，将儒家教化与行政管理有机结合。据统计，宋代书院多达 711 所，大部分由地方官员主导创建。

第二，区域治理的特殊机制。如非正式权力网络的构建：士大夫通过宗族、同乡、师生关系形成地方治理网络。清代幕友制中，大部分的州县幕僚来自绍兴地区，形成特殊的地域治理集团。弹性治理空间：在“皇权不下县”的治理格局下，士大夫通过乡约、义庄等制度填补治理真空。文化资本转化机制：士绅通过修建水利（如都江堰岁修制度）、赈灾济贫等公共事务积累治理合法性。清代江南地区有不少慈善机构是由退休官员创办的。

第三，制度悖论与历史局限。如角色冲突困境：教化者与执法者的双重身份常导致价值冲突。海瑞虽然“除积弊于相安，复祖宗之成法”，以恢复明初的国家制度、礼法来破除陈陈相因、习以为常的积弊，在地方治理上取得了一些成绩[1]，但其任应天巡抚时因严格执法导致“豪强多逃遁”，最终因违背现实政治逻辑而去职。[2]治理效能递减：科举教育形成的知识体系与现实治理需求逐渐脱节。晚清冯桂芬指出，官员大多不通钱谷刑名实务，严重依赖胥吏群体。社会流动固化：科举制度后期，江南地区进士占比达 45%，形成特殊的“科举地理”，加剧区域发展不平衡。据《清代朱卷集成》统计，80% 的进士来自仅占全国 5% 的科举核心区。

这种治理模式塑造了中国“文治政府”的传统，其遗产至今可见。例如，强调“选贤与能”的干部选拔制度注重意识形态统一与治理实践的衔

[1] 张德昭 . 为民与祖制——海瑞改革研究［D］. 海口：海南师范大学，2024.
[2]《明史 · 海瑞传》。

接[1]，重视地方精英在基层治理中的作用，等等。但该治理模式也留下了官僚体系文化惰性、实务能力薄弱等需要警惕的历史教训。当代治理体系创新，既要汲取传统治理智慧，更需建立与现代国家相适应的专业分工体系。这种绵延两千年的治理模式，既创造了“儒法国家”的独特政治文明，也埋下了传统社会转型困难的制度根源。其历史经验和教训启示我们：有效的国家治理必须实现价值引领与现实操作的动态平衡、文化认同与制度创新的有机统一。

就士大夫群体的知识结构而言，大致可分为三层。一是核心层，以经学为体，例如：郑玄遍注群经，孔颖达编纂《五经正义》，确立官方解释体系[2]；程朱构建“理－气－性－命”的哲学框架，王阳明“心即理”解构经典权威；戴震提出“由字通词，由词通道”的治学路径，主张“一字之义，当贯群经，本六书，然后为定”[3]。二是应用层，以文章为用，例如：唐宋八大家开创“文以载道”的传统，归有光《项脊轩志》展现士大夫生活美学；司马光《资治通鉴》确立“鉴于往事，资于治道”的史学范式；贾谊《治安策》、苏轼《上神宗皇帝书》体现政策建议的文学化表达。三是补充层，以杂学为补，例如：张衡《灵宪》被纳入“格物致知”体系，但长期被边缘化；孙思邈《千金方》被视作“君子不为”的技艺；赵孟頫书画双绝却仍被讥为“匠气”，反映出“游于艺”的限度。

就历史演变而言，唐宋转型是关键节点。安史之乱后，门阀士族衰落，科举出身的“文官集团”崛起。范仲淹“先天下之忧而忧”标志着士大夫主体意识的觉醒，苏轼“乌台诗案”则暴露皇权与士权之间的张力。

[1] 张冬利．从“选贤与能”看儒家民本社会治理秩序的动态平衡［J］．海南大学学报（人文社会科学版），2018（5）：52-62.

[2] 郑伟．《五经正义》的问题意识与思想宗旨——再论孔颖达统一经学的思想史意义［J］．天府新论，2022（5）：49-58.

[3] 吴根友．从经学解释学到经典解释学——戴震的经学解释学及其当代的活化［J］．社会科学战线，2019（6）：54-63.

明清属于西方显学所说的“大分流”时期，中国士大夫群体陷入异化的困境。八股文的盛行导致知识固化，顾炎武批判“束书不观，游谈无根”；而《儒林外史》中范进中举的荒诞情节，揭示了知识体系与实用能力的割裂。近代以来，西方的“船坚炮利”迫使旧中国开始艰难的现代化进程。在现代性的冲击下，士大夫阶层逐渐走向解体。张之洞“中体西用”的失败，严复引入进化论对传统知识体系的解构，都加速了这一进程。最终，士大夫群体在 1905 年科举废除后退出历史舞台。

这种独特的“文化－政治”复合体，既创造了“文人治国”的东方治理模式，也埋下了“空谈误国”的制度隐患。其知识结构中的经学独尊与实用技艺的压抑，成为解释“李约瑟难题”的重要视角。而士大夫精神中的“天下意识”与“道统坚守”，至今仍影响着中国知识分子的精神世界。

在政治实践中，士大夫群体形成了“经世济民”的集体意识，将儒家经典中的伦理规范转化为治国方略。他们主导着国家经济政策的制定与实施，从赋税征收到灾荒赈济，从货币改革到土地分配，其决策直接影响着王朝兴衰与民生福祉。但这一过程中始终存在着根本性矛盾：作为深受儒家经典熏陶的知识分子，他们习惯用道德话语构建经济政策的正当性；而作为实际掌权的行政官僚，又不得不面对复杂的经济运行规律。这种角色错位导致经济治理常常陷入伦理理想与现实操作割裂的状态。道德理想的实践表面上恪守“修身齐家治国平天下”的进阶逻辑，实则常在“道统”与“治统”之间挣扎。典型如东林党人以“家事国事天下事”自诩，却在党争中陷入道德绑架；王阳明虽提倡“知行合一”，其弟子却分化出务实的泰州学派与空谈的末流。

以北宋王安石与司马光的争论为典型[1]，士大夫群体内部的分歧实质是角色定位差异的外显。改革派强调政府应积极干预经济以实现“富国强兵”，保守派则主张维护传统秩序以保障社会稳定。双方虽共享“为民请

[1] 吴钩．王安石与司马光谁说的更有理［N］．北京日报，2021-12-06（15）．

命”的价值追求，但对如何平衡国家财政与民生需求、如何处理中央集权与地方自治等核心问题，始终难以达成共识。这种政策立场的摇摆，反映出士大夫阶层在治国者与卫道者双重角色间的身份焦虑。

更为深层的是，科举制度塑造的知识结构使士大夫们普遍缺乏专业经济素养。他们熟读“四书五经”却鲜少接触实务管理，擅长道德文章而疏于数据分析。当面对具体的经济问题时，往往将经典中的抽象原则直接套用于现实，用“重本抑末”等伦理教条替代专业论证。这种知识体系的缺陷，导致众多看似利民的经济政策在推行中异化为扰民之举，最终消解了“经世济民”的实践价值。

（二）经济策在治国理政中的重要性与挑战

古代经济政策犹如国家运行的命脉，既关乎百姓能否吃饱穿暖，又直接影响王朝能否长治久安。历代统治者都明白“仓廪实则知礼节”的道理，但如何制定既能充盈国库又不伤民力的经济策略，始终是治国理政的最大难题。士大夫作为政策的制定者，既要像管家般精打细算，又要像医者般调理民生，这个双重任务常常让他们陷入两难境地。

在实际操作中，士大夫们往往把道德准则放在经济规律之前。就像厨师只按照菜谱放盐，却不管客人口味轻重，他们制定政策时总想着是否符合圣贤教诲，而忽视现实中的复杂情况。王莽改制时恢复古代货币制度，本意是效法周礼实现社会公平，结果新钱旧钱混杂使用，反而让市集交易陷入混乱。这种用道德理想代替经济考量的做法，就像硬要给所有人穿同样尺码的鞋子，终究会让多数人步履维艰。

更深层的问题在于知识结构的缺陷。科举考试培养出的士大夫，熟读诗书却不懂算账，擅长写文章而不会做调研。好比让从未下过厨房的人设计菜谱，他们制定的经济政策常常脱离实际。王安石推行的青苗法，初衷是为农民提供低息贷款，但执行时却变成强行摊派，就像硬要给不需要雨伞的人发伞，还要收保管费。这种理论与实践的脱节，暴露出士大夫群体缺乏经济管理方面的专业训练。同时，过于浓郁的道德感淹没和稀释了专业性诉求，如在王安石看来，他从事的是利国利民、不同凡响的伟大事业，这种道德的崇高感、使命感和优越感，让他斗志昂扬、无所畏惧。[1]

政策执行过程中的机械僵化更是雪上加霜。中央制定的经济政策传到地方，常常变成死板的行政命令。海瑞在任时严格推行廉政措施，要求下属必须按既定章程办事，结果连救灾粮的发放都要层层请示，耽误了救命时机。这种“一刀切”的管理方式，就像要求江河里的所有水流都保持相同的速度，最终只会导致整个水系失去活力。地方官员既不敢违背朝廷指令，又无法应对实际情况，使得很多原本利民的政策变成了扰民之举。[2]

（三）历史回望的方法和意义

本章继续采用“两条腿走路”的研究方法。第一条腿是政治经济学分析，就像用显微镜观察细胞那样，仔细查看政策文件、财政记录这些“硬材料”。我们重点分析士大夫们制定的经济政策，看看他们是怎么打算的，又遇到了哪些现实阻碍。第二条腿是人文经济学分析，好比用放大镜看图画，通过书信、奏折、地方志这些“软材料”，还原当时官员的真实想法和百姓的实际感受。将这两种方法结合起来，既能看清政策的本来面目，又能明白它们在执行中为什么走了样。

研究资料主要来自三个大仓库。第一大仓库是历代正史和官方档案，比如《汉书》《宋史》里的经济政策记载，这些相当于当时的政府工作报告。第二大仓库是士大夫的个人文集，像王安石的《临川集》、海瑞的《备忘集》，这些材料就像他们的工作日记，能让我们看到政策制定者的真实心思。第三大仓库是地方志和民间笔记，比如《东京梦华录》里记载的市集物价变化，这些民间记录就像老百姓的朋友圈，帮助我们了解政策在基层的实际效果。

[1] 易中天 . 道德是王安石的鸡血针，司马光也一样［J］. 领导文萃，2022（17）：75–79.

[2] 陈海斌 . 从王阳明与海瑞赣南施政看明代基层社会治理［J］. 云南民族大学学报（哲学社会科学版），2022（2）：137–145.

特别要注意的是，古代文献常有“报喜不报忧”的特点。就像现在人发朋友圈会挑好看的照片，古代官员上报政绩时也会美化事实。为此，我们采用了“三重验证法”：把官方文件、私人记录、考古发现这三类材料放在一起对照。比如研究王莽的货币改革时，既要查阅《汉书》的记载，也要考察出土钱币实物，还要对照当时文人写的市场见闻，这样才能还原真实的历史画面。

在具体分析案例时，我们采用“剥洋葱”式的研究步骤。以王安石变法为例，先看变法派提出的青苗法条文，再查各地执行时留下的赋税账册，最后对照司马光等反对派写的批评文章。这样一层层分析下来，就能看清楚政策设计的初衷、执行中的变形以及不同立场的争论焦点。同时，注意收集南方和北方的地方志资料，如比较江浙地区与中原地区执行青苗法的不同情况，这有助于理解“一刀切”政策带来的地域矛盾。

研究过程中特别注意两个关键点：一是把经济政策放回当时的历史环境中考量，就像不能要求古人会用计算器一样，要理解他们受限于当时的认知水平；二是注意区分政策文本与实际效果，好比菜谱写得再漂亮，还得看做出来的菜是什么味道。通过这种立足历史又关照现实的研究方法，力求客观揭示士大夫经济策的内在矛盾与制度根源。

本章拟着重探讨两个核心问题：一是在相同的儒家经典教育背景下，为何不同的士大夫会形成差异显著的经济治理理念；二是这些看似利国利民的经济政策，为何在推行过程中常产生违背初衷的社会后果。以王安石变法为例，其青苗法设计虽包含抑制土地兼并的现代经济思维，但在执行中却异化为强制摊派的苛政。这种理想与现实的巨大落差，正是本研究试图解析的关键症结。

通过梳理士大夫经济策的决策逻辑与实施过程，我们试图还原历史场景中的治理困境。就像木匠既要按图纸施工又要应对木材变形，士大夫在政策制定中既要遵循儒家伦理又需应对经济现实。研究将揭示他们如何在这种双重压力下进行政策取舍，以及这种取舍如何受制于当时的知识体系与制度环境。

本研究的最终目标在于构建历史经验与当代治理的对话桥梁。我们不仅关注古代经济政策的技术性失误，更注重剖析其背后的制度性缺陷。如同现代医生需要了解疾病传播史，今天的政策制定者也需要理解传统治理模式的深层矛盾，从而在制度设计中更好地平衡价值理性与工具理性，避免重蹈“用道德尺子丈量经济问题”的覆辙。

二、理论与实践的割裂：以王莽改制为例

王莽是士大夫群体中理想主义者的极端代表。他试图通过“托古改制”重塑社会秩序，却陷入形式主义的泥潭。他频繁更易官名、地名（如改长安为“常安”），甚至试图恢复周代井田制，以解决土地兼并问题。然而，这些改革完全脱离现实经济基础：强行推行王田制导致土地流转停滞，货币改革因滥发“大钱”引发通货膨胀，最终“农商失业，食货俱废”。王莽的失败，本质上是文人将经典教条等同于治国方略的悲剧——他迷信“复古”的符号意义，却忽视了经济运行的客观规律。

王莽推行的大规模激进制度变革，本为实现儒家的盛世理想，结果惨遭失败，与理想严重背离。从制度分析的角度看，其逻辑在于西汉后期王莽等社会精英主要基于传统主义的价值取向、天命和阴阳五行的宇宙图像、巫术和迷信的思想观念感知环境，此种心智模式不能客观地理解社会问题的性质及联系。王莽新政主要聚焦于规制性的制度改革，对制度的认识过于简单和片面，忽略了制度的深层结构和更广泛的方面。更为直接的原因是，因时间压力和任务压力大，王莽无法制定出可操作的完备改革方案，实施新政的官员们也因改革而预期紊乱、行为失范，丧失了执行能力，而一味地使用暴力，从而削弱了改革的动力、增大了改革的阻力，让改革失去弹性，最终只能走向失败。[1]

[1] 刘重春．王莽新政失败的制度逻辑［J］．江汉论坛，2023（9）：48-56.

（一）理想主义的覆灭：王莽改制中的符号化改革

在历史教科书上，王莽是一个被符号化了的阴谋家，唐代诗人白居易有诗曰："周公恐惧流言日，王莽谦恭未篡时。向使当初身便死，一生真伪复谁知？"[1]

1. 王莽的经济改革背景与动机

西汉末年，社会的经济结构已显现系统性危机征兆。[2] 土地兼并如同洪水肆虐，自耕农群体在权贵阶层的扩张浪潮中节节败退。汉成帝时期，丞相张禹在关中购置沃田四百顷，这一数字折射出官僚阶层土地积累的惊人速度。贵族庄园里"奴婢千群，徒附万计"的记载，与普通农户"父子夫妇终年耕芸，所得不足以自存"的生存状态，构成了触目惊心的两极图景。

国家财政体系正经历着慢性失血。盐铁专卖制度原本是重要的财源，但到汉哀帝时期已沦为权贵分肥的工具。就像漏水的木桶，表面维持着体面容量，实际可用资源持续流失。地方豪强通过贿赂官吏逃避赋税，导致中央财政收入锐减，而连年灾荒的救济支出却不断攀升，国库储备较汉武帝鼎盛时期已缩减逾半。[3]

货币流通领域陷入混乱漩涡。自汉武帝推行五铢钱以来相对稳定的货币体系，在成哀年间遭受严重冲击。私铸钱币在市面泛滥，劣质钱币犹如秋天的落叶铺满交易市场。长安市集上，商贩不得不同时携带秤砣和锉刀——既要称量钱币重量，又要锉验钱币真伪，这种烦琐流程严重影响了商品流通效率。

社会底层正积聚着危险的躁动能量。破产农民像被大水冲散的蚂蚁，成批转化为流民群体。关东地区"人相食"的惨剧不再是偶然事件，南阳

[1] 吴晓波．王莽变法：第一个"社会主义者"的改革［J］．春秋，2020（1）：58-61.

[2] 葛承雍．西汉末年社会大动乱试论［J］．西北大学学报（哲学社会科学版），1983（4）：84-91.

[3] 侯旭东．皇帝的无奈——西汉末年的传置开支与制度变迁［J］．文史，2015（2）：5-66.

郡守上报的流民数量已超过在籍人口的三分之一。城市手工业者同样陷入困境，官营作坊的垄断性经营使民间工匠如同被巨石压住的幼苗，难以获得正常发展空间。这些经济病灶相互交织，为即将到来的剧烈社会变革埋下了伏笔。同时，世族集团在经济上“闭门成市”，严重阻碍了商品大流通，使得生产力无法释放；在政治上对中央集权构成威胁，随时可能孕生颠覆政权的力量。[1]

2. 王莽的改革理念与目标

西汉末年，社会矛盾日趋尖锐，百姓普遍期待君主进行社会改革。王莽凭借个人能力与家族势力取代旧王朝，因此也成了历史上极具争议的人物。一方面，他是篡汉的野心家；另一方面，他也是极富创造性和前瞻性的经济学家、政治家。他对西汉的官制、经济、学术都做了很大的调整与创新，但最终改制未能成功。其失败的教训对当代的政治经济发展仍具有重要的借鉴意义，值得后世改革者深入研究。[2]因写作《中国人史纲》而闻名的历史学家柏杨认为：“王莽是儒家学派的巨子，以一个学者建立一个庞大的帝国，中国历史上仅此一次。王莽有他的政治抱负，他要获得更大权力，使他能够把儒家学说在政治上一一实践，缔造一个理想的快乐世界。”所以，他的改制都是“为了改善这种不公平和铲除造成这种不公平的罪恶”。[3]但事与愿违，王莽改制岂止竹篮打水一场空，还惨遭亡国乃至断送身家性命。从一定程度上来说，王莽就像照着古方抓药的老中医，满脑子都是《周礼》里记载的“黄金时代”。他坚信只要恢复周朝的制度，就能治好西汉末年的社会病。这种想法就像有人非要用两千年前的菜谱做现代宴席，既不考虑食材变化，也不管客人口味。

王莽的改革方案有三大支柱：土地公有制、政府专卖制度、货币复古

[1] 吴晓波 . 王莽变法：第一个“社会主义者”的改革［J］. 春秋，2020（1）：58-61.

[2] 胡洋 . 王莽政治改革及当代启示研究［J］. 大学（社会科学），2020（11）：33-35.

[3] 吴晓波 . 王莽变法：第一个“社会主义者”的改革［J］. 春秋，2020（1）：58-61.

政策。他幻想着通过王田制把全国土地收归国有，再按周朝的井田制分给百姓耕种。[1]这就像硬要把野生的树林改造成整齐的菜园子，完全忽略了不同地区土壤肥瘦、人口密度的差异。在商业领域，他仿照《周礼》设立“五均司市”，旨在通过国家干预平抑物价、打击豪强兼并、增加财政收入，但其实际运作与设计初衷严重背离，最终成为激化社会矛盾的关键因素。

王莽改制是在国家政治经济极度衰退的历史时期仓促实施的。由于王莽及其辅佐者缺少政治智慧和能力，沉醉于建立各项制度而忽视了实际执行效果，对极度腐败的吏治束手无策，实施了错误的货币政策和外交政策，加之地主集团的猛烈反扑，最终在天灾人祸、内外交困中，改制失败，新朝速亡。要想顺利实施“五均六管”并取得成效，必须以拥有一批廉洁奉公、精通经济运行规律的官员为前提。在推行“五均六管”的过程中，王莽仿效汉武帝以富商大贾为兴利之臣的做法，任命长安巨富王孙卿，洛阳巨富薛子仲、张长叔，山东大富豪姓伟等人督办“五均六管”。但是这些富商巨贾却与官吏相互勾结，违反法禁，大做假账，虚报库存。结果百姓受到了更大的损害，平民更加不得安生，财政也到了不能给官吏发工资的地步。[2]

最离谱的是货币改革。王莽痴迷古代钱币的形制，七年里更改了四次货币制度。他铸造的“契刀”“错刀”等新币，上面的装饰比实际价值还贵。这就像是给乞丐发金饭碗要饭——表面光鲜却解决不了吃饭问题。百姓拿着新钱买不到米，商贩见到新币就头疼，整个市场乱得像打翻的调料罐。王莽在四次币制改革中采取了重新发行新币、强制规定新币的价值、建立新旧货币及不同新币之间繁杂的兑换比率等措施。从马克思主义政治经济学原理分析，这一系列币制改革因阻碍货币职能的发挥和货币的流

---

[1] 胡海燕，何佳欢．王莽币制改革的政治经济学原理分析及当代启示［J］．人民论坛（中旬刊），2016（4）：71-73.

[2] 万尚真．王莽的税收治理［J］．中国税务，2022（2）：74-76.

通、过度依赖行政手段、对百姓进行残酷剥削等主客观原因而失败了。但王莽币制改革的历史教训，对当下我国政治经济体制改革仍然具有重要的借鉴意义。[1]

这些改革背后藏着王莽的“道德经济学”。他认为财富不均都是因为人们不守古礼，只要用行政命令强行拉平差距就能实现大同社会。这种思路就像用尺子量体温，工具都用错了地方。官府派去推行新政的官员多是只会背经书的儒生，他们在地头催着农民按周朝方法种地，在集市逼着商人按官府定价卖货，把活生生的经济问题变成了照本宣科的道德表演，最终必然以失败落幕。

（二）王莽改制的实践与困境

1. 土地与货币改革的实施

王莽的土地改革就像给生病的土地开错了药方。他推出的王田制要求全国土地收归国有，模仿周朝的井田制重新分配。这种设想如同给不同体型的人发放相同尺码的衣服，完全忽视各地耕地质量和人口密度的差异。官府强制将每户土地限制在百亩以内，多余部分必须分给乡邻。但在实际推行中，官员们既缺乏准确的土地数据，又不懂如何协调分配，导致大量农户被迫交出维持生计的土地，而承诺的“均田”却迟迟不能兑现。

货币改革更像是拍脑袋的换钱游戏。王莽迷信古代钱币的象征意义，七年内四次更改货币制度。他铸造的“大泉五十”重十二铢，却要当五十枚五铢钱使用，如同硬要规定一个鸡蛋换五个苹果，完全违背货币的实际价值。更荒唐的是推出二十八种新货币，包括用金银镶嵌的“契刀”“错刀”，这些华而不实的钱币就像用金箔包装的窝头，表面光鲜却解决不了百姓的温饱问题。其币制改革中对货币购买力与实际购买力的反复变动损害了货币的价值尺度职能，阻碍了货币在市场上的流通，不足值铸币也造

[1] 胡海燕，何佳欢．王莽币制改革的政治经济学原理分析及当代启示［J］．人民论坛（中旬刊），2016（4）：71-73.

成巨大的社会安全隐患[1]，最后必然难逃失败的命运。

改革的执行过程暴露出理想与现实的巨大鸿沟。负责土地分配的官员多是熟读经书却不懂农事的儒生，他们像拿着尺子画农田的画家，在地头争论《周礼》记载的田亩尺寸，却对眼前的旱涝灾情束手无策。货币改革时，官府强行收缴旧钱，百姓用五个旧钱才能换一个新钱，这无异于公开抢夺民众财产。市集上商贩面对五花八门的新钱无所适从，交易时不得不同时携带秤和锉刀来验钱，导致市场流通近乎瘫痪。

这些改革措施最终演变成官民对抗的闹剧。农民守着被划为“王田”却无人耕种的土地，就像守着不能打开的宝箱。商人被迫接受不断贬值的新钱，如同捧着注定融化的雪球做生意。当官府派人挨家挨户搜查私藏的五铢钱时，百姓把旧钱埋在灶台下的场景，恰似无声的反抗宣言。这种用行政命令强行扭曲经济规律的做法，如同试图用手捏停转动的车轮，不仅未能实现“济世安民”的理想，反而加速了社会经济的崩溃。

2. 改革失败的原因分析

与汉武帝时期的国营化政策相比，王莽的政策推出太密集，计划色彩甚至更加浓重。比如，在零售物价的管制上，到了事无巨细的地步。《汉书·食货志》记载，政府在规定的时间对各种商品进行分类定价，同一种商品按品质的不同分成上、中、下三等，然后才允许商贾拿到市集上去销售（“诸司市常以四时中月，实定所掌，为物上、中、下之贾，各自用为其市平”）。这无异于用计划之手完全地代替了市场的功能。同时，“五均六管”的国营化改革，剥夺了民间工商业的所有利润，却没有带来国库的充盈。[2]

王莽改制失败的根源，在于用理想主义的道德蓝图强行裁剪复杂的经济现实。这就像拿着儿童积木图纸去建造真实房屋，既不考虑材料特性，

[1] 胡海燕，何佳欢．王莽币制改革的政治经济学原理分析及当代启示［J］．人民论坛（中旬刊），2016（4）：71-73.

[2] 吴晓波．王莽变法：第一个“社会主义者”的改革［J］．春秋，2020（1）：58-61.

也不计算结构承重，注定导致整个建筑的垮塌。改革者将儒家经典中的制度描述直接等同于治国良方，这种思维模式从根本上模糊了历史文本与现实治理的界限。比如王莽通过额定每户拥有土地的上限来防止兼并过度，《汉书·食货志》记载："古井田法虽难卒行，宜少近古，限民名田，以赡不足，塞并兼之路。"王莽推行王田制，是对土地性质进行的一次革命。[1]但这种理想主义的政治追求在东汉末年的历史环境下无疑犯了"时空错位症"。

王莽的政策设计存在三重致命缺陷。首先是"时空错位症"，机械复制周代制度却无视时移世易的社会变迁。王莽恢复的井田制在战国时期就已瓦解，强行在土地私有化成熟的时期推行土地国有，如同给成年人强穿婴儿襁褓。其次是"制度洁癖"，过度追求形式完美而忽视执行成本。货币改革中推出的二十八种钱币体系，就像强迫症患者非要给每粒米编号，看似秩序井然，实则根本无法操作。最后是"单向思维"，只考虑政策出发点却无视人性规律。禁止奴婢买卖的法令虽具人道色彩，但未提供铲除人口买卖根源的方案，如同堵洪水却不修堤坝。

执行层面暴露了技术官僚缺失的结构性矛盾。承担改革任务的官员多是熟读经书的儒生，他们在地头丈量土地时执着于《周礼》记载的尺寸标准，却对土壤肥力、灌溉条件等实际要素视而不见。这就像厨师做菜只关注菜谱，不管火候与食材新鲜度。当市场因货币混乱陷入瘫痪时，这些官员依然忙于考证钱币上的篆书是否符合古制，完全丧失了解决实际问题的能力。

更深层的矛盾在于经济治理知识的系统性匮乏。改革派将《周礼》中的只言片语当作治国宝典，却不懂基本的货币流通原理。他们不知道货币价值取决于社会信用而非形制花纹，就像小孩子以为给树叶画上面额就能当钱使用。这种认知缺陷导致改革措施充满矛盾：既想抑制豪强，又通过

[1] 吴晓波．王莽变法：第一个"社会主义者"的改革［J］．春秋，2020（1）：58-61.

频繁改制制造新的寻租空间；既要惠民济困，又因政策反复加重百姓负担。最终，这场以“托古改制”为旗号的经济改革，反而验证了不顾经济规律的行政干预只会适得其反。

三、理想与现实的碰撞：王安石变法的经济策略

宋熙宁年间，王安石面对北宋的政治经济问题提出了自己的经济改革计划。这在当时引起了激烈的论争，虽然他援引儒术为改革辩护，但在其后的长期历史中并不被儒家正统接受。这固然可以在近代经济学的视野下对其进行解读，但不可否认的是，它有着深厚的儒家经济思想的背景。作为一种新的改革方案，它意图将儒家的均平理念与国家的富强结合在一起，这也使得它具有了思想史的意义。[1]

王安石的“开源”困境：他提出“民不加赋而国用饶”，试图通过青苗法、市易法等政策激活经济。然而，青苗法在地方执行中异化为强制摊派，农民因官吏贪腐陷入债务泥潭；市易法以国家垄断挤压民间商业空间，导致“豪商大贾皆疑而不敢动”。尽管王安石深知需裁减冗费（如宗室特权、军费开支），但其激进改革触动了官僚与权贵的既得利益，最终在党争中溃败。当然，也有学者主张从经济学的角度，运用新古典经济学和新制度经济学的理论对新法的内容及在实施中所出现的问题进行分析，从而揭示这次变法的经济本质。如通过经济分析可以将新法分为三种类型：一类是符合经济发展规律，也适应当时的制度安排，因而得到较好实行的，如农田水利法；一类是符合经济发展规律，但不适应当时的制度安排，因而遭到非议的，如青苗法；还有一类是不符合经济发展规律，因而遭到非议的，如均输市易法。[2]无论是免役法，还是差役法，对于大多数民众而言都是痛苦的。民间的高利贷固然难以承受，但政府的贷款对于他

[1] 肖永奎．王安石变法对儒家均平经济的新探索［J］．儒学评论，2020（1）：122-137.

[2] 夏巍巍．制度、产权与历史变革——论王安石变法的经济本质［J］．浙江社会科学，2004（1）：87-91，103.

们依然是巨大的压力。加之变法所积聚的国家财富，在宋熙宁七年之后大规模地消耗在频繁发生的战争中，民众并没有从中得到更多的保障，这说明新法在完善全社会的福利与保障制度方面没有进一步的措施。正是在这一意义上，可以说王安石变法是失败的。尽管它在一定程度上实现了财政的增长，并为宋神宗晚年的强国政策提供了支持，但它没有实现均平的目标，也无法从民众那里获得持续而坚决的支持。[1]

司马光是北宋著名的史学家、政治家。作为史学家，司马光取得了毋庸置疑的成就，其史学名著《资治通鉴》是中国史学史上的扛鼎之作；作为政治家，司马光留给后世的是一个保守的，甚至是顽固不化的守旧派印象。司马光的经济思想很难简单地称为保守，作为中国最杰出的历史学家之一，司马光基于对数千年帝国政治与社会运行的机制与原理的深刻洞察与了解，认为理财首先要考虑的是“养”，即财富的生产和财源的培养，然后才是“取”，而且只取“其所有余”。[2]作为北宋重要的政治家，司马光有比较系统的经济思想。他在《论财利疏》等奏疏中，继承儒家传统的开源节流理论，阐发了轻徭薄赋、黜奢崇俭、蓄积与常平的民本思想。针对日益严重的财政经济危机，他提出了一整套经济改革的主张：“在随材用人而久任之，在养其本原而徐取之，在减损浮冗而省用之。”他坚决反对王安石变法，其分歧的焦点即在于如何理财。尤其是对待青苗法、免役法的态度，更反映了司马光经济思想的实质。[3]

若对王安石与司马光的经济思想进行比较，则胡寄窗先生提出的观点堪称中肯之论：“王安石的财政改革范围相当广泛，而给我们留下来的新的财政观点却极其有限。”这可作为对王安石经济思想的总评价。与之相反，司马光的经济思想虽未能在当时的历史条件下显示出其中合理因素

[1] 肖永奎 . 王安石变法对儒家均平经济的新探索［J］. 儒学评论，2020（1）：122-137.

[2] 丁万明 . 试论司马光的经济思想［J］. 北京工商大学学报（社会科学版），2007（2）：98-102.

[3] 张扶直 . 司马光的经济思想［J］. 中南财经政法大学学报，2002（4）：111-115.

应有的积极作用，但作为思想，不失其进步意义。[1]然而，就其思想的专业水准和治理效能来看，司马光的经济思想仍难逃中国传统士大夫的虚妄性。例如，他虽精准指出“三冗”（冗官、冗兵、冗费）问题，却因畏惧权贵而回避改革。他主张“天地所生货财百物，止有此数”，将财富视为静态存量，反对任何结构性调整，甚至阻挠神宗裁军。当王安石以铁腕裁撤宗室恩荫时，司马光仅空谈“宜以渐，不可急”，暴露其“坐而论道”的文人局限。二者的对立，折射出士大夫阶层在“变与不变”间的集体焦虑：激进者因脱离实际而失序，保守者因固守旧制而僵化。

相对而言，商人出身的桑弘羊反而非常精通经济策，他是西汉时期的理财家，后世许多经济政策都能从桑弘羊的做法中找到历史原型。桑弘羊不仅是比较成功的经济政策制定者，还是政策试验的先行者。根据目前已掌握的资料，他是第一个在经济改革中使用“试点－推广”模式的改革家，他所推行的均输法、屯田法都经过了政策试验环节。其均输法作为一项财政改革政策，既保障了国家赋税的稳定，也促进了各地经济的均衡发展；其屯田法也是有治理效率的制度。[2]

（一）王安石变法的经济思想

科举取士制度的出现以及经济重心的南移为经济制度的改革创造了更多可能，优秀的文官制度为国家治理提供了有力支持，而商品经济的发展也让市场规律相较以往更多地参与到改革之中。王安石就是主导宋代经济治理的典型士大夫代表，他在推行农田水利法、青苗法、市易法、免役法时，都运用了从州县到全国的政策试验方式。[3]

---

[1] 叶坦．司马光王安石经济思想比较［J］．西南师范大学学报（哲学社会科学版），1991（1）：35-44.

[2] 李丹，张申．中国古代经济改革中的政策试验——基于国际比较视野的考察［J］．中国社会经济史研究，2024（4）：38-54.

[3] 李丹，张申．中国古代经济改革中的政策试验——基于国际比较视野的考察［J］．中国社会经济史研究，2024（4）：38-54.

1. 青苗法与市易法的理论基础

青苗法与市易法的制度设计，折射出王安石对古代经典的创造性诠释以及与现实需求的结合。青苗法虽然最终以失败告终，但其中所蕴含的福利经济学思想、税负的承担理论、时间价值初期理论、预算及管理控制理论等经济理论，不仅在北宋时期是先进的，而且对当今中国农业经济发展仍然有较大的启示意义。王安石的青苗法不仅是农业贷款，其更核心之处是减少了地主对农产品的控制，将农产品纳入市场中来。其不仅把农民从沉重的乘人之危的高利贷负担中解放出来，而且使他们能够在偶遇资金短缺时不必中断农作，同时还可以起到平抑谷价、保护城市消费者的作用。王安石以常平仓、广惠仓的粮食储备作为资本基础，通过金融化运作将其转化为“青苗钱”贷款资金，本质上是一次将国家储备转化为普惠金融资本的系统性尝试。[1] 从《周礼》“泉府”机构管理市场借贷的记载中，王安石提炼出政府调节金融的理论依据。他并非简单复制周代制度，而是将“振乏救贫”的伦理诉求转化为具体的政策工具，试图通过政府信贷取代民间高利贷。这种思路如同在农田里架设人工灌溉系统，既想保留自然降雨的生态，又试图通过人为调控保障收成。

青苗法的核心逻辑建立在“以官资代私债”的假设上。王安石观察到春耕时节农民被迫借高利贷的困境，认为政府以低于市价的利息提供贷款，既可减轻百姓负担，又能增加国库收入。这种设计暗含现代金融的“替代效应”理念，但其理论根基仍是《孟子》“春省耕而补不足”的“仁政”思想。在政策推行时虽强调“自愿请贷”原则，却忽视了行政体系在绩效压力下必然产生的强制摊派倾向，这如同期待水流自动避开低洼处般不切实际。[2]

市易法则体现了对《管子》平准思想的改造。王安石在解读《周礼》

[1] 陈丁赫．“青苗法”核心理论及启示［J］．合作经济与科技，2024（4）：22-25.

[2] 陈丁赫．“青苗法”核心理论及启示［J］．合作经济与科技，2024（4）：22-25.

“敛市之不售”的记载时，将其发展为政府平抑物价的市场调控理论。他设想设立官营商业机构，通过物资收储与抛售来稳定市场价格，如同用蓄水池调节水流般平衡供需关系。这种理论将政府定位为市场秩序的维护者而非直接经营者，但在实际操作中却模糊了裁判员与运动员的角色边界。

这两项政策的共同理论基础在于对政府能力的过度信任。王安石在《三经新义》中重构经典诠释，将《周礼》的行政架构论证为可操作的治理模板。他坚信经过儒学训练的官僚能够精准把握市场规律，却未意识到经济调控需要专业知识作为支撑。这种认知局限导致政策设计充满理想化色彩，如同要求熟读兵书的文人直接指挥实战，其虽通晓阵法却不懂临敌应变。

理论构建中的根本矛盾在于将经济问题简化为道德命题。青苗法强调“抑兼并”的伦理正当性，市易法标榜“均贫富”的社会正义，但这些道德旗帜掩盖了政策工具的技术缺陷。王安石团队将《周礼》中的只言片语编织成完整的理论体系，就像用几块积木搭建想象中的宫殿，虽在纸面上呈现严整结构，却难以承受现实风雨的考验。[1]这种用经典诠释替代经济规律的研究方法，为后续政策变形埋下了伏笔。青苗法之所以在实践中未能成功，反而加重了人民的负担，原因不仅在于其设立的目的之一就是增加国家财政收入，更在于从政策试验的角度看，该法并没有严格遵循政策试验的一个基本原则，即政策的推广需要建立在成功的试点经验之上。王安石在试点未积累足够经验的情况下就将其推广至全国，导致难以对政策本身进行充分优化。[2]作为宋代士大夫，王安石的知识结构和心智偏好，使其难以从地方与中央、局部与整体的矛盾关系出发，系统分析政策环境

[1] 范立舟．王安石对《周礼》的诠释及其与理学之分歧［J］．暨南史学，2023（1）：92-104.

[2] 李丹，张申．中国古代经济改革中的政策试验——基于国际比较视野的考察［J］．中国社会经济史研究，2024（4）：38-54.

适应性、官员操纵与执行、社会民众态度差异[1]等多方面变量要素之间的复杂关系，更不可能建构复杂的经济学模型，这凸显了古代士大夫经济策的薄弱性。

2. 王安石的经济改革目标

面对北宋中期国内积贫积弱的现状和“三冗”问题的危机，王安石以为国家理财为目标，在扶持小农经济、维持市场秩序的思路指导下，采取了青苗法、市易法等一系列改革措施。本研究首先追溯了王安石经济思想的理论根源，然后进一步论述了王安石变法的具体内容以及其中体现的抑制兼并、扶持小农和抑制豪商、维持市场秩序的经济思想，最后尝试性探索了王安石变法与社会制度相悖的局限性。[2]王安石的改革目标就像试图用同一把钥匙打开所有的锁，既要解决国库空虚的燃眉之急，又想根治土地兼并的沉疴顽疾。他设计的政策套餐包含三个主菜：通过青苗法让国家当银行家赚利息，用免役法叫富人交钱代替服劳役，靠市易法让官府当上物价管理员。这些政策看似能同时实现“民不加赋而国用饶”的理想，但就像在跷跷板两端同时加重量还指望保持平衡。

王安石改革的核心目标首先是给国家财政打强心针。北宋当时就像一个入不敷出的大家庭，既要养着庞大的官僚队伍，又要应对边境战事。王安石想出的办法不是直接向百姓加税，而是让政府介入经济活动赚差价。这好比精明的主妇不再单纯节衣缩食，而是开起家庭作坊补贴家用。青苗法的贷款利息、市易法的商业利润，都成了填充国库的新渠道。

第二个重要目标是给土地兼并踩刹车。面对大地主滚雪球般吞并田产的状况，王安石拿出方田均税法这把尺子，要求重新丈量土地并按实际面积征税。这就像给隐田逃税的地主们戴上了紧箍咒，试图把被富豪私吞的税收重新装回国家口袋。免役法更是让富户出钱代替服役，既解决劳役扰

[1] 仲慧贤．王安石变法中地方实践与全国推广的差异原因探析——以青苗法在鄞县的成功和在全国的失败对比为例［J］．新楚文化，2024（26）：8-11.

[2] 李佳．王安石经济思想概论［J］．文化学刊，2022（12）：243-247.

民问题，又让既得利益者分担更多社会责任。

最根本的追求是建立政府主导的经济新秩序。王安石把官府比作调节水量的堤坝，既要防止市场这潭水干涸，又要避免洪水泛滥。市易法设立的官营机构，就像在市场上安插的无数隐形手掌，随时平抑物价波动。这种构想源自《周礼》描绘的政府全能形象，但实际操作中，官营机构却变成了既当裁判员又当运动员的矛盾角色。

改革目标的内在矛盾在于试图用行政手段解决经济问题。就像医生给所有病人开同一剂药方，王安石团队认为全国各地的经济病症都能用青苗法这味药治好。他们没考虑到北方旱地和江南水田的耕作周期差异，更忽视了山区农民可能根本不需要春贷秋还的固定模式。这种标准化改革方案，在推行中必然遭遇“淮南为橘淮北为枳”的困境。

终极理想与现实手段的错位尤为明显。改革者幻想通过官僚体系实现精准调控，却忘了执行政策的还是那些读四书五经出身的传统士大夫。这好比让私塾先生操作蒸汽机，虽然机器设计精妙，但操作者既不懂压力表，也不会调阀门。当青苗法贷款变成强制摊派，市易法演变成官府垄断经营时，改革已背离了“因天下之力以生天下之财”的初心。

士大夫具有“以天下为己任”的权力主体意识，他们的权力理想是取得对国家和社会事务的控制权，但知识结构的局限性，不专业的经济策治理效能的有限性，以及朝廷里的权力斗争，容易使他们对“什么秩序才是合理的”产生意见冲突，理念分歧促使他们千方百计排斥对手的主张，努力使自己的学说获得法定地位，上升为“国是”。[1]如青苗法改革者和士人官僚展开了毫不妥协的利益争夺，竭力争取皇帝的支持以使自己的学说获得“国是”地位，并将对手排挤出朝廷决策层，最终造成一次次国家灾难和历史悲剧。

［1］罗祎楠．中国传统士大夫政治中的“天下情势”——以北宋熙宁初年的“青苗法事件”为例［J］．中国社会科学，2023（8）：34-59，205.

（二）王安石变法的实践与挑战

应该说，王安石面对的宋代治理体系是极其复杂的，甚至可以称为困局。因为宋代的商业发展达到了我国封建王朝的巅峰，甚至明朝中期的发展也无法企及宋代的繁荣程度。但是，宋代商业的繁荣却无法反映整个宋代社会农民的真实生活境况。当时的中国农民受到种种剥削，即便辛苦劳作数月，交租后也基本所剩无几。可以说，农民的生活非常艰苦。这是由于北宋在经济政策上并不太遏制土地占有与土地兼并，不仅“庶族地主”阶层通过经济手段与政治手段大量占有土地，而且随着土地“不抑兼并”政策的持续推行，宋代官员也逐渐占据了大量的土地。正如《宋史》所载：“承平日久，势官富姓占田无限，兼并冒伪习以成俗，重禁莫能止焉！”[1]

1. 变法的实施与社会反响

青苗法的推行如同精心设计的灌溉系统遭遇了渠道渗漏。政策本意是通过政府低息贷款帮助农民春耕，但在执行中却演变成强制摊派的苛政。地方官员为完成放贷指标，将贷款额度与农户土地等级挂钩，导致贫苦佃农被迫借贷，富裕地主反而得以豁免。这种“劫贫济富”的倒挂现象，就像让瘦子替胖子减肥，完全违背了政策初衷。陕西路某县记录显示，官府在青苗钱发放时扣除“手续费”，实际到手的钱款不足契约金额的七成，秋收时却要按全额本息偿还。

市易法的实施则暴露了政府直接干预市场的弊端。官府设立的市易务本应平抑物价，却逐渐演变为垄断经营的官办企业。商人进货必须经过市易务定价，这如同在球场既当裁判员又下场踢球。开封府绸缎商人的账簿记载，优质蜀锦被市易务压价收购后，转手以三倍价格批发给指定商铺。这种行政垄断不仅未能“抑兼并”，反而制造了新的特权商人群体，市场活力如同被石板压住的幼苗逐渐枯萎。

[1] 陈丁赫 .“青苗法”核心理论及启示［J］. 合作经济与科技，2024（4）：22-25.

政策推行在地方遭遇的阻力呈现南北差异。江南水田区因种植双季稻，青苗贷款周期与作物生长节律严重脱节。农民在插秧季获得的贷款，到收割时已错过最佳还款期。例如，两浙路多个州府出现农民为还贷不得不贱卖新谷的现象。而北方旱作区因气候灾害频繁而连年歉收，导致贷款坏账堆积，地方官员为追讨欠款竟动用巡检司兵丁催债，将经济政策异化为暴力执法。

士大夫阶层的分裂反应折射出改革的思想困境。司马光等保守派指责青苗法“与民争利”，其书信中记载河北某村老农因无力还贷自尽的案例。苏轼在奏折中痛陈市易法使“商贾不行，物价腾踊”，杭州市场绢帛价格三年间上涨逾倍。但变法派官员的日记透露，他们面对批评时仍坚信“非常之功需非常手段”，将政策变形归咎于执行者而非制度缺陷。这种认知错位如同医者责怪病人体质差，却不肯反思药方有问题。

政策反弹最终汇聚成汹涌的反对浪潮。1074 年北方大旱成为转折点，时任光州司法参军郑侠，在目睹了王安石与宋神宗的熙宁变法以来商贾、农民受到的利益损害以及各路流民的情状后，携《流民图》上疏：“去年大蝗，秋冬亢旱，麦苗焦枯，五种不入，群情俱死。方春斩伐，竭泽而渔，草木鱼鳖，亦莫生遂。灾患之来，莫之或御。愿陛下开仓廪，赈贫乏，取有司掊克不道之政，一切罢去。冀下召和气，上应天心，延万姓垂死之命。”[1] 更讽刺的是，部分变法派官员私下承认，为保乌纱帽不得不虚报政策成效。某路转运使的密信记载，其辖内三成青苗贷款实为虚构账目，钱款早已挪作填补历年财政亏空之用。这种系统性造假，如同给腐烂的苹果刷漆，暂时维持光鲜外表却加速内里败坏。

2. 变法失败的经济与政治因素

王安石变法的失败如同被三把铁锁锁住的木箱，经济与政治因素交织成难以挣脱的束缚。第一把锁是政策设计中的“单向思维”。青苗法要求

[1] 乔腾飞 . 从劝诫到渔隐——吴伟《流民图》视觉图式研究［J］. 新美域，2024（7）：4–7.

全国统一在春耕放贷、秋收收息，却忽视了南北农业周期的差异。江南双季稻地区刚插完秧就面临还贷压力，北方旱作区遇灾年颗粒无收仍要偿还本息，这种机械的“全国一盘棋”政策，就像用同一把钥匙开所有地区的锁，必然导致制度性失灵。

第二把锁来自官僚体系的“变形记”。变法依靠的仍是传统科举出身的官员，他们像被突然要求操作精密仪器的书生，既不懂金融规律，也不谙市场调控。为完成考核指标，地方官将青苗贷款变成强制摊派，甚至出现给死人放贷的荒唐记录。市易务官员利用定价权低价强购商货，转手高价倒卖，把惠民政策异化为官营暴利，这种执行扭曲如同清泉流经污染河道，最终变成毒水。

政治阻力构成第三把锁。既得利益集团的反对如同暗流涌动，大地主通过朝中代言人攻击新法“与民争利”。司马光等保守派抓住河北旱灾导致的流民问题，以《流民图》为政治武器，将天灾归咎于变法。更致命的是改革派内部的分裂，苏轼等务实派官员最初支持变法，但看到政策变形后转而反对，这种阵营分化就像房屋支柱出现裂痕，削弱了变法的政治根基。

经济治理知识的匮乏导致改革如同蒙眼驾车。王安石团队虽熟读经史，却不懂货币流通的乘数效应。青苗法回收的本息集中回流国库，导致农村市场货币短缺，出现“丰年谷贱伤农”的怪圈。市易法用行政定价干预市场，就像强行按住弹簧，短期压住物价却积蓄了更大的波动势能。当开封绸缎商因官定价格无利可图而集体罢市时，政策的市场调节功能已完全瘫痪。

财政增收目标异化为饮鸩止渴。变法初期通过青苗息钱、市易红利填补了国库亏空，但这种增收如同透支信用卡消费。在强制贷款产生的虚假繁荣下，河北路出现“家家有债、户户缺粮”的畸形状态。当神宗皇帝发现财政收入增加但民间活力衰退时，变法的经济成果已沦为数字游戏，就像用沙土堆砌的堤坝，经不起现实洪流的冲刷。

变法最终败于政治信任的崩塌。当反对派将天灾解释为“天谴”，当百姓举着空米袋在宫门抗议，变法派仍坚持“祖宗不足法”的强硬姿态。这种政治僵化如同关闭了反馈调节阀，使得政策调整失去缓冲空间。新法在执行中积累的矛盾，如同不断加压的锅炉，最终在哲宗继位后的党争中彻底爆发，将改革成果炸得粉碎。

四、保守与调和：司马光与王阳明的经济策

（一）司马光的保守经济思想

1. 司马光对王安石变法的批评

司马光对王安石变法的批评，就像经验丰富的园丁质疑新手乱剪枝丫。他虽不反对改革本身，但认为王安石的变法如同给病树猛灌药水，不仅治不好病，反而会伤及根本。在《与王介甫书》中，司马光列举了三大核心批评，每项都直指变法要害。

首要批评集中于“与民争利”的道德困境。司马光比喻青苗法如同官府开设当铺，表面声称是帮百姓周转，实则把农民变成了官府的债务人。他亲眼看到地方官员为完成放贷指标，将贷款强加给不需要的农户，秋收时催债比地主还凶狠。这种政策变形，就像把救生圈换成石头扔给溺水者，完全违背了“爱民如子”的儒家信条。

其次是关于政策刚性的警示。司马光以市易法为例，指出官府定价如同给活鱼规定游泳姿势。原本活跃的市场被官营机构垄断后，开封的绸缎商被迫接受统一收购价，导致江南的织机停转、塞北的驼队绝迹。他在奏折中痛陈：“若尽夺商贾之利而官自为市，是犹夺婴儿之食以养壮夫”，形象地揭示了政府过度干预对市场生态的破坏。

最深刻的批评在于对人性规律的洞察。司马光发现免役法虽减轻了劳役负担，却制造了新的社会不公。富户通过缴纳“免役钱”逃避社会责任，穷苦人家反而要承担更多差役。这种政策如同拆东墙补西墙，表面看国家财政账面好转，实则动摇了“各安其分”的社会基础。他在笔记中记

载某县衙役人数较变法前翻倍，但真正干活的仍是穷苦百姓。

这些批评的背后是两种治国理念的碰撞。司马光主张“节流”，认为应该削减冗费、裁撤冗员，而非开辟新财源。他曾在御前算过一笔账：皇宫节省十匹锦缎，就够一个村子全年的青苗贷款。这种保守主义经济观虽显拘谨，却准确切中了北宋官僚体系效率低下的痼疾。当变法派用“天变不足畏”自辩时，司马光痛心疾首：“但知苛责百姓以媚朝廷，不问民间疾苦……祖宗法度，岂可轻改以从苛政？”其批评中的民本思想，至今仍值得深思。

2. 司马光的经济政策主张

司马光的经济政策主张如同老管家打理家业，坚持“省吃俭用”的持家哲学。他的核心思路是实施财政紧缩政策，认为国家理财应该量入为出，把国库的钱袋子扎紧。在《资治通鉴》的批注中，他反复强调“养其本原而徐取之”的理念，主张通过裁撤冗官、减少赏赐来节省开支，就像修剪果树要先把枯枝败叶清理干净。

在具体政策上，司马光主张恢复传统的常平仓制度。这套机制就像在粮仓里安装调节阀门：丰年时政府平价收购余粮存入仓库，灾年再低价卖出平抑粮价。但他特别强调要避免官府直接参与市场交易，认为官员管粮仓就像让书呆子管厨房，只要保证仓储不霉烂、不放贷取利就算称职。这种保守态度与王安石通过青苗法将常平仓变为信贷机构的做法形成鲜明对比。

对待商业活动，司马光提出“官不与民争利”的原则。他反对官府经营专卖，认为盐铁专卖就像让猫看管鱼摊，必然导致腐败横行。他在奏折中建议取消市易法，恢复商人自由定价的权利，主张市场调节就像四季轮回，官府只需维持基本秩序，不必强行规定树叶何时发芽。这种思想在当时的士大夫中颇具代表性，但忽视了垄断商人操控物价的风险。

在税制改良方面，司马光主张“减赋轻徭”的渐进改革。他建议将劳役折算为实物缴纳，如同把散落的芝麻装进布袋，既方便百姓又便于管理。针对土地兼并问题，他提出清查隐田的“方田法”，但强调要像园丁修剪花木般温和渐进，反对王安石疾风暴雨式的土地清丈。这种改良主义路线虽能减少社会震荡，却难以触动既得利益集团的根基。

司马光的政策体系存在明显的内在矛盾。他既主张维护小农经济，又反对政府干预土地流转；既承认商业的必要性，又坚持“重农抑商”的传统观念。这种矛盾如同试图同时骑两匹马，最终导致政策效果大打折扣。他推行的节流措施虽短期内减少了财政支出，却未能解决北宋“三冗”问题的制度性根源，就像用膏药贴治内伤，治标不治本。

最根本的局限在于对社会变革的消极态度。司马光将祖宗之法视为不可更改的金科玉律，其政策主张始终在既有制度框架内修修补补。他主持编纂的《资治通鉴》中，对历代经济政策的评述都贯穿着“守成优于创新”的价值取向。这种保守主义思维就像给奔跑的马车套上沉重枷锁，虽能防止翻车，却也扼杀了前进的动力。

（二）王阳明的调和之道

1. 王阳明的经济思想与实践

王阳明的经济治理如同中医调理气血，注重激发地方社会的自愈能力。他在庐陵知县任上推行的社仓制，巧妙避开官府直接干预的陷阱，将救济粮储存在民间自治的“蓄水池”中。这种制度规定，丰年时由乡绅带头捐粮入仓，灾年按需借贷给贫户，秋收后加二成利息归还。这就像在村庄里建立集体粮库，既保留了王安石的政府调节理念，又避免了青苗法的强制摊派弊端。

“知行合一”的哲学思想渗透在其经济政策中。王阳明抚赣期间，首重思想道德教化，立社学、建书院、联讲会、举乡约，剿抚并用、刚柔并济，建立起以保甲和乡约为一体的基层社会治理体系。在赣南剿匪时推行的《南赣乡约》，把经济治理与道德教化拧成一股绳。他要求各村设立“劝善亭”，乡民借贷社仓粮食时需先在亭中听取《孝经》讲解。这种设计如同给经济行为添加道德润滑剂，让契约关系裹上伦理糖衣。在实际操作中，乡绅们既当会计又当教书先生，账簿与《朱子家训》同时摆在案头。[1]

社仓制的运作展现出独特的弹性空间。与传统的常平仓不同，王阳明允许各村根据收成情况动态调整借贷利率。某年大旱可全免利息，风调雨顺则适当提高储备粮比例，这种灵活机制就像给政策安装弹簧，能够随现实压力伸缩调节。他还创造性地将社仓与保甲制结合，把借贷资格与农户治安表现挂钩，让经济手段成为社会治理的延伸。

但过度依赖道德力量埋下了隐患。社仓制将管理权交给地方乡绅，等于把钥匙交给可能监守自盗的人。王阳明设想中“致良知”的管理者，在现实中往往退化为利益集团。某县社仓账本显示，乡绅亲属借贷可免利息，贫户却要支付三成附加费。这种变异如同清泉流经泥潭，理想中的道德水源被现实利益污染。

与王安石形成鲜明对比的是，王阳明始终警惕行政权力的扩张。他在处理盐商纠纷时，拒绝采用市易法的政府定价模式，转而召集商帮代表在龙场驿达成“君子协定”。这种民间调解机制就像用软绳系住烈马，虽不能确保绝对公平，但保留了市场自我调节的余地。其批文中强调“官府唯仲裁不经营”的原则，这为后来“士绅自治”模式开辟了道路。

根本矛盾和局限在于将经济问题道德化。社仓制虽能缓解临时饥荒，却治不了土地兼并的顽疾。当豪强通过高利贷吞噬社仓储备时，王阳明只能依靠道德谴责而非制度约束。他在处理某地乡绅私吞社仓粮案时，最终判决仅是责令诵读《大学》百遍，这种处罚力度如同用羽毛击打铁砧，暴露了道德劝诫在利益面前的无力。

2. 王阳明对社会经济问题的调和策略

王阳明处理社会经济问题时如同走钢丝的杂技演员，在政府干预和民间自治之间寻找平衡点。他发明的社仓制就像在官府粮库和私人粮仓之间

[1] 陈海斌．从王阳明与海瑞赣南施政看明代基层社会治理［J］．云南民族大学学报（哲学社会科学版），2022（2）：137-145.

架起一座桥，既保留政府监督，又让乡绅具体管理。每到青黄不接时，村民可以低息借粮，但必须先在村塾听完《朱子家训》才能签字画押。这种设计把经济救济和道德教化绑在一起，既解决了吃饭问题，又维护了礼教秩序。

面对土地纠纷，王阳明的办法是让村民自己定规矩。在赣南剿匪时，他召集各村长老在晒谷场开会，共同议定《南赣乡约》。这份乡约规定：借粮超过三石要请全村老人作保，荒年利息减半，赖账者不得参加祠堂祭祀。这种民间自定的规则比官府法令更管用，就像用本地草药治水土不服，既对症又少副作用。某村账本显示，实行乡约后因欠债卖地的农户减少了六成。

在处理盐税问题时，王阳明展现出灵活变通的智慧。当时盐商走私严重，他既不学王安石搞官府专卖，也不像司马光完全放任，而是召集盐商在驿站开会，议定每引盐抽两斤充公的折中方案。这就像在门缝里塞软布，既减少摩擦又不阻碍开门。

但调和策略也有失效的时候。面对豪强霸占水利工程，王阳明发明了“道德感化 + 经济制裁”的组合拳。他先派弟子给豪强讲《孟子》的“仁政”思想，若不听劝就在官府黄册上将其田产标注为“劣等”，提高赋税比例。这种软硬兼施的办法，就像用棉布包裹铁锤，既维持了士人体面，又让豪强肉疼。某县记载，三个拒不开放私塘的地主在提高赋税后，主动找官府协商共同治水。

最根本的矛盾在于道德理想与现实利益的碰撞。社仓制运行十年后，不少地方出现“乡绅吃仓鼠”现象。管理人在陈米换新米时克扣斤两，还美其名曰“保管损耗”。王阳明晚年巡查时发现，某县社仓账本上的存粮数字竟比仓库实际容量多出三成。这种制度性漏洞，就像竹篮打水，设计再精巧也拦不住利益渗透。

五、理想主义的实践：海瑞的经济策

（一）海瑞的经济思想与理想

1. 海瑞的清廉与爱民情怀

海瑞之清廉堪称官场中的活标本，其极端程度让同僚们既敬畏又尴尬。在淳安知县任上，他亲自带衙役丈量县衙后院的菜地，将收获的萝卜、白菜折价计入俸禄账册，这种近乎偏执的自律，就像在浑浊的池塘里硬生生辟出一块透明水域。他在母亲过寿时仅买二斤肉的故事，成为百姓口耳相传的廉政佳话，却在士大夫圈子里被视作沽名钓誉的作秀。

爱民情怀驱动下的政策选择充满理想主义色彩。面对土地兼并导致的赋税不均，海瑞在应天巡抚任上发起清丈田亩行动。他设计的鱼鳞图册登记法，要求每块土地的主人在田埂插牌为记，如同给大地缝制了一件尺码精准的外衣。这项政策直接戳破地主谎报田产的把戏，让苏州府查出的隐田数量足以多养三个县的百姓。但海瑞没料到，那些被他断了财路的豪强，早已在朝中编织好弹劾他的关系网。

道德洁癖在施政中化作“双刃剑”。海瑞判案时坚持“凡讼之可疑者，与其屈兄，宁屈其弟”的伦理准则，这种断案方式就像用天平称量灵魂，却忽视了现实利益的复杂纠葛。他在巡抚衙门张贴告示，允许百姓直接控告官员，结果每天收到三百多份诉状，其中八成竟是邻里间的鸡毛蒜皮。这种对理想秩序的执着追求，如同要求所有人穿着统一尺码的鞋子走路，最终连真心支持他的士绅也累得跟不上节奏。

清廉操守异化为行政负担的案例屡见不鲜。海瑞要求辖内官员每日公开个人消费，从衙门蜡烛用量到家中剩饭菜处理都要登记造册。某知县宴请时多用半只烧鹅，被记过三次后愤而辞官。这种将道德审计推向极致的做法，就像在官场安装全天候监控探头，虽震慑了贪腐，却也妨碍了正常的政务运转。当海瑞自己因母亲丧事借用驿马被弹劾时，百姓们才惊觉他们心中的青天大人同样困在自设的囚笼里。

爱民实践中最具争议的是“退田还民”政策。吴中饥荒时，海瑞决定

“劝借富室”，自然涉及当地产业最为庞大的徐府。他迫使徐阶退田过半，并遣散徐府大批家奴，以振乡里。这种雷霆手段如同在溃烂的伤口上直接剜肉，虽然切除了病灶，却让整个士绅阶层陷入集体恐慌。当退田令遭遇阳奉阴违时，海瑞选择用枷锁对付抗命者，把道德理想变成了司法暴力。

2. 海瑞的经济改革理念

海瑞的经济改革理念如同用尺子丈量良心，试图将道德准则直接转化为经济政策。他的核心思路是建立“至公无私”的经济秩序，认为只要官员清廉如水、执法如山，自然能实现“户户有田耕，家家无饥馑”的理想图景。他的这种理念在应天巡抚任上具象化为三大改革：用鱼鳞图册制度厘清土地产权，借“退田令”打击豪强兼并，靠“均平赋役”减轻百姓负担，整套方案就像在朽木上雕刻《清明上河图》，技艺再精湛也难敌材料腐朽。

改革的核心手段是行政权力的道德化运用。海瑞在处理土地纠纷时，常以《大明律》为框架，融入《朱子家训》的道德训诫。某次审理田产争夺案时，他不仅判决土地归属，还要求诉讼双方在公堂上背诵“见利思义”的经文章句。这种将司法审判变为道德讲堂的做法，虽凸显了“仁政”理想，却模糊了法律与伦理的界限。

政策设计中的平均主义倾向尤为突出。海瑞推行的均平法规定，赋役摊派须精确到每户的男丁数量和田产等级，如同用天平称量每家每户的负担能力。但在实际操作中，这种绝对公平的理想遭遇了现实阻击。某县记载，寡妇因家中无男丁免服劳役，结果被摊派双倍“免役银”，政策的善意反而加重弱势群体的负担。这种制度刚性暴露出道德理想与执行弹性间的深刻矛盾。

对商业活动的管制更显理想化特征。海瑞在巡抚任内颁布禁奢令，规定百姓穿戴不得逾越身份等级，商铺禁止售卖精美绸缎。南京某布商因私藏苏绣被当街示众，货物改作赈灾物资。这种用道德审美替代经济规律的政策，如同给市场套上拘束衣，虽整肃了社会风气，却导致江南丝绸业不小的损失。

根本矛盾在于用单一道德标准应对复杂经济问题。海瑞始终坚信“人皆可以为尧舜”，认为严刑峻法配合道德教化就能根治顽疾。但面对狡猾的书吏在鱼鳞册上做手脚、乡绅通过“典当”名义继续兼并土地，他的应对之策只是增加巡查频率和刑罚力度。这种“以清官思维治官僚体系”的困局，恰似用烛火对抗黑暗，虽能照亮方寸之地，却改变不了夜幕的本质。

（二）海瑞经济策的实践与局限

1. 海瑞的经济改革措施

海瑞的经济改革措施如同用直尺在曲面上画直线，虽追求绝对公正却难掩现实扭曲。其核心政策清丈田亩以鱼鳞图册为工具，要求每块耕地的主人在田埂插牌标记，形成网格化土地登记系统。这套制度像梳子般梳理隐田漏税，在应天府查出的未登记耕地相当于三个县的赋税基数。但实际操作中，书吏们趁机索要“丈量费”，原本利民的政策变成基层腐败的新温床。

退田令的实施展现雷霆手段与理想主义的碰撞。海瑞强制江南士绅退还非法兼并的田地，如同外科医生用手术刀切除腐烂的组织。面对徐阶家族占据的四十万亩良田，他限期十日清退，命令衙役在田界插满写有原主姓名的木桩。这种激进手段虽短期内恢复部分农民的生计，却像捅破马蜂窝般引发士绅阶层的集体反扑，朝中弹劾奏章如雪片纷飞。

赋税改革中的均平法试图用道德天平称量每家的负担。海瑞规定赋役摊派须精确核算各户男丁数与田产等级，但看似公平的设计在实践中漏洞百出。某县寡妇因免服劳役被摊派双倍“免役银”，某老农因儿子戍边仍要缴纳“丁口钱”，制度刚性导致弱势群体反受其害。这种机械的平均主义如同给高低错落的屋顶强盖平顶，表面整齐实则压抑现实差异。

在漕粮运输改革中，海瑞发明“对搭法”整治贪腐。他要求收粮时用特制木斗，先将粮食堆满形成尖顶，再对搭刮平作为标准计量。这个土办法像照妖镜般照出“踢斗淋尖”的潜规则，短期内使粮税征收趋于公平。但漕运官员很快找到破解之道，通过特制加长刮板继续克扣，制度创新最终沦为形式主义表演。

这些措施共同暴露出理想主义政策的根本缺陷：将复杂经济问题简化为道德命题，用行政暴力替代市场调节，以个人清廉弥补制度漏洞。海瑞始终相信“清官万能”，却未意识到其政策如同精密的钟表机芯，落入布满铁锈的官僚体系中后，终究难逃停摆的命运。当退田令遭遇阳奉阴违、均平法衍生新的不公时，改革者只能不断加码道德要求，最终陷入越改革问题越多的怪圈。

2. 海瑞经济策的实践效果与局限性

海瑞推行的经济政策如同精心打磨的玉石，表面光洁却暗藏裂痕。清丈田亩政策实行初期确实查出了大量隐田，在应天府为朝廷新增三成税基，但这种成果像春雪般难以持久。地方豪强很快找到对策，通过伪造田契、贿赂书吏等手段继续逃税。基层官员在丈量时故意将良田记为劣地，从中收取“改册费”，导致政策善意沦为腐败温床。

退田令在短期内迫使徐阶等大族退还四十万亩土地，使部分失地农民重获生计。但政策执行中的“一刀切”做法，将合法典当与非法兼并混为一谈，造成新的社会矛盾。某乡绅被迫退还祖传祭田后，组织家丁夜间破坏灌溉沟渠，导致复耕农民颗粒无收。这种行政暴力催生的表面公平，如同用砂纸打磨精瓷，虽去除了污渍却也损伤了器物质地。

禁奢令的实施效果更显荒诞。南京布匹市场原本繁荣的苏绣交易转入地下，催生出专门运输精美绸缎的“夜航船”。某绸商为躲避稽查，将蜀锦缝入棉被夹层贩运，此举使商品流通成本增加两成。这种用道德戒尺丈量市场的行为，既束缚了商业活力，又助长了地下经济蔓延。

政策局限的根源在于将复杂经济问题简单道德化。海瑞坚信“吏治清明则天下太平”，却忽视了经济规律的自发作用。在处置某米商囤积居奇案时，他直接规定粮价并杖责违令者，导致周边州县粮商拒绝运粮入境。

这种行政干预如同堵塞河道治洪水，虽表面平息了浪花，却积蓄了更大的危机。当饥民开始抢夺官仓时，海瑞的应对之策竟是增加巡夜兵丁而非调节供需。

更致命的矛盾在于个人清廉无法替代制度缺陷。海瑞发明的“对摺法”本为杜绝粮税克扣，但漕运官员改用加长刮板继续作弊。某次收粮时，书吏当着海瑞的面规规矩矩平斗计量，但转身就在运粮船上加水增重。这种“上有政策，下有对策”的博弈，如同用竹篮打水，再精巧的设计也拦不住利益渗漏。当海瑞离任后，他苦心推行的新政迅速被旧制度吞噬，印证了个人英雄主义在体制顽疾前的无力。

六、士大夫经济策的共性与差异

困局溯源：文人气质与制度缺陷的双重枷锁

经典教条对实践的束缚：士大夫多以儒家经典为治国圭臬，将“三代之治”奉为理想模板，却忽视社会经济的动态演变。王莽的复古改制与司马光的“祖宗之法不可变”，均是教条主义的产物。

执行能力的结构性缺失：古代官僚体系缺乏专业化的经济管理人才，政策执行依赖地方官吏，而后者常与地方豪强勾结，导致“良法变恶政”。在王安石变法中，青苗法的失败正源于此。

利益集团的顽固阻挠：士大夫阶层本身是土地兼并的受益者，任何触及特权的改革都会引发激烈的反弹。如王安石裁撤宗室恩荫时，宗室子弟拦马哭诉，而司马光等保守派则成为既得利益者的传声筒。

（一）士大夫经济策的共性分析

1. 仁义思想与爱民情怀的普遍性

古代士大夫的经济政策虽各有特色，但都深深扎根于儒家“仁政”思想的土壤。从王莽的王田制到王安石的青苗法，再到海瑞的退田令，这些看似迥异的政策背后，都跳动着“民惟邦本”的共同脉搏。就像不同的厨师使用相同的食材烹饪，士大夫们用仁义作调料，以爱民为火候，烹制出各具特色的治国菜肴。

儒家经典为这些政策提供了道德合法性。王莽改制时引用《周礼》证明土地国有化的正当性，王安石用《孟子》为青苗法辩护，海瑞判案时必引《大学》“治国平天下”的训诫。这种引经据典的传统，如同给政策文件盖上了道德印章。就连反对变法的司马光，在要求裁撤冗费时也不忘强调“节用爱人”的圣贤教诲，可见仁义话语已成为政策辩论的通用货币。

具体政策中普遍存在“家长式”关怀的特征。王莽设立五均官负责平抑物价，王安石设计青苗贷款替代高利贷，海瑞推行鱼鳞册清查隐田，本质上都是试图扮演百姓的“大家长”。这种治理思维就像医生给病人开药方，士大夫自认为最清楚民间疾苦，却常忽视患者自身的感受。王阳明在社仓制中让乡绅参与管理，可视为对这种单向关怀的有限修正。

道德理想主义导致政策设计出现“善意的偏差”。士大夫们如同戴着仁义滤镜观察经济问题，将复杂的社会矛盾简化为善恶对立。王安石坚信青苗法能杜绝豪右趁火打劫，却看不到强制摊派制造的新剥削；海瑞以为清丈田亩就能实现“耕者有其田”，却算不透官僚系统的反噬力量。这种理想化思维，就像用《礼记》的尺子丈量现实土地，必然产生尺寸误差。

最具讽刺意味的是，爱民情怀往往异化为政策执行的道德枷锁。当青苗法导致农户破产时，变法派仍以“初心为民”自辩；司马光反对市易法时强调“不与民争利”，却无视商人哄抬物价的危害；海瑞用枷锁逼迫士绅退田时，坚信自己在替天行道。这种道德正确性如同政策保护伞，既遮住了理性反思的阳光，也压缩了政策调整的空间。

仁义思想的传统知识图像最终暴露出集体认知盲区。士大夫们如同被困在道德镜像迷宫中，每个政策决定都能找到经典依据，每次失败都可归咎于执行者的私心。从王莽钱制改革引发的市场崩溃，到海瑞禁奢令导致的商业萎缩，政策制定者始终未能意识到：单靠仁义情怀，就像试图用毛笔绘制工程图纸，注定难以构建稳固的经济治理体系。

2. 理论与实践割裂的普遍现象

古代士大夫在制定经济政策时，常常像照着菜谱做菜的厨房新手——虽然严格按步骤操作，却总做不出理想的味道。王莽改制时参照《周礼》设计货币制度，像用两千年前的尺子量现代布匹，推出的“五物六币”体系复杂如迷宫，百姓带着钱袋上街却算不清该用哪种铜钱买米。这种照搬经典的改革，就像把古琴谱硬套在钢琴上演奏，表面上传承礼制，实则制造出混乱的经济变奏曲。

王安石变法暴露了理想化制度设计的致命伤。他设计的青苗法本要取代高利贷，实际操作中却变成强制摊派。就像给北方旱地强推水稻种植，地方官为完成贷款指标，逼着连种子都买不起的农户签字画押。更荒唐的是，某地官员将贷款折算成陈年旧粮发放，秋后却要求偿还新粮，这种“好心办坏事”的闹剧，正是理论脱离实际的典型写照。

海瑞的经济政策如同用尺子丈量流水，追求绝对公正却忽视现实弹性。他推行的清丈田亩政策，要求每块耕地插牌标记，但看似精确的制度设计在实施中漏洞百出。书吏们趁机收取丈量费，豪强勾结官员篡改鱼鳞图册，整套系统运行三年后，某县登记田亩数竟比实际耕地多出两成。这种忽视现实的政策，就像用生锈的模具铸造钱币，形状看似规整却难以在市场上流通。

政策制定者普遍存在“书斋幻觉”，将复杂经济问题简化为道德命题。士大夫们像在棋谱上推演战局，用“义利之辨”替代成本核算，用圣人语录代替市场规律。司马光反对市易法时强调“不与民争利”，却无视商人囤积居奇的事实；王阳明用《孝经》讲解作为借贷前提，结果乡绅们把道德课程变成勒索贫户的工具。这种思维错位，如同要求裁缝用《论语》量体裁衣，注定做出不合身的衣裳。

执行层面的断裂更为触目惊心。政策从京城传到州县，就像清水流过污浊河道，必然沾染杂质。青苗法本要“春贷秋还”，地方官为政绩强令冬季放贷；社仓制设想“乡绅自治”，实则演变成“仓鼠吃粮”的闹剧。

某地社仓账簿显示，十年间名义存粮增长三倍，粮仓却连老鼠都饿得搬家。这种制度性损耗，暴露出再完美的理论设计，也抵不过现实利益的啃噬。

根本矛盾在于士大夫阶层认知结构的缺陷。他们像戴着道德滤镜观察经济现象，把《周礼》《孟子》等经典当作万能药方。王莽基于传统主义的价值取向、天命和阴阳五行的宇宙图像、巫术和迷信的思想观念进行变革，对制度的认识过于简单和片面，最终导致改制失败。王安石与司马光的变法争议，本质是士大夫对经典与现实的认知割裂，王安石以“变”为纲却失于实践，司马光守传统亦难应对时需，终致变法夭折。由此可见，士大夫阶层需突破认知桎梏，化知识为智慧，方能实现“内圣外王，经世济民”的理想与现实统一。

（二）士大夫经济策的差异探讨

1. 不同历史时期经济策的特点

不同历史阶段的士大夫经济政策呈现出鲜明的时代烙印。西汉王莽推行的王田制如同在竹简上绘制理想蓝图，试图用《周礼》模板改造现实经济。他废除土地私有、禁止奴婢买卖的政策，就像强行给奔腾的野马套上青铜马车，虽然符合儒家“天下为公”的理想，却完全忽视了两汉以来土地流转的现实需求。其货币改革更显荒诞，同时流通二十八种货币的规定，让百姓带着钱袋上街却算不清买米该用哪种铜钱。

北宋王安石的经济政策则像精心设计的机械钟表，展现出对系统性制度创新的追求。青苗法试图用政府贷款取代高利贷，市易法则要建立官办商业网络，整套方案如同在旧房子上安装新式梁架。但变法派过分迷信行政力量，就像在北方旱地强推江南水稻种植，强制摊派贷款指标导致农户春借陈粮秋还新谷。更严重的是忽视地域差异，将中原的常平仓制度硬套在江南水乡，最终引发基层执行的变形走样。

明代海瑞的经济政策堪称道德理想的极致实践。他的清丈田亩行动如同用直尺丈量良心，鱼鳞图册制度把每块耕地都纳入网格化管理，退田令更似外科手术，十日之内迫使徐阶家族退还四十万亩土地。但这种对绝对公正的追求就像用天平称量流水，机械执行均平法导致寡妇因免劳役反被摊派双倍银钱。对商业活动的管制完全以道德审美为标准，禁奢令下的南京布商不得不将苏绣缝入棉被夹层贩卖。

三个时期的经济政策差异映射出社会环境的变迁。王莽身处儒学复兴初期，政策充满复古空想；王安石身处积贫积弱的北宋中期，侧重国家财政振兴；海瑞所处的晚明则深陷吏治腐败，转向道德救赎。但共同缺陷在于政策工具与时代需求的错配：新朝士大夫用理想主义对抗商品经济萌芽，北宋改革派用行政命令压制市场规律，明代清官则试图以个人清廉对抗制度性腐败。这种时代局限如同给不同的病症开相同的药方，虽用药剂量有别，但终究难以根治顽疾。

2. 个人理念与时代背景的互动影响

古代士大夫的经济政策就像不同季节栽种的树苗，个人理念是种子特性，时代环境则是土壤气候。王莽抱着儒家理想当上新朝皇帝，把《周礼》当作施工图来推行经济改革。他设计的货币制度像用竹简刻二维码，表面复古典雅却完全无法流通。这种脱离现实的复古病，正是西汉末年儒学狂热与动荡政局共同催生的畸形产物——士大夫们既想挽救乱世，又只会从故纸堆里找答案。

王安石变法展现个人理念与时代需求的特殊结合。北宋中期就像漏水的粮船，国家财政吃紧，军事积弱。王安石这个“制度机械师”，既读透《周礼》又关注现实，设计出青苗法这种政府贷款方案。但变法派过分迷信行政力量，像给病人开猛药却不管肠胃承受力。当青苗贷款变成强制摊派，江南农户春天借陈米、秋天还新谷，原本的利民政策反而加重农户的负担。这说明再好的个人理念，碰上僵化的官僚体系都会变形走样。

海瑞的极端廉政实践则是个人信念与时代困境的激烈碰撞。晚明官场如同染缸，他的清廉像块白布般格外刺眼。他在应天巡抚任上推行的退田令，本意是纠正土地兼并，但执行时变成道德审判——士绅不退田就戴枷示众。这种刚烈作风如同在沼泽地盖高楼，虽然地基打得正，但终究会被软性抵抗吞噬。

三位改革者的命运轨迹揭示了一个关键规律：个人理念需要扎根时代土壤才能生长。王莽空有改制热情却不懂经济规律，像在沙漠种植水稻，注定会失败；王安石抓住"富国强兵"的时代课题，但忽视政策执行弹性；海瑞的道德洁癖恰逢晚明体制的腐朽，清官反成系统排异对象。他们的实践证明，经济政策的成败不仅取决于设计蓝图，更要看个人智慧与时代条件的适配程度——就像船帆需要顺应风向才能破浪前行。

七、结语：士大夫经济策的启示与局限

通过系统梳理王莽改制、王安石变法与海瑞新政的历史实践，可以清晰勾勒出古代士大夫经济策的共性特征与结构性缺陷。这些经济治理尝试虽闪耀着"经世济民"的理想光辉，却在执行层面屡屡陷入困局，其根本矛盾在于道德理想主义与客观经济规律之间的深层断裂。

首要困境体现为行政理性对市场规律的遮蔽。士大夫群体将经济问题简化为道德命题，试图通过行政指令重塑市场秩序。王莽的货币改制强行恢复古代钱制，导致"市肆混乱，百姓破产"；王安石的青苗法用官府信贷取代民间借贷，却因强制摊派加重农民负担；海瑞的禁奢令以道德标准干预商业活动，反致市场萎缩。这种以行政暴力替代市场调节的模式，如同用直尺丈量流水，终难形成良性经济生态。

更深层的矛盾源于制度设计的价值错位。士大夫们普遍将经典教义等同于治理智慧，忽视专业技术的重要性。王莽照搬《周礼》设计经济制度，王安石从《周官新义》推导变法方案，海瑞以《大明律》混合儒家经典断案，这种知识结构导致政策脱离实际。更严重的是科举教育体系中经济知识的缺位，使得官员们面对钱粮刑名时"茫如坠烟雾"，只能依赖幕僚师爷处理专业事务。

中央集权与地方治理的张力贯穿始终。变法者多从顶层设计着眼，忽

视政策在地方的执行弹性。青苗法在江南水乡的强制推行、退田令对典当交易的误伤、均平法在基层的机械执行，均暴露出“一刀切”政策的弊端。这种垂直管理模式压制了地方能动性，当政策遭遇现实阻力时，往往只能通过加码行政压力维持，最终陷入制度空转。

这些历史教训为当代治理提供重要镜鉴。经济政策制定需平衡价值理性与工具理性，既要坚守公平正义的价值导向，更要尊重市场规律与地域差异。制度设计应建立专业智库与基层反馈机制，避免重蹈“以道德论证替代经济分析”的覆辙。更重要的是培育弹性治理能力，在中央统筹与地方创新之间寻找动态平衡，使政策既能贯彻核心理念，又可适应具体情境的复杂性。士大夫经济策的千年困局警示我们：真正的善治之道，始于对人性复杂性与制度局限性的清醒认知。

第十四章

盛世繁华：唐宋变革的治理经验与教训

唐宋时期（公元 7—13 世纪）是中国历史上重要的社会转型期，关于其政治、经济、文化领域的深刻变革，日本学者内藤湖南提出了“唐宋变革论”。[1] 这一变革不仅是中古社会向近世社会的转折，也为中国治理智慧的近现代转型埋下了伏笔。从治理视角看，唐宋时期作为中国古代社会发展的鼎盛阶段，其治理经验对当代国家建设具有重要借鉴价值。唐宋至近现代的转型体现了中国传统治理逻辑的延续、调适与创新。但内藤湖南的视角和分析框架有区域和时代局限，正如包弼德（Peter K.Bol）所言，“内藤假说”作为唐宋转型的“传统阐释”，“在某些方面它是错误的，或者是误导的”。[2] 本章吸收最新学界成果，聚焦唐宋社会转型期政治与军事、经济与社会、思想与文化三重维度的交互作用，通过构建三螺旋分析框架揭示其协同演化机理。政治层面，从贵族政治向官僚理性化转变，官僚体系专业化改革与科举制度推广重构了权力配置模式，形成以文治为导向的治理范式。军事战略调整反向塑造财政制度演变路径，而政治精英集团通过制度设计平衡各方力量。经济领域，土地产权明晰化与货币经济扩张催生新型生产关系，市镇经济勃兴推动社会阶层流动性显著增强。军事制度方面，募兵制替代府兵制不仅改变国防体系运作逻辑，更引发中央与地方权力关系的深度调适。本研究特别关注三大系统的非线性互动：经济基础变革为政治革新提供物质支撑，宋代商品经济繁荣，市镇经济、纸币（交子）和契约关系的普及，推动社会治理从“编户齐民”向更具流动性的管理模式转变。政府对市场的有限干预（如王安石变法中的市易法）体现了传统治理中对经济活力的包容与调控。思想与文化方面，逐渐从兼容并包的儒释道共存一步步完成了儒家伦理的实践转向。这种动态平衡机制孕育出兼具精细化治理与开放包容特性的治理智慧，既保持制度内核的稳定性，又为应对社会变革预留弹性空间。历史经验表明，多元系统的协同

[1] 谭凯，蔡千千．唐宋变革、政治分裂与“全球中世纪”［J］．传统文化研究，2024（4）：13-16.

[2] 李华瑞．走出“唐宋变革论”［J］．历史评论，2021（3）：76-80.

演进与制度创新能力的持续培育，是实现超大规模文明体长期发展的重要保障。通过跨学科研究发现，中央集权制度与军事改革形成双向支撑，科举制与土地制度创新共同推动社会流动，儒释道思想融合为文化繁荣提供精神内核。研究揭示，经济政策创新通过赋税体系改革激发市场活力，市镇网络扩张与货币经济发展形成正向循环，而社会阶层重构与文化传播机制则塑造了独特的价值认同体系。在思想文化层面，官方意识形态与民间信仰的互动、教育体系的革新与知识传播网络的扩展，共同构建起多元包容的文化生态。这些历史经验表明，制度创新、经济活力与文化软实力的协同发展是维持长期繁荣的关键。研究结论为现代国家治理体系优化提供了历史参照，特别是在平衡政府职能与市场机制、协调物质文明与精神文明发展方面具有启示意义。

一、概论

中国中古社会向近世社会转型的枢纽性意义，历来是历史研究的核心命题之一。学界一般认为日本学者内藤湖南提出的“唐宋变革论”[1]揭示出了唐宋时期（公元7—13世纪）中国社会深层次的结构性变迁，这种转型不仅体现为政治体制的迭代更新，更表现为经济基础、军事制度与治理理念的系统性重构。但越来越多的学者注意到，中国历史学家柳诒徵才是近代史学体系规制下唐宋变革论的首倡者。在1902年编撰完成的《历代史略》中，柳诒徵就已对“唐宋变革”问题有明确揭示，时间上远早于内藤湖南。更难能可贵的是，此后他又在《中国商业史》中从商业形态对社会的影响和国家经济基础的构建视角对“唐宋变革”问题加以重申，并在《中国文化史》中做了系统阐发。有证据表明，柳诒徵的唐宋变革论认为商业是唐宋社会变革的原因和表现之一，这一见解曾对陈寅恪和钱穆产生

[1] 内藤湖南．中国史学史［M］．马彪，译．上海：上海古籍出版社，2008.

过影响。[1]更有学者提出一些打通唐宋变革与当代世界显学“大分流”的初步学术构想：唐宋变革所引发的政治精英地方化潮流在之后的数百年里强化了地方社会的自我治理与救济能力，由此为清代的“国退民进”政治模式提供了必要的功能性条件。[2]在此宽视野、多维度研究的启发下，本章尝试突破传统分析框架的局限，通过构建政治与军事、经济与社会、思想与文化三螺旋协同演进模型，揭示三大系统非线性互动的内在机理。

中国古代社会在唐宋时期达到治理体系与文明成就的高峰，其政治军事、经济社会、思想文化三大领域的协同发展模式具有独特的研究价值。传统研究多聚焦单一领域的历史叙事，难以揭示制度演进与文化转型的内在关联。本研究突破线性分析范式，构建三螺旋互动框架，通过考察三者之间的共生关系，系统阐释唐宋时期维持长期繁荣的治理逻辑。唐宋两代在中央集权制度建设中展现出卓越智慧，通过科举选官与军事改革形成权力制衡体系，为经济文化发展奠定基础。长安城“宫城－皇城－外郭”的规划格局，既体现等级秩序又保障城市功能，其坊市制度与宵禁管理折射出社会治理的系统性。经济领域通过均田制改革与货币体系创新，激活了商品流通网络，市镇经济与手工业发展形成良性循环。文化层面儒释道思想的融合创新，不仅营造了开放包容的社会氛围，更通过教育体系革新推动知识传播，为制度运行提供价值支撑。

二、政治与军事的交织

唐宋两代的政治与军事始终处于深度互嵌的动态关系中，既体现中央集权对军事力量的制度驯化，也暴露军事逻辑对政治秩序的颠覆性冲击。这种交织关系塑造了唐宋帝国兴衰的关键脉络。唐宋政治与军事的交

[1] 闻轩轩，戴建国．被忽视的首倡者：柳诒徵及其唐宋变革论［J］．河北学刊，2023（1）：77-83.

[2] 张泰苏．从“唐宋变革“到“大分流“：一种假说［J］．北京大学学报（哲学社会科学版），2022（4）：83-96.

织史，本质是人类在暴力垄断与权力制衡之间的永恒博弈。从唐代李世民亲自讲武强调军队“教得其道”[1]到宋代“与士大夫共治天下”的文治理想[2]，中国文明逐渐形成以制度理性驯化军事暴力的治理智慧。这种智慧对当代的终极启示在于：真正的长治久安，既不在于武力征服，也不在于制度枷锁，而在于让军事力量成为文明秩序的守护者而非颠覆者。

（一）唐宋时期的政治架构演变

唐宋两代政治架构的演变集中体现为中央集权制度的完善与创新。唐朝初期继承隋制，通过三省六部制构建起分工明确的行政体系。中书省负责起草政令，门下省掌审核驳正，尚书省下设六部负责具体执行，这种“决策—审核—执行”的制衡机制有效防止了权臣专断。随着政权的稳定，皇帝通过设立政事堂会议强化对核心决策的控制，使宰相集体议政制度成为皇权延伸的重要工具。[3]

科举制度的成熟是政治架构转型的关键。唐朝将科举发展为涵盖进士、明经等多科目的选官制度，打破魏晋以来门阀垄断仕途的局面。宋朝进一步扩大取士规模，确立殿试制度使进士成为“天子门生”，同时推行锁院、糊名等防弊措施，确保人才选拔的公平性。这种选官机制革新不仅为官僚体系注入新生力量，更使士大夫阶层成为巩固皇权的重要支柱。[4]

地方治理体系呈现中央管控强化的趋势。唐朝在州县二级制的基础上，于边境设节度使应对军事需求，但安史之乱后藩镇割据暴露制度缺陷。宋朝吸取教训，通过“路—州—县”三级架构分割地方权力，设置转运使、提点刑狱等平行机构，形成财政、司法、军事的相互制约。同时推行文臣知州、通判监察制度，彻底终结了武人主政的地方治理模式。

---

［1］于汝波，杨希义．唐代军事论略［J］．军事历史研究，1997（2）：96-105.

［2］李同乐．北宋士大夫的政治理想和实践——以北宋前中期为中心的研究［D］．上海：华东师范大学，2010.

［3］张雨．“部”的凸显与唐宋尚书省六部的实体化［J］．唐宋历史评论，2023（1）：49-68.

［4］张希清．宋朝贡举释褐授官制度述论［J］．中原文化研究，2015（3）：20-28.

官僚监督机制的系统化建设尤为突出。唐朝御史台独立行使监察权，分设台院、殿院、察院，分别监督百官、宫廷礼仪和地方吏治。宋朝在此基础上创立谏院，将言官监察范围从皇帝行为扩展至整个官僚系统，形成“台谏合一”的监督体系。这种制度设计既保障了中央政令畅通，又为士大夫参与政治提供了制度化渠道。

在政治架构演变的过程中，军事制度改革始终与中央集权需求紧密互动。唐朝府兵制崩溃后，宋朝建立禁军－厢军分离的常备军体系，通过更戍法防止将领专兵。枢密院与三衙分掌调兵权与统兵权，文臣主导的军事决策机制彻底改变了唐末藩镇威胁中央的局面。这种军政分离模式虽削弱了军队战斗力，却有效维护了政权稳定，体现了政治理性对军事力量的制度性约束。[1]

（二）军事制度与边疆防御策略

唐宋军事制度的核心在于平衡中央集权与边疆安全的双重需求。唐朝初期推行的府兵制，将“兵农合一”体制与均田制紧密结合，既保障了兵源稳定，又减轻了财政负担。府兵平时务农、战时出征的模式，配合折冲府的全国性分布，有效实现了“强干弱枝”的军事布局。但随着土地兼并加剧，均田制瓦解，导致兵源枯竭，募兵制逐渐成为主流，职业军人群体开始形成。

边疆防御策略呈现动态调整特征，唐朝前期通过设立安西、北庭都护府，采取“以夷制夷”的羁縻政策，既控制丝绸之路要冲，又促进多元文化交融。节度使制度的设立原本为强化边疆防御，却因军权、财权、行政权的过度集中埋下割据隐患。宋朝吸取前代教训，构建“守内虚外”的防御体系：禁军精锐驻守京师，厢军负责地方治安，形成“内外相制”的兵力部署。在西北边境推行堡寨联防战术，依托地形构筑纵深防御网络，同

[1] 陈峰．简论宋朝的治军特点与边防困境［J］．西北大学学报（哲学社会科学版），2018（1）：5-13.

时发展“榷场”贸易，以经济手段缓和民族矛盾。[1]

军事技术创新与装备改良显著提升作战能力。唐朝陌刀阵与骑兵战术的结合，在对抗游牧民族时展现出强大威力；宋代床子弩、神臂弓等远程武器的发展，配合城墙防御工事的改良，有效抵消了北方骑兵的机动优势。军事情报系统日趋完善，唐朝设斥候侦察敌情，宋朝建立“急脚递”实现军令日行五百里，后勤保障体系通过运河网络实现粮草高效调配。

军政关系的制度性重构尤为关键。宋朝确立枢密院掌调兵权、三衙管统兵权、兵部主后勤的“三权分立”体制，彻底实现“兵无常帅，帅无常师”的管控目标。武将调任频繁与文臣监军制度的强化，虽削弱了战场应变能力，但从根本上杜绝了藩镇割据再现。这种“以制度换安全”的治理智慧，在维护政权稳定与促进经济发展之间取得了微妙平衡。在宋代“崇文抑武”的背景下，文人论兵蔚然成风，其军事思想也带有儒学化特质。北宋著名经学家、文学家刘敞的军事思想多受经史之学与政治忧患意识的影响，融合道德仁义与“华夷之辨”两套话语体系，主张“慎战”。他推崇以德制敌，反对依靠不合理手段获胜。同时提倡以道德仁义、诗书礼乐选拔武将与边臣，推崇文人担任武将与边臣。刘敞的军事思想是宋代文人军事思想儒学化的重要体现，是文人维护儒学思想意识形态重要地位的代表之一。[2]

边疆军事活动客观上推动了经济文化互动，驻军城镇发展为商贸节点，军需采购刺激了边境手工业兴起。佛教寺院在唐代承担着为阵亡将士举办法会的特殊职能，儒家忠君思想通过军功封赏制度深度融入军队价值体系。军事防御与贸易通道的复合功能，使长城沿线在宋代演变为民族融合的前沿阵地，为“多元一体”格局的形成提供了物质基础。

[1] 陈峰．简论宋朝的治军特点与边防困境［J］．西北大学学报（哲学社会科学版），2018（1）：5-13.

[2] 李雪楠．宋代文人军事思想的儒学化——以刘敞军事思想为例［J］．军事历史，2023（3）：70-77.

（三）政治与军事的互动关系

政治与军事的互动在唐宋时期呈现出制度性耦合特征，两者通过权力配置与功能互补构建起动态平衡机制。[1]中央集权体制的完善始终以军事力量的有效控制为前提，唐朝初期通过府兵制实现“兵农合一”，既保障军队规模，又避免职业军人集团坐大。但随着均田制的瓦解，募兵制改革推动军事专业化发展，此时政治系统通过完善监军制度、强化文官统兵原则，确保军事力量始终服务于政权稳定需求。权力争夺是导致文官与武官之间关系紧张的主因。为了争取君主的重视，文士将武人描述为贪婪无知的群体，强调学养、道德的重要性。随着文官权力自后周、北宋逐步扩张，文士对武官的歧视日益加深，并通过制度性规范，阻止文官与武官身份的转换。文官与武官的对立因而成为宋代政治上无解的难题。[2]

官僚体系革新深刻影响着军事决策模式。科举制度培育的士大夫阶层逐步掌握军事话语权，宋朝确立的“以文驭武”原则使枢密院与三衙形成分权制衡：枢密院掌调兵权却无统兵之实，三衙负责日常训练但无权调动部队。这种“兵符分离”制度既保障了军事行动效率，又通过文臣参与战略决策防止武将专权。军事将领的考核晋升被纳入文官铨选体系，儒家忠君思想通过军功封赏制度深度融入军队价值体系。[3]

军事活动对政治生态产生反哺效应，突出表现在信息传递与治理技术层面。唐朝斥候系统发展出完善的军情奏报制度，推动全国驿站网络建设，为政令传达提供基础设施保障。宋代“急脚递”系统将军用通信技术转化为日常行政管理工具，实现中央对地方治理的实时监控。军事工程领

[1] 方震华．权力结构与文化认同——唐宋之际的文武关系［M］．北京：社会科学文献出版社，2019.

[2] 方震华．权力结构与文化认同——唐宋之际的文武关系［M］．北京：社会科学文献出版社，2019.

[3] 李雪楠．宋代文人军事思想的儒学化——以刘敞军事思想为例［J］．军事历史，2023（3）：70-77.

域的组织管理经验，如厢军参与水利建设，为地方社会治理提供了专业化人才储备。

文化认同在军政互动中发挥黏合作用，武庙祭祀体系将军事传统纳入儒家礼制框架。科举考试增设武举科目，使军事人才选拔获得制度合法性；兵书战策被纳入官方教育体系，形成“儒将”培养模式。这种文武交融的价值体系，既消解了军事集团的独立性，又为政治统治提供了精神支撑。

（四）战略布局的调整与影响

战略布局的深刻调整折射出唐宋转型期军事思维与治理逻辑的协同演进。唐朝前期延续开疆拓土的扩张战略，通过节度使体系维持边疆控制，但安史之乱后暴露出“外重内轻”的结构性风险。北宋立国者吸取历史教训，构建“强干弱枝”的防御体系，将禁军精锐集中于汴京周边，形成“天子自将”的中央威慑力量。这种战略重心的内移并非单纯的军事退缩，而是与“崇文抑武”的治国方略深度耦合——河北、河东防线依托塘泺水网构筑纵深防御带，既减缓骑兵突击速度，又通过水利屯田实现军粮自给，将国防压力转化为经济开发动力。[1]

战略转型深刻影响着经济资源配置。北宋“养兵”政策将军费开支制度化，禁军廪给占中央财政支出逾半，这种压力倒逼财税体制改革，催生均输法、市易法等调控手段。沿边榷场在承担国防监视功能的同时，发展为茶马贸易枢纽，政府通过“引法”控制战略物资流通，将经济手段纳入国防体系。南宋江防体系更与水运经济深度融合，车船制造技术提升长江航运效率，鄂州造船厂兼具战舰生产与商船改造的双重职能，展现军事需求与产业升级的良性互动。

战略思维的开放性在跨体系协同中尤为凸显。王安石的保甲法尝试将民兵组织与基层治理相结合，虽因脱离实际未能持久，却为明代卫所制提

[1] 侯天霖．从中唐到北宋——中国近世亲兵的构建与发展［D］．保定：河北大学，2023.

供制度参照。海外贸易拓展促使水军战略从江河防御转向近海巡逻，泉州设立水军寨保障海上丝路安全，其“每岁遣舟师巡警”的机制在《诸蕃志》中印证了海权意识的萌芽。当女真骑兵突破黄河防线时，宗泽通过整合义军和溃兵重建防御网络，这种灵活应变能力正是治理弹性的生动体现。

战略调整的长期影响呈现出复杂的历史面相。文官主导的防御战略虽维护了内部稳定，却导致军事效能逐渐弱化，厢军“类多给役而已”的现状削弱了危机应对能力。但辩证来看，这种“重文轻武”的治理取向促进了社会资源向经济文化领域倾斜，为宋代科技突破与商业繁荣创造了条件。军事战略与经济政治的深度咬合，在三螺旋框架中既凸显制度设计的精巧，也暴露出系统演进的内在张力，为理解传统中国治理智慧提供了多维透视镜。

（五）军事实力与共同体治理

军事实力的结构性调整在唐宋转型期深刻重塑了共同体治理的底层逻辑，其影响路径既体现于军事组织与基层社会的嵌入方式，也反映在国防需求与社会资源的整合机制上。募兵制的全面推行瓦解了府兵制“兵农合一”的传统模式，职业军人群体与农业生产者实现身份分离，这种专业化转型在提升作战效能的同时，催生了军饷供给的制度化需求。宋代通过“封桩库”专项储备和榷盐法等财政手段构建军费保障体系，其“养兵”政策虽加重财政负担，却使军队彻底摆脱对均田制的依赖，形成独立于土地制度之外的国防力量。[1]

军事组织与地方治理的交互作用展现出治理智慧的创新特质。保甲法尝试将民兵训练与户籍管理相结合，其“十家为保，五保为大保，十大保为一都保”的层级设计，既保持基层自卫功能，又通过连坐机制强化社会

[1] 陈明光．寸薪集：陈明光中国古代史论集［M］．厦门：厦门大学出版社，2017.

控制。[1]更具突破性的是“弓箭社”等民间自卫组织的合法化，官府通过减免赋税激励边民习武戍边。在《宋会要辑稿》记载的河北民“带弓而锄，佩剑而樵”场景中，可见军事动员与生产生活的有机融合。[2]这种弹性治理策略在宋金对峙时期发展为“山水寨”防御体系，乡民依托地形构筑联防工事，形成官军与义军协同作战的立体防御网络。

国防需求倒逼出资源统筹的制度创新。沿边榷场在茶马贸易中承担战略物资调配功能，其“招诱蕃商”政策既保障军马供应，又通过经济互惠巩固边疆秩序。军粮运输体系的革新更具示范意义，北宋转般法通过漕运节点设置仓储，实现“平籴军储”与“调节丰歉”的双重目标；南宋“大军仓”系统则依托长江水运，构建起“五日一输”的快速补给机制。这种将军需保障与民生调控相结合的智慧，在灾荒时期通过“截拨纲运”实现跨区域赈济，展现军事后勤体系的社会溢出效应。

军事力量的文化整合功能为共同体治理注入精神内核。岳家军“冻死不拆屋，饿死不掳掠”的治军理念，通过《鄂王行实编年》等文献传播，塑造出武德规范与社会伦理的价值共鸣。军营设置的“忠烈祠”定期举行祭祀仪式，将阵亡将士纳入地方信仰体系，这种记忆建构策略既强化军队认同，又促进尚武精神与儒家忠义观的融合。更具深意的是，军事屯田区往往发展为文化传播节点。戍边士卒带来的先进农具和耕作技术，在边疆地区催生出“军营稻”等特色作物，实现物质文明与治理秩序的同步拓展。[3]

军事制度与社会结构的深度咬合揭示出治理智慧的开放性。当职业军人群体扩大引发社会流动时，宋代通过“武学”教育体系与“武举”选拔机制，为平民子弟开辟晋升通道；面对军事贵族集团消解带来的权威真

[1] 钱申．庆州兵变与宋神宗的政务处置活动研究［J］．宋史研究论丛，2023（1）：53-64.

[2] 郑学檬．宋代两浙围湖垦田之弊——读《宋会要辑稿》“食货”“水利”笔记［J］．中国社会经济史研究，1982（3）：88-91.

[3] 史江．宋代军事性会社及其形成背景、特点及社会功能初探［J］．四川大学学报（哲学社会科学版），2003（2）：134-139.

空，则发展出“以文驭武”的制衡艺术。这种动态调适既保持军事系统的专业效能，又通过制度设计防范武力干政风险，其经验为理解传统中国“强国家－弱社会”模式的韧性提供了独特视角。

三、经济转型与社会变迁

唐宋变革打破了秦汉以来的“古典帝国”模式，通过农业集约化、商业资本化与社会流动化，孕育出具有近代特征的农商社会雏形。这一转型不仅重塑了中国文明的内在逻辑，更成为理解宋元以降中国社会变迁的基础框架，其经验对当代城乡发展、市场经济改革仍具启示价值。

（一）农业与手工业的革新

唐宋变革期农业与手工业的革新构成经济基础转型的核心动力，其技术突破与制度创新形成相互促进的良性循环。均田制的瓦解与“不抑兼并”政策的推行，催化了土地产权关系的深刻调整。土地流转加速促使农业生产转向集约化经营，如江浙地区圩田系统通过石质闸门控制水位，将沼泽湿地改造为高产水田，单位面积产量较唐代显著提升。占城稻的引种与稻麦复种制的推广，突破传统耕作制度限制，使长江流域成为新粮食生产基地，为人口增长提供物质保障。

手工业领域的技术革新重塑产业格局。矿冶业采用胆水浸铜法提升金属冶炼效率，信州铅山场铜矿年产量持续位居全国前列。瓷器制造突破“南青北白”的传统格局，形成定窑印花、耀州刻花、景德镇青白瓷等差异化技术路线，产品通过市舶司远销海外。纺织业出现“机户出资、织工出力”的新型生产关系，成都府路锦院集中织机数百张，实行原料供应、纹样设计、织造工序的专业化分工。这种生产组织形式的演进，在《梦溪笔谈》记录的亳州轻纱“举之若无，裁以为衣，真若烟雾”的工艺突破中，展现出技术创新与产业升级的互动关系。[1]

［1］ 孙明源．《梦溪笔谈》：折射北宋科技文化的辉煌［N］．科技日报，2023-07-07（8）．

制度创新为产业变革注入持续动力。宋代将唐代的“租庸调”简化为两税法，确立以土地资产为基准的征税原则，减轻了手工业者的徭役负担。市镇中形成的行会组织通过制定产品质量标准、协调原料采购价格，在官方的监督下实现行业自治。这种治理模式既保障手工业生产的规范化运作，又为技术创新保留自主空间。政府设立的都作院统筹军工生产，将冷锻法应用于铠甲制造，其“瘊子甲”测试标准要求甲片淬火后留下特定形状的痕迹，体现质量管理体系的精细化。农业与手工业的协同发展，不仅催生专业市镇的勃兴，更通过商品流通加速货币经济扩张，为政治体制创新与军事制度改革奠定物质基础。

（二）经济政策与国家财富

唐宋时期经济政策的创新实践，为国家财富积累提供了制度保障。政府通过赋税体系改革，在保障财政收入的同时激发市场活力。唐朝中期推行的两税法，将征税标准从人丁转为资产，既减轻了农民负担，又使商人群体得以合法积累财富。宋朝实施的募役法允许民户以钱代役，释放了大量农村劳动力进入工商业领域，促进了商品经济发展。这些政策调整既增加了国库收入，又推动了社会分工深化。[1]

市场管理制度的完善为经济繁荣奠定基础。唐朝长安城设立市署机构监管交易秩序，严格规定度量衡标准，打击假冒伪劣商品，维护了消费者权益。宋朝在主要商业城市推行行会制度，由同业商人自主管理价格和质量，政府通过征收“免行钱”实现间接调控。这种“官督商办”模式既保留了市场活力，又确保了税收稳定。边境设立的榷场成为特殊经济区，政府通过特许经营、抽解关税等制度，既控制战略物资流通，又获取丰厚贸易利润。

货币金融创新显著提升了经济运转效率。唐朝统一铸造“开元通宝”，结束了前朝钱币混乱的局面，为跨区域贸易提供便利。但唐代柜坊并无信

[1] 董春林．宋代财税制度变迁中的衙前役法改革［J］．历史研究，2024（11）：72-95.

用职能，它是唐代城市宗法壁垒的象征——坊市制的产物，随着坊市壁垒被打破，柜坊的消亡是必然的。从支配唐代借贷关系的宏观经济机制看，无论柜坊还是其他商业机构都不可能具有银行的性质。[1]宋朝交子作为世界最早的纸币，解决了金属货币携带不便的难题，票据汇兑业务的发展使远程大宗交易成为可能。政府还建立平准仓制度，通过粮食储备调节市场供需，平抑物价波动对民生的冲击。这些金融工具的创新，使资源配置效率得到质的提升。

产业政策引导推动经济结构优化。唐朝对官营手工业实行“工匠轮班”制，既保证宫廷需求，又避免过度占用民间劳力。宋朝推行“和买”制度，政府预先支付定金订购丝织品，既稳定了手工业者的收入，又确保了财政收入来源。对海外贸易的鼓励政策催生了广州、泉州等国际港口，市舶司的设立规范了进出口管理，关税收入成为国库的重要支柱。这些政策组合形成了生产、流通、消费的良性循环，使国家财富持续增长。

经济政策制定始终注重社会效益平衡。常平仓在灾年平价售粮，既稳定了社会秩序，又避免了商人囤积居奇。宋朝青苗法在青黄不接时向农民贷款，既抑制了高利贷盘剥，又增加了政府利息收入。这种将经济效益与社会治理相结合的政策设计，体现了唐宋政府高超的宏观调控能力，为现代经济治理提供了宝贵的历史经验。

（三）商业繁荣与城市化进程

商业网络的扩展重构了传统经济地理格局，水陆交通基础设施的完善催生跨区域贸易体系。运河系统的疏浚与维护使汴河、江南运河成为南北物资调配动脉，沿河市镇因漕运中转功能形成特色物流枢纽。官方驿道与民间商路的交织，构建起连接州县治所与草市镇的三级市场网络，商税征收点的空间分布数据显示出市场密度的梯度差异。市镇经济的勃兴瓦解了

[1] 秦晖．唐代柜坊为“金融机构”说质疑——兼论封建后期金融市场的形成机制问题［J］．陕西师大学报（哲学社会科学版），1990（2）：63-73.

封闭的坊市制度，临街而市的经营模式突破了时空限制，催生专业市镇与特色产业集聚。长江中游的景德镇依托瓷窑形成生产、运输、销售的完整产业链，其产品经市舶司远销海外，带动了港口城市外向型经济的发展。

城市化进程加速推动社会治理模式转型，厢坊制替代里坊制重构城市空间秩序。汴京、临安等百万人口都市的出现，促使市政管理从治安管控向公共服务延伸，消防铺与潜火队的设置体现公共安全保障的系统化。城市户籍分类将“城郭户”单独列籍，实行与“乡村户”差异化的赋役管理，这种制度设计既承认市民阶层的特殊性，又通过“免行钱”等政策调节工商业者的社会责任。瓦舍勾栏等市民文化空间的兴起，不仅反映城市经济的繁荣，更昭示着社会价值观念的世俗化转向。[1]

经济活力释放与社会结构变革形成共振效应。商人群体通过捐纳、联姻等途径提升社会地位，其子弟通过科举有限开放进入仕途，这种流动性在《夷坚志》记载的“盐商子登第”故事中得到微观印证。城市雇工群体扩大催生新型劳动关系，雇佣契约中“明立文约”的约定俗成，标志着人身依附关系的进一步松弛。经济基础变革与政治军事系统的互动尤为显著。市舶司岁入支撑了边防军费开支，而军事需求反过来刺激了矿冶、造船等产业的发展，这种双向作用在三螺旋框架中形成持续演进动力。有学者指出：“从经济结构角度看，在从唐代中期开始到北宋中后期这大约三百年之间，确实是发生了一些重大转变的，而且这些转变也在宋代之后的几百年间得到进一步固化。具体来说，经济行为私有化、市场化，土地所有分散化，私法体制成熟化（比如出现了比较稳定且复杂的私人合同交易以及土地买卖体制）这几个宏观趋势，确实应该是发生在这三百年之间的，也确实对后世造成了某些不可逆的影响。”[2]

---

[1] 周思虎，唐源琦. 从“城市化”角度论宋代城市发展的变革［J］. 现代商业，2014（12）：278.

[2] 张泰苏. 唐宋变革与经济转型［J］. 唐宋历史评论，2021（2）：12–16.

（四）经济基础对社会治理的影响

宋代之后的所谓“经济腾飞”虽然近些年有些被神化的趋势，但从经济总量与人口总量的增长来看，也很难否认从中晚唐到北宋的这一时间段确实是某种宏观转折的源头。[1]经济基础的深刻变革在唐宋社会转型期重构了国家治理的底层逻辑，其影响力通过制度创新与治理模式调整渗透至社会各层面。土地产权关系的契约化转型瓦解了世族庄园经济的人身依附体系，催生出以书面契约为载体的新型权利义务关系。这种变革迫使官府完善司法体系，如《宋刑统》专设“婚田入务”条款规范土地纠纷审理程序，将民间契约纳入国家法律保障范畴。

货币经济的扩张重塑了国家财政管理体系。飞钱、交子等信用工具的创新，推动官府建立钱引务等专业金融机构，其“界分”发行制度通过定期回收旧钞、投放新钞实现货币信用管理。这种金融调控手段与常平仓、青苗法的物资调配机制形成互补，构建起货币与实物双重维度的经济治理体系。值得关注的是，经济活动的复杂化促使行会组织承担部分治理职能。例如，临安丝织业的“机户行”自主制定产品质量标准，官府则通过颁发“团行”执照实现间接管控。这种官民共治模式在《梦粱录》记载的“市肆谓之团行者，盖因官府回买而立此名”中得到制度性表达。[2]

社会阶层流动性的增强要求治理体系做出适应性调整。土地自由买卖催生的庶族地主阶层，通过科举有限开放进入仕途，促使官僚集团构成从门阀士族向科举士人转型。这种变化在户籍管理制度中体现为“官户”与“民户”的弹性划分。《庆元条法事类》规定，子孙因父祖官职荫补入仕者需自身升至规定品级方得官户身份，且官户身份不随曾祖辈官职自然延续，进纳官身亡后其子孙同编户。这一制度既保持身份区隔，又预留社会流动空间。城市工商业者的崛起促使“城郭户”户籍分类产生，其赋役标

[1] 张泰苏.唐宋变革与经济转型［J］.唐宋历史评论，2021（2）：12-16.

[2] 阚海娟.从《梦粱录》看南宋都城临安的社会生活［J］.名作欣赏，2024（17）：107-109.

准与“乡村户”形成差异，通过“免行钱”将劳役负担货币化，这种制度创新在缓解社会矛盾的同时，为手工业专业化发展提供政策支持。

经济基础与治理体系的互动催生出具有开放特质的制度文明。当海外贸易刺激沿海经济时，市舶司不仅管理贸易，更发展出蕃学、蕃坊等跨文化治理单元。面对土地流转加速带来的产权纠纷，官府推广“砧基簿”土地登记制度，通过鱼鳞图册技术提升治理精确度。这种治理智慧的精细化突破，本质是经济形态变革引发的制度供给创新，其历史经验揭示：有效的社会治理既需保持核心制度的稳定性，又要通过机制创新吸纳经济基础释放的变革能量。[1]

四、思想文化的多元发展

唐宋时期是中国思想文化史上最具创造力的阶段之一，儒释道三教深度融合，市民文化兴起，外来文明与本土传统交织，形成了“多元一体”的文化格局。这一时期的多元发展不仅塑造了中国文化的内核，也为东亚文明提供了思想范式。

（一）儒释道三教的互动与融合

唐宋时期儒释道三教的互动与融合，形成了独特的文化生态格局。政府采取兼容并蓄的宗教政策，为三教对话创造了制度空间。唐朝科举考试以儒家经典为核心，同时设立道举科选拔道教人才，佛教高僧可获赐紫衣和金鱼袋，这种制度安排使不同的思想体系得以共存发展。宋代官方编纂《道藏》，资助寺院建设，更通过赐额制度将民间信仰纳入正统体系，构建起多元包容的文化治理模式。

思想层面的融合催生新的理论体系。佛教禅宗吸收儒家心性学说，发展出“即心即佛”的修行理念。道教内丹术借鉴佛教禅定方法，形成“性

[1] 周思虎，唐源琦．从“城市化”角度论宋代城市发展的变革［J］．现代商业，2014（12）：278.

命双修”的理论框架。宋代儒学家对佛道思想进行创造性转化，如周敦颐将道教《太极图说》与儒家伦理相结合，朱熹构建的理学体系吸纳佛教思辨逻辑，形成“理一分殊”的哲学架构。这种思想交融突破学派藩篱，为文化发展注入新的活力。

社会实践中的功能互补强化了三教共生基础。佛教寺院通过赈灾济贫、举办法会参与社会治理，敦煌文献记载的《目连救母》变文将孝道观念融入佛经故事。道教宫观提供医药服务，孙思邈《千金方》融合了道家养生与儒家仁术。儒家士大夫则借鉴佛教丛林制度创办书院，将讲学、祭祀、藏书功能加以整合，白鹿洞书院学规体现着三教智慧的结晶。

文化传播方式的创新促进思想融合。佛教俗讲发展出说唱艺术，道教斋醮仪式衍生出戏曲元素，儒家经典通过科举教材普及民间。这些文化载体使深奥的哲理转化为百姓可感可知的生活智慧，构建起雅俗共赏的价值认同体系。

三教融合产生深远的社会影响。士大夫群体形成“以儒立身、以佛修心、以道养生”的处世哲学，白居易的“外服儒风内修禅”正是这种文化性格的写照。民间信仰呈现混杂特征，观音菩萨被赋予送子功能，关帝庙融合忠义精神与驱邪祈福诉求。这种思想文化的有机融合，既保持了中华文明的主体性，又展现出海纳百川的包容特质，为现代文化创新提供了历史镜鉴。[1]

（二）科技进步与思想启蒙

唐宋时期科技进步与思想启蒙的互动，构成了社会变革的重要推动力。活字印刷术的发明彻底改变了知识传播方式，以往需要手工抄写的典籍，现在能快速批量印制。这种技术突破使书籍的价格大幅下降，普通家庭也能购置经史子集，为文化知识的下沉普及创造了条件。科举考生可获

[1] 张英琦．宋代的儒释道融合现象研究：以炉瓶供器文化为例［J］．中国宗教，2024（5）：64-65.

得更丰富的备考资料，书院讲学依托印刷书籍扩大影响。知识垄断被打破后，民间学术讨论日趋活跃。

科技创新实践促进了理性思维的发展。沈括的《梦溪笔谈》系统记录了天文、地理、医药等领域的观察发现，这种注重实证的研究方法突破了传统经学的束缚。数学家秦九韶创立“大衍求一术”，将抽象理论与实际应用相结合，体现了知识体系的实用化转型。天文仪器的改进使历法测算更加精准，人们对自然规律的认知逐渐摆脱神秘主义色彩。

技术应用与思想解放形成良性循环。指南针应用于航海，不仅拓展了贸易范围，更激发了人们对世界地理的好奇与探索。火药武器的出现改变了战争形态，促使军事家重新思考战略战术，间接推动实用军事思想的发展。医学著作《千金方》将道教养生与临床经验相结合，在破除巫医迷信的同时传播了科学医疗观念。

政府主导的科技推广加速知识传播网络的构建。唐朝设立算学馆培养专业人才，宋朝颁布《营造法式》规范建筑技术。官方组织编撰《四时纂要》等农书，通过地方官吏指导农业生产。这种技术官僚体系的形成，使科技创新能够有效转化为社会治理能力。[1]

科技与思想的互动催生新的文化现象。文人群体中出现“格物致知”的治学取向，苏轼研究酿酒工艺，朱熹观察地质现象，士大夫不再局限于经典注疏。市井工匠的实践经验被文人整理记录，墨家重视技艺的传统得到重新评价。这种知识体系的开放融合，为后来的明清实学思潮埋下伏笔。科技进步不仅改变了物质生活，更通过知识传播渠道的拓展和思维方式的革新，为整个社会注入了持续发展的活力。

唐宋思想文化的多元性并未导致分裂，反而在“天下观”框架下强化了文明凝聚力。这种“多元一体”模式对当代有三重启示：第一，文化自

[1] 蔡竞 . 浅议宋代社会工业文化意识之发轫——从几组两宋诗词看工业文化精神［J］. 文史杂志，2024（6）：59-62.

信源于包容创新，而非排斥异质；第二，主流价值的构建需留出多元表达空间，避免意识形态僵化；第三，文明对话应以本土化为前提，如佛教中国化所示，外来思想需植根于本土语境方能生根。唐宋历史证明，真正的文化繁荣，永远发生在“一”与“多”的动态平衡之中。

五、三螺旋治理经验的现代启示

唐宋的三螺旋动态平衡治理模式，不仅塑造了唐宋变革的历史逻辑，也为现代国家治理提供了深刻的启示。其治理经验的核心，在于拒绝将政治、经济、文化视为孤立领域，而是通过制度设计促进其共生演进。这种整体性思维对当代的启示尤甚：在数字时代重构“技术－权力－伦理”关系时，需继承唐宋“制衡与包容”的智慧；面对全球化与本土化的张力，可借鉴唐宋“多元一体”的治理模式；破解发展与稳定的悖论，当效法唐宋“在变革中延续，在延续中创新”的实践哲学。历史表明，真正有效的治理，永远是政治理性、经济活力与文化自觉的“三重奏”。

（一）历史经验对当代治理的启示

唐宋治理智慧为现代国家治理提供了多维启示。在制度创新层面，科举制打破阶层固化的实践表明，建立公平的人才选拔机制能够有效激发社会活力。当代公务员考录制度继承这一传统，通过规范考试程序确保选贤任能，但需警惕过度应试化倾向，可借鉴宋代“策论”考核注重实践能力的检验，提升治理人才的综合素质。文士被大量地吸纳到统治阶层中，并在宋代政治结构中成为一股中坚力量，形成皇帝与士大夫“共治天下”的格局。从唐末到宋初，士大夫的社会身份更加“平民化”，与此同时，士大夫“学者－官员”的双重角色也经历了一个整合的过程。北宋建立之后确立了“重文轻武”的国策，士大夫的文化角色也得到重振，由“吏能型”重新走向“文治型”，实现了本色回归。在唐宋儒学变革的大背景下，宋初士大夫接续中唐以来振兴儒学的重任，弘扬儒道、尊崇儒术。宋初，士大夫“致君泽民”的政治理想被重新唤醒，“行道”的意识复兴了。

宋仁宗时期，士大夫和士大夫政治都走向了成熟。[1]例如，唐代柳宗元任柳州刺史，解放奴婢，废除债务奴役制度，兴办学校，推广儒学教育，开凿水井，植树造林，改善民生；白居易任杭州、苏州刺史，疏浚西湖，修筑“白堤”，改善灌溉与交通，简化赋税，减轻百姓负担，兴修水利，解决苏州水患；元结任道州刺史，抵制朝廷横征暴敛，上《舂陵行》为民请命，减免赋税，招抚流民恢复生产，被杜甫赞为“万物吐气，天下少安”，成为唐代良吏典范；宋代文人官员范仲淹任泰州、苏州、庆州知州，在泰州修筑“范公堤”抵御海潮、保护农田，在苏州疏浚河道、根治水患，在“庆历新政”中推行地方改革试点，其“先天下之忧而忧”的思想深刻影响了宋代士大夫精神；苏轼任杭州、密州、徐州知州并谪居儋州，在杭州疏浚西湖，建“苏堤”并推广“三潭印月”生态治理，在徐州抗洪筑堤、保全城池，在海南儋州办学堂、传播中原文化，杭州“苏堤春晓”至今为景，其务实作风广受赞誉；欧阳修任滁州、扬州、颍州知州，推行“宽简”政策，减少苛政扰民，兴修水利，发展农业与旅游业，在滁州以文化提升地方声望，其《醉翁亭记》成为地方治理与文人情怀结合的典范；王安石任鄞县知县、江宁府知府，在鄞县试行青苗法，贷款助农，兴修水利，开垦荒田，改革地方教育，培养人才，其地方实践经验为全国变法奠定基础；曾巩任齐州、福州知州，打击豪强，整顿治安，修建水利工程，防灾减灾，精简官府开支，减轻百姓负担，其务实文风与治理能力并重，被称为“南丰先生”。他们以诗文记录民生，将儒家“仁政”思想付诸实践，文治结合，因地制宜，许多工程（如苏堤、范公堤）沿用千年，文化遗迹成为地方象征。这些文人官员的治理实践，不仅改善了当时的地方社会，也为后世留下了“为官一任，造福一方”的精神遗产。

在经济治理层面，唐宋“官督商办”的市场管理模式具有现实意义。

[1] 李同乐．北宋士大夫的政治理想和实践——以北宋前中期为中心的研究［D］．上海：华东师范大学，2010.

唐宋水利与土地政策使江南超越北方，成为经济中心，这一格局延续至明清。唐代人口峰值约 8000 万人，宋代突破 1 亿人，农业生产力提升是根本保障。剩余粮食催生商品粮市场，推动宋代“商业革命”与市镇兴起。宋代的农田水利法开创国家动员式基建模式，明清治水多效仿唐宋经验。宋代行会自主管理经验显示，行业组织在质量监督、价格协商等方面能发挥积极作用。现代行业协会改革可参照这种“政府定标准、行业抓执行”的协作机制，既维护市场秩序，又避免行政过度干预。两税法“量能课税”的原则对当前税制改革的启示在于，应建立更精准的税收调节机制，通过减轻中小经营者负担激发市场主体活力。唐宋农业的飞跃，本质上是“政策引导 + 技术创新 + 资源开发”的综合结果：土地政策通过制度调整释放生产力；技术革新推动精耕细作；水利工程将自然劣势转化为农业优势。这一历史经验表明，农业发展的核心在于以人为本的制度设计与因地制宜的工程实践，这对今天的乡村振兴仍有借鉴意义。

在文化治理层面，儒释道三教融合的历史经验为处理多元文化关系提供借鉴。唐代佛经俗讲、宋代书院讲学证明，文化传播需采用大众化表达方式。例如，范仲淹的“忧乐观”将儒家“仁政”思想转化为具体政策。在泰州筑范公堤、在苏州治水，直接解决民生疾苦，体现“济民”精神。王安石变法中的青苗法，以国家信贷替代高利贷，减少农民破产风险，通过经济手段实现社会公平，是“经世”智慧的典型应用。唐代韩愈在潮州兴办学校，宋代朱熹建白鹿洞书院，推动儒家经典从士族垄断向平民开放，以文化教育凝聚社会共识。白居易推行的“平价售米”政策，在灾年以官府储备粮平抑粮价，既稳定市场，又彰显“不与民争利”的儒家经济伦理。欧阳修的“宽简”行政，减少苛捐杂税和行政干预，倡导“与商共利”，激发商业活力，体现“无为而治”与市场调节的平衡。唐代柳宗元、刘禹锡等吸收佛教“众生平等”理念，推动解放奴婢政策的实施。宋代士大夫融合禅宗心性论，强化道德自律与廉政建设。唐代设立羁縻州府，宋代推行“蕃学”教育（如西夏、大理），以文化认同淡化族群冲突，促进边疆稳定。沈括的“科学治理”理念在《梦溪笔谈》中有所体现，书中记录了水利工程、天文历法等科技成果，主张以科学知识优化政策设计。宋代益州交子的发行，不仅依赖经济需求，更以儒家“信义”价值观为信用背书，推动金融制度创新。当代社会主义核心价值观建设可借鉴这种“雅俗共济”策略，既保持思想深度，又创新传播载体。借鉴唐宋“水利优先”“平抑粮价”经验，当代乡村振兴需聚焦农田水利、教育医疗等基础民生领域。在跨领域协同治理方面，借鉴唐宋融合经济、文化、科技手段治水的经验，现代治理需整合生态、数字技术、文化产业等多维度资源。就精英文化的下沉与普及而言，可效仿唐宋书院与地方官学，通过社区教育、数字平台（如“学习强国”）传播社会主义核心价值观。将“信义”“节俭”等儒家伦理融入现代信用体系、低碳经济建设，亦能增强公众对制度的文化认同。唐宋官员兼具诗文修养与治水、理财能力，当代需培养懂技术、通人文的治理人才，避免“专才偏科”。苏轼、王安石的地方任职经验为其改革奠定基础，当代应强化干部基层锻炼机制，确保政策贴近实际。总而言之，唐宋文化治理的智慧在于以“经世济民”为核心，将伦理理想转化为务实政策；以多元融合为径，整合文化、技术、族群资源，实现治理创新。对当代的启示可概括为：价值观引领（民生为本、信义为基）、系统性思维（跨领域协同）、包容性创新（传统与现代、精英与民间的融合）。这些经验提示我们，治理现代化不仅需要制度完善，更需要从文化根脉中汲取“何以中国”的深层答案。

在社会治理层面，唐宋民间组织参与公共服务的经验值得重视。寺院办义学、行会定规约的做法，体现社会治理需要政府与社会的协同。现代社区治理可建立类似“官民共治”机制，培育社会组织承接养老、教育等公共服务。宋代青苗法通过金融手段解决社会问题的思路，对当前普惠金融的发展具有参考价值，显示治理工具创新需兼顾经济效益与社会效益。这些历史经验共同指向治理现代化的核心要义——在制度规范、市场活力与文化认同之间寻求动态平衡。

（二）唐宋治理经验的现代适用性

唐宋治理经验在当代社会仍具有显著的适用性，其制度设计与治理智慧可以为解决现代问题提供独特的思路。在基层治理领域，宋代乡约制度通过村民自治化解矛盾的做法，与现代社区协商民主机制存在相通之处。当前推行的村民议事会、居民公约等实践，可借鉴唐宋时期将道德教化与制度约束相结合的经验，通过培育公共精神提升基层自治效能。

经济领域中的行业自治传统为现代市场监管提供启示。唐宋行会自主制定质量标准、调解纠纷的运作模式，与当前“放管服”改革中推行的行业标准自我声明制度不谋而合。在电商平台治理中，可参考宋代征收“免行钱”的间接监管思路，通过建立信用评价体系引导商家自律，这既有助于维护市场活力，又可降低行政成本。杭州互联网法院推行的在线纠纷解决机制，实质上是将唐宋商事调解智慧与数字技术结合的创新实践。

在文化治理方面，儒释道三教融合经验对处理多元文化关系具有指导意义。敦煌艺术中佛教飞天与道教仙真共处的壁画构图，启示当代文化传播应注重不同价值体系的对话融合。故宫博物院将传统文物与现代文创结合的尝试，正是效法唐宋时期将高雅艺术转化为市井文化的成功经验。短视频平台推动非遗技艺传播的现象，延续了唐宋变文俗讲“化雅为俗”的智慧，使中华优秀传统文化以更易被接受的方式触达大众。

在社会治理创新中，唐宋时期“官民共治”模式展现出持久生命力。寺院办义学、行会管市场的历史经验，为当前社会组织参与公共服务提供参照。社区养老驿站引入专业社工机构的做法，与宋代民间力量承办慈善事业异曲同工。共享经济平台建立的信用评价体系，可视为唐代过所制度在数字时代的升级版，通过信息透明化构建新型信任机制。

这些历史经验的现代转化需要把握两个关键。一是保持制度弹性。如宋代募役法根据社会变化调整代役金标准，启示现代政策应建立动态调整机制。二是注重文化浸润。唐宋通过戏曲、说书传播核心价值观的做法，提示当代治理需善用新媒体技术，增强文化认同。乡村振兴战略中传统村规民约的现代转化、数字经济领域的平台自治探索，都证明唐宋治理智慧仍具有鲜活生命力，关键在于实现历史逻辑与现代需求的创造性对接。

（三）关于未来发展方向的思考

在唐宋治理智慧的启迪下，未来社会发展需在六个维度实现创新突破。制度设计应借鉴宋代的“变通”思维，在保持核心价值稳定的前提下增强政策弹性。要善于借鉴唐宋的动态调整机制，通过定期政策评估及时优化治理工具，如同宋代根据经济形势调整青苗法实施细则，使制度供给更好地匹配社会需求。

经济治理需平衡市场活力与公平保障。参考唐宋行会自治经验，在数字经济领域构建“政府定规则、平台管执行、用户共监督”的治理模式。如同长安东市设立市署管理物价和质量，现代电商平台可建立智能监管系统，既保护消费者权益，又避免过度干预。宋代市易法“平抑物价”的思路，可转化为大数据支持的民生商品价格预警机制。

文化创新要延续三教融合的智慧，构建传统与现代的价值连接点。敦煌壁画中将佛教故事转化为大众艺术的实践，启示我们运用虚拟现实技术活化中华优秀传统文化资源。可借鉴宋代书院讲会制度，打造线上线下相结合的文化传播平台，使社会主义核心价值观像唐诗宋词般自然融入日常生活。

技术应用需继承唐宋“格物致用”传统，防止工具理性挤压人文关怀。唐代水车灌溉与天文历法相结合的智慧，提示智慧城市建设要统筹数字技术与人文需求。可建立类似宋代翰林图画院的跨学科智库，在人工智能开发中嵌入伦理评估模块，确保技术创新始终服务于人的全面发展。

社会治理要发展新型“官民共治”模式。参考唐代里坊制与宋代保甲法，在社区治理中构建“智能网格 + 居民自治”体系。借鉴寺院承办慈善事业的历史经验，通过政府购买服务的方式引导社会组织参与养老托育服务，形成多元主体协同的治理格局。

全球治理层面，唐宋丝绸之路的包容性交往经验具有重要价值。可借鉴长安胡商管理中的“求同存异”原则，在“一带一路”合作中构建文明对话新机制。如同宋代市舶司既管理对外贸易又促进文化交流，现代国际合作应超越经济维度，建立知识共享与文化互鉴的平台网络。这些探索将推动形成具有历史底蕴又面向未来的治理新范式。

第十五章

危机与回应："内卷"下的明清治理困境

明清时期作为中国传统社会的最后阶段，其治理在复杂系统演化机制的作用下，逐渐陷入“内卷化”与熵增的困境，传统的“经世济民”理想也遭遇异化而偏离轨道。本章从熵增定律与社会“内卷化”的视角出发，结合复杂系统理论，解析明清共同体在政治、经济、文化领域中的系统性失效，探讨其应对危机能力衰退的根源，并揭示这一历史经验对现代治理的启示。通过制度经济学的分析框架，揭示传统治理模式中官僚体系效率衰减、财政机制僵化、土地兼并加剧等核心问题，指出其本质在于专制集权体制下制度供给与治理需求的结构性矛盾。研究发现，在没有足够外部资源交换的比较封闭的环境下，人口压力与资源错配引发的社会“内卷化”，导致统治集团采取加强基层控制、实施财政紧缩、推行道德教化等保守型治理策略，这些措施虽短期内维持了社会稳定，却加剧了制度僵化与治理效能衰退。研究表明，技术改良与局部政策调整未能突破传统治理范式，根本原因在于背离了中华文明源头上的“天下”视野和气度，以及“生生不息”“苟日新，日日新，又日新”的奋斗、创新精神，从而丧失了系统性制度创新能力。这种治理困境为现代社会转型提供了沉痛而深刻的历史教训，凸显制度弹性与治理能力现代化在应对系统性危机中的决定性作用。

一、概论

热力学中的熵增定律表明，孤立系统会自发趋向无序与能量耗散。明清社会作为一个封闭性较强的政治经济系统，其治理机制逐渐僵化，官僚体系膨胀、行政效率低下，均体现了熵增特征——资源分配混乱、创新动力不足，最终导致系统崩溃。从组织惰性视角来看，熵增定律可以用来描述组织无序性的程度，熵值越大，无序性程度越高，组织惰性越强，并以资源惰性和惯例惰性为具体表现形式。由于受到外部环境压力和内部路径依赖的双重影响，组织在发展过程中不断产生熵增，组织惰性程度上升。因此，要克服组织惰性，就要采取熵减策略，通过主动做功、打造开放系统、降低信息熵，即领导者改变认知、组织进行双元学习与智能技术赋能领导者程序设计，实现减缓内部熵增，引入使系统结构不断更新的负熵流，循环迭代，让组织有序发展、持续成长。[1]但可悲的是，明朝的格局从明太祖的“海禁”祖训开始就是底气不足、先天缺陷基础上的死守和“内卷”。朱元璋十分推崇小农经济的生产模式，主观上希望建立起以儒家思想为基础、以农业为主体的社会治理结构。然而，经过汉、唐、宋、元几代的发展，中国已经是一个拥有发达航海技术的国家，对外贸易和文化交流十分频繁，海禁政策破坏了东南沿海与周边国家长期形成的经济秩序和市场分工体系，导致了沿海地区的民生困顿。[2]清代政权建立在特定的历史条件下，其在经历社会动荡后逐步走向保守与封闭。康乾时期虽出现短暂的经济恢复和人口增长，但这与版图扩大形成的广阔市场空间存在一定关联。思想文化和制度体系若缺乏革新，组织的自大、保守和封闭必然造成熵值越来越大，最终走向全面溃败和崩塌。

明清治理体系在应对人口激增与资源约束的过程中呈现出巨大的制度张力。这一时期的国家治理面临着人口规模突破传统农业承载极限、土地资源分配失衡加剧、官僚系统效能递减等复合型挑战，形成“增长型停滞”的特殊历史现象。制度经济学视角的引入，为解析这种传统治理模式的结构性矛盾提供了新的分析框架。研究表明，专制集权体制下的制度供给与治理需求之间存在着深层次的错配，这种矛盾在财政机制僵化、土地兼并失控、基层控制强化等治理实践中得到具象化呈现。

当前学界对明清治理困境的探讨多集中于具体制度缺陷的个案分析，却未能充分揭示不同治理领域之间的系统性关联。近期开展的跨学科研究显示，赋役定额化与户籍世袭化构成的财政包干体制，实质上形成了“赋役共同体”这一特殊利益集团，导致地方财政治理能力持续萎缩。这种制度性缺陷迫使地方政府将公共事务管理权让渡给地方势力，反而加剧了资

[1] 徐晓婧．组织惰性视角下组织熵增定律与熵减策略［J］．领导科学，2022（12）：67-70.

[2] 李小彤，蒋传海．明朝白银、海洋贸易与制度内卷：解析李约瑟之谜［J］．制度经济学研究，2015（4）：185-206.

源错配与社会矛盾的积累。关于户籍制度基础性作用的研究进一步揭示，"编户齐民"体制与公民社会的本质差异，构成了传统治理模式难以突破的身份制度障碍。

本研究试图突破传统制度史研究的单一维度，通过构建"制度供给－治理需求"的动态分析模型，系统阐释人口压力转化为治理危机的传导机制。本研究重点关注三个递进层面：首先，分析专制集权体制下制度创新的路径依赖与锁定效应；其次，揭示"内卷化"过程中治理策略的自我强化机制；最后，评估局部改良措施在制度刚性约束下的边际效用。这种系统性研究不仅有助于重新审视明清社会治理的深层逻辑，更为理解传统制度在现代转型中的路径依赖现象提供了历史坐标系。

本研究通过构建"压力－响应－效能"的三维分析框架，系统解构明清治理体系的运行逻辑。这种跨学科视角能够有效解释为何技术改良与政策微调始终未能突破传统治理范式，进而揭示制度弹性缺失对治理能力现代化的根本制约。从现实维度看，这种历史制度分析为当代国家治理体系改革提供了重要的经验参照，特别是在处理政府职能转型与社会力量培育的辩证关系方面具有启示价值。

二、明清时期的治理背景

（一）社会经济结构的演变

明清时期的社会经济结构呈现出显著的动态演变特征，这种变迁既是传统农业文明发展到极致的产物，也成为治理体系转型的深层动因。在14—19世纪的长时段演进中，人口规模的几何级数增长构成最基础的结构性变量。全国人口从明初的6500万左右激增至道光年间的4亿，这种人口压力在耕地面积仅增加两倍的背景下，直接导致人均土地占有量呈现持续递减态势。农业生产体系被迫转向精耕细作的集约化模式，江南地区双季稻种植的普及与山地梯田的开发，标志着传统农业技术已逼近其生产可能性边界。[1]

土地制度层面的变革同样深刻影响着经济格局。尽管法律层面上维持着土地私有制框架，但实际运作中普遍存在的“一田二主”现象，反映出地权分割的复杂化趋势。永佃权的广泛确立使得田底权与田面权分离，这种地权碎片化状态在提升土地利用效率的同时，也加剧了土地兼并的隐蔽性。徽州契约文书显示，至18世纪中叶，约60%的耕地交易涉及多层转佃关系，形成“有田者不耕，耕者无其田”的普遍困境，这种经济关系的异化直接动摇着传统治理的户籍基础。

手工业与商业的勃兴催生了新的经济形态。16世纪后，江南市镇网络实现密集化发展，逐步构建起连接原料产地、加工中心与消费市场的三级流通体系。松江棉纺织业中“纱不过夜”的生产节奏，佛山铁器制造业的工序专业化分工，均显示出前工业化时期的生产组织革新。但受制于行会制度与官营体制的双重约束，这种资本主义萌芽始终未能突破传统经济模式的制度藩篱，反而通过牙行、当铺等中介组织与官僚体系形成利益共生关系。

货币经济的深化发展加剧了结构失衡。白银本位的确立在促进跨区域贸易的同时，也导致财政体系与实体经济的脱节。马尼拉大帆船贸易带来的美洲白银，在刺激东南沿海商品经济繁荣的同时，也造成中西部内陆地区的通货紧缩。这种货币流通的区域性割裂，使得中央政府的财政调控能力持续弱化，被迫依赖捐纳、加派等非常规手段维持财政平衡，进而引发治理成本的螺旋式上升。[2]

经济结构的演变与治理体系形成复杂的互动关系。人口压力导致的资源紧张迫使小农家庭采取“过密化”经营策略，这种“内卷化”模式在微观层面维持着基本生存，却在宏观层面加剧了社会总剩余产品的耗散。当土地产出增长率持续低于人口增长率时，传统治理依赖的“轻徭薄赋”原

[1] 陈支平．国计民生：明清社会经济研究［M］．福州：福建人民出版社，2008.
[2] 科大卫．近代中国商业的发展［M］．周琳，李旭佳，译．杭州：浙江大学出版社，2010.

则逐渐失效，迫使统治集团转向强化基层控制的治理路径，这种应对策略反过来又抑制了经济结构的转型升级，形成制度锁定效应。

（二）政治体制的特征

明清时期政治体制的核心特征在于专制集权架构与治理效能衰减的深层悖论。中央集权制度通过垂直的官僚体系与严密的户籍控制实现政治整合，但过度的权力集中反而导致治理弹性的丧失。以皇权为核心的决策机制形成"独断－执行"的单向传导模式，六部职能的细化虽提升了行政专业化程度，却加剧了部门之间的权责壁垒。这种体制在应对区域性治理问题时，往往因信息传递层级过多而丧失政策灵敏度，地方官员的施政空间被压缩，成为机械执行中枢政令的操作者。

官僚系统的运作呈现出显著的制度异化趋势。科举制度塑造的士绅阶层本应充当皇权与社会的缓冲带，但在财政紧缩的压力下，官员的实际俸禄标准与行政成本严重倒挂，迫使基层官吏通过"火耗"等非正式渠道维持行政运转。这种体制性腐败的泛化，使得官僚集团逐渐演变为既得利益群体，其行为逻辑从公共服务转向风险规避。雍正年间推行的养廉银改革虽试图切断非正式收入链条，但受制于财政包干体制的刚性约束，最终演变为新的定额摊派机制。

财政制度的集权化设计在实践中遭遇结构性矛盾。赋役定额化政策本为强化中央财政控制，却导致地方治理资源的持续枯竭。户部制定的"永不起科"原则固化了税收基数，使地方政府失去应对社会经济变化的财政调节能力。当突发灾荒或军事需求出现时，省级官员不得不依赖捐纳、加派等临时性手段筹措资金，这种应急性财政操作反过来强化了中央对地方的监察力度，形成"控制—失控—再控制"的恶性循环。盐课、关税等专项收入的本色解运制度，更造成区域财政资源配置的严重失衡。[1]

［1］林晓炜．明清社会经济史与制度法律史研究的新成果［J］．中国社会经济史研究，2021（3）：108-110.

地方治理的权力结构呈现出独特的二元性特征。表面上，里甲、保甲制度构建起直达户级的控制网络，但实际运作中，胥吏、乡绅等非正式权力主体逐渐掌控基层治理实权。这种权力让渡既是中央集权体制的必然产物，也折射出正式官僚体系在基层渗透中的功能性缺陷。赋役共同体在地方层面的形成，使得税赋征收、徭役分派等核心政务演变为官绅博弈的场域，国家权力在乡村社会的存在形式从直接控制转变为象征性权威。这种治理形态的变异，为 19 世纪中叶地方军事化的兴起埋下了制度伏笔。[1]

（三）民生状况与民心向背

民生状况的持续恶化与民心离散构成明清社会治理危机的深层动因。[2] 在人口激增与资源约束的双重压力下，小农经济的脆弱性被制度性缺陷不断放大，形成“贫困化增长”的恶性循环。土地兼并的隐蔽化发展使自耕农阶层加速瓦解，永佃制下佃农虽享有耕作权，却须承受“押租钱”“冬牲”等附加剥削，实际地租率常超过收成的六成。[3] 这种地权与收益的严重背离，迫使农户采取“男耕女织”的过密化劳动投入，却难以突破糊口经济的生存阈值。

赋役制度的异化进一步加剧民生困顿。定额化税制在基层执行中演变为“缺额摊赔”的转嫁机制，里甲组织通过“飞洒”“诡寄”等手段将税负向弱势群体转移。漕粮运输中的“折色”政策本为便民而设计，实际却演变为胥吏索贿的合法渠道，以致“白粮一石，费至数石”的加耗成为常态。当自然灾害频发时，僵化的荒政体系往往滞后于灾情发展，官方常平仓存储量的持续萎缩与绅商义仓的有限覆盖，使得赈济效能大幅降低。

民心向背的转变在文化层面呈现复杂样态。科举制度虽维持着社会流

[1] 傅衣凌 . 明清农村社会经济［M］. 厦门：厦门大学出版社，2021.

[2] 姚旸 . 经世文章系民生——读《国计民生——明清社会经济研究》［J］. 中国社会经济史研究，2009（2）：107-109.

[3] 李小庆 . 环境、国策与民生：明清下河区域经济变迁研究［D］. 长春：东北师范大学，2020.

动的象征性通道，但录取率的持续走低使士子群体产生强烈的相对剥夺感。地方志中大量"民风浇薄"的记载，实为传统伦理秩序解体的文化表征。商人群体在捐纳制度下获得功名后，其价值取向仍游离于主流意识形态之外，这种文化认同的割裂削弱了社会整合的伦理基础。统治集团试图通过旌表节孝、编纂方志等手段重塑社会共识，但这类文化治理手段在民生困顿面前显得苍白无力。[1]

民生与民心的交互作用最终形塑了治理危机的社会基础。当制度性剥削突破民众忍耐阈值时，零散的抗争行为会经由信息网络形成示范效应，演化成区域性民变。而统治集团采取的"剿抚兼施"策略，往往因财政拮据而陷入"剿则缺饷，抚则乏资"的两难困境。这种治理失效的循环模式，暴露出传统体制在民生保障与合法性维系方面的根本性缺陷。

三、"内卷"现象的历史根源

明清时期的"内卷"现象是中国封建社会晚期系统性危机的集中体现，其历史根源可从经济结构、政治制度、文化观念及外部环境等多维度分析。

（一）"内卷"的概念与历史背景

"内卷"的概念最早用于社会科学领域描述文化模式自我锁定的现象，其在国内影响的扩大，源自加州学派华裔学者黄宗智用其分析明清华北经济。当这一概念被引入明清史研究时，特指社会系统在外部约束下转向内部消耗式发展的特殊形态。这种发展模式并非源于生产力质的突破，而是人口压力与制度刚性共同作用下形成的畸形适应机制。明清时期的"内卷化"表现为两个相互关联的维度：在物质层面，农业精耕细作达到技术极限后，劳动边际效益持续递减，却仍被迫追加人力投入；在制度层面，治理体系为应对危机不断自我复制传统机制，反而加剧系统僵化。

---

[1] 刘晶蕊．王夫之重民思想及当代启示［D］．沈阳：沈阳师范大学，2020.

该现象的历史特殊性植根于14世纪后中国社会的结构性矛盾。人口规模突破亿级门槛后，耕地开发逐渐逼近地理极限，人均粮食占有量进入下行通道，但宗法制度维系的多子继承传统仍推动人口持续增长。这种“剪刀差”迫使小农家庭采取“过密化”经营策略，通过妇女儿童参与副业生产维持家庭生计，这表面上提升了家庭总收入，实则导致单位劳动产出效益持续摊薄。江南地区的棉纺织业便是典型例证，其发展非但未催生生产组织革新，反而强化了家庭作坊与传统市场网络的依附关系。

制度供给的滞后性为“内卷化”提供了制度温床。明代建立的里甲赋役体系本为应对财政需求，但在人口流动加速后，定额化税制迫使地方政府将缺失税户的负担转嫁给现存户籍，形成“黄册愈失实，赋役愈不均”的恶性循环。清代的“摊丁入亩”改革虽缓解了人丁编审的压力，却未能突破赋役共同体的利益结构，基层治理中包税制的泛化使得中间代理人实际掌控资源分配权。这种制度性妥协在短期内维持了系统运转，但长期来看加剧了资源错配与治理效能衰减。

统治集团的认知局限进一步固化了“内卷化”趋势。面对资源约束，明清朝廷更倾向于强化传统治理工具而非创新制度供给。保甲连坐制的严密化、乡约宣讲的程式化、荒政实施的教条化，本质都是将既有机制推向极致以应对新挑战。这种策略选择在康熙朝“滋生人丁，永不加赋”的祖训中体现得尤为明显，其本意在于维系统治合法性，却导致财政制度失去弹性调节能力，迫使地方政府通过耗羡、浮收等非正式途径弥补财政缺口，反而加剧了吏治腐败与官民矛盾。

知识精英的应对策略同样未能突破“内卷化”窠臼。尽管部分士大夫意识到“法久弊生”的制度困境，但其改革主张多囿于道德整饬与技术改良层面。从海瑞的赋役丈量到张居正的“一条鞭法”，这些措施本质上都是对传统治理工具的精细化调整，而非生产关系的根本性变革。这种改良主义路径虽能在特定时空产生局部效益，却无法扭转系统整体衰变的趋势，反而通过消耗有限的政治资源延缓了制度更新窗口期。

（二）明清时期的"内卷"表现

明清时期的社会"内卷化"在治理实践中呈现多维度的具象化特征。在农业生产领域，精耕细作模式达到技术极限后，劳动密集化程度持续加深，却未能带来边际产出的提升。江南地区普遍出现的"粪土施而地力竭，女红尽而机杼空"现象，折射出单位耕地的人力投入已超过合理阈值。这种"过密化"经营迫使农户将家庭辅助劳动力悉数投入生产环节，形成"老幼皆作，昼夜相继"的生存策略，这实际上将家庭再生产成本转化为隐性劳动剥削。

政治体制的自我锁死：中央集权的熵增效应。明清通过废丞相、设军机处、强化特务机构（厂卫）等手段加强皇权，但地方行政层级叠加，部门博弈加剧。例如，明代内阁与六部权力分散，清代地方"三司"分立，导致行政成本剧增，形成"人浮于事"的冗余结构。清朝"祖制不可变"的思维导致改革浅尝辄止。例如，雍正时期的"耗羡归公"虽缓解了财政危机，却因触及既得利益集团的利益而难以深化。制度僵化使系统无法通过改革吸收外部负熵，加剧封闭性。官僚体系为争夺有限资源（如税收、晋升机会）陷入内耗，最终"分蛋糕者众，而蛋糕未增"。制度层面的"内卷化"表现为治理机制的自我复制与效能衰减。赋役定额化政策在基层演变为"缺额摊赔"的恶性循环，里甲组织通过"飞洒""诡寄"等手段将税负转嫁给弱势群体，导致"有田无税、有税无田"的荒诞格局。保甲制度的设计初衷是强化基层控制，实践中却异化为胥吏勒索的合法工具，乾隆年间江南地区出现的"保甲循环册"现象，显示该制度已沦为形式主义的文书游戏。统治集团为应对治理失效，不断叠加监察机制与考核指标，反而加剧了行政成本的膨胀与政策执行的失真。

人口爆炸与资源矛盾："内卷化"的物质基础。明清两代通过税制改革（如张居正的"一条鞭法"、雍正时期的"摊丁入亩"）减轻农民负担，刺激人口增长。明代末期人口突破 2 亿，清代更是超过 4 亿。然而，传统农业技术未突破，耕地面积有限，导致人均土地资源锐减。江南地区甚至出现“花盆种粮”的极端现象，尽管农业投入增加，但边际收益递减，陷入黄宗智提出的“过密化增长”陷阱，即劳动密集化却无实质发展的经济模式。社会治理策略呈现出明显的路径依赖特征。面对人口压力，统治集团始终在强化传统控制手段中寻求突破，从明代里甲制的严密化到清代保甲连坐的升级，本质都是将既有制度推向极致。雍正帝推行的“耗羡归公”改革本欲整顿财政，结果却将非正式征收转变为定额摊派，形成“正供有定、杂派无穷”的新剥削机制。这种制度调整的保守性，在应对18世纪货币危机时暴露无遗，户部坚持的“银钱兼权”政策忽视区域经济差异，反而加剧了内陆省份的通货紧缩。当西方工业革命通过技术革新节省劳动力时，中国却因人口过剩而抑制技术创新。例如，手工业者固守“秘技家传”，使技术扩散受阻；官方的“重农抑商”政策压制资本向工业转化，晋商、徽商资本多用于土地兼并而非生产性投资。

文化保守与思想禁锢：“内卷化”的意识形态支撑。文化领域的规训机制同样陷入“内卷化”困境。明清将程朱理学定为官方意识形态，科举考试须以朱熹注疏为准，压制多元思想。文字狱（如乾隆朝130余起）进一步扼杀批判性思维，知识分子转向训诂考据，形成“文化内耗”。乡约宣讲系统从道德教化工具异化为强制性的仪式展演，福建地区出现的“月讲造册”现象，显示其关注焦点已从内容实效转向形式合规。传统农耕文化强调稳定与守成，抑制冒险精神。商人资本转向土地而非产业投资，民众对新技术（如铁路、电报）持排斥态度，形成“低水平均衡”的社会心态。科举制度作为社会流动通道，其录取率持续走低，催生出庞大的科举边缘群体。这些“职业考生”的生存策略不是突破制度束缚，而是通过开设塾馆、编撰时文选本等方式寄生在科举产业链中，形成文化资源的内耗性配置。

经济领域的“内卷化”在手工业行业尤为显著。松江棉纺织业虽形成“衣被天下”的盛况，但生产技术始终停留在家庭作坊阶段，商人资本更多用于土地兼并而非技术革新。佛山冶铁业中出现的行会限产规约，暴露出既得利益集团为维持超额利润，刻意压制生产规模扩张与技术革新的保守心态。这种"没有发展的增长"模式，使得明清商品经济的繁荣反而成为制度创新的阻力，最终将社会经济锁定在"低水平均衡"状态。

科举制度固化：精英竞争的"内卷化"通道。科举制度从唐宋的开放性（重诗赋策论）演变为明清的八股取士，内容局限于对四书五经的教条化解读，导致知识创新停滞。科举录取率极低，大量落第士子形成"过剩精英"，或依附地方豪强，或参与社会动荡，加剧社会不稳定。科举虽标榜"寒门入仕"，但实际受限于经济条件（备考需长期脱产）和腐败（考官徇私）。明清士人将科举视为唯一上升通道，形成"千军万马过独木桥"的恶性竞争，反而强化了社会资源的集中与垄断。

外部环境封闭：全球化浪潮下的被动回应。闭关政策切断了负熵输入。明清长期实行海禁，仅保留有限的朝贡贸易，错失大航海时代的技术与思想交流机会。即便晚清洋务运动引入西方技术，也因官僚腐败和民众观念滞后（如视电报为"妖术"）而收效甚微。列强冲击导致系统崩溃。鸦片战争后，西方工业文明的冲击暴露了"内卷化"社会的脆弱性。传统治理体系无法应对外部挑战，最终在内外压力下走向崩溃。

明清"内卷"是多重因素交织的产物：人口压力与资源矛盾构成物质基础，科举异化与政治僵化形成制度性锁死，文化保守与思想控制强化路径依赖，外部封闭则断绝系统更新的可能。这一历史进程警示，任何复杂系统若缺乏开放性、创新弹性与资源再分配能力，终将陷入熵增与"内卷"的泥潭。

（三）明清"内卷"的政治经济学解释

明清时期的社会"内卷化"本质上源于专制集权体制与资源约束的交互作用，这种制度性困境在政治经济学维度呈现三重结构性矛盾。集权体制下的"权力－资源"分配机制形成刚性约束，官僚体系通过赋役定额化与户籍世袭化构建起"制度笼子"，既限制了个体经济选择的自由度，也阻断了生产要素的优化配置。“赋役共同体”理论揭示，地方政府与地方势力在财政包干体制下形成的利益共生关系，使得税赋征收与公共事务管理异化为权力寻租的场域，造成治理资源在非生产性领域的持续耗散。[1]

人口压力下的资源竞争催生逆向激励结构。当土地产出增长率长期低于人口增速时，个体理性选择导向劳动密集化投入而非技术创新，形成“过密化增长”的微观经济基础。这种生存策略在宏观层面表现为社会总剩余产品的持续摊薄，迫使统治集团转向保守型治理模式。雍正朝推行的“耗羡归公”改革这一典型案例显示，制度调整始终在强化既有权力结构与缓解财政危机之间摇摆，最终演变为将非正式剥削合法化的妥协方案，反而加剧了吏治腐败与社会矛盾。

制度变迁的路径依赖特性进一步固化了“内卷化”趋势。户籍制度作为基础性治理工具，通过“编户齐民”机制将人口、土地、税赋绑定为刚性三角结构。户籍世袭化使得社会流动性被人为抑制，劳动力要素难以根据市场信号自由流动。这种制度锁定效应在江南棉纺织业发展中尤为显著，尽管出现专业化市镇与跨区域贸易网络，但行会规制与官营体制始终阻碍着生产关系的本质革新，将技术改良限定在工具层面，而非推动组织形态的突破。[2]

权力结构的自我强化机制构成“内卷化”的政治根源。官僚体系在应对治理危机时，惯于通过行政控制手段的精密化来弥补制度弹性的不足，这种“技术治理”倾向在保甲循环册、赋役黄册等制度运作中暴露无遗。决策者误将文书管理的严密性等同于治理效能，实则造成行政成本的指数级增长与政策执行效率的持续衰减。盐务专卖制度的演变轨迹印证了该逻辑，从开中法到纲盐制的历次改革，始终在商帮垄断与官僚管控之间反复

[1] 师慧，刘弘毅．从财政看中国社会运行：明清时期制度变迁与国家治理［EB/OL］．澎湃新闻，2023-07-18.

[2] 刘志伟．在国家与社会之间：明清广东地区里甲赋役制度与乡村社会（增订版）［M］．北京：北京师范大学出版社，2020.

调整，却未能触及专卖体制背后的权力寻租本质。

这种"内卷化"困境的突破之难，根本在于缺乏制度创新的社会基础。当科举制度塑造的士绅阶层深度嵌入传统治理体系时，任何实质性改革都会触动既得利益集团的敏感神经。王阳明心学在基层社会的传播虽短暂激发了乡约自治的活力，但很快被收编为官方教化工具，折射出文化创新在专制框架下的宿命。这种制度僵化与治理需求之间的鸿沟，最终将明清社会推入"低水平均衡"的陷阱，为理解传统治理体系现代转型的艰难性提供了历史注脚。明清共同体的崩溃，本质是复杂系统在封闭环境下熵增与"内卷化"的必然结果。其治理困境揭示了开放创新、动态平衡与制度弹性对系统存续的核心价值。在当今全球化与技术革命的背景下，这一历史经验为破解"内卷化"社会难题提供了深刻的镜鉴——唯有打破路径依赖、拥抱负熵输入，方能实现系统的可持续进化。

四、治理困境的具体表现

（一）农业与手工业的"内卷化"

在明清社会经济运行中，农业与手工业领域呈现的"内卷化"特征深刻反映了治理体系的深层矛盾。江南地区水稻种植模式的演变极具典型性，双季稻推广虽提升了土地利用率，但单位面积劳动投入增幅远超产量增长，形成"亩收三石，工费倍之"的效益递减格局。这种"过密化"经营迫使农户将妇女儿童纳入生产体系，家庭劳动力配置从"男耕女织"转向"举家皆作"。该模式虽表面维持了小农经济的存续，实则造成人力资本的过度消耗与再生产能力的持续弱化。

手工业发展轨迹暴露出相似的制度性困境。松江棉纺织业通过家庭作坊式生产实现规模扩张，但技术革新始终停留在纺车改良层面，未能催生生产组织形态的实质性突破。商人资本在流通环节的积聚，反而通过预买制强化了对生产者的控制，形成"市贾操价、织户仰息"的依附关系。佛山冶铁业中行会势力为维持垄断利润，刻意通过"限产定额"的规制压制技术扩散，致使鼓风炉改良等创新成果长期局限于个别作坊。这种“没有发展的增长”模式，折射出传统治理体系下市场要素自由配置的制度性障碍。

“内卷化”趋势在产业互动层面引发恶性循环。农业剩余劳动的过度投入挤压了手工业升级所需的资本积累空间，而家庭手工业的低效扩张又反过来延缓了土地经营方式的变革。徽州茶商账簿显示，商业利润最终并未流向生产设备更新，而是大量用于田产购置与科举投资，这种经济剩余的非生产性配置，暴露出传统社会缺乏技术创新激励的制度缺陷。“赋役共同体”理论在此得到印证，地方势力通过包税权掌控资源配置，使得任何可能打破既有利益格局的产业变革都遭遇系统性压制。

统治集团的应对策略进一步加剧了“内卷化”困境。为维持税基稳定推行的永佃制，在固化地权关系的同时削弱了土地改良动力；对手工业“官营民造”的管制模式，既抑制了民营作坊的规模效应，又阻碍了技术标准的统一提升。这种治理逻辑在景德镇瓷业中表现得尤为明显，御窑厂对精品烧制技术的垄断性控制，与民窑的粗放生产形成鲜明对比，反映出制度性壁垒对产业升级的阻滞作用。当治理体系将稳定诉求凌驾于发展需求之上时，经济领域的自我锁定便成为必然结局。

（二）科举制度下的竞争与压力

科举制度在明清时期的社会流动体系中本应发挥调节功能，却在实践中异化为加剧治理压力的制度性装置。随着人口规模的突破性增长，科举取士的定额化特征与应试群体的几何级数扩张形成尖锐矛盾。这种“千军万马过独木桥”的竞争格局，使得士子群体陷入终身应试的生存状态。江南地区出现的“考棚经济”现象，衍生出备考书院、时文选刻、保结代办等寄生性产业，形成消耗性而非生产性的资源配置模式。

制度设计的结构性缺陷导致人才选拔机制严重扭曲。科举考试内容固守程朱理学的教条化框架，与地方治理的实际需求完全脱节。县级官员中进士出身者不足三成，多数依靠捐纳或举人资格入仕，这种知识结构断层使得基层治理陷入困境。更严重的是，科举竞争失败者沉淀为庞大的边缘文人群体，他们通过包揽词讼、把持里甲等非正式途径谋生，反而成为瓦解基层治理秩序的潜在力量。

科举压力在空间上的分布加剧了区域发展失衡。经济发达地区依托宗族义庄建立科举基金，通过系统性培养大幅提升及第概率，形成苏南、浙东等科举优势区。这种马太效应使得落后地区的文化资源持续流失，地方教谕职位常年空缺的“无人愿就”现象，暴露出科举制度对边疆治理能力的侵蚀效应。当云南土司子弟热衷赴昆明书院备考时，其原本承担的地方治理职能便让位于私人科举投资，造成边疆控制力的隐性衰退。

统治集团的制度调适始终在强化控制与缓解矛盾之间摇摆。增设恩科、广额等补救措施虽短暂缓解了竞争压力，却刺激更多士子投入科场，形成“扩招—应试—再扩招”的恶性循环。更严重的制度异化体现为“捐纳授官”的常态化，这使得功名获取与治理能力彻底脱钩。

这种制度困局深刻影响着社会治理的意识形态基础。当科举神话与现实的落差持续扩大时，“读书无用论”开始在底层社会蔓延，动摇着传统礼治秩序的价值根基。而成功入仕的士绅阶层为挽回科举投资成本，往往将职权变现作为补偿手段，这种群体性行为模式使得“清官难为”不再是道德命题，而是制度性腐败的必然产物。科举制度最终演变为消耗社会资源、加剧治理危机的压力倍增器，其存续本身成为传统治理体系无法突破路径依赖的鲜明注脚。

（三）社会流动性的阻滞

明清时期社会流动性的阻滞集中体现为在制度性壁垒与文化性排斥的双重作用下，形成了封闭性大于开放性的阶层固化格局。户籍世袭制度作为基础性治理工具，将人口身份与赋役义务永久绑定，制造出难以逾越的制度鸿沟。匠籍、军籍、灶籍等专业户类的子孙被强制继承父辈身份，即便实际从事的职业早已改变，仍需承担特定徭役。这种身份枷锁在苏州匠籍群体中表现得尤为典型：丝织业机户虽转型为工商业者，但仍被迫承担明代初年划定的匠班银，形成职业流动与制度身份严重脱节的荒诞现实。[1]

经济领域的“过密化”发展进一步压缩了社会流动空间。小农家庭为维持生存将劳动力过度投入到农业生产中，致使手工业与商业领域难以形成稳定的职业分流渠道。徽州茶商经营账簿显示，商业利润的七成以上流向土地购置与科举教育投资，这种“以末致富，以本守之”的财富循环模式，使得经济领域的成功难以转化为社会地位的实质性提升。更严重的是，市镇经济繁荣催生的新兴市民阶层，在功名获取与政治参与方面仍遭受制度性歧视，其财富积累反而使其成为士绅集团实施“软性剥夺”的对象。

科举制度表面维持的垂直流动通道，在实践中异化为消耗性竞争陷阱。随着应试群体规模的几何级数膨胀，生员与举人的功名含金量持续稀释，形成“士而劣则吏”的逆向淘汰机制。大量科举失意者沉淀为“处士”群体，通过充当幕僚、讼师、塾师等角色渗透至基层治理中，这种“体制外士绅”的存在虽暂时缓解了社会压力，却造成正式制度与非正式权力的复杂纠葛。通过对江西讼师群体的研究可见，他们利用律法知识操纵诉讼程序的行为，实质是制度性流动受阻后形成的畸形权力补偿机制。

文化资本的垄断性分配加剧了社会流动的区域失衡。在经济发达地区，宗族组织通过义庄、学田等制度性安排，将教育资源集中分配给嫡系子弟，造成“寒门难出贵子”的世袭性知识垄断。珠江三角洲的沙田开发史显示，大族通过控制科举名额分配与联宗考试，系统性阻碍新移民子弟的上升通道。这种文化特权的代际传递，使得社会流动机会在空间与血缘维度上均呈现固化特征。更隐蔽的阻滞来自价值观念的异化，商人群体即便通过捐纳获得功名，仍被排斥在士大夫主流文化圈之外，这种文化认同

[1] 张锐，苗朝晗．“明清时期制度变迁与国家治理”工作坊会议综述［J］．人文论丛，2023（2）：315-317.

的割裂使得经济成功难以转化为社会声望的全面提升。

社会流动性的全面阻滞最终演变为治理危机的催化剂。当制度化的上升通道被既得利益集团垄断时，底层民众不得不寻求非正式途径实现身份跃迁。统治集团虽通过旌表制度与捐纳政策制造了流动假象，但这类象征性安抚无法消解结构性矛盾。流动性缺失导致的治理僵化，使得社会危机在缺乏安全阀机制的情况下不断积聚，为传统治理体系的崩解埋下伏笔。

五、解困的有限探索及其历史教训

（一）政治改革的尝试

面对治理危机，明清统治集团曾试图通过有限的政治改革破解制度僵化的困局。张居正推行的“考成法”最具系统性突破意义，其通过建立“三本簿”稽查制度与“六科监控”机制，试图重构官僚行政效率的量化考核体系。这种技术治理创新在初期显著提升了钱粮催征效率，但过度依赖“以赋税论政绩”的考核标准，反而加剧了地方官员的短视行为。万历年间华北州县普遍出现的“杀鸡取卵”式征敛现象，正是考核压力下行政异化的直接后果，暴露出单一维度的效率改革难以调和制度深层矛盾。

雍正朝推行的“耗羡归公”政策试图从财政层面突破治理困境。通过将非正式征收的耗羡银两纳入正项管理，配套实施养廉银制度，意在遏制基层官吏的任意加派。这项改革在短期内缓解了地方财政的燃眉之急，却因忽视地区经济差异而陷入新的制度悖论。江南富裕州县的耗羡盈余足以支撑行政开支，而西北贫瘠地区即便全额提取耗羡仍难敷公用，迫使地方重开“平余”“杂派”等灰色征收渠道。这种“裁撤—再生”的循环模式，印证了局部财政整顿无法突破赋役共同体的利益结构。

基层治理机制的调整同样凸显出改革者的现实困境。王阳明在南赣地区推行的“十家牌法”，创新性地将保甲制与乡约教化相结合，试图在强化社会控制的同时激发基层自治活力。这种“政教合一”的治理实验在嘉靖朝被升格为全国性政策，但其内在张力在推广过程中逐渐显露。广东沿海地区出现的“牌甲虚造、乡约空转”现象，表明官僚体系的技术复制能力与地方社会的实际治理需求存在结构性错位。当制度创新被简化为文书管理的精细化操作时，其治理效能便不可避免地走向衰减。

统治集团在权力结构优化方面的尝试更显保守特性。乾隆帝推行的“奏折制度化”改革，通过扩大密折言事范围来强化皇权对官僚体系的控制。这种信息管控技术的升级虽加强了中央集权，却导致决策机制陷入“精于细务而疏于战略”的陷阱。嘉庆朝在处理白莲教起义时暴露的“廷寄纷驰而剿抚失据”问题，反映出高度集权体制在应对系统性危机时的反应迟滞。决策层对“祖宗成法”的过度执着，使得任何触及权力分配核心的改革提议都遭到制度性排斥。

这些政治改革尝试的历史局限，深刻揭示了传统体制自我更新的能力边界。当改革措施仅限于行政技术改良而回避权力结构调整时，其制度效益往往被既得利益集团的适应性对策所消解。户籍制度的基础性作用在此得到印证，任何未能动摇“编户齐民”根基的改革，终究难以突破“内卷化”发展的制度窠臼。[1]这种改革与反改革的博弈过程，最终将明清政治体制锁入路径依赖的闭环，为后世留下了制度弹性缺失导致治理能力退化的深刻教训。

（二）经济政策的调整

明清时期的经济政策调整始终是在传统治理框架内寻求突破，其核心逻辑是通过财政手段缓解资源约束压力，却未能触及生产关系变革的深层命题。张居正推行的“一条鞭法”最具系统改革意义，其通过赋役折银与合并征收，试图简化税制以降低行政成本。但在实际运作中，银钱比价波动与区域经济差异导致政策效果出现严重扭曲，江南市镇因白银流通便利率先受益，而西北州县却因通货紧缩陷入“丰年亦困”的财政窘境。这种

[1] 张锐，苗朝晗.“明清时期制度变迁与国家治理”工作坊会议综述[J].人文论丛，2023（2）：315-317.

政策执行的区域失衡，暴露出单一货币化改革难以适应多元经济结构的制度缺陷。

土地政策调整呈现明显的妥协性特征。雍正朝推行的“摊丁入亩”虽在理论上将税负与土地占有挂钩，但具体实施中仍保留“滋生人丁，永不加赋”的祖制框架。这种半截子改革使得人口统计沦为形式，地方官员为平衡赋税不得不采取“折亩”“虚丁”等变通手段，反而强化了赋役共同体的运作机制。在福建沿海地区，土地清丈引发的产权纠纷往往以维持现状告终，折射出统治集团在触及既得利益时的改革怯懦。

手工业管理政策的调整更显保守特性。明末对民营织户的领织制改革，本欲通过官督商办提升产业效率，实则演变为官府压价征购的合法化剥削机制。清代景德镇瓷业推行的“官搭民烧”制度，虽在短期内缓解了御窑厂的财政压力，却通过技术垄断阻碍了民营窑场的创新发展。这种“抓大放小”的政策取向，使得手工业领域始终未能突破家庭作坊的规模局限，反而强化了官营体制对技术扩散的制度性压制。

财政紧缩政策在应对危机时频繁使用，却常常陷入“越紧缩越匮乏”的恶性循环。乾隆朝为应对白莲教起义，在军费筹措上推行“捐输常例”，将临时性筹款措施固化为常制，导致捐纳出身官员比例突破四成，严重腐蚀官僚队伍的专业能力。地方政府的应对策略更具破坏性，通过“厘金短折”“漕粮折色”等手段将财政压力转嫁给民众，在江浙漕运改革中出现的“浮收勒折”现象，显示所谓改良措施不过是掠夺方式的精致化。

这些经济政策调整的历史局限，根植于统治集团对传统治理模式的路径依赖。当改革始终在赋役折算、税目合并等技术层面打转时，便难以撼动“编户齐民”制度塑造的利益格局。户籍制度的基础性作用在此凸显，任何回避身份制度改革的经济政策调整，最终都会被户籍世袭化特征反噬。这种治标不治本的策略选择，使得明清经济政策调整始终在修补与溃败之间往复循环，为理解传统社会制度创新的天花板提供了鲜活注脚。

（三）社会结构的优化

明清时期社会结构的优化尝试始终是在传统治理框架内寻求突破，呈现出改良而非变革的保守特征。统治集团通过乡约系统的制度化推广，试图重构基层社会的道德秩序与治理网络。王阳明创立的“南赣乡约”模式被改造为官方教化工具，在华北地区演变为“圣谕六言”月讲制度，这表面上实现了儒家伦理的日常化渗透，实则将道德自律异化为行政考核指标。这种形式化改造在福建沿海地区催生出乡约所与保甲体系的职能重叠，既消耗了有限的治理资源，又加剧了基层组织的官僚化倾向，最终使得道德教化沦为胥吏勒索的新由头。

宗族组织的功能强化构成社会结构调适的重要维度。政府通过旌表义门、认可族规等方式，将宗法伦理转化为准行政力量。珠江三角洲的族田义庄在荒政中发挥的赈济作用，显示出民间自治力量对官方治理短板的补充效应。但这种授权存在明显的制度性缺陷，东莞县案例显示，当宗族首领同时掌控赋役征收与司法调解事务时，极易演变为“族权僭越”的地方性专制。统治集团试图通过族正制加以规范，却因忽视宗族内部权力结构而收效甚微，最终形成“官法不及祠堂”的治理盲区。

流动人口管理政策的调整折射出治理智慧的局限性。面对明末清初的流民潮，官府先后尝试“附籍安置”与“保甲连坐”两种策略。荆襄山区的棚民登记制度本欲实现人口管控与土地开发的双重目标，却因忽视生态承载力引发大规模水土流失。更严重的制度异化出现在珠江三角洲的沙田开发中，官府授权宗族组织管理新移民群体，反而催生出包佃制这种新型人身依附关系。这些政策调整虽在特定时空缓解了治理压力，却为更深层次的社会矛盾埋下隐患。

士绅阶层的功能转型揭示出社会结构优化的复杂面相。随着基层治理事务的增多，具有功名的乡绅逐渐从文化权威转变为实际治理者。江南市镇中的“局董”制度赋予士绅管理育婴堂、义渡等公共事务的权力，这种有限授权在初期提升了治理效能。然而，随着时间的推移，局董职位沦为士绅家族竞逐的对象，常熟县育婴堂出现的"虚报乳妇、冒领钱粮"案件，暴露出道德精英向权力经纪蜕变的必然趋势。这种结构调适未能培育出新型社会力量，反而强化了传统治理体系的路径依赖，凸显明清社会转型的深层困境。

（四）士大夫阶层的反思与构想

士大夫阶层在明清治理困境中展现出独特的反思深度与改革想象力，其思想探索构成传统社会自我调适的智识边界。黄宗羲在《明夷待访录》中尖锐提出"君为天下大害"的制度性批判，将王朝衰败归因于"非法之法"对公权力的腐蚀。这种突破性认知推动形成了"学校议政""方镇御边"等制度构想，试图通过扩大士人政治参与重建治理合法性。顾炎武"寓封建于郡县"的折中方案，则着眼于破解中央集权与地方治理效能之间的矛盾，其"复乡职""重守令"的具体设计，暗含地方分权制衡的现代治理智慧。

知识精英的财政改革构想显示出超越时代的洞察力。王夫之在《噩梦》中提出"以银为赋"的田赋改制构想，主张以白银货币为统一媒介整合税赋徭役，试图革除实物财政的运输耗损、品类折兑之弊，为破解明代"黄册制度"下僵化的财政体系提供新路径。唐甄在《潜书》中系统阐述"富民"政策，强调藏富于民对增强国家财力的基础作用，与亚当·斯密《国富论》的思想形成跨时空呼应。但这些超前理念在现实中遭遇制度性排斥，雍正朝的"耗羡归公"改革虽部分吸收其理论精髓，却因官僚集团的策略性扭曲而背离初衷，印证了先进思想在传统体制内的转化困境。

基层治理重构的学术探索最具实践指向性。吕坤在《实政录》中设计的乡甲约制度，通过整合保甲、乡约、社学功能，试图建立"政教相维"的治理共同体。这种将道德教化与行政管理熔为一炉的尝试，在山西试点时曾短暂提升纠纷调解效率，却因忽视乡村权力结构而难以推广。更富创造性的构想来自颜元，其"复井田、兴屯田"的复古改革方案，表面是向三代之治的回归，实质包含土地国有化与军事化管理的制度创新，但在土地私有化深固的江南地区完全失去实践可能。

这些思想探索的历史命运折射出传统知识分子的角色困境。当东林党人通过“清议”介入政治时，其道德批判往往止步于具体弊政而无力触及制度本质；考据学派转向经学实证虽规避了政治风险，却使学术研究沦为技术性操作。即便是最具革新意识的士大夫，其思维模式仍被“体用之争”的框架束缚，王阳明后学在泰州学派分化过程中展现的激进民本思想，最终被收编为官方意识形态的修饰工具。这种思想突破与制度惰性的张力，揭示了传统治理体系自我更新能力的根本局限。

知识精英的反思成果虽未转化为制度变革的实际动力，却为后世留下了珍贵的思想遗产。方以智“藏智于物”的技术哲学观，隐约触及通过器物革新推动社会进步的历史规律；黄宗羲“工商皆本”的价值重估，则预见了社会经济结构转型的必然趋势。这些超越时代的洞见，在遭遇小农经济基础与皇权专制结构的双重压制后，只能以“空谷足音”的姿态存续于思想史谱系，恰如其分地诠释了传统社会制度创新的能力边界。

六、结语

明清社会治理体系的系统性困境本质上是制度供给与治理需求结构性矛盾的历时性呈现。当人口增长突破资源承载阈值时，专制集权体制的刚性特征阻碍了治理模式的适应性调整，反而通过强化控制手段维持系统平衡。官僚体系的效率衰减与财政机制的持续僵化，并非单纯的技术性失灵，而是权力集中化进程中制度弹性不断耗散的必然结果。统治集团在应对“内卷化”压力时采取的保守策略，虽在短期内维系了社会秩序的稳定，却导致治理体系陷入“紧缩—僵化—衰退”的恶性循环。

研究表明，传统治理模式始终未能突破路径依赖的根本症结，在于制度创新能力受制于权力结构的自我锁定。赋役共同体的利益固化、户籍制度的身份约束、科举通道的功能异化，共同构成了阻碍系统性改革的制度矩阵。即便是最具改革意识的政策调整，如“一条鞭法”的赋役折银与

"耗羡归公"的财政整顿，也因回避权力再分配的核心问题而流于表面改良。这种治标不治本的应对逻辑，使得技术层面的修补措施反而成为强化既有利益格局的新工具。

历史经验揭示，治理效能提升的关键在于构建制度弹性与治理需求的动态平衡机制。明清官僚体系在信息管控、资源调配方面的精细化改良，因缺乏权力制衡与多元参与的制度设计，最终异化为加剧系统脆性的负向因素。士大夫阶层的思想探索虽触及"寓封建于郡县"等分权构想，却因皇权专制结构的压制而丧失实践空间。这种制度创新能力的压抑状态，使得任何局部改良都难以突破传统治理范式的窠臼。

当代社会治理转型可从中获得双重启示：其一，制度弹性建设需打破权力垄断对改革动能的压制，构建多元主体协同参与的治理生态；其二，治理能力现代化必须超越技术治理层面，着眼于制度体系与社会结构的协同演进。明清治理困境的历史镜鉴表明，唯有建立开放包容的制度创新机制，才能在应对系统性危机时实现治理模式的实质性跃迁，避免重蹈"内卷化"发展的历史覆辙。

第十六章

“经世济民”的“两创”与“文化双融”

——人文经济学转向的中国式治理现代化

全球经济格局重构与中国经济转型升级的历史性交汇，对国家治理能力提出了全新挑战。面对传统治理范式在效率与公平、增长与分配等维度的内在张力，如何构建具有本土特色的治理体系成为亟待解决的理论与实践课题。“经世济民”作为中华文明一以贯之的政治哲学与治理理想，根植于中国传统的核心价值体系，既是古代治国理念的“文化基因”，也是当代中国式现代化与人文经济学发展的历史逻辑起点。“经世济民”的本质是“以民为本”的价值导向、“知行合一”的实践智慧、“守正创新”的方法论自觉。正如党的十九届四中全会提出“制度”与“治理”协同推进，新时代的“经世济民”既是历史逻辑的延续，更是面向未来的使命，为破解全球治理困境提供了“中国智慧”。本章以“两创”与“文化双融”为方法论，以人文经济学为理论根基，围绕“经世济民”的核心价值导向，着力破解治理现代化进程中的结构性矛盾。一方面，“两创”（创造性转化、创新性发展）原则让我们赓续历史、继往开来；“两个结合”战略（即把马克思主义基本原理同中国具体实际相结合、同中华优秀传统文化相结合）让我们继续在开放包容、中西合璧中坚持中国主体性和特色性；“文化双融”则是强调在全球化背景下整合东西方文化与管理智慧，通过平衡对立统一关系，构建实现创新与持续发展的智慧体系。另一方面，将“治理生态圈”概念引入战略协同分析，构建文化认同、制度供给与技术创新的动态平衡模型。本章将借鉴“动态竞争”战略的制度创新内涵，提出要素市场化改革与公共服务均等化的耦合机制。

习近平总书记围绕中华优秀传统文化发表过一系列精辟论述，指出“中华优秀传统文化是中华文明的智慧结晶和精华所在，是中华民族的根和魂，是我们在世界文化激荡中站稳脚跟的根基”[1]，提出“要处理好继承和创造性发展的关系，重点做好创造性转化和创新性发展”[2]，这成为我

[1] 出自2022年5月27日习近平总书记在中共中央政治局第三十九次集体学习时的讲话。

[2] 出自2014年2月24日习近平总书记在中共中央政治局第十三次集体学习时的讲话。

们正确对待中华优秀传统文化的“两创”原则。在当前全球经济格局重构、国际竞争日益激烈，以及我国坚定推进中国特色社会主义现代化建设的背景下，探索具有本土特色的国家治理范式与组织治理模式意义重大。以“两创”方针为指导原则，以新时代人文经济学为理论基础，以“中国式现代化”与“国家治理现代化”为指导框架，构建中国式现代化治理体系，就是一个深刻体现中国特色、时代特征与文化底蕴的过程。“两创”方针强调在继承中华优秀传统文化的基础上，结合时代要求进行创新，使中华优秀传统文化展现出永久魅力和时代风采。新时代人文经济学则是以人民为中心，促进人文与经济交融互生，旨在实现中国式现代化，助推构建中华民族现代文明，创造人类文明新形态。将“两创”方针融入新时代人文经济学，不仅为经济发展注入了深厚的人文底蕴，也为中国式现代化治理体系的建构提供了文化支撑和理论指导。中国式现代化治理的转型，本质上是中华文明治理基因的现代性激活过程。以“两创”原则和“两个结合”为方法论指引，传统“经世济民”思想正在被转化为以人文经济学为核心的新时代治理体系。这一转化既延续了中华文明“为政以德”“民惟邦本”的治理哲学，又融入了马克思主义的人民性立场与现代化治理工具，形成了独特的中国治理范式。本章立足于人文经济学理论框架，通过构建“价值－制度－技术”三维分析模型，系统解构“两创”与“文化双融”的协同机理；通过构建“经世济民”价值导向下的治理分析模型，全面总结前面章节分析的每个专题，系统提炼中国式现代化治理模式和要素构成，推演出各类组织治理的普遍原则与核心智慧。

一、“两创”原则：传统治理智慧的现代性激活

“经世济民”作为中国传统治理哲学的核心命题，蕴含着“以民为本、经纶天下”的实践理性。在智能经济重构社会运行范式的当下，这种治理智慧正经历着创造性的范式转换。数据要素的泛在流动打破了传统治理的时空边界，算法权力的崛起重塑着社会资源配置机制，这要求治理体系必

须实现从经验型决策向智能型治理的跃迁。基于“两创”原则的创造性转化，在未来实际上是运用数字技术激活传统治理智慧的底层逻辑：通过构建数据共享的“数字义田”化解信息不对称，借助智能合约的“算法礼制”平衡效率与公平，依托区块链的“分布式治理”重构信任机制。这种转化不是简单的技术叠加，而是通过“技术－制度－文化”的三维协同，打造出多方协同的生态化治理架构。杭州“城市大脑”的“共治细胞”模式、粤港澳大湾区的“数据海关”实验，都展现出传统治理智慧在数字空间的创新性重生。当智能合约承载着“民惟邦本”的价值内核，当机器学习延续着“执两用中”的方法论自觉，这种古今交融的治理新范式，正在为数字文明时代构建更具韧性的制度基础设施。

（一）“经世济民”的创造性转化：从伦理治理到制度治理

传统中国的“经世济民”思想在先秦与中古的共同体治理中发挥了协调经济、政治、文化、军事均衡发展的作用。秦汉以降，根植于儒家伦理的“修齐治平”框架，其治理逻辑以道德教化为先导，依赖“圣君贤臣”的人格化权威与“礼法合一”的柔性规训。这种伦理治理模式虽塑造了“家国同构”的治理秩序，却在智能经济时代面临三重困境：其一，数据垄断与算法权力集中解构了传统权威的合法性基础；其二，技术理性对价值理性的侵蚀动摇了伦理共识的生成土壤；其三，流动性社会中多元主体的利益博弈远超道德协调的承载力。

创造性转化的关键在于，将“经世济民”的伦理内核转化为可操作的制度基因。通过“两创”原则，传统治理智慧得以实现三重跃迁：首先，“民惟邦本”从德性命题转化为数据主权制度，通过构建公民数字身份体系与数据收益分配机制，使“以民为本”具象为可量化的治理指标；其次，“义利之辨”从道德训诫升级为算法伦理审查制度，借助穿透式监管技术，在无人驾驶、金融科技等领域建立“义利均衡”的算法责任框架；最后，“和而不同”从文化理念演化为分布式治理架构，如通过DAO与智能合约，实现多元主体在数字公共事务中的协同共治。DAO指的是去中心化自治组织（Decentralized Autonomous Organization），具备以下两个特点的组织在理论上都可以被认定为DAO组织："去中心化"+"自治"。DAO组织的去中心化特点体现为，DAO组织没有传统组织下的中心化的决策管理机构，而是由组织内的所有成员共同享有对DAO组织的管理、决策权力。[1]借助智能数据技术，中华文明共同体治理的"经世济民"智慧将会焕发生机，真正实现从"道生一"普惠世界大众到"三生万物"为万民的公平理想治理状态。

深圳率先试点的"数据义仓"制度颇具启示：将古代"义田"的济贫逻辑转化为数据要素共享制度，企业按比例向公共数据池贡献脱敏数据，政府通过隐私计算技术调配资源，既维护数据产权，又促进普惠发展。这种转化并非消解伦理价值，而是以制度化方式确保伦理原则在技术革命中不被悬置——当"仁政"体现为数据治理的透明度，"中庸"具体化为算法偏差的修正阈值时，传统智慧便获得了抵御技术异化的制度铠甲。

从伦理治理到制度治理的转化，本质是将"经世济民"的柔性智慧注入刚性的数字文明规则体系，使千年积淀的治理哲学在智能时代焕发制度生命力。这既是对"制度自信"的历史呼应，更是对人类数字文明治理范式的中国式贡献。

（二）民本思想的制度重构：传统"民为贵"思想转化为"以人民为中心"的治理制度设计

传统中国的"民为贵"思想以孟子的"民贵君轻"论为根基，构建了"天听自我民听"的政治伦理体系。这种治理智慧虽强调"得民心者得天下"，却始终囿于"君主—臣民"的垂直权力结构，其实现依赖统治者的道德自觉而非制度约束。在智能经济时代，数据成为新生产要素、算法成为新权力载体，传统民本思想的抽象价值亟须转化为具象制度，以破解

[1] 桂若飞，沙俊．Web3律师最新解读：DAO组织究竟是什么？如何创建DAO组织？又能否作为RWA的发币主体？［EB/OL］．搜狐网，2025-04-02.

“数字鸿沟吞噬公平”“算法黑箱消解参与”等治理困境。我们认为，“以人民为中心”的治理制度设计，本质上是通过技术赋能实现民本思想的现代化跃迁。

（1）从道德宣示到数据主权的制度转化：传统“制民之产”理念转化为数据确权制度。浙江推行的“数据账户”体系，通过区块链技术赋予公民数据资产所有权、使用权、收益权，使“民享数据红利”成为可操作的经济权利；广东试点的“数据经纪人”制度，则构建起个人授权、企业开发、政府监管的数据要素流通模式，将“藏富于民”升级为“藏数于民”。

（2）从模糊共治到精准赋能的参与重构：古代“采风观政”的民意收集机制，进化为数字孪生城市的“治理沙盘”。雄安新区政务服务中心启用“数字身份”新模式，居民无须携带实体身份证即可办事，并计划拓展至工作、生活、娱乐等场景，通过实时采集百万市民的数字足迹，运用社会计算技术将群体诉求转化为政策参数；成都的“诉求热力图”将12345热线数据与城市运行体征相结合，实现民生痛点的空间化、可视化治理，使“民情上达”突破科层制的信息衰减。

（3）从结果关怀到过程正义的算法进化：传统“恤民”思想演化为算法伦理治理体系。上海人工智能立法关注算法治理，在相关条例中对涉及公共利益的算法提出评估与可解释性要求。这种制度设计使“民本”价值从治理目标下沉为技术规则，在自动驾驶责任划分、平台用工权益保障等场景中形成刚性约束。

这种重构并非简单的概念移植，而是通过“技术－制度－文化”三重编码实现传统智慧的现代化再生：当区块链的不可篡改性守护着“民无信不立”的契约精神，当联邦学习技术践行着“和而不同”的数据治理哲学，传统民本思想便获得了数字时代的制度载体。杭州“健康码”向“民生码”的升级，正是这种转化的生动注脚——从疫时管控工具转变为集成政务服务、医疗教育、社区参与的数字化民生平台，让两千年前的“民胞物与”理念转化为“一人一码”的普惠服务。

传统民本思想的制度重构，既是对“人民至上”政治伦理的技术响应，更是对智能文明治理短板的制度补位。当数据产权制度守护着数字时代的“恒产”，当算法审计机制维系着人机共生的“恒心”，中国传统治理智慧便完成了从农耕文明到数字文明的创造性跨越，为解决人类技术伦理困境提供了“以道驭术”的中国方案。例如，浙江“共同富裕示范区”通过“扩中提低”政策（扩大中等收入群体、提高低收入者收入），将儒家“均富”理念转化为“三次分配”制度体系，形成“政府主导 + 市场激励 + 社会参与”的财富分配机制。

（三）德法共治的现代升级：传统“礼法合治”转化为社会主义核心价值观与法治体系的融合

传统中国的“礼法合治”以“出礼入刑”“明刑弼教”为治理框架，通过“礼”建构道德秩序、“法”划定行为边界，形成“礼之所去，刑之所取”的治理闭环。这种治理模式依托宗法社会的伦理共识，却在智能社会遭遇双重解构：一方面，算法权力的技术宰制消解了礼法的道德教化功能；另一方面，虚拟空间的去中心化特征冲击了“礼法合一”的社会基础。面对人机协同、虚实交织的新秩序，亟须将“礼法合治”的治理智慧升维为社会主义核心价值观与法治体系的深度耦合，构建数字时代的德法共治新范式。

（1）技术赋能：从“礼俗教化”到数字德治的技术化实践。古代乡约民规的礼治传统，进化为区块链赋能的信用治理体系。杭州“城市大脑”通过整合政务数据与公民行为数据，构建“道德积分”算法模型，将“孝老爱亲”“见义勇为”等道德行为量化为信用资产；苏州的“智慧法治”平台运用智能合约自动执行调解协议，使“无讼”理想转化为“代码即法律”的技术实践。这种“算法评德、代码释法”的治理创新，实现了德治与法治在数字空间的有机统一。

（2）制度协同：从“刑礼互补”到多元规则的体系化衔接。传统“德主刑辅”的治理结构，重构为“柔性规范 – 硬性法律 – 技术标准”的三层规则体系。在自动驾驶伦理治理中，工信部等部门发布的《汽车数据安全管理若干规定（试行）》将“生命优先”的道德准则转化为数据采集红线，最高人民法院司法解释明确算法决策的侵权责任边界，而中国汽车工业协会 2025 年发布的《组合驾驶辅助及有条件自动驾驶事故判定及数据协作规范》，则填补了法律与道德的治理间隙。

这种升级的本质是“技术－制度－文化”的螺旋进化：当人脸识别技术被《中华人民共和国个人信息保护法》赋予“最小必要”原则的伦理枷锁，当智能司法系统在裁判文书网中持续学习“公平正义”的价值取向，传统“礼法合治”便突破了农耕文明的治理边界。雄安新区的“数字身份”实验颇具象征意义——市民的数字分身不仅承载法律身份信息，更通过行为轨迹生成动态道德画像，使两千年前“礼法交融”的治理理想，在数字孪生城市中转化为虚实相生的治理实践。

德法共治的现代升级，既是对“依法治国和以德治国相结合”的深度践行，更是对智能社会价值失序的创造性回应。当算法成为新的“礼法载体”，当数据流动遵循“义利平衡”的伦理准则，中国治理智慧便为数字文明提供了“德润代码、法塑算法”的融合范式，这既是文化主体性的当代彰显，也为人类文明转型贡献了“价值理性驾驭工具理性”的东方方案。例如，《中华人民共和国民法典》将“诚信”“公序良俗”等道德准则写入法律条文，实现道德教化与法律约束的协同。

（四）“天人合一”的创新性发展：生态治理的文明范式突破

传统“天人合一”思想以“道法自然”“万物一体”为哲学根基，构建了“取用有度、生生不息”的生态伦理。这种农耕文明的治理智慧，在工业文明时代曾因技术理性的僭越陷入“人定胜天”的迷思，而今智能技术的迭代与生态危机的加剧，正推动“天人关系”的认知革命——从机械论的“征服自然”转向数字文明的“共生演化”。当算力成为新的“自然力”、数据流动重构能量循环，传统生态智慧亟须通过创新性发展，升维为数字时代的文明治理范式。

（1）从哲学理念到科学治理的范式转化。“天人合一”的抽象哲思，正通过技术赋能转化为可计算的治理体系。例如，浙江“生态大脑”集成卫星遥感、物联网与 AI 算法，将山水林田湖草沙的生态关联转化为数字孪生模型，使“天地人三才贯通”的古老智慧具象为动态治理图谱。

（2）技术赋能下的生态智慧重生。智能技术为传统生态伦理注入新内涵，“节用爱物”的循环经济得以升级。如深圳的“碳账户”体系将个人绿色行为转化为碳积分，通过智能合约实现碳普惠交易，使“取之有度”的节俭伦理演化为数字时代的消费正义；宁德时代的“电池护照”技术，用数字 ID 追踪电池全生命周期碳足迹，让“物尽其用”的古训成为制造业的算法规则。“顺应天时”的精准调控创新：如云南亚洲象监测系统融合边缘计算与生物传感技术，实现象群迁徙的分钟级预警，将“斧斤以时入山林”的时序智慧进化为智能调控系统。

二、“文化双融”原则与“两个结合”：中国式治理智慧的系统创新

世界文明的历史告诉我们，多样性与开放性是文明生生不息的根本保障和有效路径。在大多数古代文明中有一种明显的单一性，例如在古希腊，社会原则的单一性带来了一种惊人的迅速发展。但是这种惊人的腾飞之后，希腊文明就慢慢衰竭了，埃及和印度文明亦遭遇了存续考验。欧洲存在着多样性，各种势力处于不断竞争与合作的状态，为欧洲带来了发展机会。这正是对欧洲尤其是大英帝国在文艺复兴、工业革命后迅速崛起的底层逻辑透视。多种文明元素经过长期的磨合熔于一炉，至中世纪中期，西方文明内核基本孕育成形，再经文艺复兴与工业革命的“创造性转化与创新性发展”及新兴国际市场的洗礼，形成了新的欧洲文明。一般而言，欧洲文艺复兴（14—17 世纪）→宗教改革 / 科学革命（16—17 世纪）→启蒙运动（17—18 世纪），构成欧洲近代化的“三级跳”。用本书人文经济学的视角和观点来总结就是：文艺复兴带来了欧洲“人性的觉醒”，从

而催生了人类认知世界的“科学革命”；法国启蒙运动带来了自由和现代性革命；而以“市场理性”“工具理性”为核心的苏格兰启蒙运动则推动了国际大市场的形成和科学技术的突飞猛进。在此基础上，亚当·斯密开创了现代经济学，为一系列现代学术体系用于“经世”、技术革命和全球大市场用于“济民”，实现一个崭新的西方文明提供了现代性工具体系和动力源。学习西方这种多元融合、文化创新的逻辑和智慧，继承和发展中华优秀传统文化，坚持“两创”与“两个结合”，必然能为中国特色社会主义现代化建设和中国式现代化治理体系的构建提供澎湃动力。

陈明哲教授构建的“文化双融”（Ambiculturalism）理论[1]，是一种基于中华文化智慧与西方管理理论融合的战略思维体系，其核心内容可概括为以下五个方面：执两用中、整合对立的核心理念；动态性与整体性的理论基础；超越“非此即彼”思维定式的实践路径；管理、领导力与全球化战略的应用领域；实现全方位卓越的终极目标。陈明哲的“文化双融”思想本质上是一种动态整合东西方文化与管理智慧的哲学框架，旨在通过打破对立、实现平衡，帮助个人与组织在全球化与本土化交织的复杂环境中找到创新路径与安身立命之道。这一理论既是对西方管理局限性的反思，也是对中华文化现代价值的重估，其应用已从学术研究延伸至企业实践（如方太案例），成为当代管理创新的重要参考。

“两个结合”为马克思主义与中华文明的治理对话提供了重要的平台。在这种治理对话中，马克思主义与中华文明相互借鉴、相互融合，共同推动了中国特色社会主义事业的发展。一方面，马克思主义为中华文明的治理智慧提供了科学的理论框架和实践路径。在马克思主义的指导下，中国能够更加科学地理解和应用中华文明的治理智慧，将其转化为推动社会发展的实际力量。比如，在马克思主义的指导下，中国将儒家的“仁爱”思想转化为“以人为本”的发展理念，将道家的“无为而治”思想转化为政

[1] 陈明哲．文化双融：执两用中的战略新思维［M］．北京：机械工业出版社，2021.

府与市场相结合的经济发展模式等。另一方面，中华文明为马克思主义提供了丰富的文化资源和实践经验。在马克思主义与中国具体实际相结合的过程中，中华文明的传统元素和文化特色为马克思主义的理论创新和实践探索提供了重要的灵感和启示。比如，中国的乡村振兴战略就体现了马克思主义关于城乡关系的基本原理与中华文明中重视农业、关注农民的传统思想的结合。

“经世济民”作为中华优秀传统文化的核心理念之一，强调以天下为己任，关注民生福祉，致力于社会的和谐与进步。而在新时代背景下，这一理念被赋予新的内涵，并与马克思主义相结合，形成了新时代人文经济学，为共同体治理提供了新的视角与路径。从传统“经世济民”到新时代人文经济学的创造性转化具有历史和实践逻辑的一致性，实现了马克思主义与中华文明的深度融合。“经世济民”理念的价值在于它强调了社会治理的人文关怀和社会责任。它认为，治理者应以民众的利益为出发点，关注民生福祉，致力于社会的和谐与进步。这种思想不仅体现了对个体价值的尊重，也彰显了对社会整体利益的关注。在中华文明的长期发展过程中，“经世济民”理念成为社会治理的重要原则，为社会的稳定与发展提供了有力的思想支撑。马克思主义作为科学社会主义的理论基石，其关于共同体治理的思想与中华文明的“经世济民”理念有着深刻的契合点。马克思主义强调人的全面发展和社会的全面进步，认为共同体治理应以人的自由全面发展为目标，致力于消除社会不平等和剥削现象，实现社会的和谐与进步。这与“经世济民”理念中强调的人文关怀和社会责任不谋而合。此外，马克思主义还强调社会实践的重要性，认为理论必须与实践相结合，才能发挥其指导作用。这一观点与中华文明中强调的“知行合一”思想相呼应，都强调了理论与实践的紧密结合。在共同体治理中，这一思想要求治理者必须深入了解社会实际，关注民众需求，制定符合社会实际的政策和措施。

在“两个结合”的背景下，共同体治理的实践探索也取得了显著成效。例如，近年来中国在推动经济高质量发展的同时，也高度重视文化建设和社会治理创新。政府通过制定一系列政策措施，推动文化与经济的融合发展，促进社会的全面进步。同时，政府积极倡导社会治理的多元参与，鼓励社会组织、企业和民众等多元主体共同参与社会治理，实现社会的和谐与进步。此外，中国还积极参与全球治理体系改革和建设，推动构建人类命运共同体。中国主张构建以合作共赢为核心的新型国际关系，推动全球治理体系的民主化、法治化和合理化。这些实践探索不仅体现了中国对全球治理体系的贡献和担当，也彰显了中国在共同体治理方面的独特经验和智慧。

三、人文经济学要义及其治理智慧

人文经济学是以“人本主义”为核心的新经济范式，主张经济发展须以人的尊严、文化传承与社会福祉为根本导向，突破传统经济学“效率至上”的单一逻辑。其要义可概括为以下三点：伦理与效率的融合；文化与市场的共生；个体与系统的平衡。在治理智慧上，人文经济学倡导以下几点。①多元共治：政府、企业、社群协同参与，以柔性治理替代刚性管控，如在社区营造中进行文化赋权；②长周期思维：突破 GDP 崇拜的局限，将生态可持续、代际公平纳入政策评估；③本土化实践：以中华优秀传统文化化解现代性困境，如用“家国同构”理念设计社会保障体系。其本质是重构经济学的“人性温度”，在效率与伦理、全球化与在地性之间寻求动态平衡，为后增长时代的可持续发展提供人文方案。

（一）西方人文经济学

西方人文经济学是一个相对较新的跨学科领域，其核心在于将经济学与人文学科（如哲学、伦理学、历史学、文学等）相结合，重新审视经济行为中“人”的复杂性和多维性。亚当·斯密被视为重要先驱，他在《道德情操论》（1759）中强调道德情感对人类行为的影响，这与《国富论》（1776）中的“理性经济人”形成互补。但随着西方主导的现代性和“去伦理化”的市场经济一路狂奔，人们逐渐淡忘了亚当·斯密的伦理学教授身份和《道德情操论》的人文价值，造成了闭门造车的“黑板经济学”、荒谬的拜物教经济学与GDP崇拜、“算法资本主义”等问题，引发了一系列“李嘉图的罪恶”。对此，人文学者和有良知的经济学家纷纷呼吁“重回亚当·斯密”，找回经济学的人文原则。如迪尔德丽·麦克洛斯基（Deirdre McCloskey）在《资产阶级美德》（2006）等著作中，提出资本主义的成功源于“修辞”和人文价值观（如信任、尊严）的演变，而非单纯的技术或制度。丹尼尔·卡尼曼（Daniel Kahneman）等揭示人类决策的非理性特征，推动经济学向心理学和伦理学靠拢。“Humanomics”一词近年被部分西方学者（如迪尔德丽·麦克洛斯基）明确使用，旨在对抗主流经济学的数学化、去人性化倾向，倡导经济学回归对人性的全面理解。西方人文经济学并非否定传统经济学的工具价值，而是呼吁在模型中纳入人性的丰富维度。它提醒我们：经济活动的终极目标是服务于人的尊严与繁荣，而非相反。这一领域仍在发展中，但其对“人”的重新关注，或将为解决全球化时代的危机（如不平等、环境破坏）提供新的思路。

同时，西方人文经济学也实现了从“经济人”到“全面人”的人性论转向，重构了经济行为和经济理性的逻辑起点。传统经济学以“理性经济人”假设为基础，强调个体利益最大化，但忽视了社会关系、文化传统与精神需求对经济行为的影响。西方人文经济学的转向是近年来社会科学领域的重要变革，它突破了传统经济学以“理性经济人”假设为核心的框架，转而强调经济活动的文化嵌入性、伦理价值与人的全面发展。这一转向不仅重塑了经济学的理论范式，还对全球社会发展与共同体治理模式产生了深远影响。传统GDP指标无法衡量文化价值与社会福祉。西方人文经济学提出“文化GDP”等概念，试图量化非物质贡献。例如，欧洲经济地理学的“制度转向”强调经济绩效需结合社会信任、文化资本等软性指标。西方经济学长期受科学主义主导，技术被视为效率工具。西方人文经济学的转向则强调技术需服务于人的全面发展。例如，欧洲经济地理学在“文化转向”中提出，技术创新应嵌入地方文化网络，避免技术异化对社区凝聚力的破坏。总之，西方人文经济学的转向标志着经济学从“工具理性”向“价值理性”的回归，其对社会发展与共同体治理具有深远的影响。通过重构经济伦理、强化文化认同与推动多元协同，西方人文经济学不仅为全球治理提供了新范式，也为人类文明的可持续发展注入了思想动力。未来需在理论深化与实践创新中，探索文化价值与经济效率的动态平衡，构建更具包容性与韧性的治理体系。

（二）中国人文经济学

中国新时代人文经济学的兴起根植于中华文明五千年的思想积淀与当代中国的治理实践。其理论渊源可追溯至先秦时期的民本经济思想。《管子·牧民》提出的“仓廪实则知礼节”揭示了物质基础与社会治理的内在关联，形成了“经世济民”理念的原始雏形。这种以民生为本的经济哲学在儒家“富民教民”、法家“富国强兵”等学说中不断演进，但受制于封建社会的阶级局限性，始终未能突破维护统治阶级利益的根本逻辑。随着马克思主义政治经济学与中国具体实际相结合，特别是在习近平经济思想的科学指引下，传统民本思想实现了创造性转化，构建起“以人民为中心”的新型理论范式。2023 年全国两会期间，习近平总书记在参加江苏代表团审议时指出，“上有天堂下有苏杭，苏杭都是在经济发展上走在前列的城市。文化很发达的地方，经济照样走在前面。可以研究一下这里面的人文经济学”，正式提出苏杭的人文经济学模式。随后，2023 年新华社智库报告《新时代人文经济学》对这一新兴理论体系进行了系统总结，标志着人文经济学的理论体系渐趋成熟。人文经济学重视经济发展过程中的人文价值，认为文化是影响生产关系的重要因素。经济基础是社会占主导地位的生产关系的总和，而文化属于上层建筑，集中反映经济基础并反作用于经济基础，因而文化对生产关系具有重要影响。新时代人文经济学以马克思主义基本原理与中华优秀传统文化为基础，将“人”置于经济发展的核心位置，强调满足人民对美好生活的向往，既关注物质富足，也重视精神富有。其目标是通过高质量发展促进全体人民共同富裕，保障人的全面发展，而非单纯追求经济增长指标。

不同于传统经济学对“物”的过度聚焦，新时代人文经济学强调物质与精神的共生共荣。人文经济学将文化视为经济发展的内生动力，主张通过文化创新激活经济潜力。新时代人文经济学批判单纯追求效率导致的贫富分化，主张在分配制度中体现公平性，通过政策设计缩小城乡、区域差距。例如，《新时代人文经济学》报告提出“共同富裕重在共同”，需通过长期系统性工程实现发展成果的普惠共享，同时避免因过度追求公平而抑制社会活力。新时代人文经济学不仅是中国式现代化的理论创新成果，也为破解全球发展赤字提供了“中国方案”。其倡导打破“人文悖论”，通过人文价值增强经济韧性，推动构建人类命运共同体，为发展中国家探索独立自主的现代化道路提供借鉴。新时代人文经济学的核心是通过“人本思维”重构经济逻辑，以文化赋能发展、以公平促进共享、以传统联结现代，最终实现“物的全面丰富和人的全面发展”相统一的现代化目标。这一理论既是中国特色社会主义实践的理论升华，也是对全球发展困境的回应。从一定意义上说，新时代人文经济学是中华文明五千年“经世济民”精神的“两创”与“文化双融”。在习近平新时代中国特色社会主义思想指导下，人文经济学突破了中国传统民本经济思想的历史与阶级局限性，深刻把握马克思主义这一“魂脉”与中华优秀传统文化这一“根脉”，坚持以马克思主义中国化、时代化推动中国式现代化进程。[1]

（三）人文经济学的治理智慧

在人文经济学的指导下，共同体治理体系和智慧得到了全新的诠释和发展。人文经济学强调人文价值与经济活动的融合，倡导以人为本、文化引领、公平正义的治理理念，为共同体治理提供了宝贵的启示。尤其是随

[1] 顾江，石志如，疏慧娟．人文经济学视域下中国式现代化的动力机制与战略布局［J］．社会科学战线，2025（1）：71-82，281.

着智能化技术的广泛应用，共同体治理面临着前所未有的机遇和挑战。智能化技术可以提高治理效率、降低治理成本、增强治理精准度等，为共同体治理提供新的手段和工具。然而，智能化技术的应用也带来了新的问题和挑战，如数据隐私保护、算法偏见、技术滥用等。智能化时代的社会结构发生了深刻变化，传统的社会阶层和利益格局被打破，新的社会阶层和利益群体不断涌现。这种变化对共同体治理提出了新的要求，需要治理者更加关注社会多元性和包容性，推动不同群体之间的和谐共处和共同发展。智能化时代也带来了全球治理体系的变革。随着全球化的深入发展，各国之间的联系和依存程度不断加深，全球性问题日益凸显。智能化技术的应用为全球治理提供了新的手段和工具，但也需要各国共同应对全球性挑战，推动全球治理体系的变革和完善。

人文经济学强调经济与文化、社会、政治等领域的紧密联系和相互作用。它认为，经济发展不仅是物质财富的增长，更是人的全面发展和社会的全面进步。人文经济学强调治理者应以人的全面发展和社会的全面进步为目标，关注人的价值、尊严和权利，推动经济、社会、文化等领域的协调发展。同时，人文经济学还强调治理的多元性和包容性，推动不同群体之间的和谐共处和共同发展。这为共同体治理提供了新的思路和方法。

基于人文经济学的共同体治理体系重构，需坚持以下三大原则。

（1）坚持创造性转化原则。在重构共同体治理体系的过程中，需要坚持创造性转化原则，将传统治理的有效经验和做法与现代治理理念和模式相结合。治理者应深入挖掘传统治理的文化底蕴和价值理念，将其与现代治理理念和模式相结合，形成具有中国特色的共同体治理体系。同时，治理者还应关注智能化技术的应用和发展趋势，将传统治理与现代科技相结合，提高治理的精准度和效率。

（2）坚持创新性发展原则。在智能化时代背景下，共同体治理需要坚持创新性发展原则，不断探索新的治理理念和模式。治理者应关注智能化技术的应用和发展趋势，积极引入新技术、新手段和新方法，提高治理效率和质量。同时，治理者还应关注社会多元性和包容性，推动不同群体之间的和谐共处和共同发展。

（3）重构治理体系的有效性核心架构。基于人文经济学的指导，可以重构中国特色共同体治理体系的有效性核心架构。这一架构应包括以下五个方面。①以人为本的发展理念。治理者应坚持以人为本的发展理念，关注人的价值、尊严和权利，推动人的全面发展和社会的全面进步。在治理过程中，应关注民生福祉，促进社会公平正义，推动教育、医疗、社会保障等公共服务的均衡发展。②多元共治的治理格局与柔性治理智慧。人文经济学倡导政府、企业、社群等多主体协同参与治理，以柔性治理替代刚性管控。例如，苏州通过社会共识凝聚，形成了“党委政府引导＋企业参与＋全民共建”的治理模式。在“复活”宋锦技艺、活化非遗文化的实践中，企业家与民间团体主动承担文化传承责任，形成全社会的共同行动。③智能化技术的应用与创新。治理者应关注智能化技术的应用和发展趋势，积极引入新技术、新手段和新方法，提高治理的精准度和效率。例如，可以利用大数据、人工智能等技术手段进行社会治理风险评估和预警，提高治理的预见性和针对性。同时，还应加强智能化技术的研发和创新，推动智能化技术在社会治理中的广泛应用。④文化认同强化经济韧性。文化不仅是治理资源，更是凝聚共同体的纽带。苏州以“崇文睿智”的人文精神塑造社会信任资本，推动传统产业创新与现代经济深度融合。例如，吴侬软语、昆曲评弹等文化符号被转化为消费场景，形成“苏式生活”品牌，增强城市吸引力与经济活力。⑤动态平衡与长周期思维。治理者应在效率与伦理、全球化与本土性之间寻求动态平衡。例如，太湖区域通过“生态护湖”与“科技立湖”相结合，建立生态补偿机制和科技创新中心，既保护生态又驱动产业升级，实现经济增长与环境修复的共生。

从“经世济民”理念到新时代人文经济学，虽然时代背景、社会条件等发生了深刻变化，但两者在共同体治理的理念上存在着深刻的逻辑一致性。这种一致性主要体现在以下三个方面。①对人文关怀的强调。无论是“经世济民”理念还是新时代人文经济学，都强调人文关怀在共同体治理中的重要性。它们都认为，治理者应以民众的利益为出发点，关注民生福祉，致力于社会的和谐与进步。这种对人文关怀的强调，体现了对个体价值的尊重和对社会整体利益的关注。②对社会实践的重视。“经世济民”理念强调理论与实践的紧密结合，要求治理者必须深入了解社会实际，关注民众需求。而新时代人文经济学也强调文化与经济的融合发展，认为理论必须与实践相结合才能发挥其指导作用。这种对社会实践的重视，体现了对现实问题的关注和对实践经验的尊重。③对多元参与的倡导。无论是“经世济民”理念还是新时代人文经济学，都倡导社会治理的多元参与。它们都认为，应尊重不同群体的利益和诉求，推动多元主体共同参与社会治理。这种对多元参与的倡导，体现了对民主精神的追求和对社会多样性的尊重。

在未来的发展中，我们应坚持“两个结合”的理念，推动共同体治理的不断创新与发展，为构建人类命运共同体贡献力量。随着智能化技术的不断发展和应用，共同体治理将面临更多的机遇和挑战。治理者应持续关注智能化技术的发展趋势和应用前景，积极探索新的治理理念和模式。同时，还应加强与其他国家和地区的交流与合作，共同应对全球性挑战和问题，推动全球治理体系的变革和完善。通过不断努力和创新，构建更加科学、高效、包容和可持续的共同体治理体系，从而为人类的繁荣和发展做出更大的贡献。

四、实践进路：三大协同机制的构建

“经世济民”作为中华优秀传统文化的核心理念之一，深深植根于中华民族的血脉之中。这一理念强调以天下为己任，关注民生福祉，致力于社会的和谐与进步。它不仅体现了古代贤人对社会治理的深刻洞察，更为后世提供了宝贵的智慧源泉。如今，在全球化与智能化的新时代背景下，中国特色共同体治理体系正经历着一场深刻的变革。在人文经济学的指导下，“技术－制度－文化”的三维协同成为推动这一变革的重要力量，为中国式治理体系的重构提供了全新的路径。

随着全球化的深入发展和智能化的快速推进，当今世界正经历着前所未有的变革。这一变革不仅带来了经济、科技、文化等领域的飞速发展，也给社会治理带来了新的挑战和机遇。在全球化背景下，各国之间的联系和依存程度不断加深，全球性问题日益凸显，如气候变化、公共卫生、网络安全等。这些问题跨越国界，需要各国共同应对。而在智能化时代，新技术如大数据、人工智能、区块链等的广泛应用，正在深刻改变着人们的生活方式和社会结构。面对这些挑战和机遇，中国式治理体系需要与时俱进，不断创新和完善。在保持传统治理智慧的基础上，应积极吸收借鉴国际先进经验，同时结合中国实际，探索具有中国特色的治理新模式。

在人文经济学的指导下，中国式治理体系的重构需要实现“技术－制度－文化”的三维协同。这一协同模式强调技术创新、制度完善和文化引领的相互作用和共同推动。技术创新，即治理体系的智能化升级。智能化技术的发展为治理体系的创新提供了无限可能。大数据、人工智能、区块链等新技术可以应用于政府决策、公共服务、社会管理等多个领域，提高治理效率和精准度。通过大数据分析，政府可以更加准确地掌握民情民意，为政策制定提供科学依据；通过人工智能技术，可以实现智能客服、智能审批等便民服务，提高政府服务效率；通过区块链技术，可以保障数据的安全性和可追溯性，增强政府公信力。技术创新不仅改变了治理手段，更催生了新的治理理念和模式。如智慧城市、数字政府等新型治理形态的出现，就是技术创新推动治理体系变革的生动体现。这些新型治理形态强调信息化、智能化、便捷化，为民众提供了更加高效、便捷的公共服务。制度完善，即治理体系的规范化建设。制度是治理体系的基础和保障。在智能化时代背景下，治理体系的制度完善应着重于以下几个方面：加强法律法规建设、完善监管机制、推动制度创新。文化引领，即治理体系的精神建设。文化是治理体系的精神支撑和价值引领。在智能化时代背景下，治理体系的文化引领应着重于以下几个方面：弘扬中华优秀传统文化、培育现代文明风尚、加强国际文化交流等。在全球化背景下，应加强国际文化交流与合作，吸收借鉴国际先进文化成果，推动中国文化走向世界舞台。

在数字化转型的历史进程中，“双创”战略（即大众创业、万众创新）通过技术创新与人文价值的深度融合，正重塑中国高质量发展的动力机制。智能经济时代的技术范式变革，要求创新创业活动突破单纯效率提升的局限，转向更具包容性和可持续性的发展模式。以人工智能、区块链为代表的数字技术，不仅催生出智慧医疗、智能交通等新兴业态，更重要的是通过算法伦理审查机制[1]，将“经世济民”的价值导向嵌入技术创新全过程。这种“技术－人文”的双向赋能，既延续了传统治理智慧中“器以载道”的实践逻辑，又构建起智能化时代的创新伦理框架。

人工智能技术的产业应用展现出显著的创新扩散效应。在智能制造领域，工业互联网平台通过连接研发设计、生产制造与市场服务环节，形成“需求洞察—敏捷创新—精准供给”的闭环生态。这种产业组织形态的革新，既提升了产业链协同效率，又通过柔性化生产体系增强了对个性化需求的响应能力。智能服务机器人的普及应用，在降低中小企业数字化转型成本的同时，创造了人机协作的新型就业形态，体现了技术进步与民生改善的有机统一。杭州未来科技城的实践表明，当算法模型训练纳入社会价值评估维度时，技术创新更易实现商业价值与社会效益的平衡。

智能化时代的“双创”实践仍面临三重挑战：技术迭代加速与人力资本结构调整滞后之间的矛盾，导致部分群体面临技能错配风险；算法权力集中化趋势可能加剧创新资源分配的马太效应；数字技术应用的伦理规制滞后于商业创新速度。破解这些矛盾，需构建“技术研发－制度创新－文

[1] 王婧怡．数字时代算法技术异化的伦理困境与治理路径［J］．自然辩证法研究，2023（10）：128-131.

化培育”的协同治理体系，在推进数字新基建的同时，完善终身学习型社会建设，将社会主义核心价值观深度融入智能产品服务标准，确保技术创新始终服务于人的全面发展与社会的文明进步。

从“经世济民”的传统智慧到新时代人文经济学指导下的“技术－制度－文化”三维协同，中国式治理体系正经历着一场深刻的变革。这一变革不仅体现了中国式治理体系的连续性和创新性，更彰显了中华民族在全球化与智能化时代背景下的治理智慧和担当。未来，随着智能化技术的不断发展和应用，中国式治理体系将继续完善和发展，为构建人类命运共同体做出更大贡献。

创新驱动发展战略的政策建构，本质上是人文经济学“经世济民”价值导向在新时代的制度实践。该政策体系通过三个层面创新生态的培育，实现技术创新与人文价值的有机统一：在宏观层面构建“国家意志－市场机制－社会参与”的协同框架[1]，将创新驱动上升为国家战略，同时注重发挥市场配置资源的决定性作用；在中观层面形成“产业政策－区域政策－科技政策”的组合工具[2]，通过创新链与产业链的深度耦合促进要素升级；在微观层面建立“主体培育－环境优化－文化塑造”的激励机制，激发企业家精神与工匠文化的协同效应。这种梯度式政策供给体系既传承了传统治理智慧中“通变制宜”的实践逻辑，又创新了现代治理工具的系统集成方式。

就国家、民族大共同体治理而言，需坚持以人为本的发展理念，推动文化与经济的交融互动，注重制度创新与治理效能的提升，促进多元共治与和谐社会建设，推动全球治理与人类命运共同体构建。研究发现，中华文明共同体生生不息、持续精进的基因密码就是浓缩于“经世济民”框架

---

[1] 米加宁．生成式治理：大模型时代的治理新范式［J］．中国社会科学，2024（10）：119-139.

[2] 蒋永穆，叶紫．以进一步全面深化改革推动形成新型生产关系［J］．改革，2024（12）：26-37.

下的以人文精神为价值指导，以经济发展为根本依托，以人民幸福安康为根本落脚点，以生生不息、持续精进、王道永续为终极目标，以政治、经济、科技文化融合一体为根本模型范式的独具特色的东方治理体系。这种充满人文精神的治理体系，自然而又创造性地导引出新时代人文经济学[1]框架下的中国式现代化。这种融“人文精神”与“科技理性”于一体，以社会发展、人民幸福为依归的可持续发展模式，既是中国“自信”“自强”的源泉，也是世界未来的方向。就小共同体而言，如企业等商业组织、大学等学术组织、政府等行政组织，“经世济民”的文化基因也提供了核心底层逻辑和智慧：任何组织的生存和可持续发展都需要解决经济基础和民心向背问题，这是组织存在和发展的左右两翼。只有这“鸟之两翼”“车之两轮”协调配合、同时发力、持续做功，组织这架机器才能具有“有机生命”和“长寿性命”。组织要实现可持续发展，必须构建经济基础与民心向背的双螺旋演进机制。这两个要素如同 DNA 双链般相互缠绕、协同进化，形成推动组织发展的根本动力。例如，海尔“人单合一”模式通过划小核算单元，使每个员工成为“微型 CEO”，既提升运营效率，又增强组织活力。这种机制将经济价值创造与人的价值实现有机结合，形成正向反馈回路。京瓷“阿米巴经营”通过细胞分裂式组织进化，既保持财务稳健，又激发创新活力。这种机制包含自组织、自适应、自修复特性，使双螺旋结构具备持续升级能力。宁德时代通过产业链垂直整合构建价值网络，既确保原材料供应稳定，又带动上下游中小企业协同发展。这种架构突破传统科层边界，在更大范围内实现经济基础与利益相关者价值的融合。平安集团的“智慧城市”生态圈通过区块链技术建立信任机制，既提升服务效率，又加强公众参与。数字技术正在重构经济基础与民心向背的交互方式，创造新的价值交换范式。小米“生态链”模式通过投资孵化构建风险分散体系，既保持核心业务聚焦，又增强抗风险能力。这种能力使

[1] 仲音. 写好“人文经济学”这篇大文章 [N]. 人民日报，2024-06-04（1）.

组织在应对环境剧变时，能够维持双螺旋结构的动态稳定。

就一般组织而言，以文化认同为根基的治理体系创新能有效提升政策执行效能；而就复杂动态系统而言，传统“文化认同”驱动的治理模式面临适应性不足的挑战，需通过分布式决策、技术赋能与动态协同机制重构治理范式。这一转变不仅涉及治理结构的调整，更需在系统韧性、数据驱动和多元主体耦合等方面实现突破。在智能化时代，数字经济赋能下的治理工具创新显著增强了政策传导的精准度。我们基于前面章节的研究提出“治理生态圈”理论模型，强调价值引导、制度供给与技术支撑的三维互动机制，为破解传统治理范式中效率与公平的二元悖论提供了新的分析视角。同时，我们也为这种三维理论模型“安装”了坚实的底座：以人民为中心。取之于民、用之于民，一切共同体治理的最大效能和最终目标就是服务于民众的高质量幸福生活。这是几千年文明史揭示的深层智慧：经世济民，方能王道永续。将这一经典思想进行“创造性转化和创新性发展”，有助于实现中国式治理体系现代化和中国式组织治理的高质量特色创新。这不仅深化了中国特色社会主义政治经济学理论体系，也为发展中国家探索经济治理现代化路径提供了可资借鉴的实践范本。

五、“文化双融”理念的实践智慧

“文化双融”是一种旨在整合东西方文化精华、协调对立矛盾的战略思维框架，其实施路径可从理论构建、实践应用及组织文化塑造三个层面展开。

（一）陈明哲的“文化双融”理论及融合发展的理论构建

陈明哲的“文化双融”理论为新时代城乡融合战略与产融结合提供了重要的学理支撑。该理论植根于东方管理智慧，创造性融合儒家“执两用中”的辩证思维与西方战略管理理论精髓，提出“动态平衡”与“价值共创”两大核心命题。其动态融合论突破传统的二元对立思维，主张通过文化基因的创造性转化实现对立要素的有机统一，这为破除城乡二元结构、协调虚拟经济与实体经济关系开辟了新的理论路径。具体方法可以是通过动态竞争理论中的“关系视角”，将竞争与合作视为互补而非对立，关注利益相关者的长期互动而非短期交易。[1]如在城乡融合维度，该理论强调城市文明与乡村文明并非非此即彼的替代关系，而应通过要素双向流动形成共生共荣的生态系统。这种理论认知与人文经济学“经世济民”的价值导向深度契合，为城乡要素市场化改革提供了文化解释框架。

在产融结合领域，“文化双融”理论提出“产业为体、金融为用”的互动范式，强调金融服务实体经济不应停留于资本供给层面，而需通过价值理念融合重塑产业生态。这种认知超越了传统的金融工具论，将文化认同作为产融良性互动的黏合剂。例如，在供应链金融创新中融入“义利共生”的中华优秀传统文化基因，既提升资本配置效率，又强化产业链伦理责任。理论创新点在于构建“技术 - 制度 - 文化”的三维分析模型，将非正式制度的文化约束力纳入产融关系分析框架，这与人文经济学强调文化要素治理效能的观点形成理论共鸣。

“文化双融”理论与人文经济学的整合创新体现在三个层面：在价值维度上，将“动态平衡”理念与“以人民为中心”的发展思想相融合，确立城乡要素流动的公平正义原则；在制度设计上，借鉴“执两用中”的方法论，构建起差异化与标准化相结合的要素市场制度体系；在实践路径上，通过文化认同培育降低制度变迁成本，显著提升产融政策协同效能。这种理论整合有效解释了长三角生态绿色一体化发展示范区中“城乡等值化”政策的成功实践，即通过乡村文化价值重估，实现土地要素市场化与生态保护的动态平衡。

该理论对制度创新的贡献突出表现在要素配置机制的革新上。基于“动态竞合”理论框架，城乡融合不再局限于土地、劳动力等有形要素的

[1] 夏冰．陈明哲：文化双融是一个过程 中国管理者和企业家必须融贯中西文化管理［EB/OL］．每经网，2013-11-10.

流动，更强调文化资本、生态价值等无形要素的量化交易机制创新。在成都农村产权交易所的实践中，集体经营性建设用地入市与川西林盘文化保护的价值联动机制，正是“文化双融”理论在要素市场化改革中的具体应用。这种制度创新既传承了“通功易事”的传统治理智慧，又通过现代产权制度设计实现文化价值向经济价值的创造性转化，为破除城乡要素流动的制度壁垒提供了理论指引。

（二）实践中的“文化双融”案例研究

浙江湖州“两山银行”的生态价值转化机制，创造性实现了城乡要素双向流动与文化资本激活的有机统一。该模式通过建立“生态系统生产总值（GEP）+ 特定地域单元生态产品价值（VEP）”核算机制，将碎片化的生态资源整合为可量化、可交易的资产包，借助文化 IP 植入提升资源溢价能力。浙江湖州安吉县通过收储 3000 亩竹林经营权并注入“竹文化”品牌价值，吸引社会资本形成竹产品深加工产业链，既实现生态保护补偿机制创新，又推动农民增收渠道多元化。这种实践验证了文化认同对要素市场化改革的催化作用，彰显“经世济民”理念在生态经济领域的创新应用。

在产融结合维度，苏州工业园区的“产业投行”模式展现了金融服务实体经济的制度创新。该模式突破传统的银企信贷关系，构建“产业智库 + 资本链群 + 数字平台”三位一体的服务体系。通过建立覆盖 2000 家高新技术企业的数据中台，精准识别产业链薄弱环节，引导政策性基金与社会资本形成组合投资。重点案例显示，某生物医药企业依托产业投行的技术评估与风险分担机制，获得与研发周期适配的“耐心资本”，成功突破抗癌药物产业化瓶颈。这种创新将金融服务从资金供给升维至价值共创，体现了人文经济学强调的“义利共生”原则，为破解科技型中小企业融资困境提供了新思路。[1]

[1] 浙江省社会科学界联合会 . 走向共同富裕 浙江的实践与创新（第六届浙江省社会科学界学术年会论文集）[M]. 杭州：浙江工商大学出版社，2022.

粤港澳大湾区跨境要素流动试验则凸显制度型开放对“文化双融”模式的支撑作用。前海深港现代服务业合作区通过建立与国际接轨的要素流通规则，创新“文化＋科技＋金融”融合机制。在数字创意产业领域，依托区块链技术构建IP跨境交易平台，实现香港设计资源与内地制造能力的精准对接。在典型案例中，某动漫企业通过平台获得2000万元的数字版权质押融资，同步接入大湾区产业链，完成衍生品开发，充分体现产融结合对文化科技融合的赋能效应。这种实践不仅验证了要素市场化改革与高水平开放的协同性，更通过制度创新将中华优秀传统文化资源转化为国际竞争优势。[1]

上述案例共同揭示“文化双融”模式落地的三重机制：文化认同构建要素整合的价值基础，制度创新打通要素流通的关键堵点，数字技术提升要素配置的精准程度。成都农村产权交易所的“文化确权”模式进一步佐证该机制，其通过将川西林盘文化保护要求嵌入土地流转合约，既保障农民财产权益，又维系乡村文化生态。这些实践创新表明，“文化双融”模式的成功实施有赖于构建“文化基因解码－制度供给创新－技术工具赋能”的协同机制，这正是人文经济学框架下“治理生态圈”理论的核心要义。

（三）“文化双融”框架下的中国式治理

中国式治理在“文化双融”框架下的实践创新，本质上是人文经济学“经世济民”理念的制度化表达。这种治理模式打破传统科层制管理的路径依赖，构建起价值引导、制度供给与技术赋能的协同机制，形成具有中国特色的治理生态圈。在城乡融合与产融结合的实践中，治理效能的提升源于三重互动关系的优化：中华优秀传统文化基因与现代治理工具的深度融合、正式制度创新与非正式制度约束的动态平衡、技术理性与价值理性的辩证统一。

[1] 耿蕊．中国动画产业创新发展研究［M］．北京：知识产权出版社，2023.

治理体系的价值重构体现为“执两用中”辩证思维的传承与创新。通过将社会主义核心价值观融入政策设计，城乡要素配置突破单纯的效率导向，形成效率与公平相兼顾、相促进、相统一的新型决策机制。在产融结合领域，金融服务实体经济的监管框架创新性引入“义利共生”评价维度，既防范资本无序扩张，又激活产业升级动能。这种价值重塑并非简单回归传统，而是借助马克思主义方法论对“通功易事”理念进行现代性转化，使政策工具既遵循市场规律，又承载文化认同，从而显著增强制度执行力。成都农村产权交易所将川西林盘文化保护要求嵌入土地流转合约的实践，正是这种价值整合的典型例证。

制度创新的突破性进展体现为非正式约束的正式化转换。在城乡融合进程中，宗族网络、乡规民约等传统治理资源通过法治化改造，转化为现代治理的有效补充。浙江“两山银行”模式将生态文化价值量化为可交易资产，创新性建立生态产品价值实现机制，实质是通过制度设计完成文化资本向经济价值的创造性转化。产融结合领域的制度创新则聚焦于风险共担机制建设，如苏州工业园区的“产业投行”模式通过技术评估、风险补偿等制度安排，使金融资本与产业创新形成价值共创关系，有效破解科技型中小企业的融资困境。

数字技术的治理赋能呈现“工具理性人文化”的鲜明特征。区块链技术在要素确权中的应用，既提升交易透明度，又通过智能合约编码嵌入中华优秀传统文化中的契约精神。在粤港澳大湾区跨境要素流动试验中，数字平台通过算法设计平衡文化差异与破除制度壁垒，实现香港设计资源与内地制造能力的精准对接。这种技术治理创新遵循“器以载道”的原则，在提升配置效率的同时，始终坚守人文经济学“发展为了人民、发展依靠人民、发展成果由人民共享”的价值底线，避免陷入技术异化的陷阱。数字政务系统的智能化升级，更是将民本思想转化为精准服务供给，通过数据画像技术实现民生政策的按需推送与动态调整。

这种三维互动治理机制的实践价值，集中体现为破解传统治理范式中的三大矛盾：通过文化认同消解制度变迁的摩擦成本，借助技术创新突破资源约束的物理边界，依托价值引导平衡多元主体的利益诉求。当前治理深化的重点在于完善动态调适机制，使文化解码、制度创新与技术应用形成正向反馈循环，这既是人文经济学的生命力所在，更是中国式现代化的治理智慧结晶。

六、新时代人文经济学框架下的未来治理

（一）政府角色的重新定位

在新时代人文经济学框架下，政府角色的重新定位体现为从传统管理主体向治理生态圈构建者的转变。这种转变的本质是治理理念从“全能型政府”向“赋能型政府”的演进，其核心在于构建价值引导、制度供给与技术支撑的三维协同机制。政府通过动态调整治理边界，在保持战略规划能力的同时，强化市场激励与社会参与机制，形成多元主体共治的治理格局。

政府职能转型突出表现为制度供给模式的创新。基于人文经济学“执两用中”的辩证思维，政府正从政策制定者转向制度创新实验室的构建者。在要素市场化改革中，政府通过建立制度试错容错机制，推动成都农村产权交易所、浙江“两山银行”等地方创新样本上升为全国性制度安排。这种“基层探索－顶层设计”的互动模式，既传承了传统治理智慧中的“通变制宜”原则，又通过法治化保障增强了制度创新的可持续性。苏州工业园区“产业投行”模式的制度扩散过程表明，当政府角色定位于创新生态培育者时，能更有效地激发市场主体参与制度共创的积极性。

数字技术应用推动政府治理工具的系统升级。人工智能辅助决策系统在政策仿真领域的应用，使政府能够精准预判政策干预对民生福祉的影响曲线。区块链技术的嵌入则通过智能合约的自动执行功能，将“契约精神”转化为可编程的治理规则。值得注意的是，在杭州“城市大脑”的建

设实践中，政府通过建立算法伦理审查委员会，确保技术赋能始终服务于人的全面发展，这种“技术向善”的治理取向彰显了人文经济学价值理性对工具理性的引领作用。

政府治理能力的现代化面临三重结构性挑战：科层制惯性导致的政策传导损耗、数字治理中的技术伦理风险、多元主体协同中的价值整合难题。破解路径在于构建动态治理能力评估体系，将文化认同度、制度包容性、技术适配性纳入政府效能评价维度。通过建立治理创新指数，推动政府从“事务型”向“学习型”组织转变，使治理能力提升与治理生态优化形成正向反馈循环。

（二）以人民为中心的机制保障

以人民为中心的机制保障体系构建，本质上是将人文经济学的价值理念转化为可操作、可持续的制度安排。该体系通过四维互动机制的创新设计，确保“发展为了人民、发展依靠人民、发展成果由人民共享”的治理理念贯穿政策全过程：在利益表达维度构建多层次诉求反馈渠道，在决策参与层面完善协商共治平台，在权益保障领域健全法治化救济机制，在成果共享方面创新价值分配模式。这种制度架构既传承了传统民本思想中“以百姓心为心”的治理智慧，又通过现代治理工具实现人民主体性的机制化表达。

利益表达机制创新突出表现为数字技术赋能的诉求传导系统建设。依托 12345 政务服务便民热线与“领导留言板”等数字平台的深度融合[1]，构建起覆盖城乡的民意直通网络。通过自然语言处理技术对海量民生数据进行语义分析，精准识别教育、医疗、养老、托育等高频诉求，形成政策调整的动态预警机制。成都“天府市民云”平台[2]的实践表明，当诉求反馈系统与政务服务资源实现智能匹配时，能显著提升民生问题的响应速度

[1] 本刊编辑部．步履坚定 足音铿锵［J］．民心，2025（1）：13-21.

[2] 张军川．成都市天府市民云平台存在问题及对策研究［D］．成都：四川师范大学，2022.

与解决效能。这种技术治理创新并非简单移植西方的公民参与模式，而是将“民惟邦本”的传统治理理念转化为数字时代的制度实践。

决策参与机制的突破性进展体现为全过程人民民主的制度化探索。基层治理中涌现的“民生议事堂”“社区智囊团”等创新形式，通过建立常态化协商机制，使群众从政策旁观者转变为制度设计参与者。浙江温岭的民主恳谈会模式，将传统文化中的“乡贤议事”机制与现代参与式预算相结合，在老旧小区改造等民生工程中实现需求精准对接。这种制度创新验证了非正式治理资源法治化转换的可行性，使人民主体性从价值宣示转化为具体治理效能。

权益保障机制的系统性强化聚焦于法治化路径创新。通过建立民生政策社会风险评估制度，在政策制定前端嵌入权益保障维度，从源头上预防损害群众利益的政策偏差。深圳率先推行的“民生微实事”快速决策机制，通过简化审批流程与强化事后评估，确保社区级民生项目实现“民提、民议、民决”。在权利救济层面，各地探索的“一站式”矛盾纠纷化解平台，将人民调解、行政调解与司法调解有机衔接，显著降低群众维权成本。这些实践创新既延续了“无讼”文化传统，又通过现代法治框架提升权益保障效能。

动态调整机制的建设重点在于构建民生福祉的持续改进闭环。通过建立民生政策实施效果的多维评估体系，将居民获得感、幸福感、安全感等主观指标纳入考核标准。浙江省杭州市余杭区民政局作为全省服务类社会救助需求评估试点单位，通过综合考虑救助对象的经济、健康、居住、就业、监护、社会融入情况及服务诉求等，探索建立服务类社会救助需求评估指标体系，不断满足困难群众的多样化帮扶需求。[1]这种机制创新突破传统绩效评估的 GDP 导向，真正将“以人民为中心”的理念转化为可量

[1] 王延隆，李松涛，马驰．杭州余杭：数字化破解超大型社区治理难题［N］．中国社会报，2024-11-27（3）．

化的治理改进动力。当前机制深化的关键在于完善社会力量参与治理的制度化渠道，通过培育专业化的社会组织，提升民生服务供给的精准性与可持续性。

（三）社会参与和协同治理

社会参与和协同治理的机制创新，集中体现了人文经济学“经世济民”理念在治理主体维度上的实践突破。这种治理模式突破传统政府主导的单一治理结构，通过构建多元主体共治的生态网络，形成价值共创、责任共担、成果共享的新型治理格局。其核心在于激活社会主体的治理效能，将传统的“民惟邦本”思想转化为现代治理的实践机制，实现政府、市场与社会三大子系统的有机协同。

治理主体的能力培育呈现分层递进特征。在个体层面，通过公民教育体系改革与公共精神培育，强化群众参与治理的意愿与能力。浙江推行的基层协商“民生议事堂”模式[1]，将传统“乡贤文化”与现代议事规则相结合，显著提升居民参与社区治理的效能。在社会组织层面，枢纽型社会组织通过专业化能力建设，在公共服务供给中发挥桥梁作用。粤港澳大湾区社会组织联盟通过建立标准化服务流程与第三方评估机制，有效承接政府转移的养老托育服务职能。企业主体则通过 ESG 评价体系引导，将社会责任履行嵌入战略决策流程。这种分层培育机制既传承了“群策群力”的传统治理智慧，又通过现代组织理论实现治理能力的系统提升。

社会参与机制的创新突破体现在全流程嵌入的治理设计上。政策制定环节的“开门立法”实践，通过数字平台收集百万量级公众建议，使民生政策更精准地对接群众需求。政策执行中的“协同监管”模式，借助行业协会自治与公众监督形成治理合力，杭州网络餐饮“阳光厨房”工程[2]正是通过商户自律与消费者扫码监督实现食品安全共治。评估反馈环节的

[1] 窦皓，张荣，林俐．浙江玉环：深入推进“民生议事堂”建设 协商议事赋能基层治理［EB/OL］．人民资讯，2022-10-03.

[2] 杭州将全面建成外卖“阳光厨房”守护食品安全［EB/OL］．中新网，2022-01-14.

“多元评价”机制，将社会组织评估、群众满意度调查纳入政府绩效考核体系，形成治理效果的全方位检验。这种机制创新将传统的“以民为镜”理念转化为制度实践，使治理过程始终围绕人民福祉展开。

数字技术的深度应用重构了社会参与范式。区块链技术赋能的公共决策存证系统，通过不可篡改特性保障群众意见的真实传递。智能合约在社区治理中的应用，将居民公约转化为可自动执行的数字规则，显著提升自治效率。更为重要的是，数字孪生城市系统通过虚实交互的治理场景模拟，使公众能够直观参与城市规划决策。广东“粤治慧”平台的实践表明，当虚拟现实技术与民主协商机制相结合时，能有效突破空间限制，实现万人级在线协商的精准有序。这种技术治理创新并非简单追求效率提升，而是通过数字赋能强化治理的人本价值。

当前协同治理仍面临三重现实挑战：社会组织的专业能力与资源获取存在区域失衡，中西部地区的参与效能相对较低；数字技术应用可能加剧“数字鸿沟”，弱势群体的利益表达渠道有待拓宽；多元主体之间的权责边界模糊，导致协同成本上升。优化路径应聚焦于构建动态调适机制，通过立法明确社会参与的法律地位，通过完善政府购买服务制度强化社会组织培育，通过建立数字包容性评估框架保障弱势群体权益。更深层的治理突破在于文化认同建设，通过将社会主义核心价值观融入社区治理实践，培育现代公民精神，实现与传统治理智慧的融合创新，从而真正构建“人人有责、人人尽责”的治理共同体。

（四）政治、经济、文化、科技、教育一体并进的多螺旋进化

当代治理体系的多螺旋进化机制，本质上是人文经济学框架下复杂系统协同理论的创新实践。这种进化模式突破传统的线性发展思维，构建起政治制度保障、经济基础支撑、文化基因传承、科技创新驱动与教育体系赋能五大系统的动态耦合机制。各子系统通过价值传导、要素流动与功能互补形成正向反馈循环，其相互作用既遵循现代化发展规律，又深深植根于“经世济民”的价值土壤，展现出中国式治理的独特演进路径。

系统耦合机制[1]的核心在于制度供给与文化认同的协同进化。政治系统的法治化建设为要素市场化改革提供稳定预期，而经济体制改革释放的创新动能又反向推动治理能力现代化。文化系统的独特作用体现为对传统治理智慧进行现代性转化，如“义利共生”理念引导科技伦理建设，“民惟邦本”思想重塑教育价值导向。这种多维互动在雄安新区建设中具象化为“数字政务 + 智慧经济 + 人文社区”的融合模式，通过区块链技术实现政务透明与经济创新的价值互嵌，依托文化地标构建维系社区认同的情感纽带。

数字技术的系统赋能呈现加速器效应。人工智能与大数据技术不仅提升各子系统的内部运行效率，更通过构建数字孪生系统实现跨领域协同。粤港澳大湾区的实践表明，当跨境数据流动规则与中华优秀传统文化保护机制形成数字公约时，能有效平衡科技创新与文化传承的张力。教育系统的数字化转型则通过慕课平台打破资源壁垒，使人力资本积累与产业升级需求精准对接，形成“教育供给 – 人才结构 – 经济形态”的螺旋式上升。

教育体系的基础性作用突出表现在对价值传承与创新能力的双重塑造上。通过将人文经济学理念融入课程体系，培养具备文化自觉与科技素养的复合型人才。职业教育的“双元制”改革将企业文化与校园文化有机融合，既传承工匠精神，又培育创新思维。高等教育的学科交叉平台建设，通过“新文科”与“新工科”的深度融合，为治理体系创新提供跨学科解决方案。这种教育创新为多螺旋进化提供可持续的人力资本支撑。

当前多螺旋进化面临三重协同挑战：子系统进化速度差异导致的政策共振难题，技术理性扩张可能引发的价值异化风险，以及全球化变局下系统开放性与自主性的平衡问题。破解路径在于构建动态适应性治理框架，通过建立跨领域影响评估机制预防政策叠加风险，运用数字治理工具实现文化价值的技术编码，在国际合作中探索多元文明互鉴的治理方案。更深

[1] 涂明君，李旗峰．互补系统论的方法论审度［J］．系统科学学报，网络首发时间：2025-02-28.

层的进化动力源自“以人民为中心”的价值共识，这种共识将始终作为多螺旋系统的引力核心，确保各子系统在互动演进中保持正确方向与持久动能。

（五）传承与创新的实践案例

中华文明五千年积淀的治理智慧，既是民族精神的根脉，也是现代制度创新的思想富矿。在全球化与数字文明交织的今天，如何通过系统梳理典籍中的治理基因，实现传统智慧与现代制度的协同创新，成为推进国家治理现代化的重要命题。下面结合《管子》的“通货积财”经济思想等典型案例，探讨文化基因解码与制度创新的协同路径。

（1）解码：从典籍中提炼治理基因的核心密码。中华传统治理智慧的核心在于“动态平衡”与“整体性思维”。以《管子》为例，其“通货积财”思想强调“财行如流水”，主张通过市场流通实现财富增值，这与现代经济学的流动性理论不谋而合。这一思想包含三大基因密码：流通性（“货通天下则财聚”）、调控性（以“轻重之术”调节市场供需）与民生性（“仓廪实则知礼节”）。该思想与《周易》的“变通”思想、《孟子》的“民本”理念、《礼记》的“大同”理想，共同构成中华治理基因的四大维度：经济流动性、制度弹性、人本价值与社会协同。[1]朱明的价值流动论进一步揭示了传统治理基因的现代性转化可能。他认为，“价值流动是宇宙的本质”，经济活动应追求动态平衡而非静态占有。[2]这与《管子》的流通观形成跨时空呼应，为现代货币政策、供应链管理提供了哲学支撑。坚持文化基因解码与制度创新协同，系统梳理典籍中的治理智慧（如《管子》的“通货积财”经济思想），将其转化为现代政策语言极具现代价值。

《管子》的“通货积财”思想可转译为数字经济基础设施政策。例如，数字人民币采用区块链和分布式账本技术作为基础架构，具有全天候实时

[1] 朱明流家学派的历史背景_思想百科［EB/OL］. 搜狐网，2025-03-02.

[2] 朱明流家学派的历史背景_思想百科［EB/OL］. 搜狐网，2025-03-02.

跨境交易的潜力，在可预见的未来或将重塑跨境支付清算体系。这既继承“货通天下”的流通观，又借助区块链技术实现价值流动的可追溯性。

（2）协同：传统基因与现代制度的融合实践。文化基因与制度创新的协同需构建双螺旋结构。典型案例包括经济领域的古代盐铁专营与现代数据主权——汉代《盐铁论》强调关键资源国家管控，其现代转译体现为数据主权制度设计。欧盟的《通用数据保护条例》（GDPR）与我国的《中华人民共和国数据安全法》，均借鉴“轻重之术”的调控逻辑，通过数据分类分级实现“收放自如”的治理效果。类似地，基因治疗领域对遗传资源的严格管理（如《中华人民共和国人类遗传资源管理条例》），亦是传统“专营”思维的延伸。医疗领域注重中医整体观与基因编辑伦理。如中医“辨证施治”的整体思维，在基因编辑技术监管中得到创新应用。针对CRISPR技术的脱靶风险，我国建立三级伦理审查体系，要求基因治疗项目必须通过机构、区域、国家三级审查，这与《黄帝内经》“治未病”的预防理念一脉相承。正序生物通过碱基编辑技术tBE治疗β－地中海贫血症时，严格遵循“安全优先”原则，避免DNA双链断裂风险，这恰是“中庸之道”在科技伦理中的体现。科技治理融通《周易》变通观与“监管沙盒”制度。如《周易》“穷则变，变则通，通则久”的智慧，推动我国建立“监管沙盒”机制。在细胞与基因治疗（CGTs）领域，国家药监局设立“突破性治疗药物通道”，允许创新疗法在可控范围内先行先试。这种弹性监管模式，既继承“变通”基因，又借鉴新加坡金融沙盒经验，实现风险与创新的动态平衡。

（3）传统治理场景的数字化重现：兰州市推出“纠纷码上办”云调解平台，居民扫描二维码即可提交文字、语音、视频等纠纷证据，平台通过AI算法匹配专业调解员，实现“线上调解—电子归档—风险预警”闭环。调解全程可追溯，系统自动分析高发矛盾类型（如物业纠纷），生成风险提示并提前介入开展普法宣传。该平台显著提升了居民满意度，真正实现“数据跑路替代群众跑腿”。

七、尾声：文明根脉与时代精神的交响

在中国国家治理与西方国家治理对话的当下，如果仅从“country”或“state”等现代西方“国家”概念去理解“中国”和“中国国家治理”，无疑潜藏着“意义流失与价值异化的深刻风险”。[1]中国式现代化道路与中国特色现代化治理体系都要求我们赓续历史，坚持继承与创新并行、“两创”与“文化双融”并用，做好中华文明共同体治理基因的创造性转化，以及各级共同体、各类组织的应用场景变通。但万变不离其宗的底层逻辑与核心智慧，就是“经世济民”。作为中华文明的核心理念与有效智慧，“经世济民”贯穿中国数千年的政治实践与学术传统，其本质是通过治理国家、调节社会、改善民生来实现“天下大治”。这一思想既是儒家“内圣外王”理念的实践延伸，也是法家、道家等学派智慧的融合体现，对中华文明的延续起到了根本性的支撑作用。

在尼罗河文明湮灭于黄沙、两河文明沉寂于战火之后，为什么中华文明如长江、黄河般奔流不息？“经世济民”堪称“密钥”，其蕴含的治理智慧历经五千年淬炼和“两创”“文化双融”的锻造，必将在21世纪的东方大地上绽放出新的异彩。从尧舜禹的玉帛之治到新时代的共同体理念，中华文明的治理密码始终围绕着“民心”[2]与“民利”的核心命题,在历史长河中完成了从农耕文明智慧到现代治理方案的创造性转化。大禹治水不仅是上古时期伟大的水利工程，更是一场重塑文明基因的治理实践。面对洪荒之水，大禹摒弃鲧“堵”的失败策略，转而采用“疏”的智慧，这种“因势利导”的治理哲学凝铸成中华文明此后五千年的治理密码。在《尚书·禹贡》的记载中，大禹将天下划分为九州，以“任土作贡”的方式建立早期财政体系，开创了“民生为重”的治理传统。这种以水土治理为基础、以民生需求为导向的治理逻辑，构成了中华文明的初始基因。

[1] 樊浩．家－国伦理公正与“国家”文明形态［J］．道德与文明，2024（1）：5-13.

[2] 景怀斌，丁太平．“民心”的维度及政策—观念生成机制［J］．上海大学学报（社会科学版），2024（5）：64-83.

西周初年，周公旦将“敬天保民”思想融入礼制设计，通过井田制实现“耕者有其田”，以乡遂制度构建基层自治网络。这种将民生保障与伦理秩序相结合的治理体系，在《周礼·地官》中发展为“惟王建国，辨方正位，体国经野”的系统性治理框架。春秋时期，管仲提出“仓廪实则知礼节”，将经济发展与道德教化相结合；子产铸刑鼎，确立“法不阿贵”的法治原则。这些治理智慧共同构成了中华文明“经世济民”的原始工具箱。孔子在《论语·为政》中强调“道之以德，齐之以礼”，将伦理教化置于首位；孟子将民本思想推向新高度，其“民为贵，社稷次之，君为轻”的宣言，首次在哲学层面确立了人民的历史主体地位；荀子在《王制》中引用“君者，舟也；庶人者，水也”的比喻，将治理关系具象化为“水能载舟，亦能覆舟”的辩证法则。法家思想则提供了另一种治理维度。商鞅变法中的垦草令，以经济杠杆激活农业生产力；韩非子构建“法、术、势”治理模型，在《定法》中强调“法不两适”，将规则确定性作为治理基石。道家老子提出“无为而治”，在《道德经》第五十七章中以“我无为而民自化”揭示治理的减法智慧，这种看似矛盾的“无为”实则蕴含着对治理规律的深刻洞察。历代统治者虽多实行君主专制，但“以民为本”的意识形态约束了权力的无限扩张。例如，汉代“轻徭薄赋”：“文景之治”时期通过减税、劝课农桑恢复民生，奠定汉朝强盛基础；唐代均田制与租庸调制：通过土地分配和税制改革保障农民生计，避免因土地兼并引发大规模的社会动荡。科举制度将“经世济民”能力作为选拔官员的核心标准，推动士大夫阶层形成“修身齐家治国平天下”的责任伦理。宋代范仲淹“先天下之忧而忧，后天下之乐而乐”的精神，正是这一思想的集中体现。官僚系统通过水利工程（如都江堰）、仓储制度（如常平仓）等民生措施，维系了小农经济的稳定。每当王朝陷入危机，“经世济民”便成为改革的指导思想。商鞅变法强化耕战体系，晚清洋务运动以“中体西用”为纲领，均试图通过技术或制度调整挽救文明危机，而非全盘推翻传统。

当马克思主义真理火种照亮东方，中华传统治理智慧迎来了凤凰涅槃。习近平总书记提出的“人类命运共同体”理念，在《生物多样性公约》第十五次缔约方大会上阐释的“万物并育而不相害”生态观，将“天人合一”的传统智慧转化为全球治理方案。“共同富裕”的现代化目标，既延续了“不患寡而患不均”的古老追求，又赋予其“做大蛋糕”与“分好蛋糕”的辩证统一新内涵。

西方治理体系建立在“理性经济人”假设之上，而中华文明提供了“关系性存在”的治理视角。在数字经济时代，“共享”理念正在重塑全球经济秩序。中国的“一带一路”倡议实践着“计利当计天下利”的古老智慧，通过共商共建共享原则，在亚吉铁路、中老铁路等项目中实现发展红利的多方共享。这种超越零和博弈的治理思维，正是《礼记·礼运》描述的“大道之行也，天下为公”的现代回响。

“民心”自古以来是中国政治、国家治理的核心命题之一。传统的民心思想是在“王（皇）权”视野下展开的，是“自上而下”的统治合法性叙事，表现出抽象性与愿景性。在当代国家治理实践中，民心作为人民之“心”，是现实的、“自下而上”的民意与民愿。因此，实证性地解码民心的维度和生成机制便成为理解中国之治、回应国家治理重大理论需求的学术任务。[1]就社会或企业组织而言，“民心”与“民利”依然是组织做大做强与可持续进化的“核心竞争力”，因为唯有这两样东西才能留住人才、激发心智。如华为将“以客户为中心、以奋斗者为本”作为核心价值观，暗合“民惟邦本”的治理逻辑；阿里巴巴构建的“新零售”生态，实践着“通有无、济丰歉”的传统商业智慧。这些案例表明，中华传统治理智慧中的“民心”与“民利”原则，在现代组织治理中同样具有强大的生命力。

[1] 景怀斌，丁太平.“民心”的维度及政策—观念生成机制[J].上海大学学报（社会科学版），2024（5）：64-83.

在数字化转型浪潮中，“数字利民”成为新治理命题。浙江的“最多跑一次”改革，将“治大国若烹小鲜”的治理艺术转化为政务服务实践；腾讯的“科技向善”理念，诠释着“君子爱财，取之有道”的现代内涵。这些创新表明，传统智慧与现代科技的结合，正在催生新的治理形态。站在人类文明史的转折点，中华传统治理智慧如同深埋地下的种子，在经历五千年孕育后，终于破土而出，绽放出兼具历史厚重感与现代生命力的文明之花。这种智慧不是博物馆里的古董，而是流淌在十四亿人民血脉中的文化基因；不是凝固的教条，而是不断自我更新的生命体。当世界在治理赤字中迷茫徘徊时，中华文明正以“海纳百川”的胸怀和“周虽旧邦，其命维新”的气魄，为人类探索更合理的治理之道提供着东方启示。

新时代中国式治理的本质，是马克思主义“改造世界”的实践品格与中华文明“知行合一”传统的深度结合。通过“两创”与“文化双融”原则激活传统治理基因，以“两个结合”重构治理价值坐标，中国正在创造一种既延续“经世济民”精神血脉，又彰显人文经济学特质的治理新形态。这种治理体系不仅为破解现代性困境提供中国方案，更通过文明对话为人类命运共同体构建贡献东方智慧。未来的关键在于，在全球化与数字化浪潮中坚守人文价值内核，让古老文明在与时代精神的激荡中持续焕发治理生命力。